中经"精品课程"系列
中经新文科·财经类系列规划教材

财务机器人应用与开发

主　编：郑　平　倪彦星　荣希白
副主编：王林轩　李　瑶　朱宏波
　　　　赵前程　王　卉　赵艳菲

中国经济出版社　　中国石化出版社

·北京·

图书在版编目（CIP）数据

财务机器人应用与开发 / 郑平, 倪彦星, 荣希白主编. -- 北京：中国经济出版社：中国石化出版社, 2025.8. -- ISBN 978-7-5136-8213-8

Ⅰ. F275；TP242.3

中国国家版本馆CIP数据核字第2025M24S53号

选题策划　雷　生
责任编辑　彭　欣
责任印制　李　伟
封面设计　任燕飞

出版发行	中国经济出版社
印 刷 者	宝蕾元仁浩（天津）印刷有限公司
经 销 者	各地新华书店
开　　本	889mm×1194mm　1/16
印　　张	21.5
字　　数	547千字
版　　次	2025年8月第1版
印　　次	2025年8月第1次
定　　价	59.00元

广告经营许可证　京西工商广字第8179号

中国经济出版社 网址 http://epc.sinopec.com/epc/ 社址 北京市东城区安定门外大街58号 邮编 100011
本版图书如存在印装质量问题，请与本社销售中心联系调换（联系电话：010-57512564）

版权所有　盗版必究（举报电话：010-57512600）
国家版权局反盗版举报中心（举报电话：12390）　服务热线：010-57512564

CONTENTS 目录

项目一　选定财务机器人软件　　001

任务一　财务机器人软件调研……………………………………………… 002
拓展阅读…………………………………………………………………… 005
任务评价…………………………………………………………………… 008
任务二　财务机器人软件安装……………………………………………… 009
任务评价…………………………………………………………………… 017
任务三　财务机器人软件试运行…………………………………………… 017

项目二　夯实 UiPath 开发基础　　018

任务一　了解 UiPath 界面 ………………………………………………… 019
任务二　了解 UiPath 基础语法 …………………………………………… 023
任务三　了解 Excel 用法 …………………………………………………… 061
任务四　了解 E-mail 用法 ………………………………………………… 087
项目实训…………………………………………………………………… 116
任务评价…………………………………………………………………… 116
任务五　基础活动运用——景点信息查询………………………………… 116
项目实训…………………………………………………………………… 125
任务评价…………………………………………………………………… 125

项目三　采购业务机器人开发　　126

　　任务一　价格信息收集与比对机器人……………………………………………127
　　项目实训……………………………………………………………………………142
　　任务评价……………………………………………………………………………142
　　任务二　供应商信息维护机器人……………………………………………………142
　　任务三　采购单、发货清单、验收入库单比对机器人……………………………148

项目四　生产业务机器人开发　　172

　　任务一　工资费用分配机器人………………………………………………………173
　　任务二　产品成本归集与分配机器人………………………………………………190
　　任务三　制造费用处理机器人………………………………………………………205
　　拓展阅读……………………………………………………………………………215

项目五　销售业务机器人开发　　216

　　任务一　客户信用调查机器人………………………………………………………217
　　项目实训……………………………………………………………………………228
　　任务评价……………………………………………………………………………228
　　任务二　开票机器人…………………………………………………………………228
　　项目实训……………………………………………………………………………240
　　任务评价……………………………………………………………………………240
　　任务三　应收账款统计机器人………………………………………………………241
　　项目实训……………………………………………………………………………252
　　任务评价……………………………………………………………………………253

项目六　资金收付业务机器人开发　　254

　　任务一　收款查询机器人……………………………………………………………255
　　任务二　网银付款机器人……………………………………………………………267
　　项目实训……………………………………………………………………………277
　　任务评价……………………………………………………………………………277

任务三　银企对账机器人 …… 277
项目实训 …… 294
任务评价 …… 294

项目七　综合业务机器人开发　296

任务一　差旅费报销机器人 …… 297
项目实训 …… 306
任务评价 …… 306
任务二　投资信息查询机器人 …… 306
项目实训 …… 318
任务评价 …… 319
任务三　询证函制作机器人 …… 319
项目实训 …… 326
拓展阅读 …… 327
任务评价 …… 329
任务四　工资条 E-mail 发送机器人 …… 329
项目实训 …… 338
任务评价 …… 338

项目一
选定财务机器人软件

教学目标

知识目标：

1. 熟悉财务机器人的基本概念和内容。
2. 熟悉财务机器人的相关技术和行业应用。
3. 掌握如何安装 UiPath 软件。

能力目标：

1. 能够根据场景选择合适的财务机器人软件。
2. 能够完成 UiPath 软件的安装与配置。
3. 能够完成 UiPath 软件的试运行。

素质目标：

1. 具备良好的思考和分析问题的能力。
2. 具备良好的信息检索能力。
3. 具备良好的绿色环保意识。
4. 具备良好的团队协作能力。

项目导览

```
                          ┌── 财务机器人软件调研
         选定财务机器人软件 ──┼── 财务机器人软件安装
                          └── 财务机器人软件试运行
```

任务一　财务机器人软件调研

在"大智移云物区"的发展背景下,引入财务机器人已经成为会计行业的重要发展方向之一。财务机器人以软件或机器人的形式代替人工劳动,通过自动执行预先设定的计算机程序,对具有重复性、基于规则的任务进行自动化处理。对于财务人员而言,财务机器人的应用能明显提高工作效率,目前市面上财务机器人软件很多,因此选择一款合适的财务机器人软件很有必要。

任务描述

1. 考察财务机器人软件功能与业务需求匹配度。
2. 考察财务机器人软件技术成熟度与稳定性。
3. 考察财务机器人软件易用性与用户体验。
4. 考察财务机器人软件成本与效益。
5. 考察财务机器人软件服务与支持水平。
6. 考察财务机器人软件安全性与合规性。
7. 结论书写。

一、考察财务机器人软件功能与业务需求匹配度

企业需要明确自身的财务管理需求,如账务处理、报销管理、预算编制、税务处理等,并选择能够满足这些需求的财务机器人软件。考察财务机器人软件是否具备灵活性和可定制性,以便根据企业的特定需求进行调整。

练一练

搜索市面上财务机器人软件,考察财务机器人软件功能与业务需求匹配度。

财务机器人软件	业务需求	需求满足程度(0~5分)

二、考察财务机器人软件技术成熟度与稳定性

选择技术成熟、系统稳定的财务机器人软件,以确保长期运行的可靠性和安全性。了解财务机器人软件的历史表现和用户评价,避免选择存在严重技术缺陷或安全隐患的产品。

练一练

搜索市面上财务机器人软件,考察财务机器人软件技术成熟度与稳定性。

财务机器人软件	技术成熟度	用户评价(0~5分)

三、考察财务机器人软件易用性与用户体验

财务机器人软件界面应简洁明了、操作便捷,以降低用户的学习成本和使用难度,提供良好的用户体验,如响应速度快、操作流程顺畅等。

练一练

搜索市面上财务机器人软件,考察财务机器人软件易用性与用户体验。

财务机器人软件	易用性	用户体验(0~5分)

四、考察财务机器人软件成本与效益

综合考虑财务机器人软件的购买成本、实施成本、维护成本以及升级费用等。分析财务机器人软件带来的预期效益,包括工作效率提高、人力成本节约、错误率降低等,以确保投资回报率符合预期。

练一练

搜索市面上财务机器人软件,考察财务机器人软件的成本与效益。

财务机器人软件	成本与效益(0~5分)

续表

财务机器人软件	成本与效益(0~5分)

五、考察财务机器人软件服务与支持水平

选择提供完善售后服务和技术支持的财务机器人软件供应商,以便在使用过程中遇到问题时能够及时得到解决。了解财务机器人软件供应商的更新迭代计划,确保财务机器人软件能够持续满足企业不断变化的需求。

练一练

搜索市面上财务机器人软件,考察财务机器人软件服务与支持水平。

财务机器人软件	服务与支持水平(0~5分)

六、考察财务机器人软件安全性与合规性

确保财务机器人软件符合相关法律法规的要求,如数据保护、隐私政策等。考察财务机器人软件的安全性能,如数据加密、访问控制等,以保护企业的财务数据不被泄露或滥用。

练一练

搜索市面上财务机器人软件,考察财务机器人软件安全性与合规性。

财务机器人软件	安全性与合规性(0~5分)

七、结论书写

企业或个人在选择财务机器人软件时,应综合考虑其功能与业务需求匹配度、技术成熟度与稳定

性、易用性与用户体验、成本与效益、服务与支持水平以及安全性与合规性等方面。通过仔细评估和对比不同产品,选择最适合企业或个人需求的财务机器人软件。

> **练一练**
>
> 结合以上方面考察,写出你选定某款财务机器人软件的原因。
>
> _____
> _____
> _____
> _____
> _____
> _____

拓展阅读

一、RPA 财务机器人的应用领域

1. 电商领域

RPA(Robotic Process Automation,机器人流程自动化)可以用于自动化处理订单、管理库存以及优化顾客服务流程等。首先,RPA 可以自动化处理订单流程,从订单创建到发货,减少错误并提高工作效率。其次,在库存管理中,RPA 可通过预测需求和自动通知采购团队来优化库存水平。最后,RPA 还能实现邮件自动化,自动处理客户反馈,提高响应速度和客户满意度。

2. 物流行业

在物流行业,RPA 能够实现货运单据的自动处理和跟踪货物运输状态。它有助于加快货物流转速度,减少等待时间,同时确保信息准确无误,从而提升整个供应链的效率。

3. 财务部门

在财务部门,RPA 可以自动完成报表生成、发票处理等工作。通过使用 RPA,企业可以减少手动输入数据的错误,提高报告的准确性和及时性,同时释放财务人员的时间,让他们能专注于更复杂的财务分析和策略规划。

4. 银行业务

RPA 可以加速抵押贷款处理、信用卡审批、账户关闭以及 KYC(Know Your Customer,了解你的客户)流程,减少人为错误,并提供更好的客户服务。

5. 医疗行业

医院可以利用 RPA 进行病历管理、药品管理和检验报告的自动化处理。这有助于提高医院工作效率,确保患者信息的准确和及时更新,同时减轻医护人员的行政负担。

6. 制造业

在制造领域,RPA 能助力生产线的物料管理和质量检测流程。通过使用 RPA,制造业企业可以提

高生产效率，降低废品率，并确保产品质量的一致性。

7. 教育行业

教育行业也开始采用 RPA 技术，主要用于教务排课、课程注册和学生档案管理等业务。通过使用 RPA，教育机构可以提高行政管理工作的效率，让教育工作者有更多时间专注于教学和学生发展。

二、RPA 财务机器人的应用场合

1. 流程固定、规则明确的工作

对一些流程相对固定、处理规则相对明确的操作，例如月结的固定操作，自动结转凭证，计提资产折旧，内部往来对账、结汇、关账、编报完成确认等，均可通过财务机器人实现自动化操作。

2. 重复性高、附加值低的工作

企业有大量简单重复的工作，其工作附加值往往较低，此类工作岗位或工作节点的人员占用多，产生效益低；对财务人员来讲，重复、枯燥的工作不利于个人能力的发挥，岗位吸引力不足，导致人员流动性较高。这类业务可以使用财务机器人来快速高效地完成。

3. 量大易错业务

在大量数据计算、核对、整合、验证的过程中，由于数据处理工作量大，需要投入较多人力，导致人员占用多、人力成本高，同时人工操作容易出错。借助财务机器人，不仅能够批量快速处理数据，还能够大大提高处理的准确性。

4. 7×24 小时业务

传统人工工作模式下，人员工作时间有限，当企业财务工作量大时，财务人员正常工作时间难以满足企业需求，财务处理效率会大幅下降。当企业业务量庞大，大量积压的银行回单和记账凭证待匹配、进项发票待查验认证时，或者某一时间段，工作量突然增加，随时需要财务人员高强度工作时，财务机器人可基于机器处理程序，不间断、高效率地工作，弥补人工操作容忍度低、峰值处理能力差的缺陷。因此，财务机器人能满足企业 7×24 小时的业务需求。

5. 多个异构系统

针对多个异构系统间的数据流转问题，使用财务机器人分别登录多个系统，可以自动执行数据的采集、迁移、录入、校验，以及上传、下载和通知等操作，不需要对数据交互需求涉及的多个异构系统进行改造和 API（Application Programming Interface，应用程序编程接口）开发，不会改变企业原有的信息系统架构。在异构系统间数据接口开放困难的情况下，使用财务机器人是一种更为有效的解决方案。当数据交互需求在原有多个异构系统的基础上扩展至更多系统时，财务机器人能够以最小的自动化任务重新部署工作量，以最快速度实现功能扩展。

三、RPA 财务机器人的优势

1. 效率提升

RPA 机器人能够全天候工作，工作容忍度高，峰值处理能力强，整体操作过程都能够按照固定规则执行，不受人为因素干预。同时，信息系统升级后，人工操作需要花费时间适应新系统，但财务机器人作为虚拟劳动力只需修改程序即可,减少了系统升级的成本消耗。

2. 质量保障

传统财务模式下,人工操作容易导致较高的出错率,而财务机器人基于其规则化的流程和任务,在一定程度上消除了输出的不一致性,使操作的正确率接近100%,极大地保障了财务工作质量。

3. 成本节约

传统财务模式下,大量简单重复的工作往往需要投入较多的人力资源,人员占用需要付出薪酬、福利、津贴等成本,而财务机器人上线后,企业将大幅度减少此类人力成本的投入。

4. 价值增值

传统财务模式下,财务部门会投入一半以上的精力处理基础交易,但是基础交易处理工作却不能为企业带来更多价值,而且重复、枯燥的基础交易处理工作不利于财务人员个人能力的发挥。财务机器人的应用能够改变传统财务部门的人员结构,释放大量基础交易处理人员,让他们转而去做高附加值的财务工作,财务人员的积极性得到有效调动,进而实现财务对业务的有力支撑,实现财务部门的价值增值。

5. 安全可控

财务机器人按照固定规则执行任务,其操作能够通过控制器进行追踪,工作路径能够随时调阅,业务故障能够及时发现,信息系统和企业数据安全能够得到有效保障。此外,财务机器人可自动执行业务,减少了人为干预,在一定程度上降低了人为操作带来的风险。

四、RPA 财务机器人在企业中的应用展望

1. 应用深度与广度的提升

RPA 财务机器人在企业中的应用将不断拓展和深化。未来,它们将与企业现有系统更广泛地集成,连接多个异构系统,打通数据壁垒,优化遗留系统性能。同时,RPA 财务机器人将不仅仅局限于完成传统的财务任务,而是拓展到采购、生产、库存、销售等全业务流程的数据采集、处理、计算、分析与利用中。此外,它们还将应用于人力资源管理、客户服务、供应链管理等多个领域,实现企业的全面数字化转型,进一步提升企业的整体运营效率和竞争力。

2. 技术与功能的创新

RPA 财务机器人将不断融入新技术,实现功能与技术的双重创新。通过结合图像识别、语音识别、机器学习、自然语言处理等人工智能技术,RPA 财务机器人将具备认知和决策能力,能够处理更为复杂和抽象的任务。同时,随着云计算的普及,RPA 财务机器人将更加依赖于云端平台,实现全局协同操作,降低部署门槛和成本,提供更高的可伸缩性和灵活性。此外,低代码/无代码开发平台的出现将使非专业开发人员也能轻松上手,快速构建企业管理系统,促进 RPA 财务机器人在更多企业和领域应用。

3. 安全与合规性的加强

随着数据隐私法规的不断完善和加强,RPA 财务机器人在安全与合规性方面将得到不断提升。它们将采用更强大的加密协议来保护数据,防止数据被窃取或篡改。而且,RPA 财务机器人还将融入

隐私保护计算技术,实现在保护数据隐私的同时进行计算和分析。此外,它们还将具备更完善的审计跟踪能力,详细记录 RPA 操作和数据访问的日志,以便进行事后审查和分析,满足各种合规标准的要求。

4. 对就业市场的影响

RPA 财务机器人的发展将对就业市场产生深远影响。一方面,它们将替代一些重复性、低附加值的工作,使现有岗位的工作人员面临技能更新的挑战。未来的职场人需要不断更新和发展技能,以适应新的工作环境,提高自身竞争力。另一方面,RPA 技术的发展也将创造新的职业机会,如 RPA 开发人员、数据分析师和机器人监管员等。这些新兴职业将为企业数字化转型提供有力的人才支持,推动就业市场的发展及其多元化。

水发集团智慧财务建设入选"2021 全国智慧企业建设创新案例"

利用财务机器人,提升业务高效自动处理能力。水发集团利用财务机器人,逐步实现资金结算、账龄分析、报表编制、凭证生成、凭证审核、凭证记账等财务自动化处理,实现核算不落地管理和智能化管控,大幅提升工作效率,减少财务核算工作量。

资料来源:http://gzw.shandong.gov.cn/articles/ch00049/202112/484b9ef9-ae9c-4e20-b5ca-6fb1a94088de.html。

万达集团用科技赋能全球最大线下商业运营,靠的是什么?

万达集团使用 RPA 数字员工 7×24 小时全天候、不间断工作,保证业务连续性,释放大量劳动力,同时降低了大批量、手工操作易出错的风险。RPA 借助 AI 平台,每年帮助万达完成 100000 + 份电子影像结构化存档,节约人力 50000 + 小时。一方面,通过使用 RPA 数字员工,万达集团有效实现了各个系统之间的数据互通,减轻了工作人员的工作压力;另一方面,通过 RPA 技术整合集团的资源,实现数字员工劳动力价值的最大化。

资料来源:https://www.cyclone-robotics.com/cases/info_28.html。

任务评价

序号	技能评分	佐证	是否达标
1	考察财务机器人软件功能与业务需求匹配度	能够完成功能与业务需求匹配度调研	
2	考察财务机器人软件技术成熟度与稳定性	能够完成技术成熟度与稳定性调研	
3	考察财务机器人软件易用性与用户体验	能够完成易用性与用户体验调研	
4	考察财务机器人软件成本与效益	能够完成成本与效益调研	
5	考察财务机器人软件服务与支持水平	能够完成服务与支持水平调研	
6	考察财务机器人软件安全性与合规性	能够完成安全性与合规性调研	
7	结论书写	能够综合上述标准写出合理结论	

序号	素质评分	佐证	是否达标
1	以业务为导向的数据搜集能力	能够完成各项调研	
2	以业务为导向的数据分析能力	能够根据调研结果得出合理结论	
3	协同创新能力	能够和团队成员头脑风暴,协同完成任务	

任务二　财务机器人软件安装

在确定好财务机器人软件后,需要对其进行安装和部署,本项目以 UiPath 软件为例,具体介绍如何安装。

任务描述

1. 申请下载 UiPath 教育版软件及注册激活码。
2. 安装 UiPath 教育版软件。
3. 配置 UiPath 教育版软件环境。

一、申请下载 UiPath 教育版软件及注册激活码

由于 UiPath Studio 社区版经常更新迭代,易出现更新升级带来的新旧版本无法兼容情况,给教学带来不便。本课程教学基于 UiPath Studio 教育版工具进行教学与训练,版本号为 UiPath Studio 2020.10.7。

(1)申请教育版请点击如下网址:http://www.uipath.com/academic – alliance – sw。

(2)耐心等待网页出现右侧表单,如长期未出现右侧表单,可刷新网页,按照提示填写并申请注册激活码,这里需选择【学术联盟机构】,可以选择一家学术联盟机构来申请激活码。

(3)几分钟后检查您的电子邮箱,您将收到一封电子邮件,可能会在垃圾邮件中,其中包含安装指南、下载安装文件的链接以及您专用的激活码。

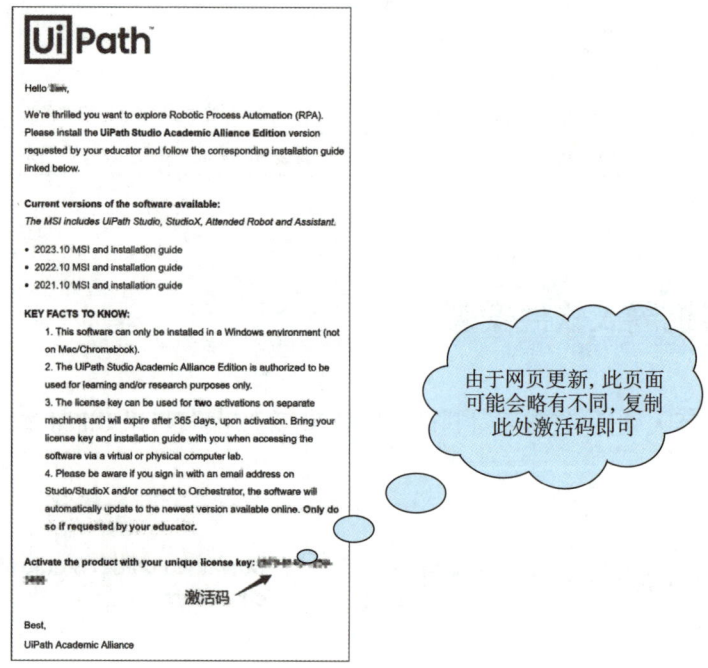

由于网页更新，此页面可能会略有不同，复制此处激活码即可

二、安装 UiPath 教育版软件

下载好 UiPath 软件后，安装该软件。双击鼠标启动安装程序，按照安装向导的提示完成 UiPath 的安装。

（1）选择 Studio，点击【安装】。

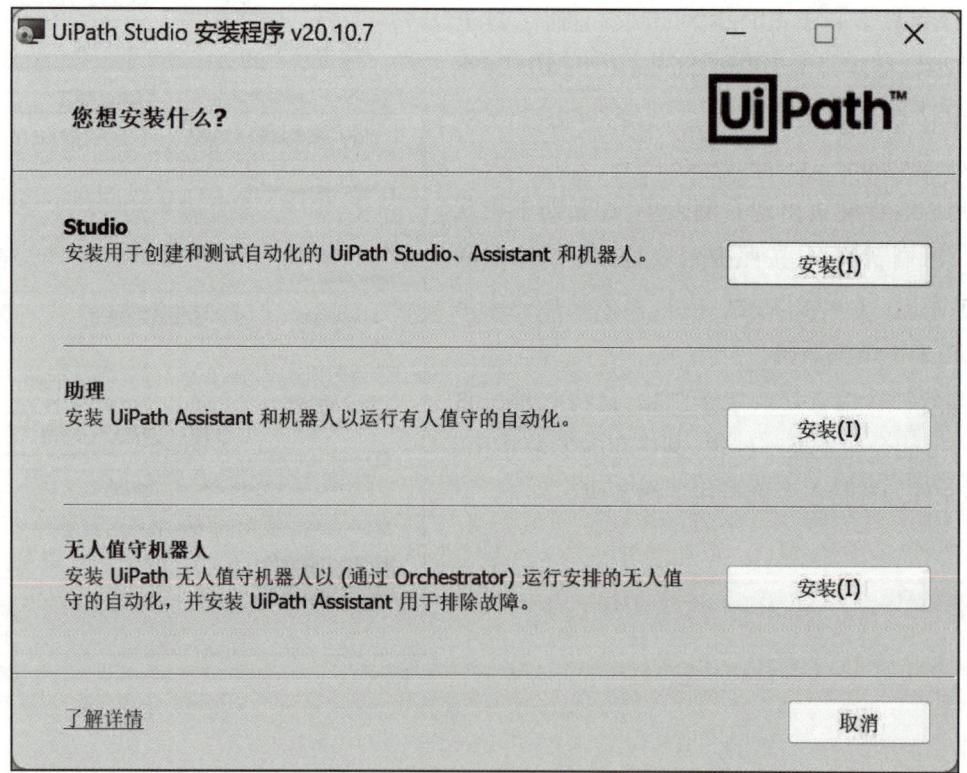

(2)勾选"我接受许可协议中的条款",点击【安装】。

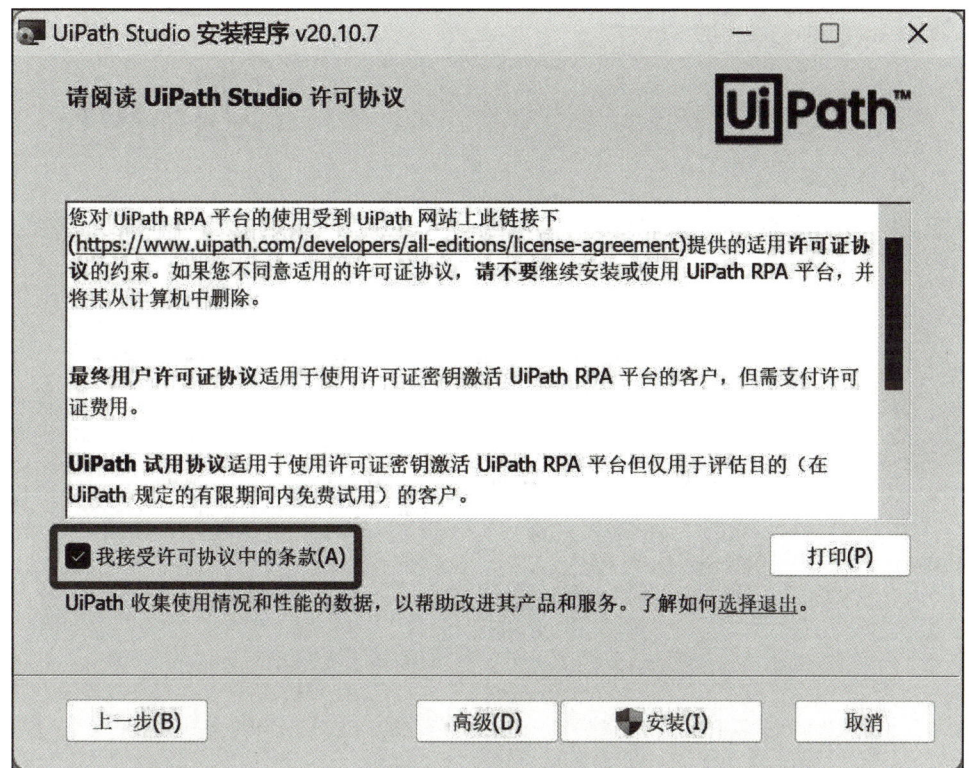

(3)继续点击【安装】。

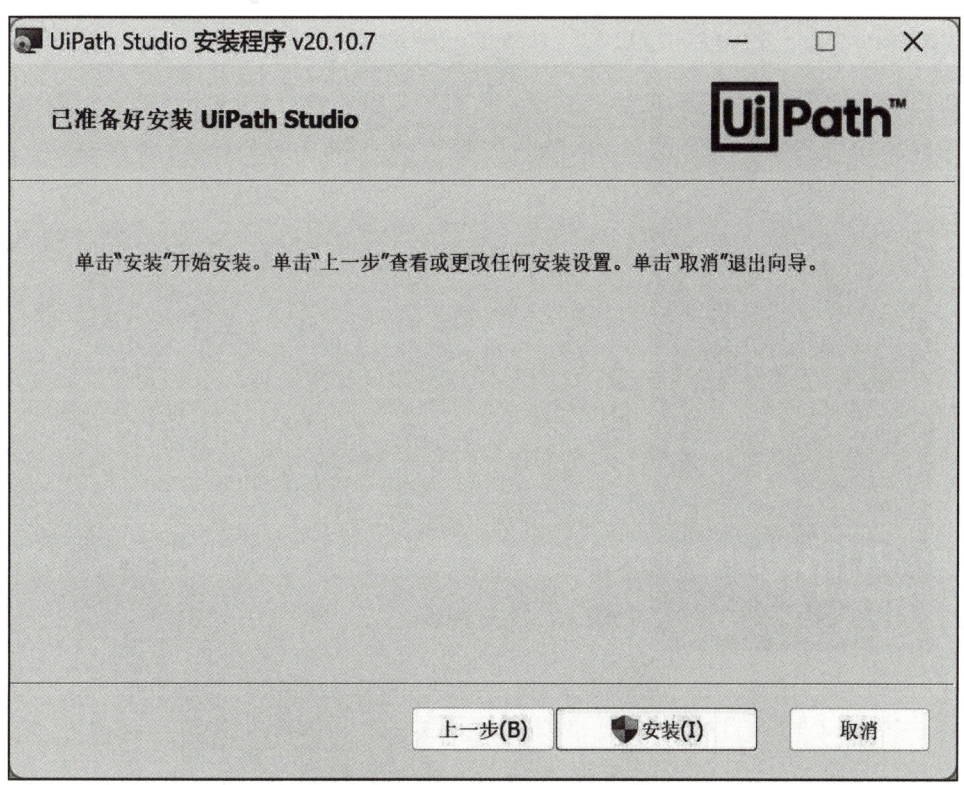

（4）等待安装。

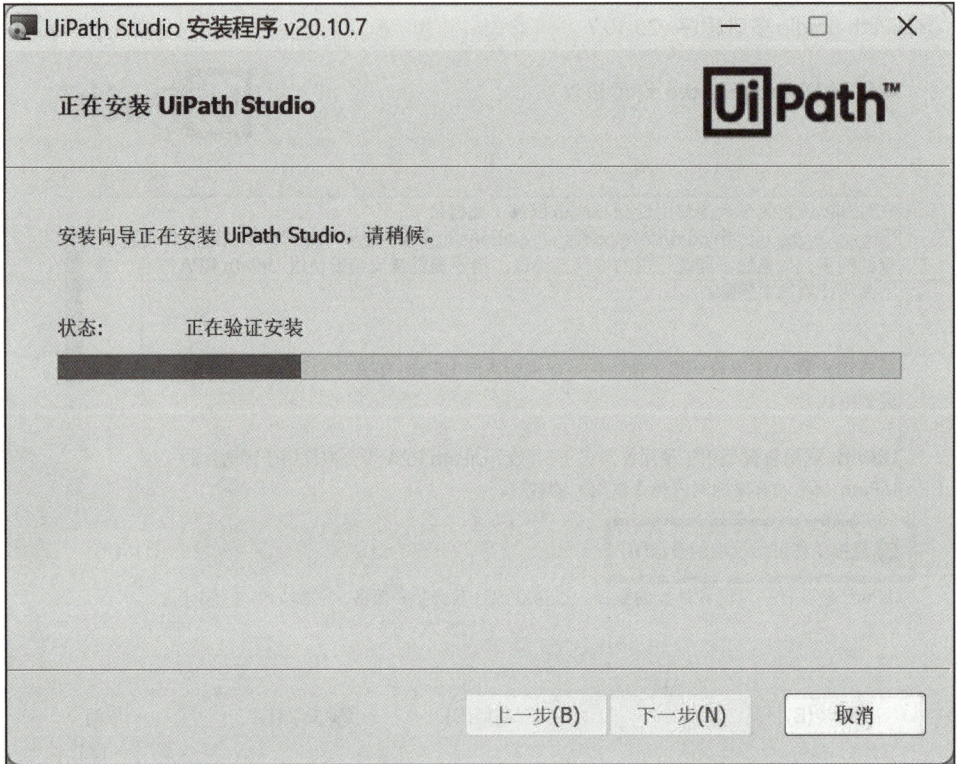

（5）点击【完成】，启动 UiPath Studio。

（6）点击【More Options】。

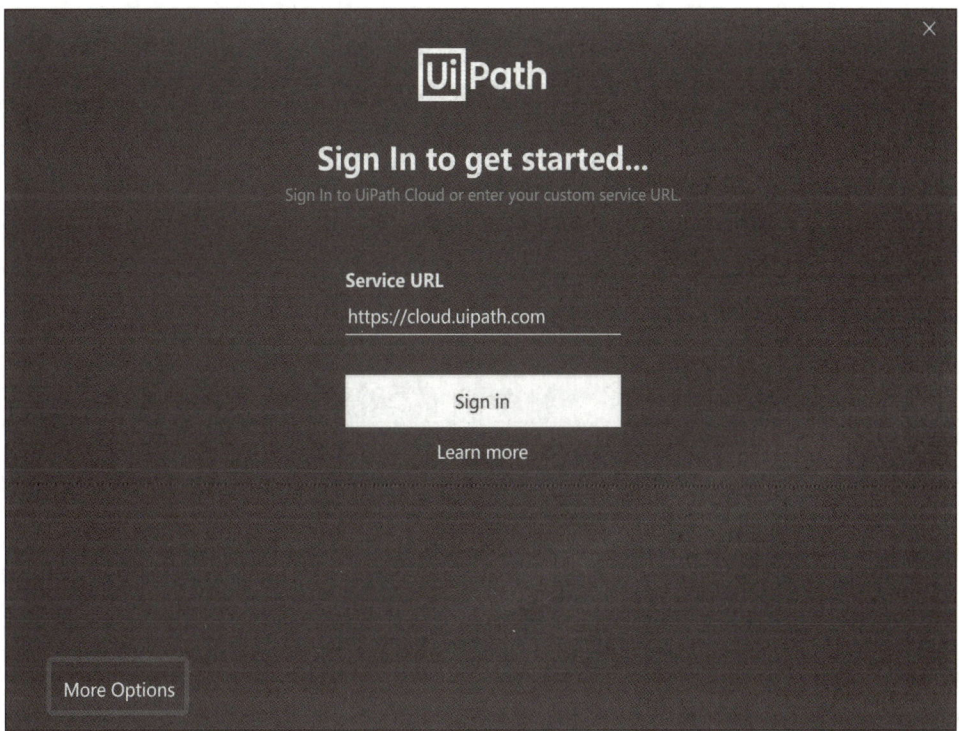

（7）点击【Standalone Options】。

(8)填写许可证密钥,即激活码。

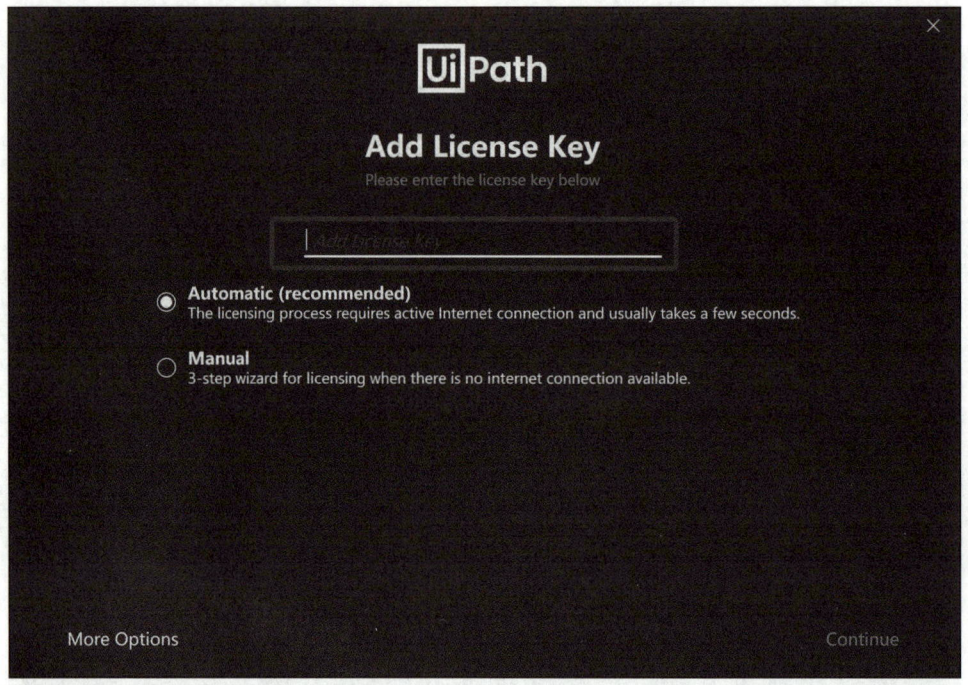

(9)创建自动化流程。

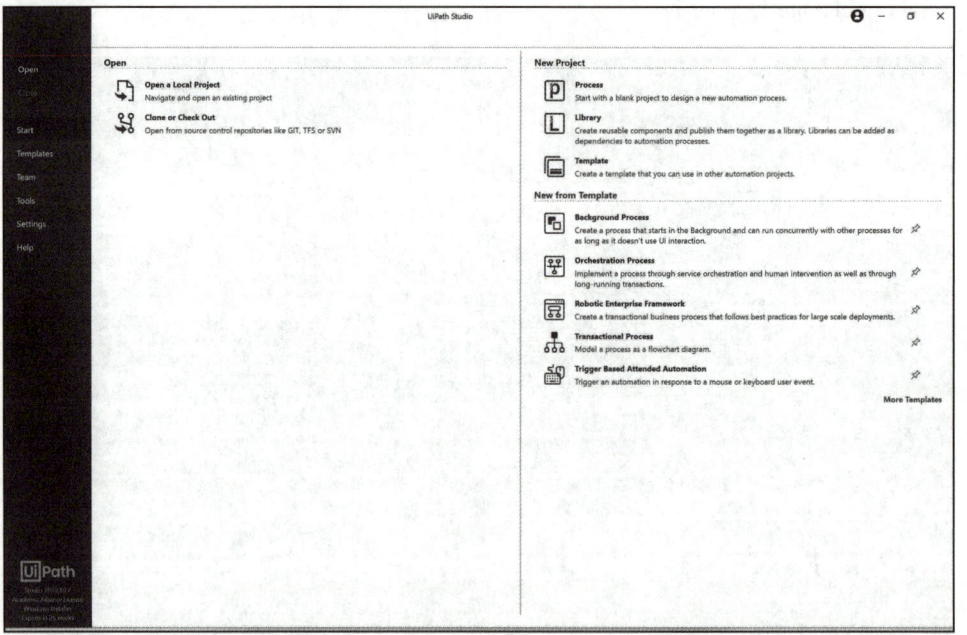

三、配置 UiPath 教育版软件环境

安装完成后需要对以下几个方面进行适当的配置:①界面语言。UiPath 界面主语言是英语,可以切换为中文以方便使用。②管理源。有些活动组件在国外服务器,可以配置为国内源以方便使用。③安装浏览器扩展程序。在后续财务机器人的开发中,需要控制浏览器进行相关操作,所以应安装浏

览器扩展程序。

（1）点击【Settings】配置语言，选择"中文（简体）"。

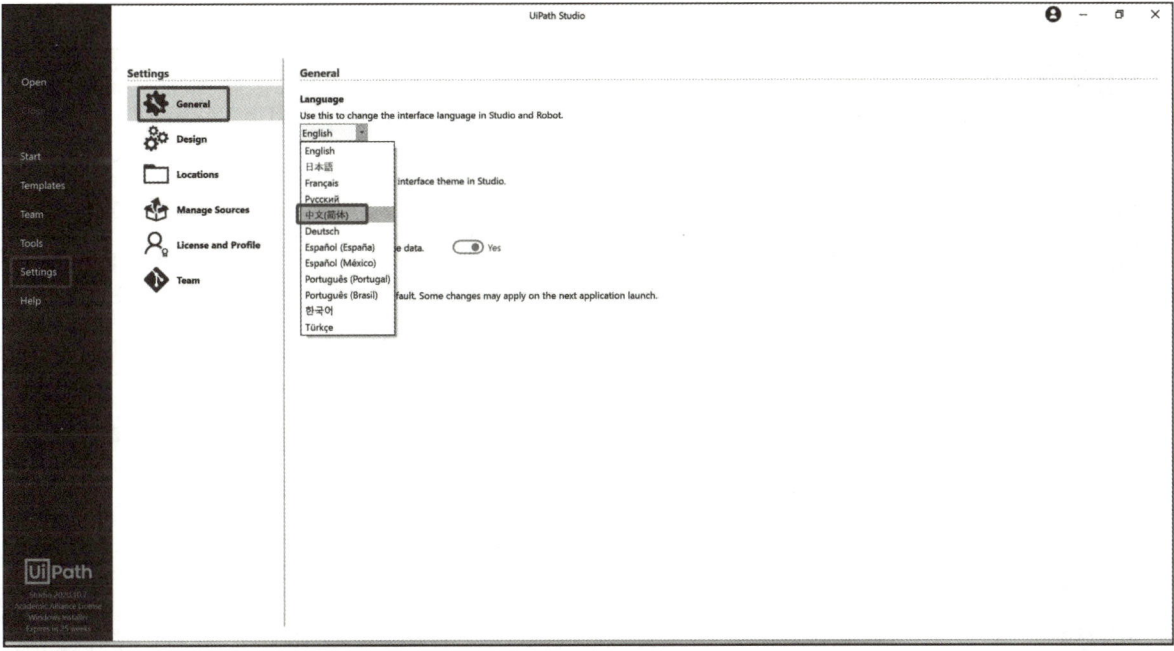

（2）点击【设置】配置管理源信息。

科云源地址：http://keyun-nuget.acctedu.com/v3/index.json。

国内源地址：https://nuget.cdn.azure.cn/v3/index.json。

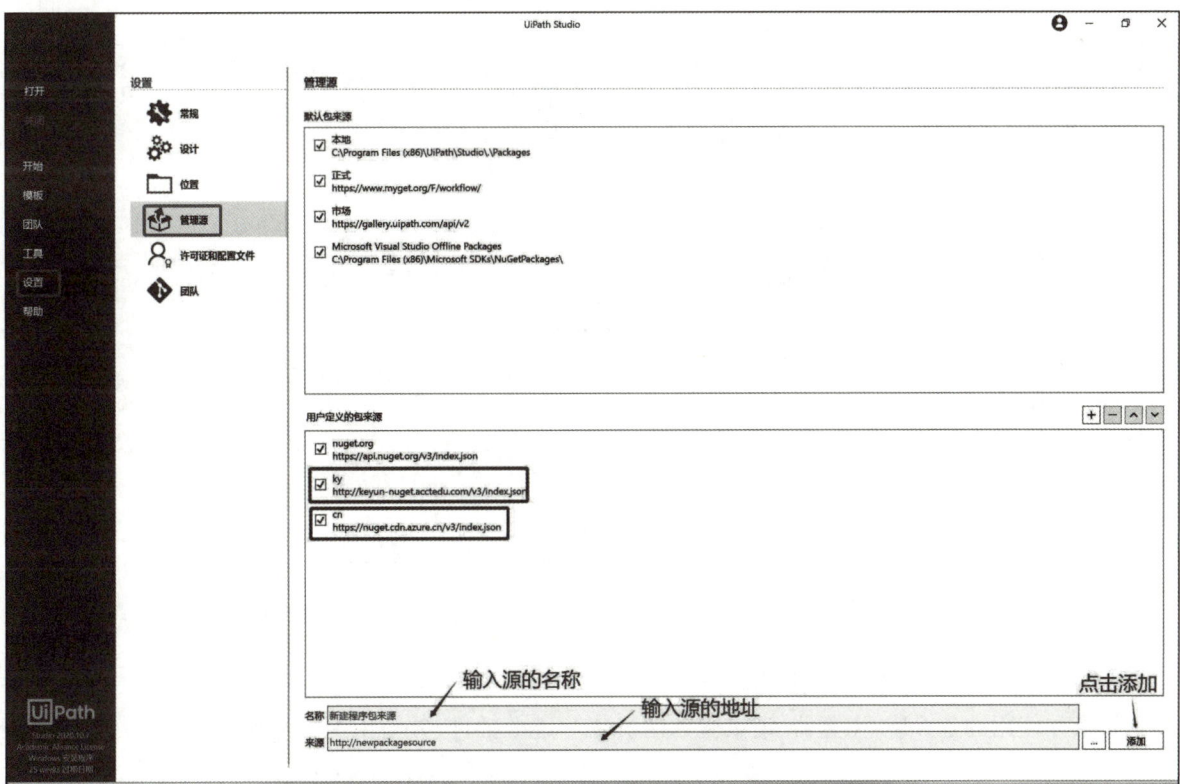

（3）安装浏览器扩展程序。

1）点击【工具】，单击"Chrome"图标。

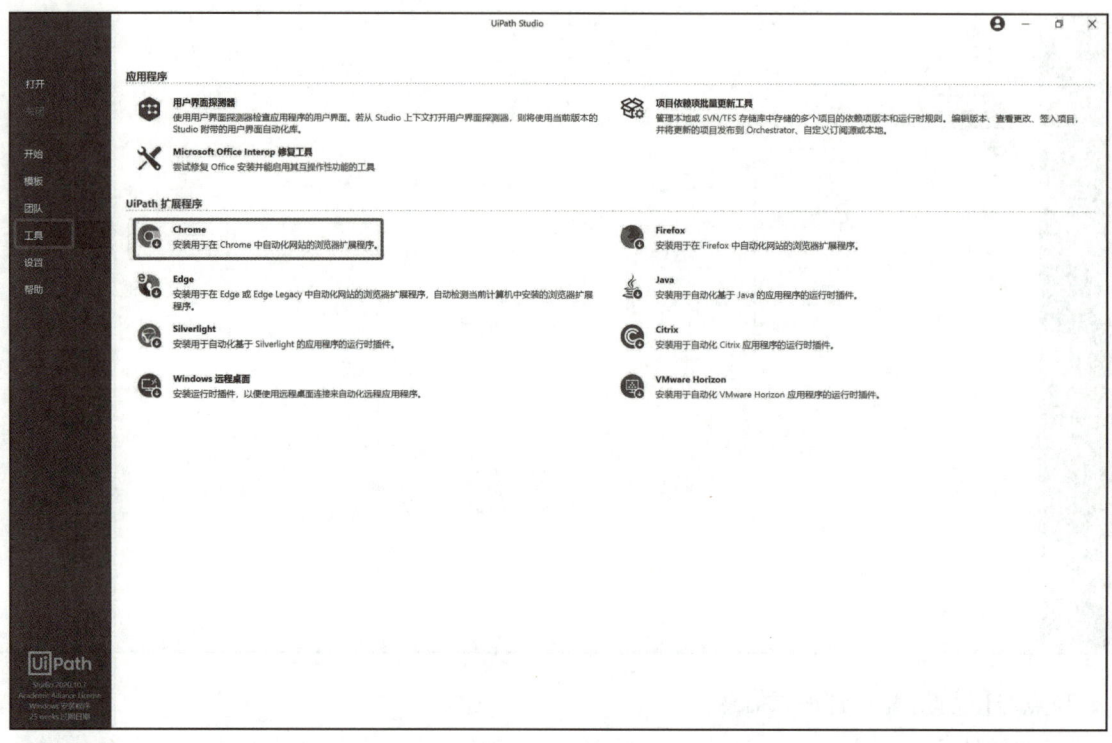

2）打开谷歌浏览器，在浏览器输入框中输入"chrome://extensions"。点击 UiPath 扩展程序右下角图标，将其设置为开启状态。

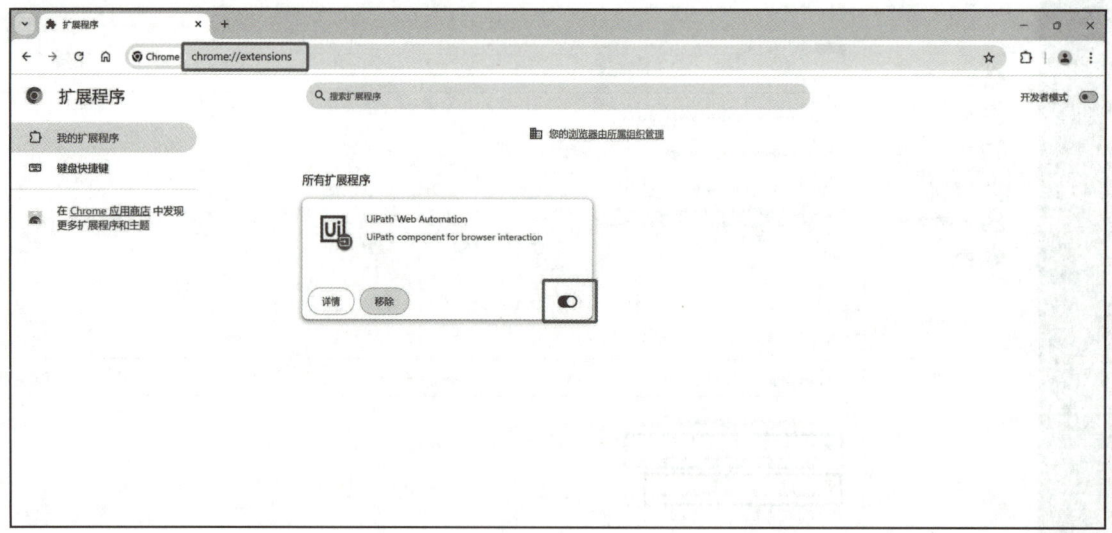

练一练

如果你使用的是 Edge 浏览器，请试验如何安装 UiPath 插件，并写出配置步骤。

任务评价

序号	技能评分	佐证	是否达标
1	申请下载 UiPath 教育版软件及注册激活码	能够完成 UiPath 教育版软件下载及注册激活码申请	
2	安装 UiPath 教育版软件	能够完成 UiPath 教育版软件的安装	
3	配置 UiPath 教育版软件环境	能够完成 UiPath 教育版软件环境配置	

序号	素质评分	佐证	是否达标
1	不同场景下软件安装能力	能够完成软件安装	
2	排除错误过程中的信息检索能力	能够通过网络查找错误解决方案	
3	协同创新能力	能够和团队成员头脑风暴,协同完成任务	

任务三 财务机器人软件试运行

在软件安装完成后,需要对软件进行试运行。首先,验证功能。所需要的功能是否在软件中均可以实现。其次,确保兼容性。测试软件在不同操作系统、硬件设备和网络环境下的兼容性,能否与其他软件兼容运行,以确保软件能够在各种条件下正常运行等。

任务描述

下载 UiPath 程序,适配数据文件并试运行程序。

练一练

步骤	完成效果及问题
从网站下载程序与数据	
将数据文件目录在程序中进行适配	
运行程序	

项目二
夯实UiPath开发基础

教学目标

知识目标：

1. 了解 UiPath 的基本功能。
2. 了解常用变量的数据类型、运算符。
3. 了解条件分支活动的使用。
4. 了解先条件循环、后条件循环、遍历循环活动的使用。

能力目标：

1. 能够掌握 UiPath 的基本功能。
2. 能够掌握 UiPath 数据类型的转换。
3. 能够掌握 UiPath 基本活动的使用。
4. 能够完成简单 UiPath 程序的开发。

素养目标：

1. 具备独立分析和解决问题的能力。
2. 具备 IT 思维能力。
3. 培育学生跨学科融合的意识。

项目二 夯实UiPath开发基础 | 02

项目导览

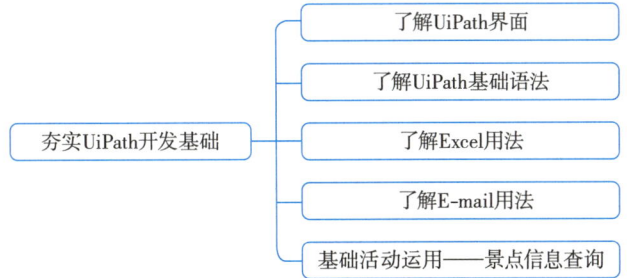

任务一　了解 UiPath 界面

在正式使用 UiPath 之前,需要对 UiPath 的界面有基本了解。UiPath 主要包括三个界面,分别为主页界面、设计界面以及调试界面。

任务描述

1. 了解主页界面。
2. 了解设计界面。
3. 了解调试界面。

一、了解主页界面

1. 主页界面的"开始"选项

主页界面的"开始"选项包括"打开""新建项目""从模板新建"。

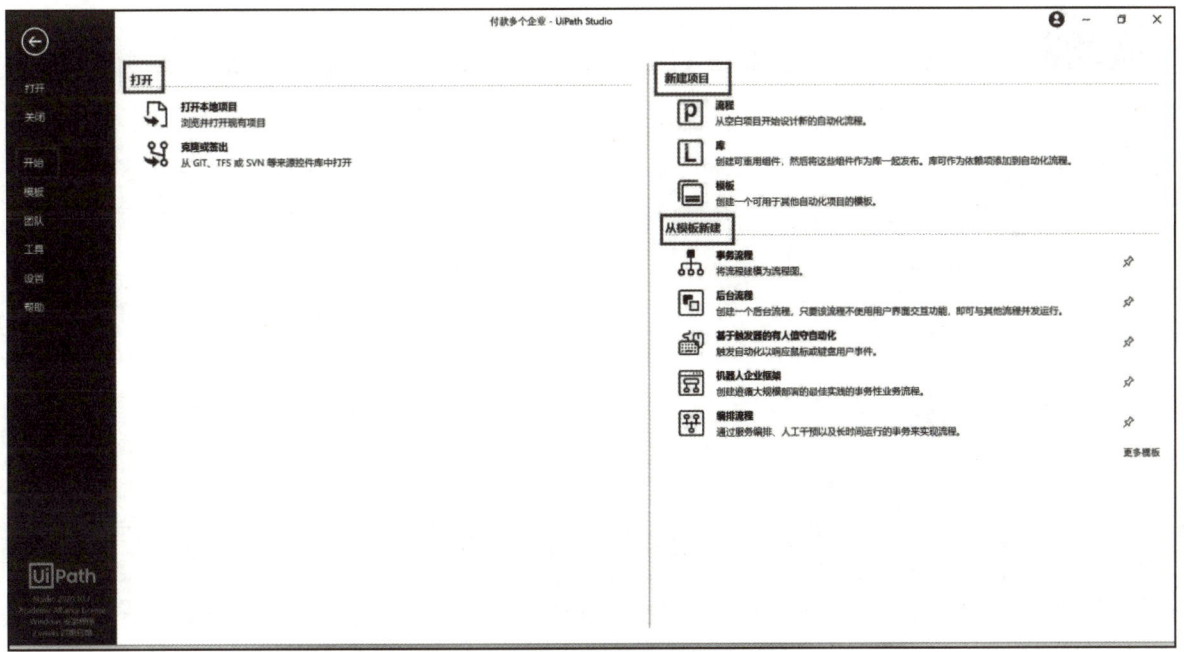

019

练一练

按钮	使用结果
打开	
新建项目	
从模板新建	

2. 主页界面的"工具"选项

主页界面的"工具"选项包括"应用程序""UiPath 扩展程序"。

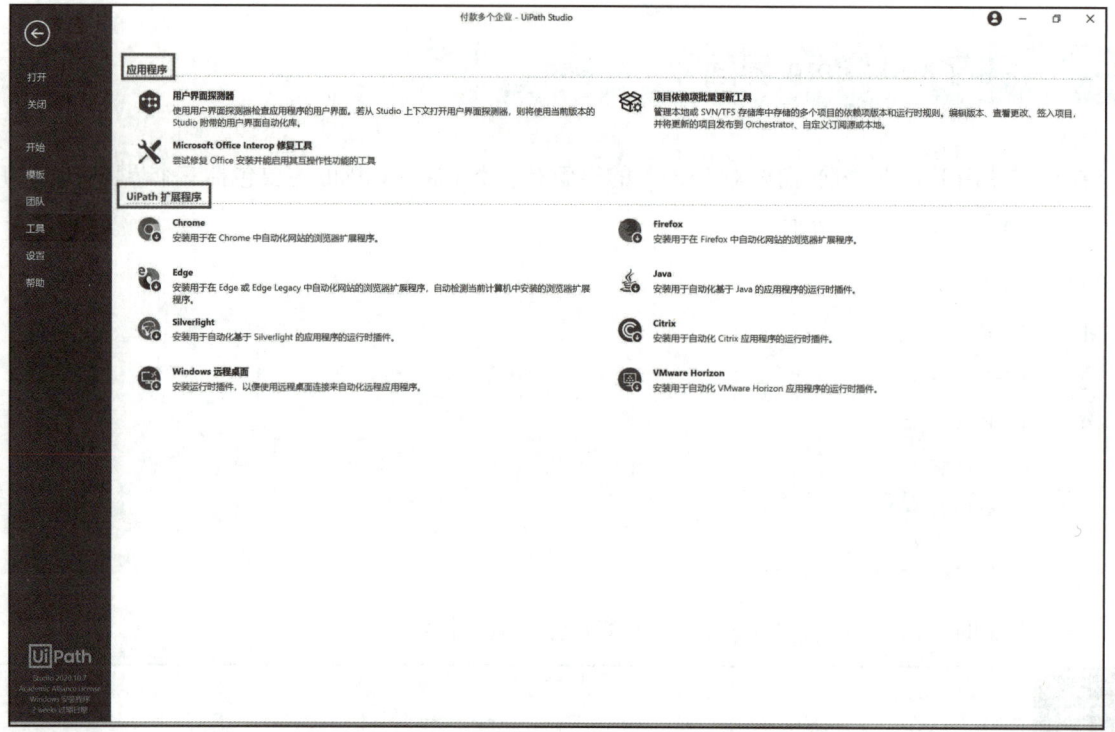

练一练

按钮	任务
应用程序	请配置某一应用程序
UiPath 扩展程序	请配置某一扩展程序

二、了解设计界面

1. 设计界面"快捷菜单栏"面板

练一练

按钮	使用结果
新建	
保存	
管理程序包	

2. 设计界面"项目"面板

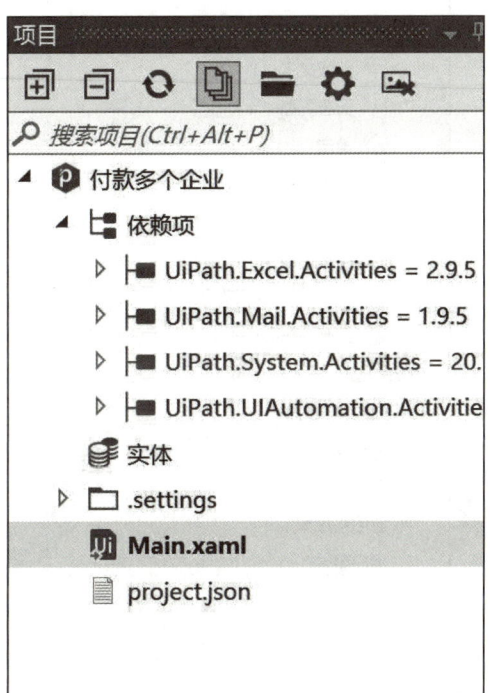

练一练

按钮	使用结果
新建序列	
新建流程图	
新建状态机	

3. 设计界面"活动"面板

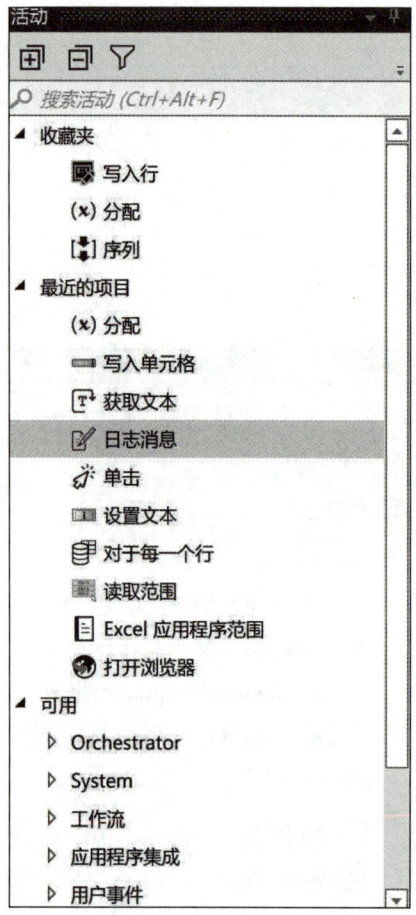

练一练

活动	使用结果
打开浏览器	
设置文本	
Excel 应用程序范围	
消息框	
日志消息	

三、了解调试界面

1. 调试界面"快捷菜单栏"面板

项目二 夯实UiPath开发基础

练一练

按钮	使用结果
调试文件	
断点	
慢步骤	
高亮显示元素	
日志活动	

2. 调试界面"输出结果"面板

可以观察程序运行结果。

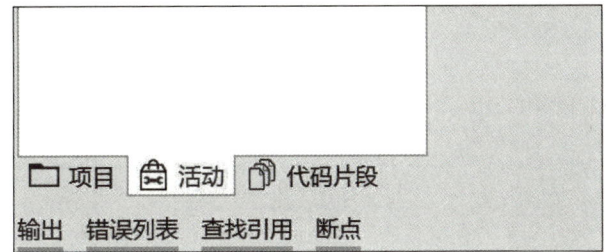

任务二　了解 UiPath 基础语法

任务描述

1. 了解变量。
2. 了解条件判断语句。
3. 了解循环语句。

一、了解变量

在计算机编程中,变量是存储数据的基本单位,其值在程序运行期间可以改变。变量在 UiPath 中扮演着重要角色,是 RPA 编程中不可或缺的一部分。

(一)UiPath 中变量的主要属性

1. 变量的名称

(1)变量名可由字母、汉字、数字和下画线组成。

(2)变量名不可以使用 UiPath 中的保留字,如 date、if、while 等。

(3)变量命名时可以包含数字,但不能用数字开头。例如可以使用 data1,但不能使用 1data。

(4)变量命名时不能包括空格和特殊符号。例如 price data、price#、@price、$price 都不可以使用。

(5)变量命名时不区分大小写,例如 price 与 Price 代表意义相同。

2. 变量的类型

常用变量类型如下表所示。

数据类型	含义	示例	常用转换方法
String	字符串类型	"资产","1000"	CStr( ),ToString( )
Boolean	布尔类型	True,False	
Int32	整数类型	100,-80	CInt( ),Integer.Parse( )
Double	浮点类型	3.14,-5.5	CDbl( ),Double.Parse( )
DateTime	时间日期类型		DateTime.Parse( )
DataTable	数据表类型		
Array of [T]	数组类型,固定长度	{1,2,3},{"资产","负债","所有者权益"}	
List	列表类型,可变长度	new List(of String) from {"华为","小米"}	
Dictionary	字典类型	new Dictionary(of String,String) from {{"101","管理费用"},{"102","销售费用"}}	
Generic Value	泛型	1,"折后价",0.1,2024/5/1	
Image	图片类型		

3. 变量的作用域

变量有效性的范围,即用户自定义的变量可以使用的范围。

4. 变量的默认值

如果在创建变量时未分配任何初始值,则通常会有一个默认规则来分配一个值。例如对于Int32,默认值为0。

(二) UiPath 中变量的创建

1. 从变量的面板中创建

在变量面板中,点击【创建变量】,新增一个变量行,输入变量名称、变量类型、变量范围,即可完成创建。默认值可以选择为空。

2. 从活动的属性面板中创建

在活动的属性面板中,通常为属性—输出的位置,点击鼠标右键创建变量或者使用 Ctrl + K 快捷键,出现设置变量的提示后,输入变量的名称。也可先输入变量名称,全选该变量名称,再点击鼠标右键创建变量或者使用 Ctrl + K 快捷键,出现设置变量的提示后按回车键。创建的变量可在变量面板中查看。

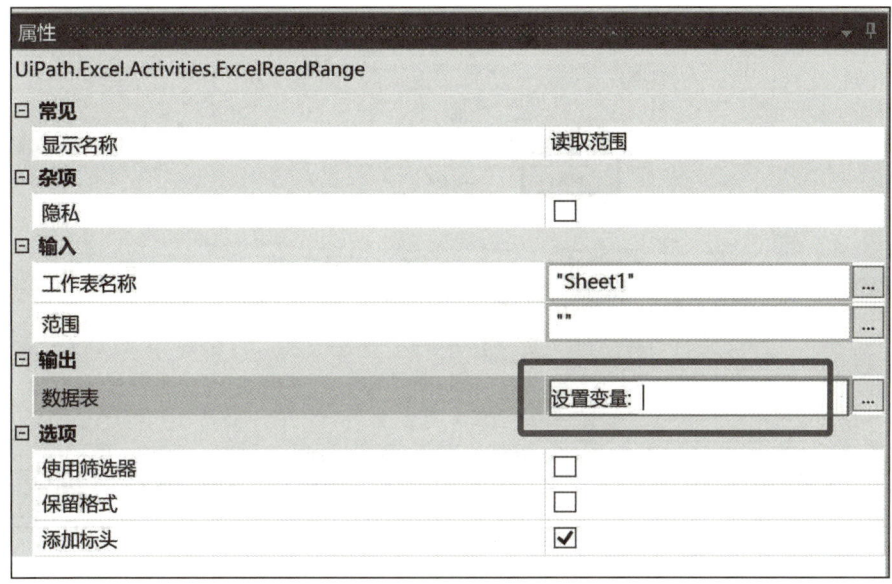

3. 从活动的当前界面中创建

在活动的当前界面中,点击鼠标右键创建变量或者使用 Ctrl + K 快捷键,出现设置变量的提示后,输入变量的名称。也可先输入变量名称,全选该变量名称,再点击鼠标右键创建变量或者使用 Ctrl + K 快捷键,出现设置变量的提示后按回车键。创建的变量可在变量面板中查看。

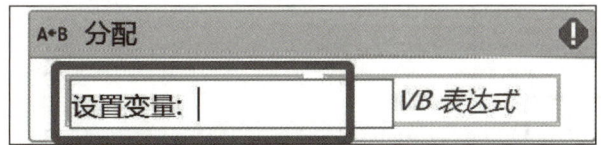

(三) UiPath 中变量名的修改

在变量的使用过程中,如果需要修改变量名称,可以在变量面板中进行修改。

从下图中可以看到,在【分配】和【日志消息】活动中均使用了 profit 变量。

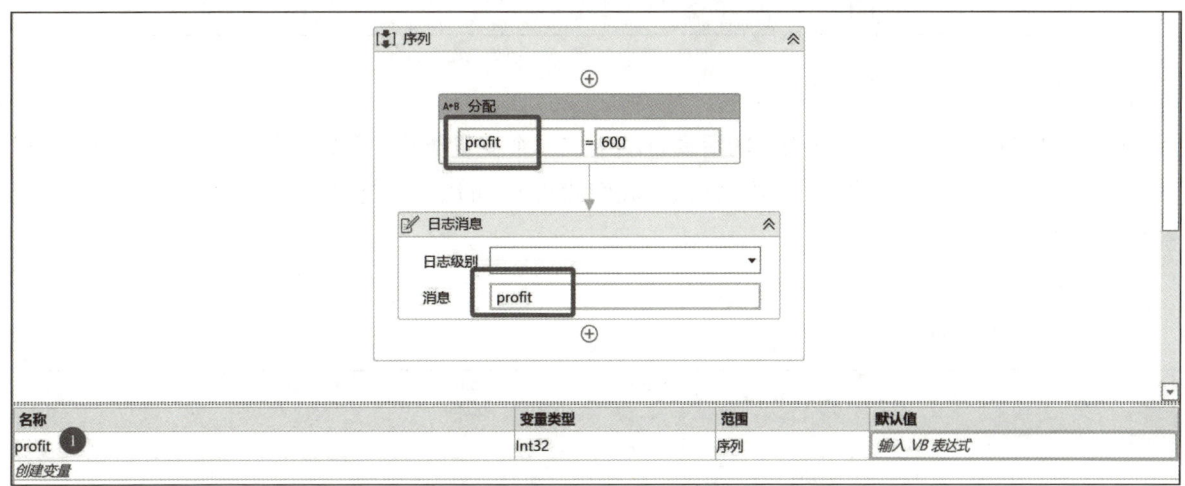

如果需要将变量名改为"利润",则可以直接将变量面板中的"profit"修改为"利润"。从下图中可以看到,在【分配】和【日志消息】两个活动中的变量名均发生了变化。

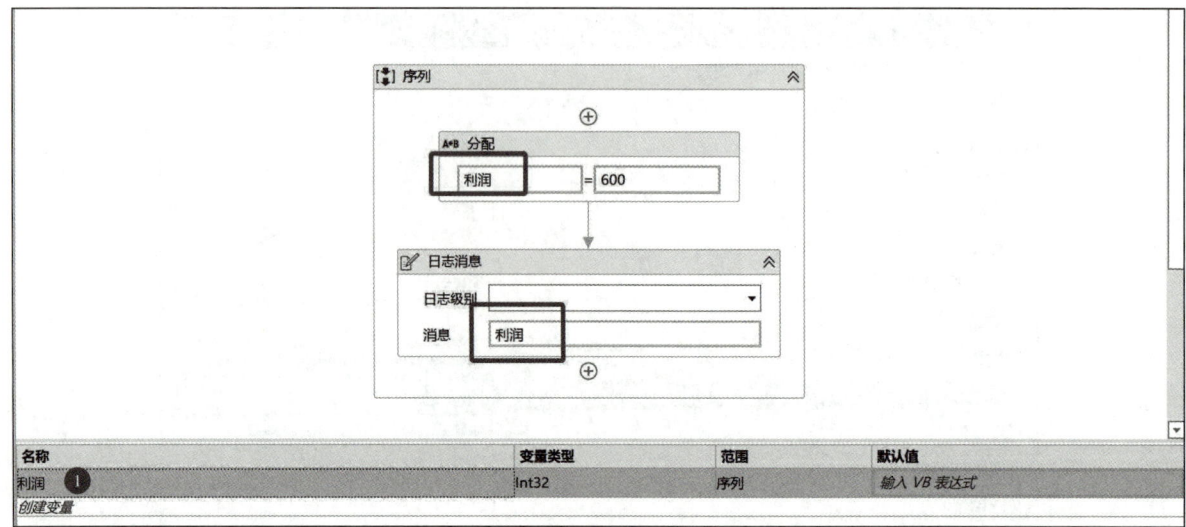

(四) UiPath 中变量的删除

如果需要删除变量名称，可以在变量面板中找到该变量，单击鼠标右键，点击删除，或按键盘上的 Delete 键，即可删除变量。

(五) UiPath 中变量类型的设置

UiPath 中创建变量后会根据当前的活动自动生成一个变量类型，可以根据需要点击"变量类型"下拉框修改设置。若常用的数据类型不能满足我们的需求，可以点击"浏览类型"，在数据类型库中搜索想要的类型。

常见设置如下：

下图中变量"凭证数"为 String 类型。

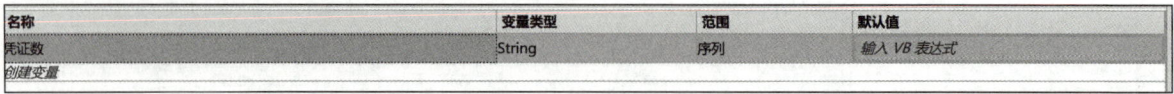

若要将其变成 Int32 类型，则点击"变量类型"下拉框，选中 Int32 即可。

以下是几种常用特殊变量类型的设置：

1. Double 类型

下图中"利润"为 Int32 类型。

若要将其改为 Double 类型，点击"变量类型"下拉框，点击"浏览类型"。在搜索框中输入 double，找到 mscorlib[4.0.0.0] – System – Double，双击选中即可。

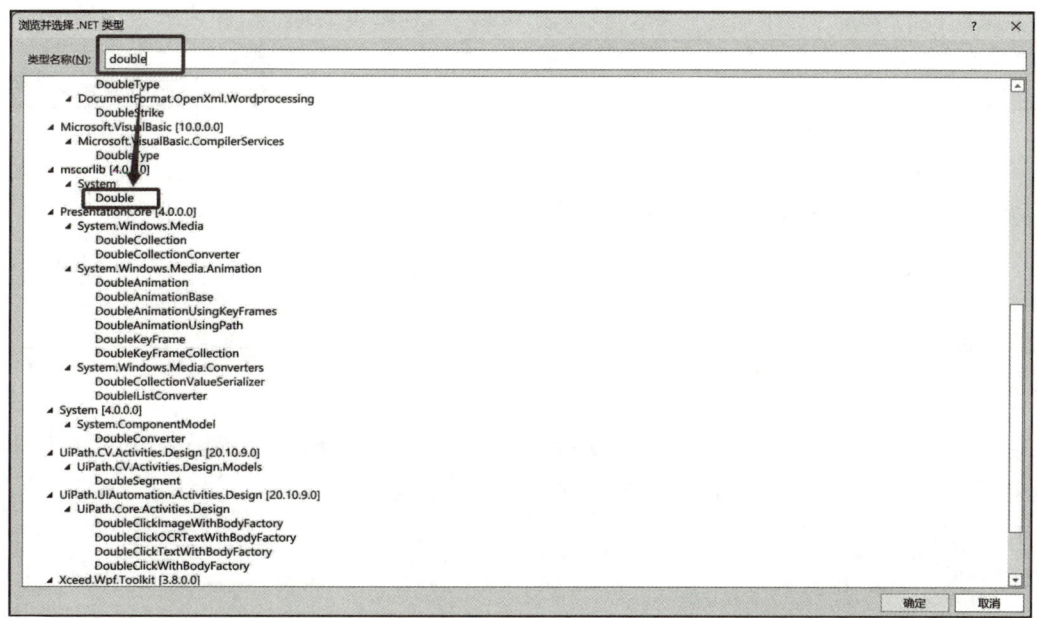

2. Array of [T] 类型

下图中变量名为 arrfiles，变量类型为 String。

将其更改为 Array of [T] 类型，且初始值设定为 {"资产负债表.xlsx","利润表.xlsx"}。已知，arrfiles 为数组类型，数组中各元素为 String（字符串）类型，对应变量类型 Array of [T] 下的 String[]（字符串数组）类型。

点击"变量类型"下拉框，点击 Array of [T]，完成 arrfiles 变量数组类型的设置。

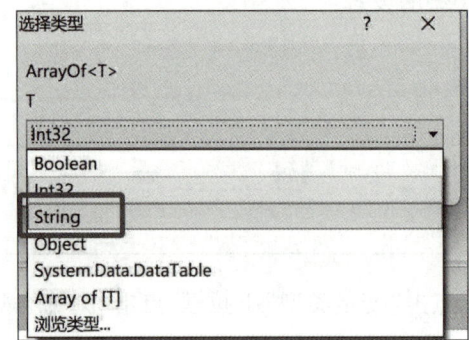

在弹出的"选择类型"窗口中选择 String,完成数组中各元素类型的设置。

在变量面板的"默认值"中输入{"资产负债表.xlsx","利润表.xlsx"},完成数组初始值的设置。

3. Dictionary 类型

下图中变量名为 dict,变量类型为 String。

若要将其改为 Dictionary 类型,初始值为{{"101","管理费用"},{"102","销售费用"}},则点击"变量类型"下拉框,点击"浏览类型"。在搜索框中输入 dictionary,找到 mscorlib [4.0.0.0] – System. Collections. Generic – Dictionary <TKey,TValue> 双击选中。

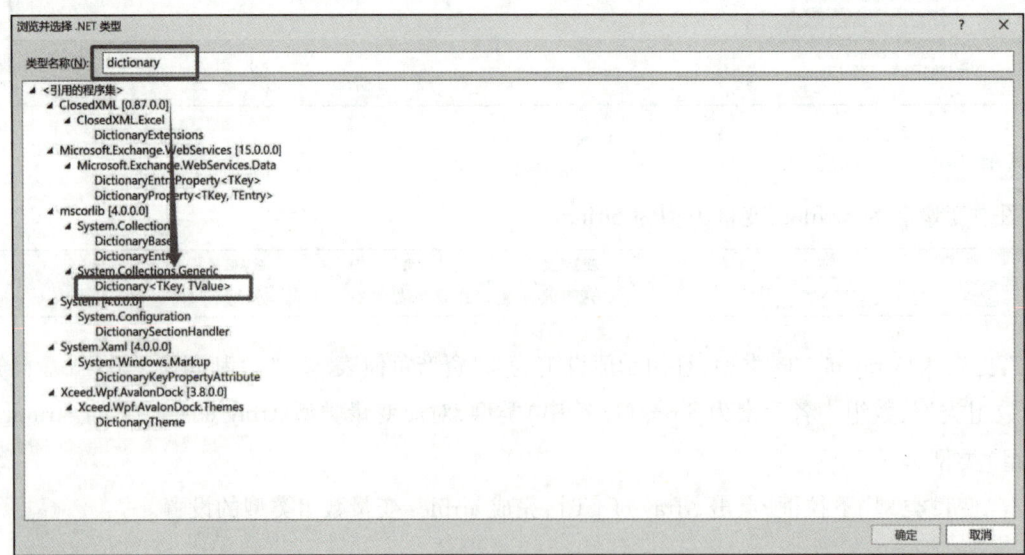

在弹出框中选择 String 完成字典中键和值的设置。

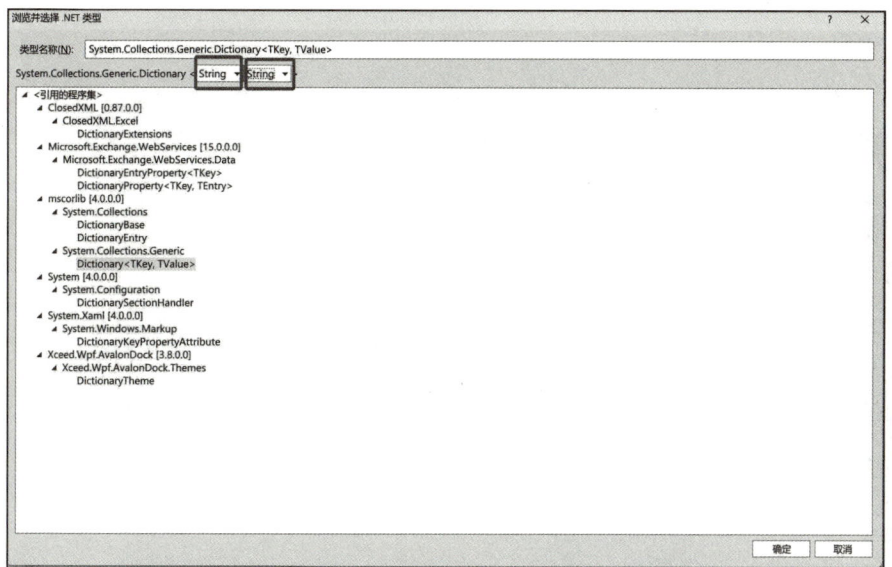

在变量面板的"默认值"中输入 new Dictionary(of String, String) From {{"101","管理费用"},{"102","销售费用"}}。

(六) UiPath 中变量类型的转换

在 UiPath 中,不同的变量类型可以相互转换,用于数据的格式化输出、计算等。常见变量类型转换方法如前表所示。

如果变量 dateStamp 值为 2024/8/31,变量 acct 值为资产,变量 amount 值为 600000.56,其中 dateStamp 为日期时间型, acct 为字符串型, amount 为浮点型,数据类型不一致,要输出"2024 年 8 月 31 日 资产=600000.56"需要进行变量的转换与字符串的拼接操作。表达式如下:

dateStamp. ToString("yyyy 年 mm 月 dd 日") + acct + " = " + amount. ToString

(七) 开发练习

任务导入

设计一个 RPA 程序,可以让用户输入收入和成本,消息框显示利润。

任务分析与设计

主要步骤如下:

(1)用户输入收入和成本。

(2)显示利润。

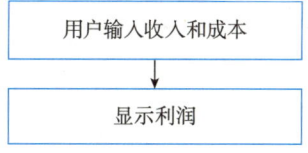

任务实施

1. 操作准备

（1）打开 UiPath 软件，点击"流程"，创建新流程。

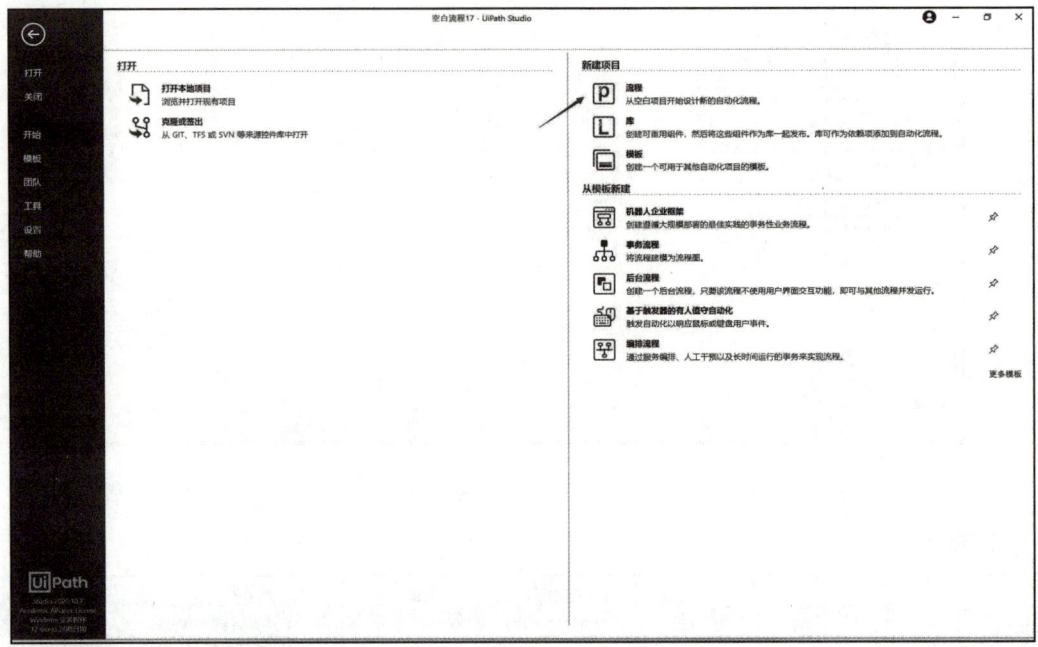

（2）设置好项目流程名称及保存路径。

新建项目流程，命名为"利润计算"。

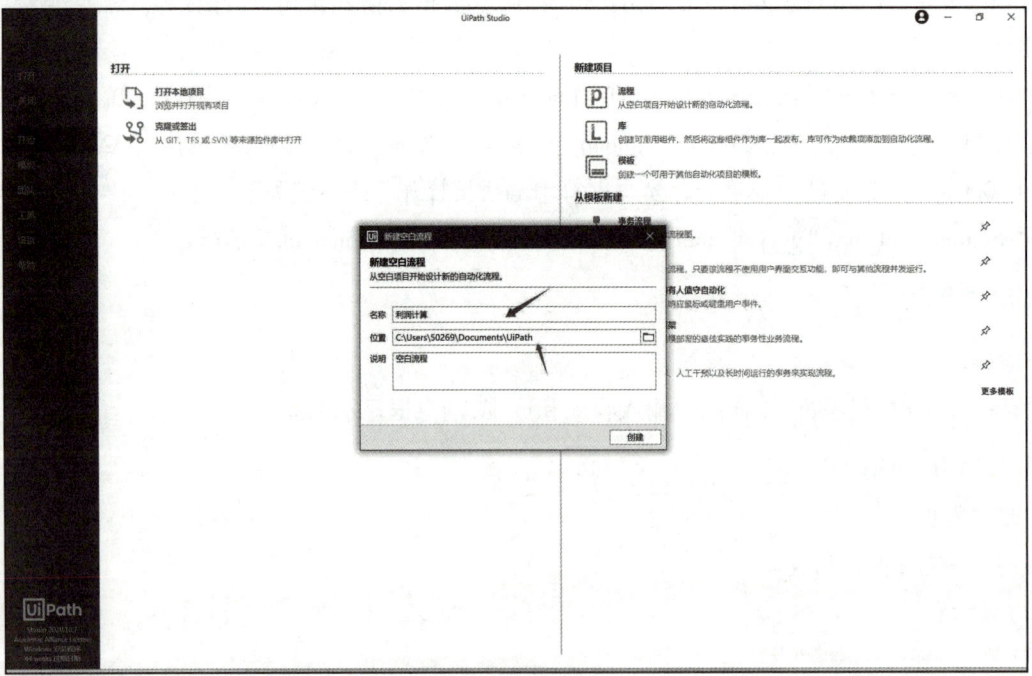

(3)等待加载完毕,进入编辑界面封面。

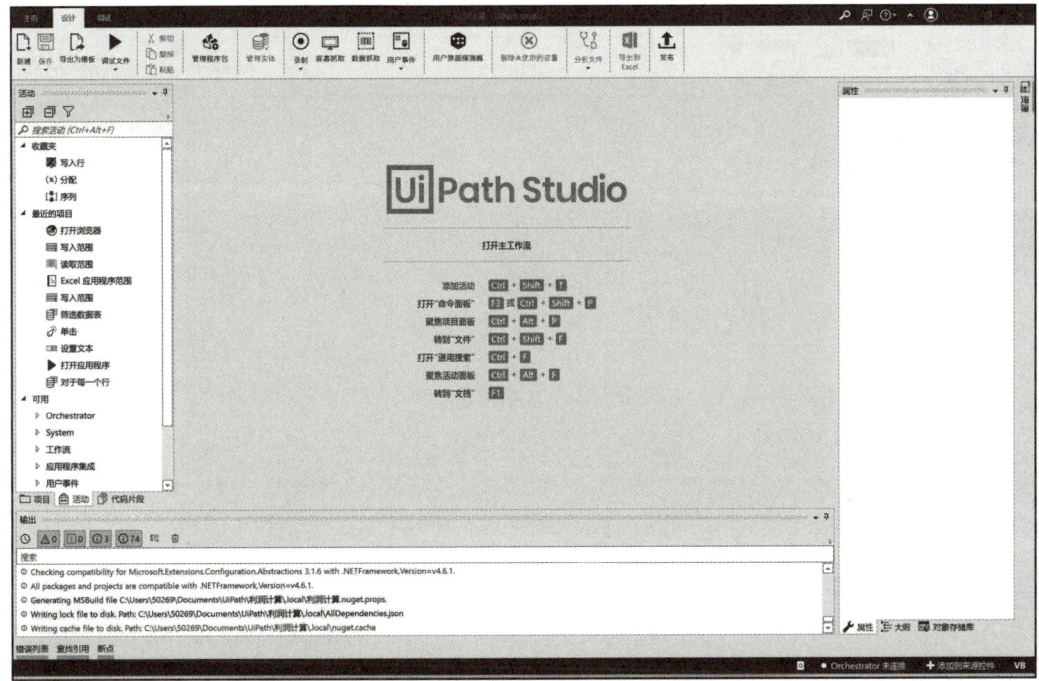

(4)添加新序列。

因为整体流程不太复杂,直接双击 Main.xaml,在主流程中创建工作流程。

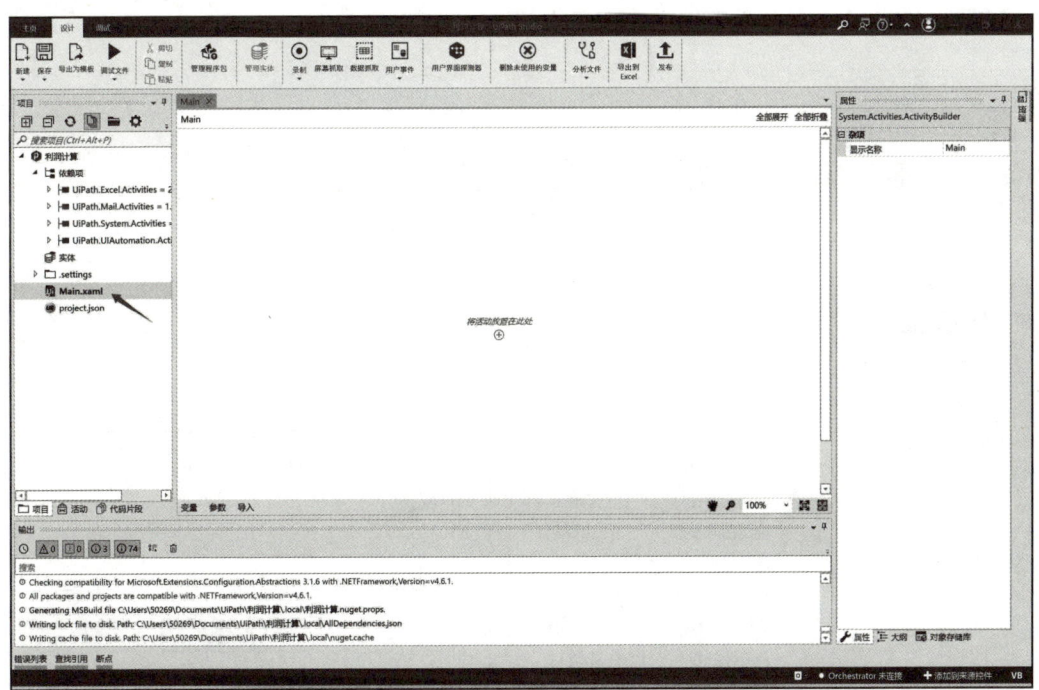

2. 流程制作

流程1:用户输入收入和成本

在下图①处点击⊕,在②处输入要添加的活动名称:输入对话框。该活动用于设置输入的收入和成本信息。

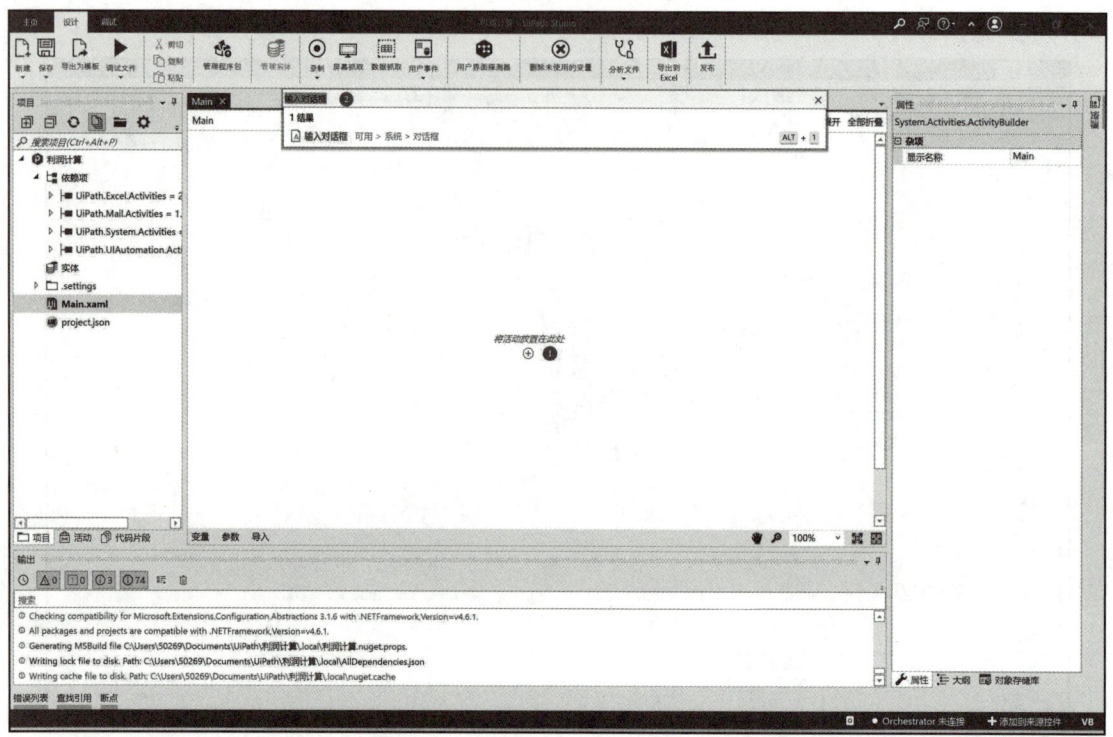

设置输入对话框的属性。在对话框标题处输入"信息输入",输入标签处输入"请输入收入:",输入类型设置为文本框。对应输入框信息如下图所示。在已输入的值处单击鼠标右键或者按 Ctrl + K 快捷键,创建变量,将输入的收入数据存入变量中,此处设置变量名为 income。

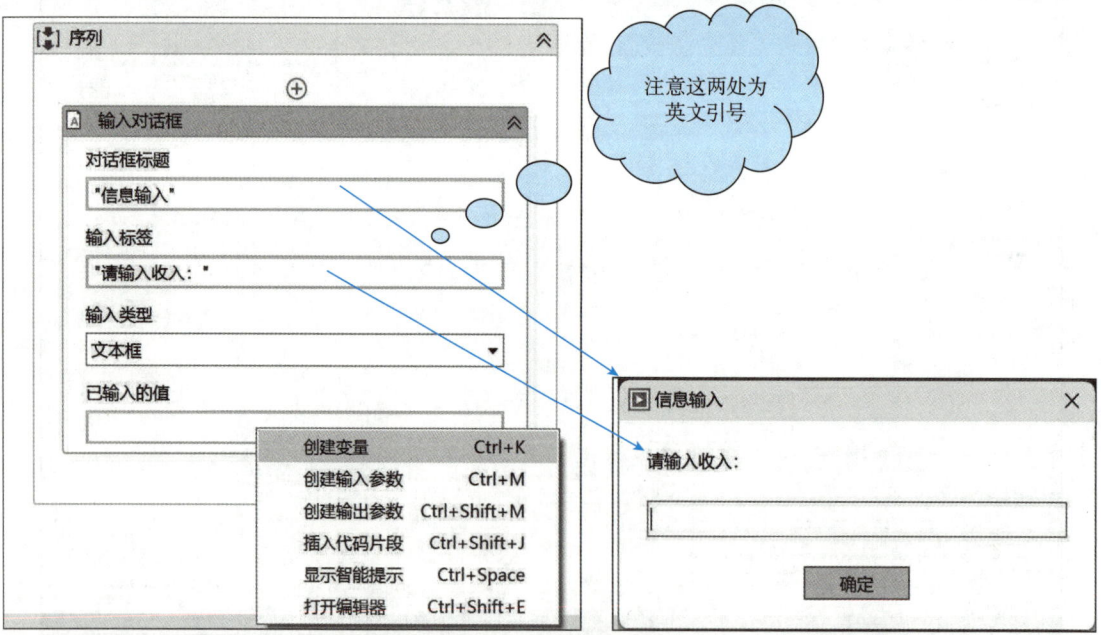

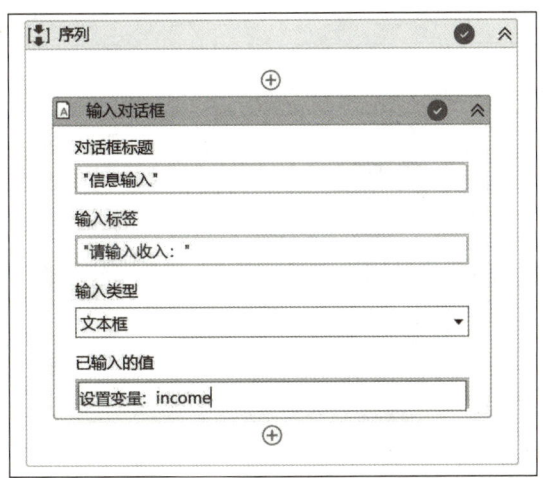

点击变量处，可以看到 income 的变量类型为 String。收入为数字，但此处默认为字符串，需将其转换为数字类型。此处为简便起见设置为 Int32 类型，即整数类型。

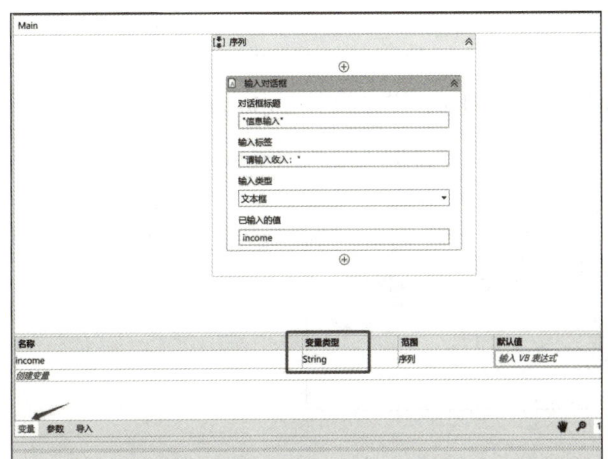
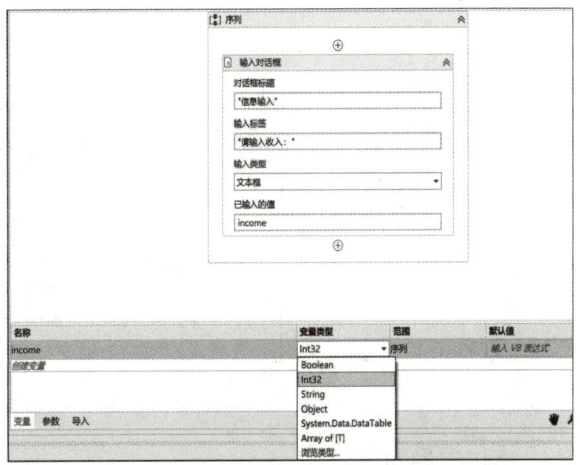

同理设置成本输入对话框。在对话框标题处输入"信息输入"，输入标签处输入"请输入成本："，输入类型设置为文本框。在已输入的值处单击鼠标右键或按 Ctrl + K 快捷键创建变量，此处设置变量名为 cost，变量类型改成 Int32。

流程2：显示利润

点击下图中 ⊕，输入要添加的活动名称为消息框。该活动用于显示计算的利润。

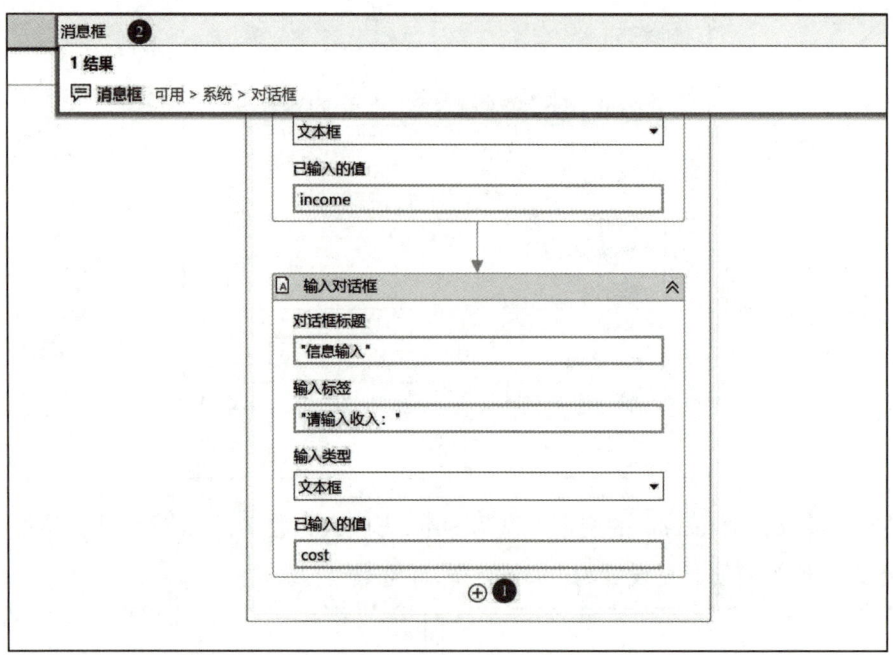

在消息框中输入"利润 = " + Cstr(income – cost)。因为"利润 = "是字符串,income – cost 是整数,字符串和数字不能直接连接在一起,此处统一用字符串格式输出,使用 CStr 函数可以将 income – cost 运算的结果转换为字符串格式。

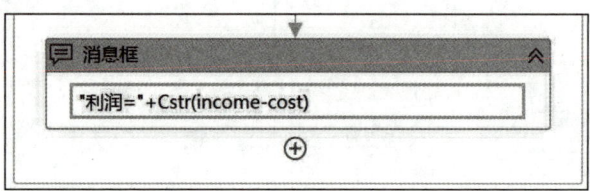

运行结果如下:

输入收入 100、成本 40 后,消息框提示"利润 = 60"。

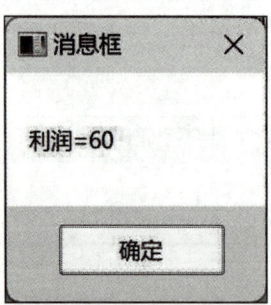

思考:如果收入、成本、利润变量的数据类型为 Double,程序如何修改?

练一练

请设计一个 RPA 程序,可以让用户输入商品价格和折扣率,消息框显示折后价。写出程序流程、所使用的活动,并上机完成。

二、了解条件判断语句

子任务一　了解简单条件判断

(一) 简单条件判断基本思路及实现方法

如果满足条件,则执行条件代码1。如果不满足条件,则执行条件代码2。流程图如下:

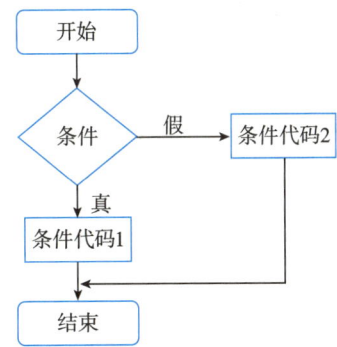

UiPath中提供两种简单条件判断的实现方法,序列中的实现方法为调用【IF条件】活动。

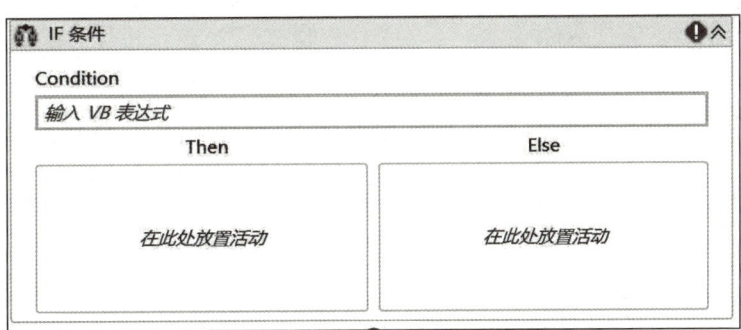

流程图中的实现方法为调用【流程决策】活动。

一般简单的流程可以用序列中的【IF条件】活动来实现,但涉及较复杂的流程时则用流程图中的【流程决策】活动来实现较为方便。

(二) 开发练习

任务导入

设计一个RPA程序,根据文本信息中是否含"销售"两个字,对话框显示是否涉及销售费用。

任务分析与设计

主要步骤如下:
(1) 设置文本信息。

（2）根据文本信息判断输出是否涉及销售费用。

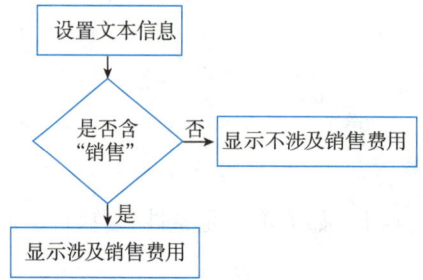

任务实施

1. 操作准备

（1）打开 UiPath 软件，点击"流程"，创建新流程。

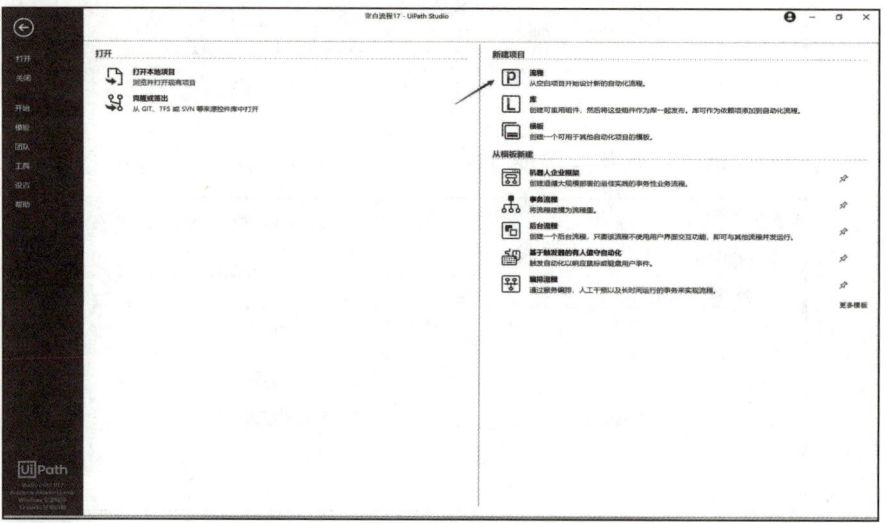

（2）设置好工程文件名称及位置。

此案例中工程名称为"简单条件判断"。

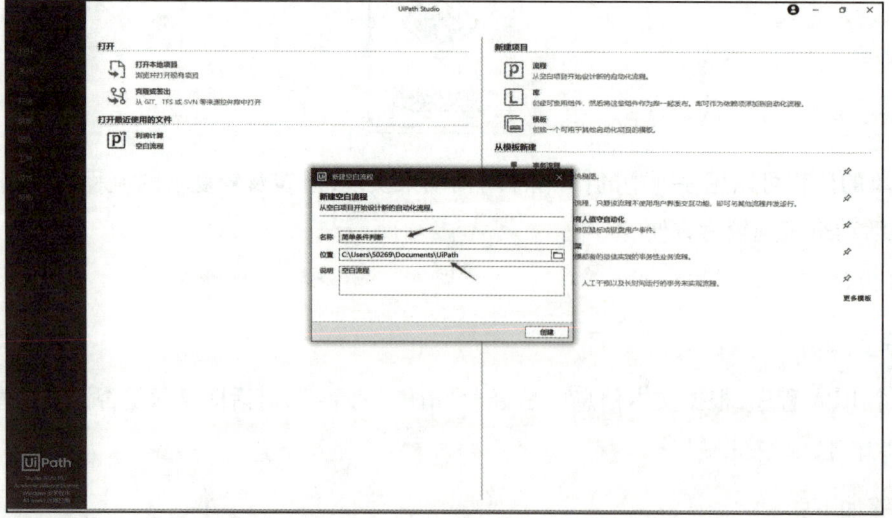

（3）添加新序列。

因为整体流程不太复杂，直接双击 Main.xaml，在主流程中创建工作流程，此处用序列中的【IF 条件】活动来实现。

2. 流程制作

流程1：设置文本信息

在下图①处点击⊕，在②处输入要添加的活动名称：分配。该活动用于设置文本信息。

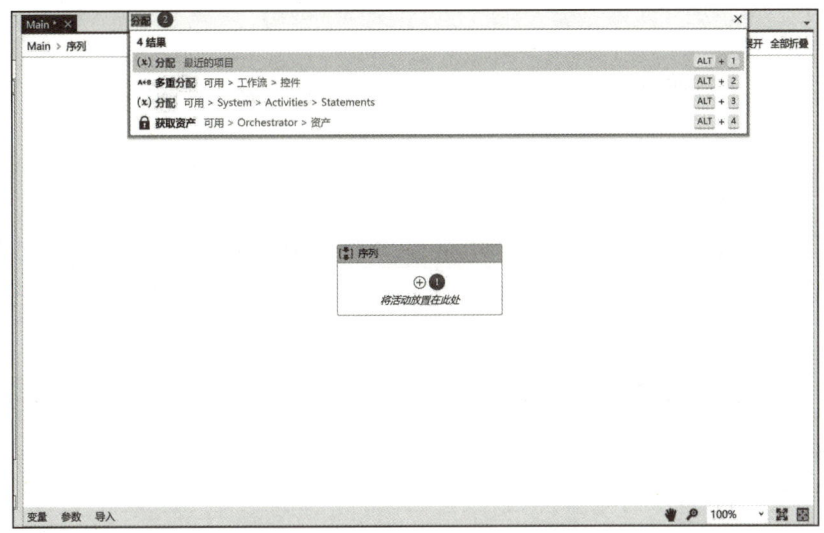

设置【分配】活动信息。在下图①处，单击鼠标右键或者按 Ctrl + K 快捷键，创建变量 info。在②处设置变量值为"销售1部"。

流程2：根据文本信息判断输出是否涉及销售费用

使用序列中的【IF 条件】活动来完成。在下图①处点击⊕，在②处输入要添加的活动名称：IF 条件。

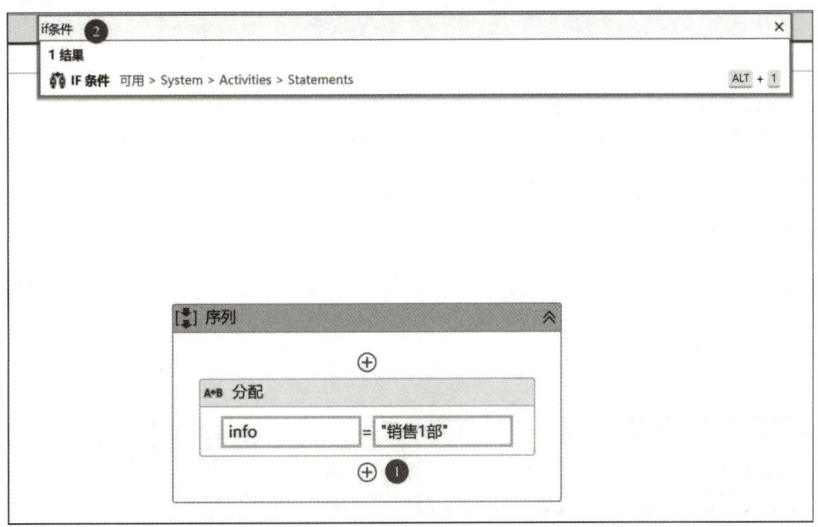

在"IF 条件"中输入判断条件：info.contains("销售")。该表达式的含义为使用函数 contains 判断 info 变量的文本中是否包含"销售"两个字。

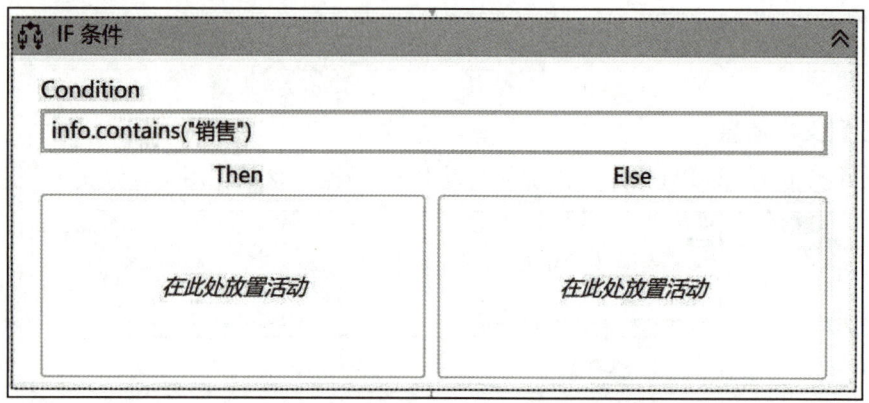

设置条件满足时的语句及不满足时的语句。在下图左侧①处选中"活动"选项卡，在②处输入活动为"消息框"，然后选中【消息框】活动将其添加至③处，设置条件满足时的输出信息："涉及销售费用"。

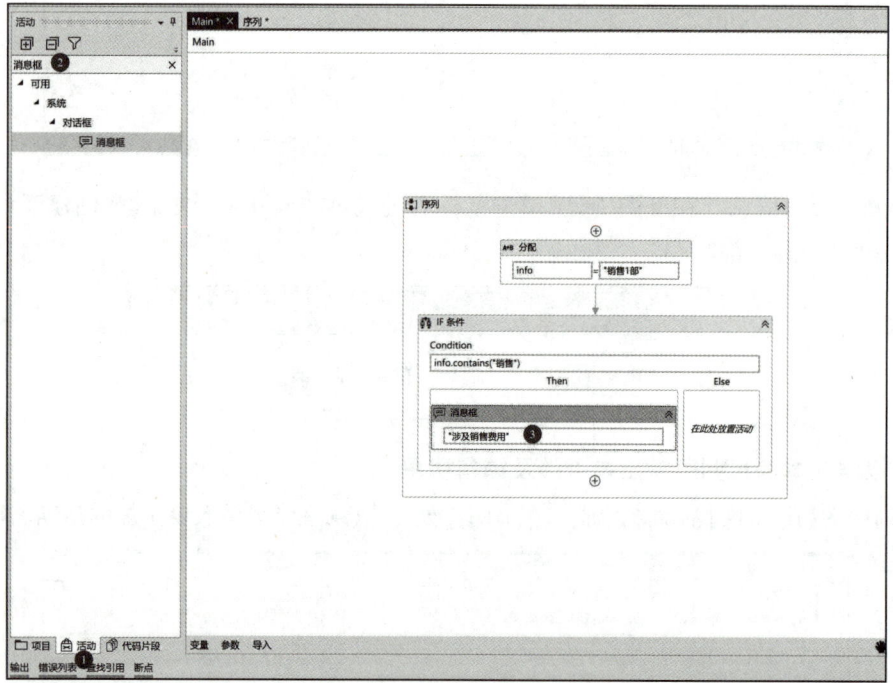

同样，设置条件不满足时的语句。将下图左侧 Then 中的消息框复制到右侧 Else 中，设置条件不满足时的输出信息："不涉及销售费用"。

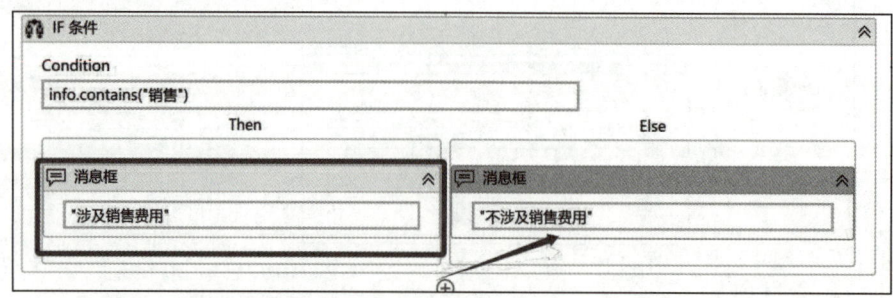

运行并调试程序,可以修改 info 变量值为不含"销售"两个字的信息,如人力资源部,查看程序运行结果。

练一练

设计要求	实践流程图、所需活动
设计一个 RPA 程序,根据出勤天数是否大于等于 22 天,对话框显示是否奖励 200 元	

子任务二 了解嵌套条件判断

(一)嵌套条件判断基本思路及方法

如果满足条件 1,则执行条件代码 1,如果不满足条件 1,满足条件 2,则执行条件代码 2……如果不满足前 n 个条件,则执行条件代码 $n+1$。流程图如下:

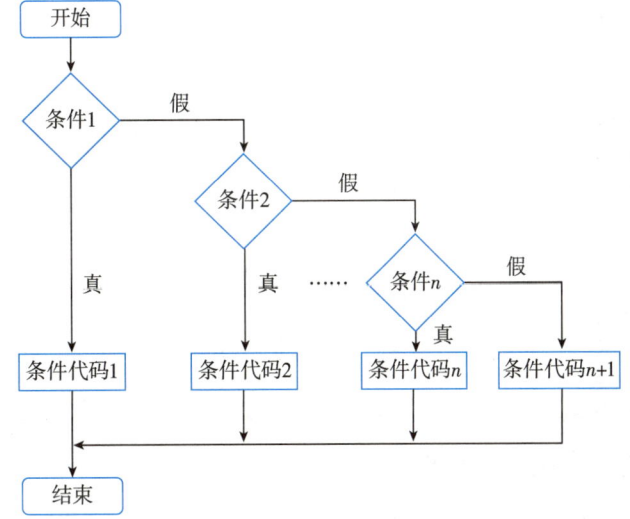

(二)开发练习

任务导入

设计一个 RPA 程序,根据所提供的供应商评价得分,判断企业的类型。具体判断标准如下表所示。

分值(分)	客户类型
≥90	重要客户
80~90	重点客户
<80	一般客户

任务分析与设计

主要步骤如下:
(1)设置企业分值。
(2)根据企业分值判断输出企业类型。

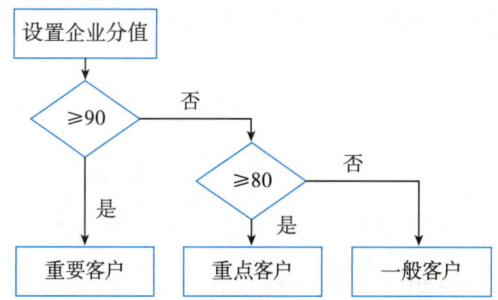

任务实施

1. 操作准备

(1)打开 UiPath 软件,点击"流程",创建新流程。

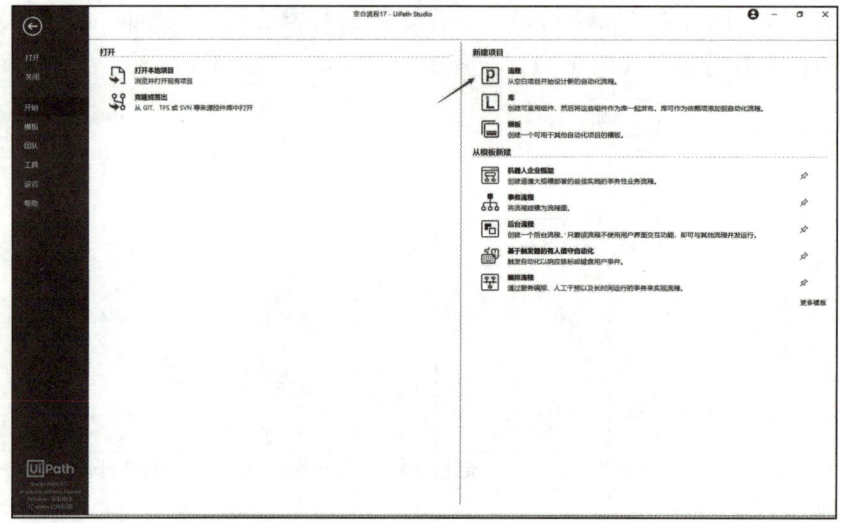

(2)设置好工程文件名称及位置。

此案例中工程名称为"嵌套条件判断"。

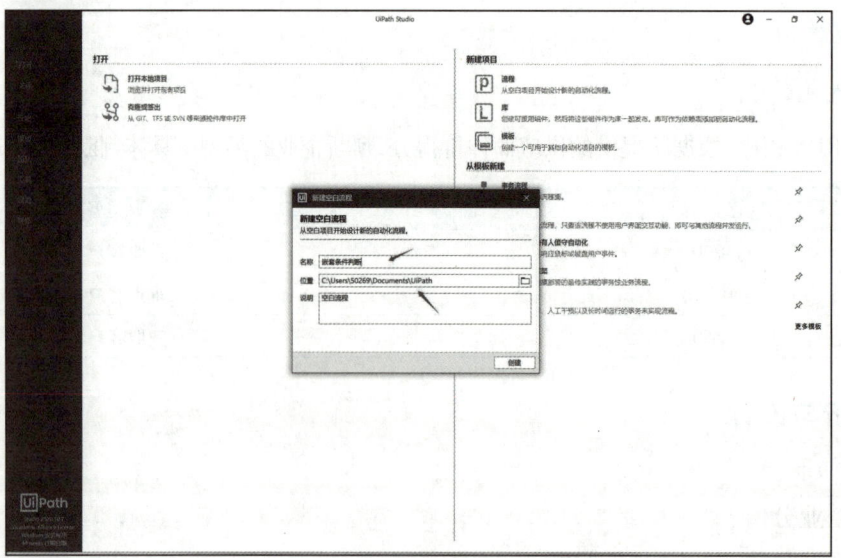

(3)添加新序列。

双击 Main.xaml,在主流程中创建工作流程。因为流程相对比较复杂,使用流程图中的【流程决策】活动来实现。

2. 流程制作

流程1:设置企业分值

在下图①处点击⊕,在②处输入要添加的活动名称:分配。该活动用于设置企业分值。

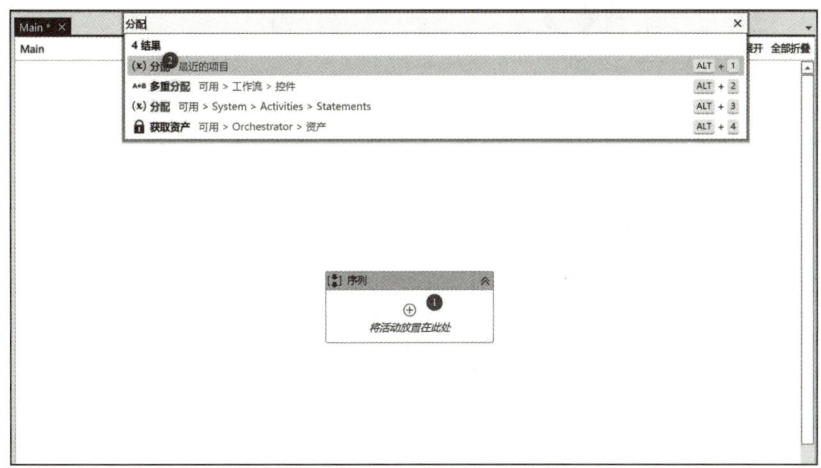

设置【分配】活动信息。在下图①处单击鼠标右键或者按 Ctrl + K 快捷键,创建变量 score。设置变量类型为 Int32,在②处设置变量值为 90。

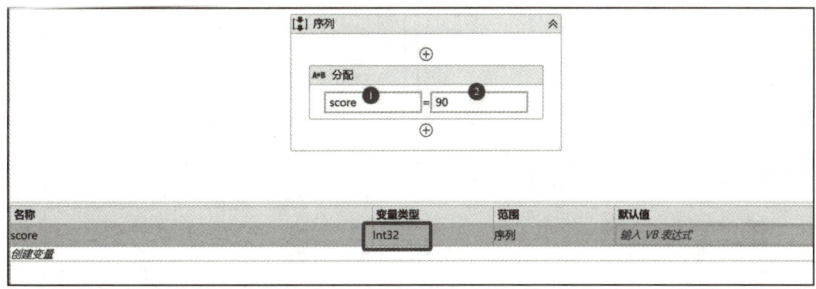

流程2:根据企业分值判断输出企业类型

使用流程图中的【流程决策】活动来完成。在下图①处点击⊕,在②处输入要添加的活动名称:流程图。

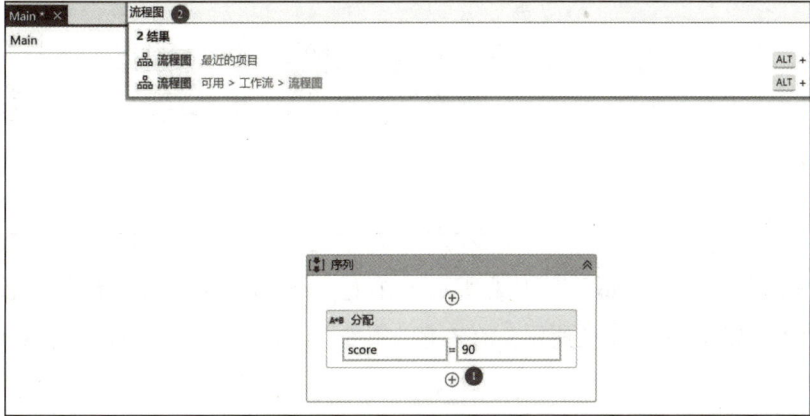

双击后进入流程图编辑界面,在流程图中添加【流程决策】活动,如下图①处所示。在"Start"处拖拽出线条与【流程决策】活动相连接,如下图②处所示。在右侧"条件"处输入第一个判断条件:score >= 90,如下图③处所示。

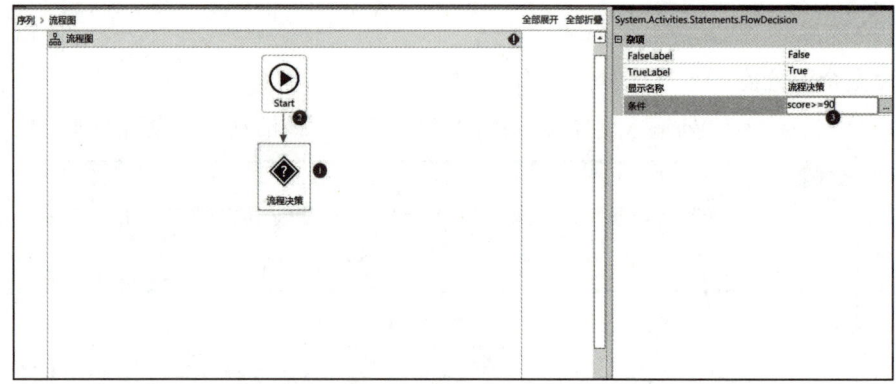

将【消息框】活动拖入流程图,双击该活动写出 score >= 90 时输出的内容。

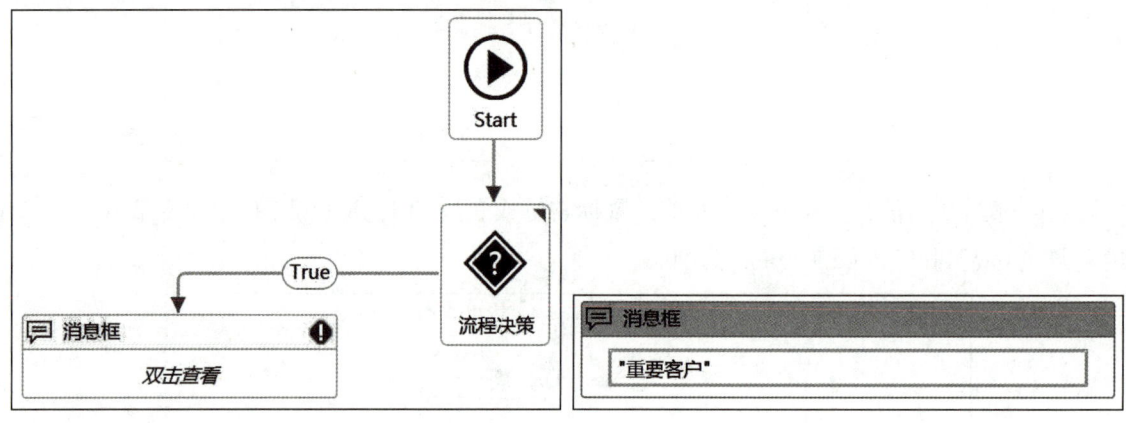

编辑好后回到流程图界面,点击【流程图】。

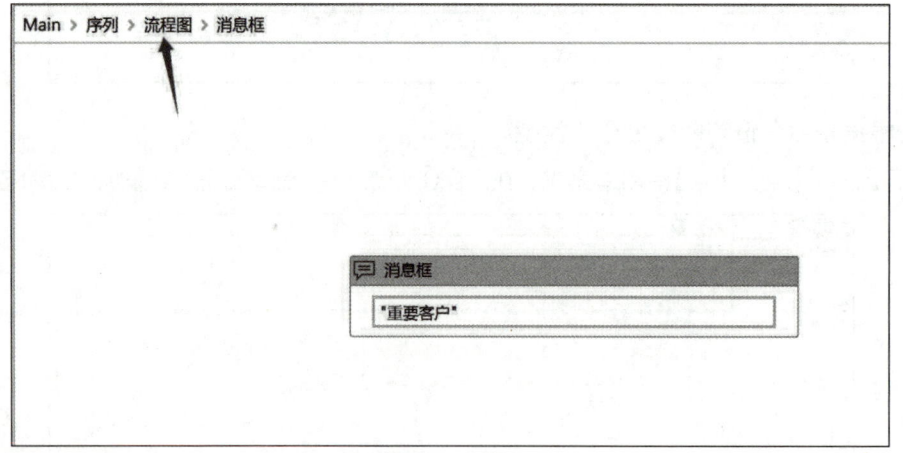

再次添加【流程决策】活动,如下图①处所示。在上一级【流程决策】活动处拖拽出线条与本级【流程决策】活动相连接,如下图②处所示。在右侧"条件"处输入第二个判断条件:score >= 80,如下图③处所示。

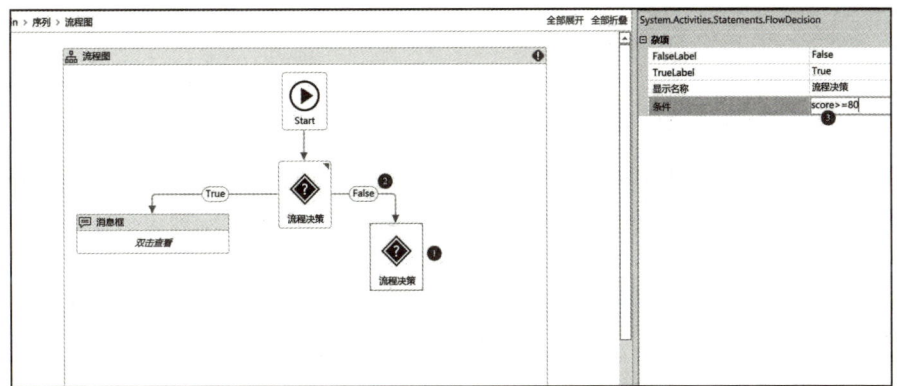

分别写出满足及不满足条件时的消息框信息。

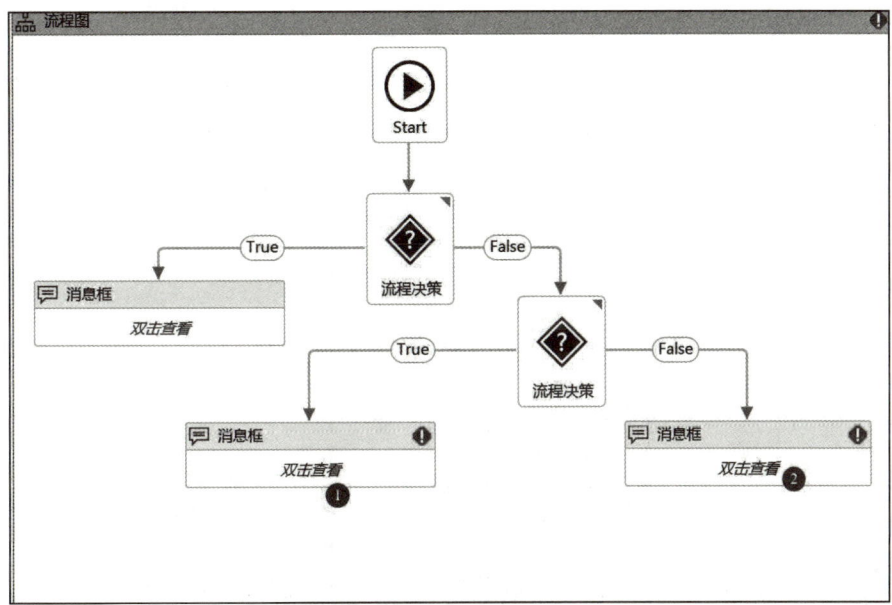

双击上图①处及②处【消息框】活动后,提示信息分别设置如下:

运行并调试程序,可以修改 score 变量值为其他数值,如 85,查看程序运行结果。

练一练

设计要求	实践流程图、所需活动
设计一个 RPA 程序,根据出勤信息填写奖励。奖励如下表所示:	

出勤天数(天)	奖励(元)
≥22	200
18～22	180
<18	0

子任务三　了解多分支条件判断

（一）了解多分支条件判断基本思路及方法

在处理多分支条件判断时，UiPath提供了两个活动，在序列下提供了【切换】活动，在流程图下提供了【流程切换】活动，相比上述的【IF条件】活动和【流程决策】活动在实现多分支条件判断时写起来更加简洁。

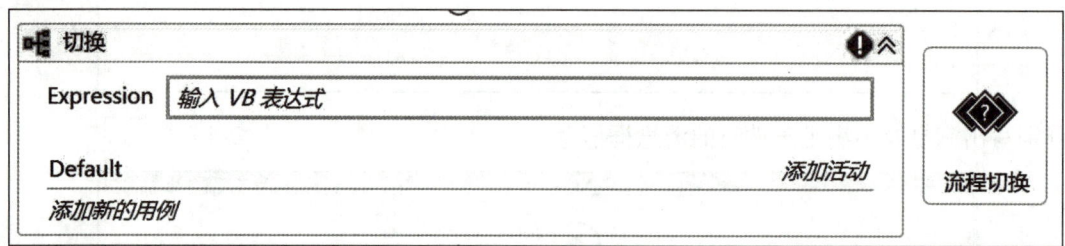

如果条件判断结果为值1，则执行条件代码1；如果条件判断结果为值2，则执行条件代码2……如果条件判断结果为值n，则执行条件代码n；否则执行条件代码$n+1$。流程图如下：

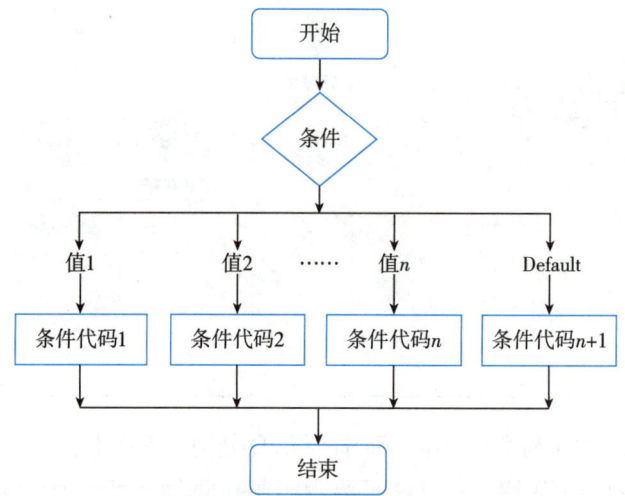

（二）开发练习

任务导入

设计一个RPA程序，根据所提供的服务类型，判断税率。具体判断标准如下表所示。

服务类型	税率
有形动产租赁服务	13%
交通运输业服务	9%
现代服务业服务	6%
Default	请输入服务类型

任务分析与设计

主要步骤如下：

（1）设置服务类型。

（2）根据服务类型判断输出税率。

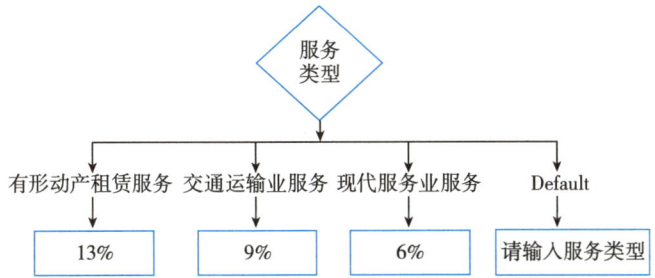

任务实施

1. 操作准备

（1）打开 UiPath 软件，点击"流程"，创建新流程。

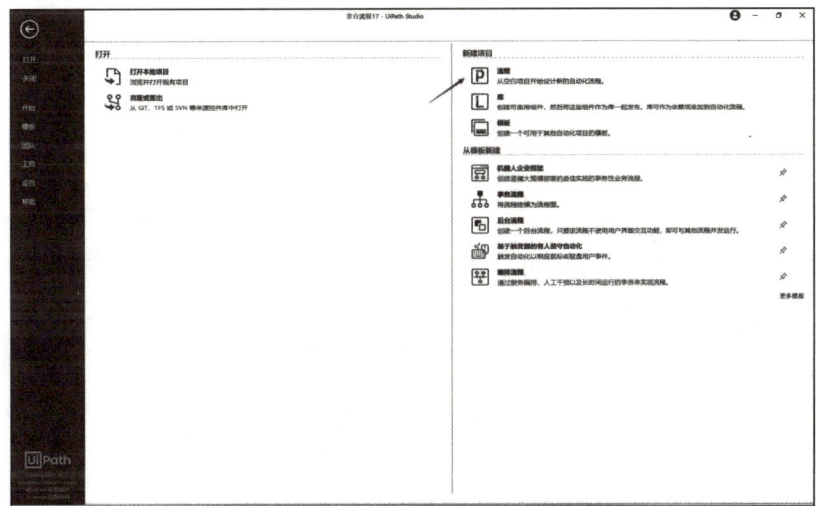

（2）设置好工程文件名称及位置。

此案例中工程名称为"多分支条件判断"。

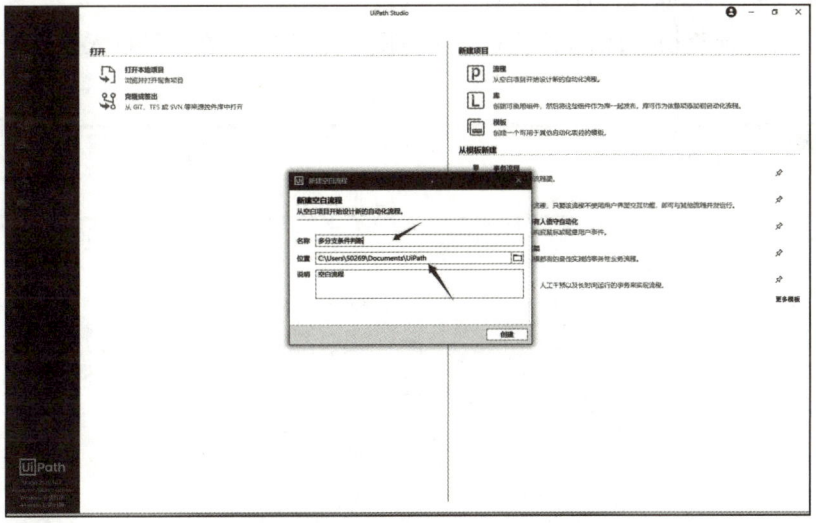

(3）添加新序列。

双击 Main.xaml,在主流程中创建工作流程。因为流程相对比较复杂,使用流程图中的【流程切换】活动来实现。

2. 流程制作

流程 1:设置服务类型

在下图①处点击⊕,在②处输入要添加的活动名称:分配。该活动用于设置服务类型。

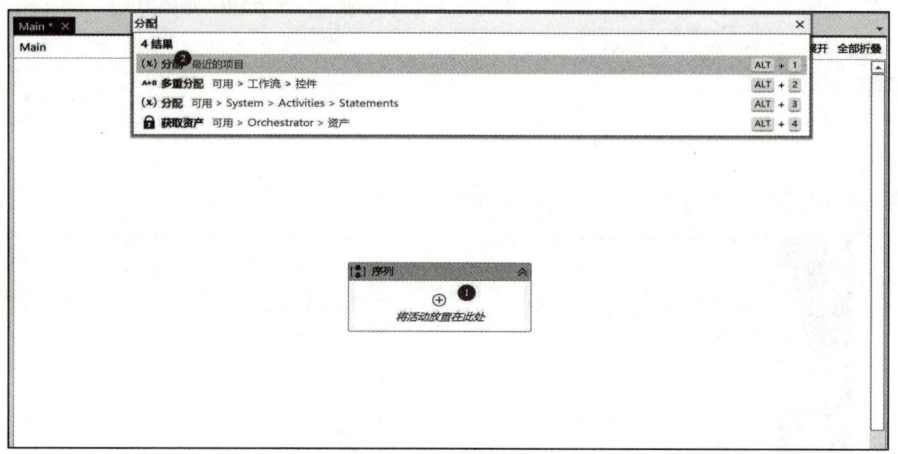

设置【分配】活动信息。在下图①处单击鼠标右键或者按 Ctrl + K 快捷键,创建变量 type。设置变量类型为 String,在②处设置变量的信息为"有形动产租赁服务"。

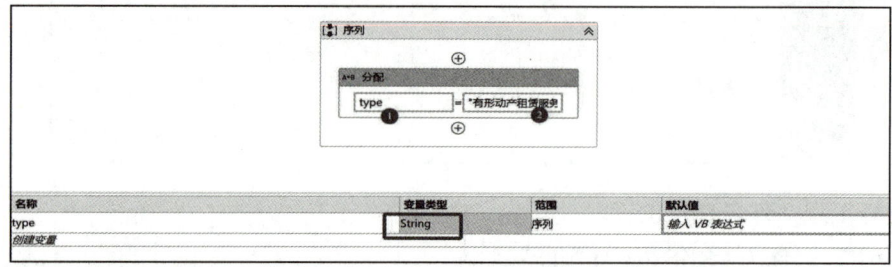

流程 2:根据服务类型判断输出税率

使用流程图中的【流程切换】活动来完成。在下图①处点击⊕,在②处输入要添加的活动名称:流程图。

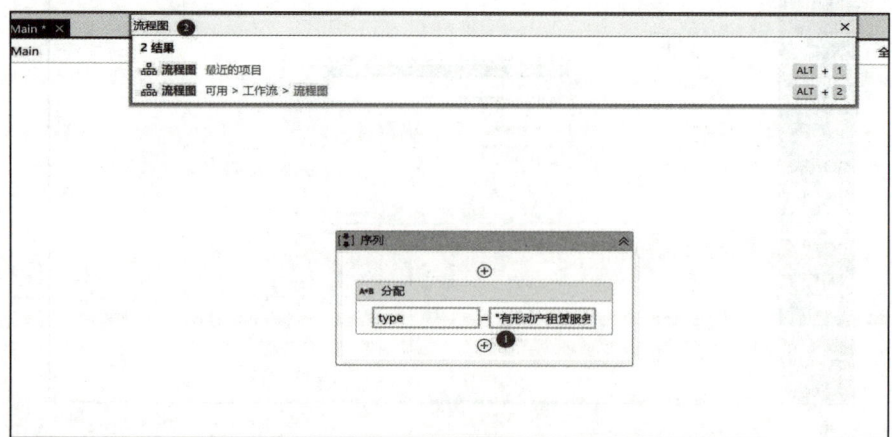

双击后进入流程图编辑界面,在流程图中添加【流程切换】活动,如下图①处所示。在"Start"处拖拽出线条与【流程切换】活动相连接,如下图②处所示。因为type中的值为String类型,在下图③处TypeArgument中设置String类型。在下图④处将表达式设置为type变量。

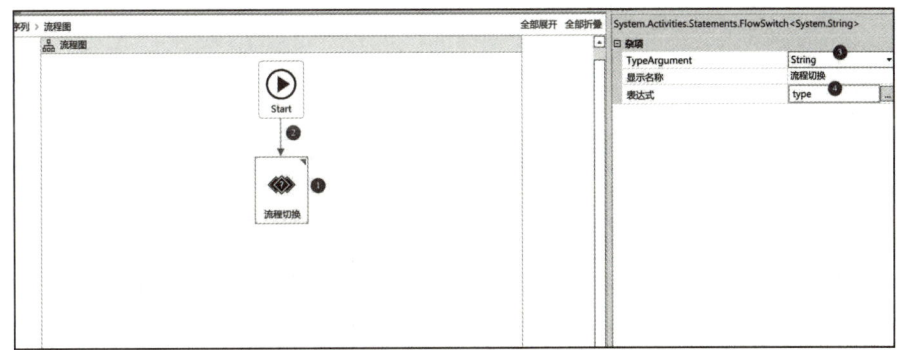

设置Default分支。将【消息框】活动添加到流程图中,再将【流程切换】活动与【消息框】活动相连接,然后在消息框中设置输出结果:"请输入服务类型"。

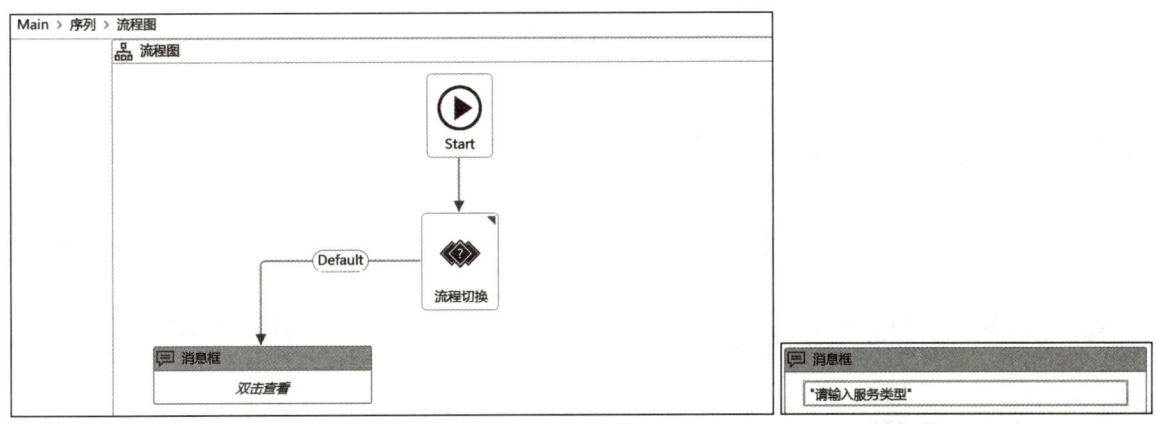

设置有形动产租赁服务分支。将【消息框】活动拖入流程图中,再将【流程切换】活动与【消息框】活动相连接,然后在消息框中设置输出结果:13%。将该分支值设置为有形动产租赁服务(如下图右侧框所示)。

注意:分支值不需要加英文引号。

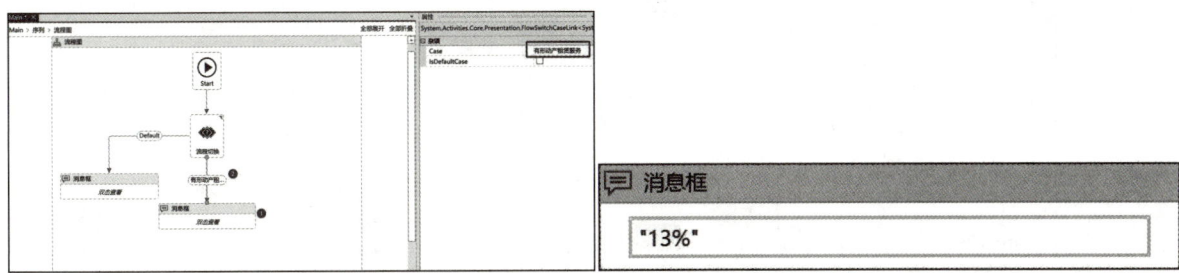

设置交通运输业服务分支。将【消息框】活动拖入流程图中,再将【流程切换】活动与【消息框】活动相连接,然后在消息框中设置输出结果:9%。将该分支值设置为交通运输业服务(如下图右侧框所示)。

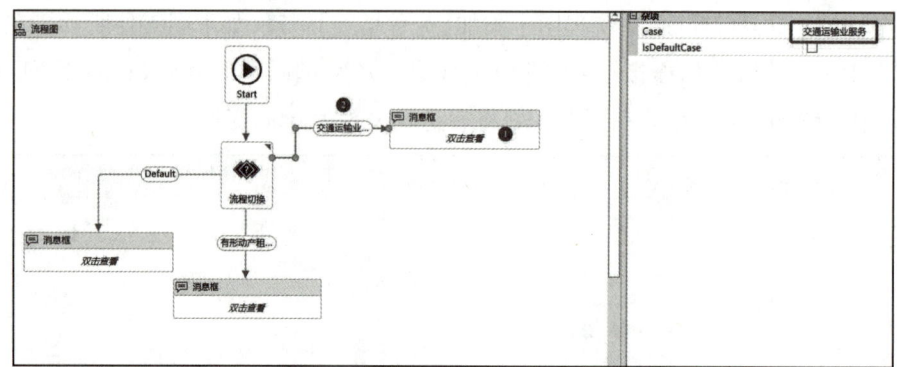

设置现代服务业服务分支。将【消息框】活动拖入流程图中,再将【流程切换】活动与【消息框】活动相连接,然后在消息框中设置输出结果:6%。将该分支值设置为现代服务业服务(如下图右侧框所示)。

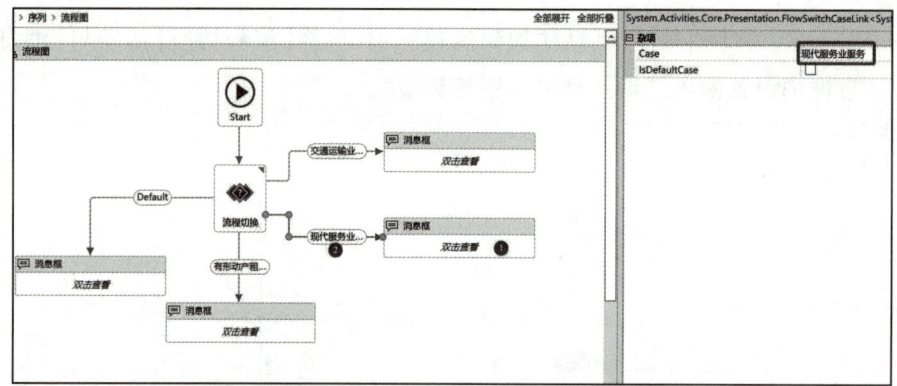

运行并调试程序,可以修改 type 变量值为其他服务类型,如现代服务业服务,查看程序运行结果。

小　结

在 UiPath 中共有四种实现分支判断的活动。序列中分别为【IF 条件】和【切换】;流程图中分别为【流程决策】和【流程切换】。一般相对比较简单的流程使用序列中的活动,相对复杂的流程则使用流程图中的活动。

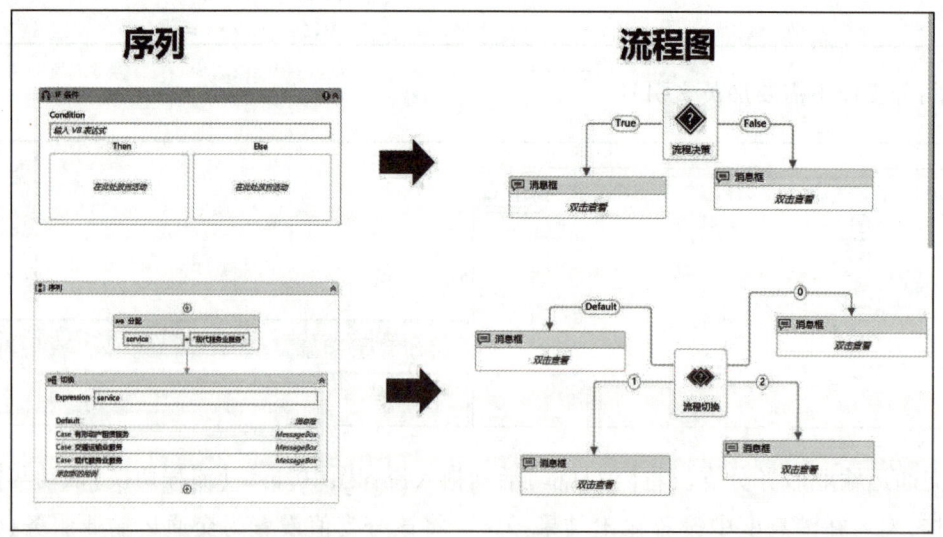

三、了解循环语句

子任务一　了解先条件循环

（一）了解先条件循环基本思路及实现方法

先进入条件判断，如果条件为真，则执行循环代码。如此循环往复，直到条件为假时结束循环。流程图如下：

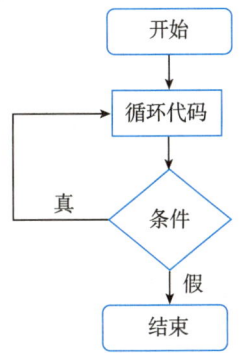

UiPath 中提供的实现方法为【先条件循环】活动。

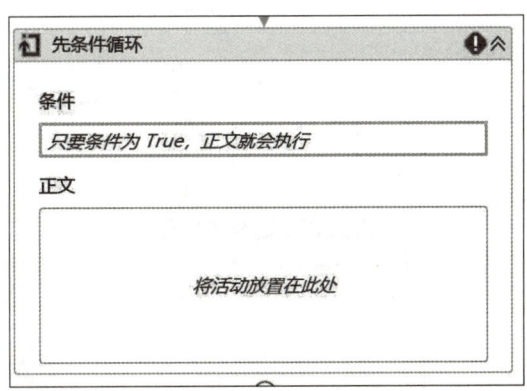

（二）开发练习

任务导入

小王投资一款 10000 元的理财产品，期限为 5 年，年利率为 1.7%，每年复利一次。现需要设计一个 RPA 程序，完成每年年末本利和的计算。通过日志消息输出每年年末本利和计算结果。

任务分析与设计

主要步骤如下：
(1) 设置理财产品基础信息。
(2) 循环计算每年年末本利和，并输出计算结果。

任务实施

1. 操作准备

(1) 打开 UiPath 软件，点击"流程"，创建新流程。

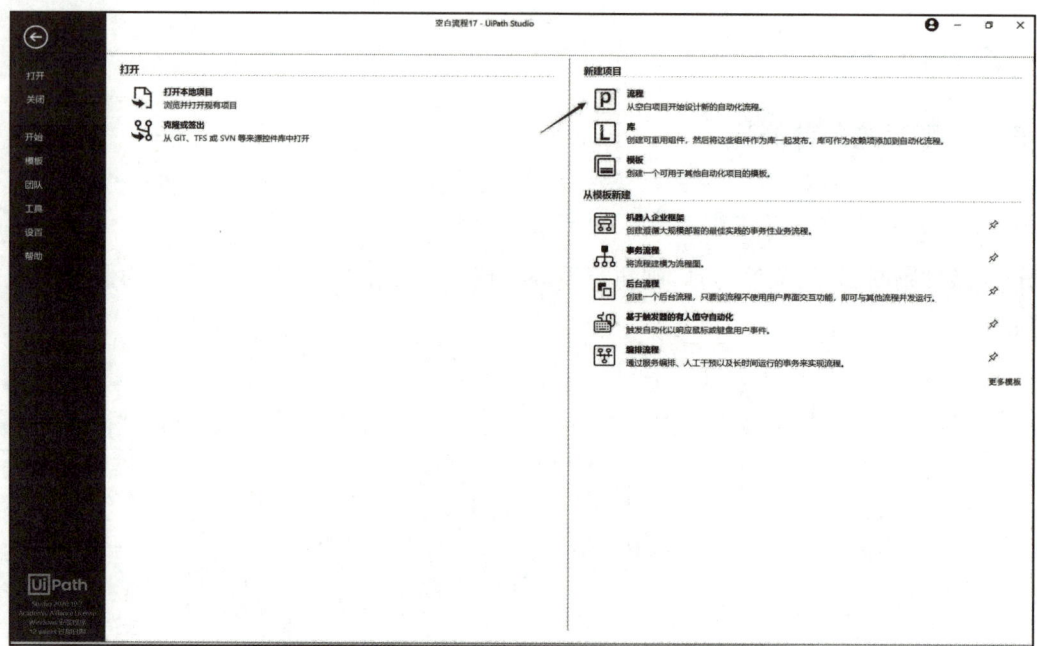

(2)设置好工程文件名称及位置。

此案例中工程名称为"先条件循环"。

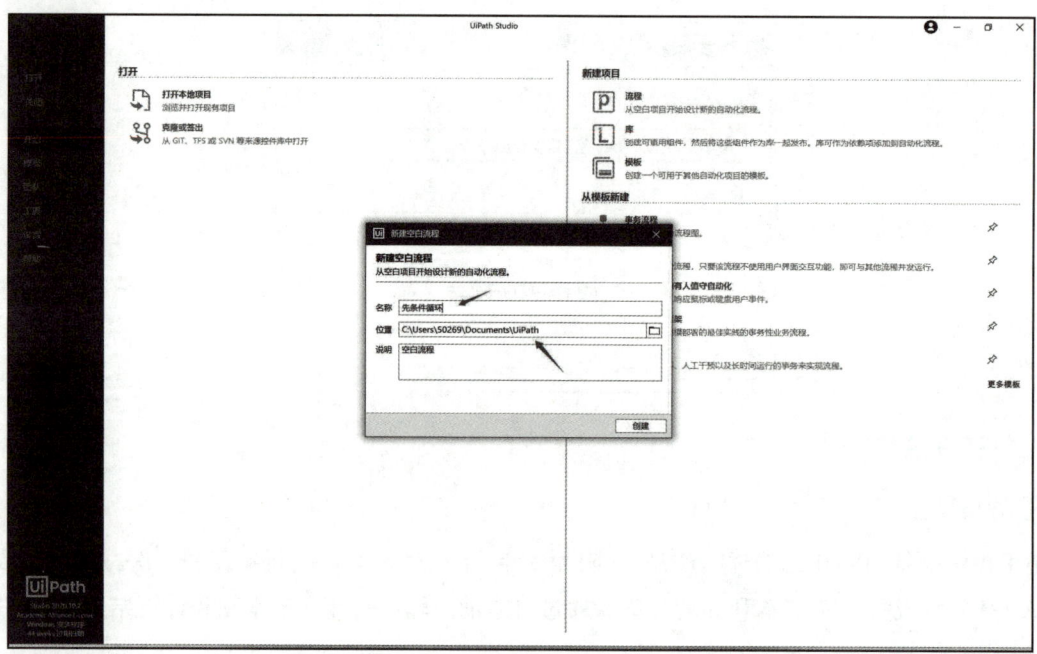

(3)添加新序列。

双击 Main.xaml,在主流程中创建工作流程。

2. 流程制作

流程1:设置理财产品基础信息

在下图①处点击⊕,在②处输入要添加的活动名称:多重分配。该活动用于设置理财产品基础信息。

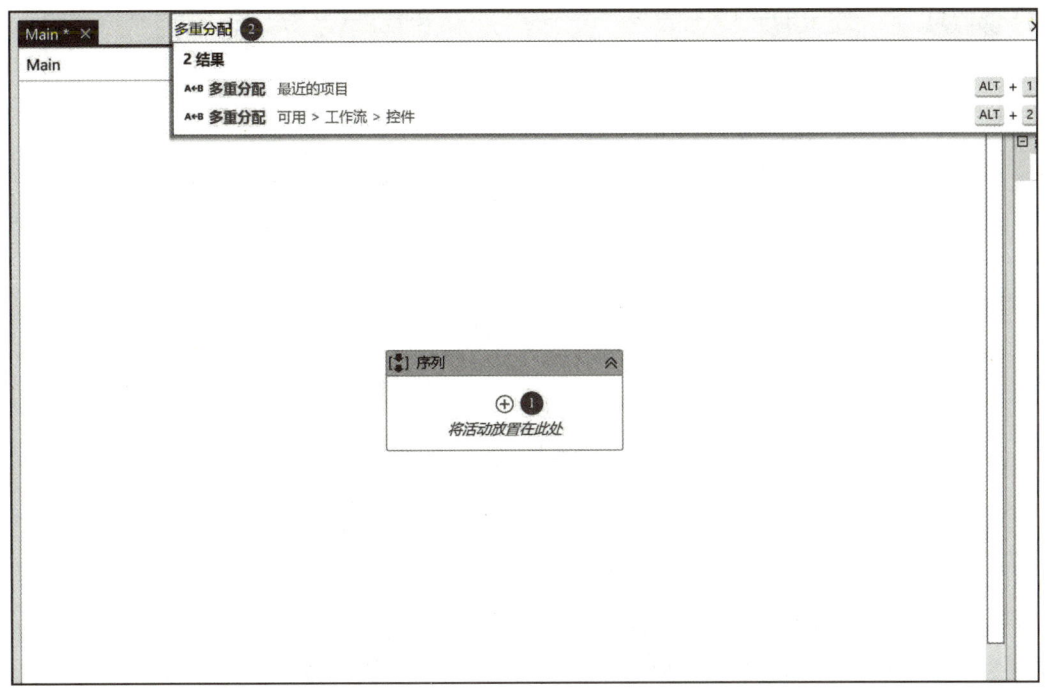

设置【多重分配】活动信息。分别设置变量名、变量类型、变量初始值及其含义,如下表所示。

变量名	变量类型	变量初始值	含义
fv	Double	10000	本利和
period	Int32	5	控制总循环次数。计算5年末本利和,循环总次数为5次
rate	Double	0.017	年利率
i	Int32	1	计数器

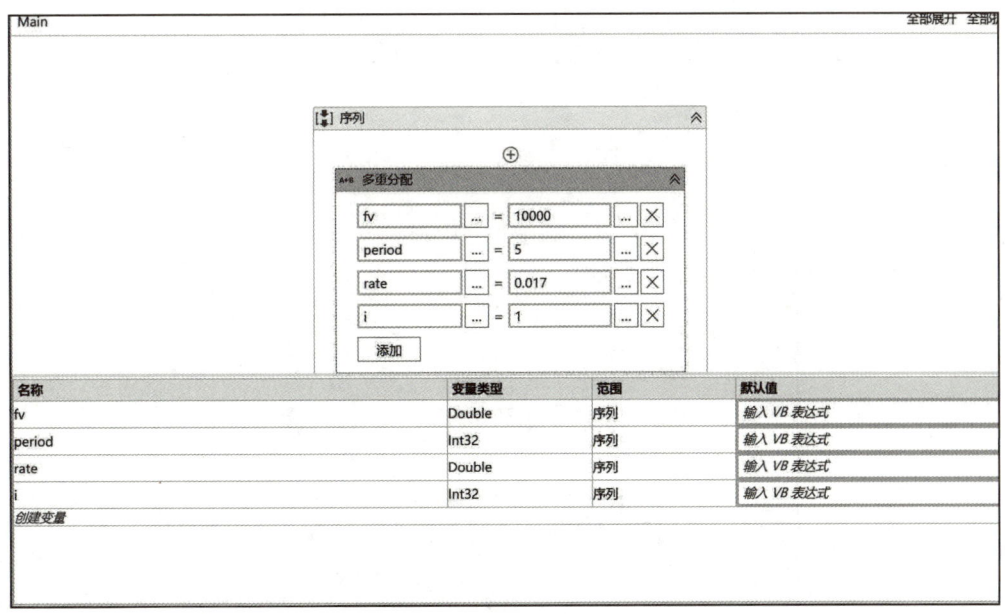

流程2:循环计算每年年末本利和,并输出计算结果

在下图①处点击⊕,在②处输入要添加的活动名称:先条件循环。

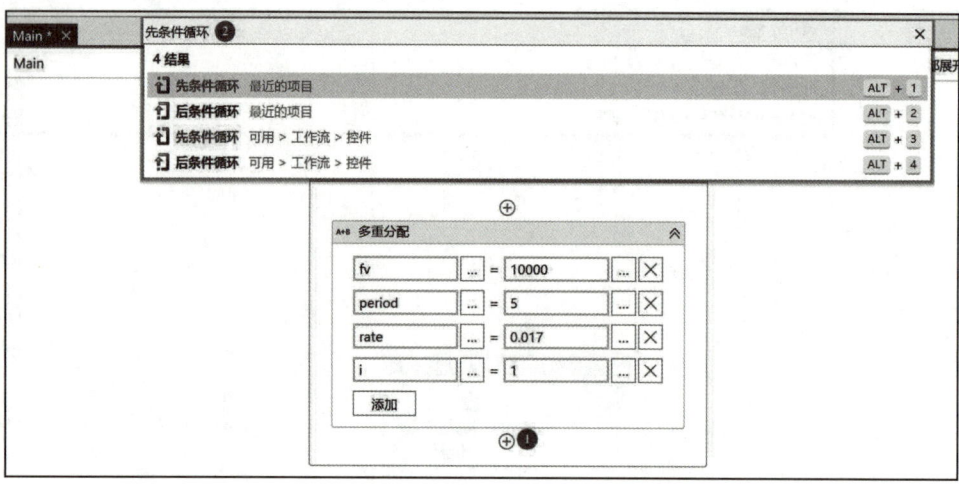

【先条件循环】设置如下：

"条件"处设置 i <= period，控制循环次数，当次数小于等于 5 时则需要循环，大于 5 则退出循环。"正文"部分分别设置【分配】【日志消息】及【分配】活动。第一个【分配】活动 fv = fv * (1 + rate) 完成累计本利和计算。【日志消息】活动完成计算结果的输出，显示效果为"第×年本利和：×"，消息输入框表达式为："第" + CStr(i) + "年本利和：" + CStr(fv)。i 和 fv 是 Double 类型变量，可以通过 CStr 函数转换为字符串型与"第""年本利和："字符串进行拼接，完成最终显示效果。第二个【分配】活动控制计数器的累加，该【分配】活动必须设置，不然 i 计数器不能增加，i 永远等于 1，循环条件永远满足，整个循环将会变成死循环。

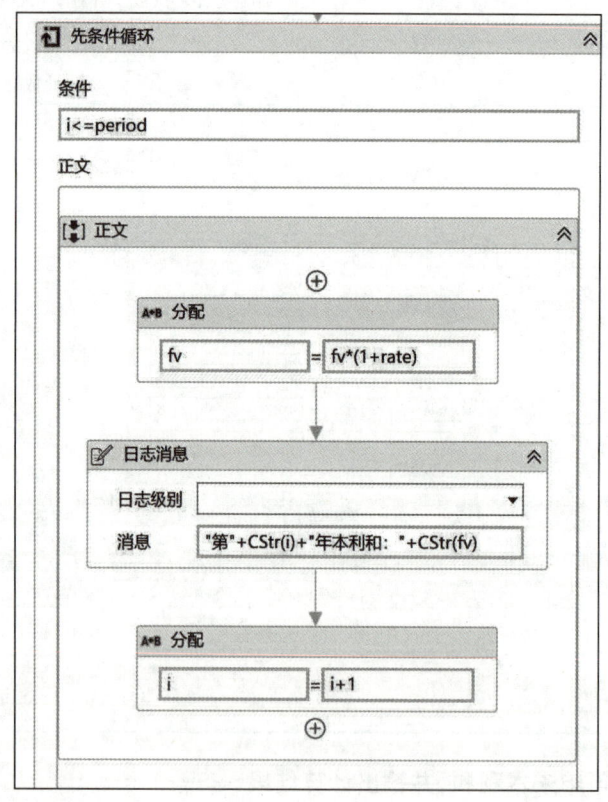

运行并调试程序，运行结果如下：

① 已为以下文件启动调试: Main
① 先条件循环 执行开始
① 第1年本利和: 10170
① 第2年本利和: 10342.89
① 第3年本利和: 10518.71913
① 第4年本利和: 10697.53735521
① 第5年本利和: 10879.3954902486
① 先条件循环 执行结束 in: 00:00:01

可以修改 fv、period、rate 变量值,进一步观察程序运行结果。

子任务二 了解后条件循环

(一)了解后条件循环基本思路及实现方法

先执行一次循环代码,再进入条件判断。如果条件为真,则继续执行循环代码。如此循环往复,直到条件为假,结束循环。流程图如下:

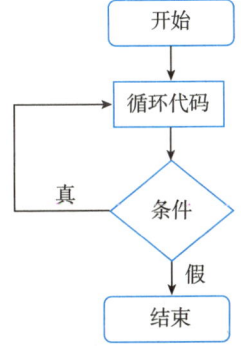

UiPath 中提供的实现方法为【后条件循环】活动。

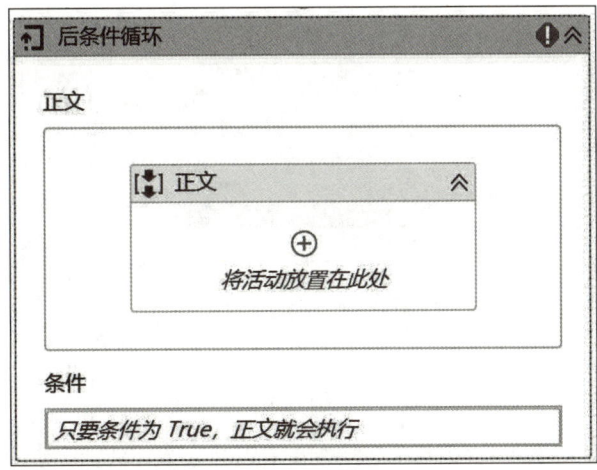

(二)开发练习

任务导入

小王投资一款 10000 元的理财产品,期限为 5 年,年利率为 1.7%,每年复利一次。现需要设计一个 RPA 程序,完成每年年末本利和的计算。通过日志消息输出每年年末本利和计算结果。

任务分析与设计

主要步骤如下:

(1)设置理财产品基础信息。

(2)循环计算每年年末本利和,并输出计算结果。

任务实施

1. 操作准备

(1)打开 UiPath 软件,点击"流程",创建新流程。

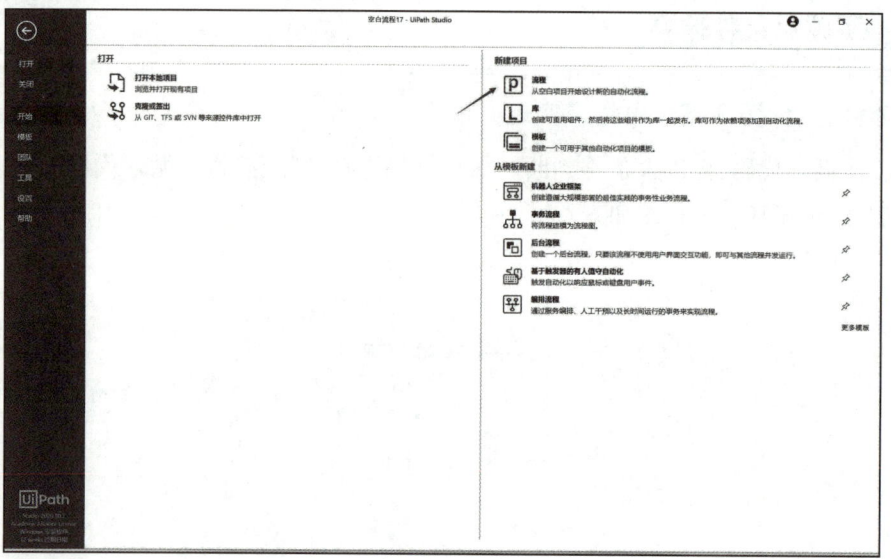

(2)设置好工程文件名称及位置。

此案例中工程名称为"后条件循环"。

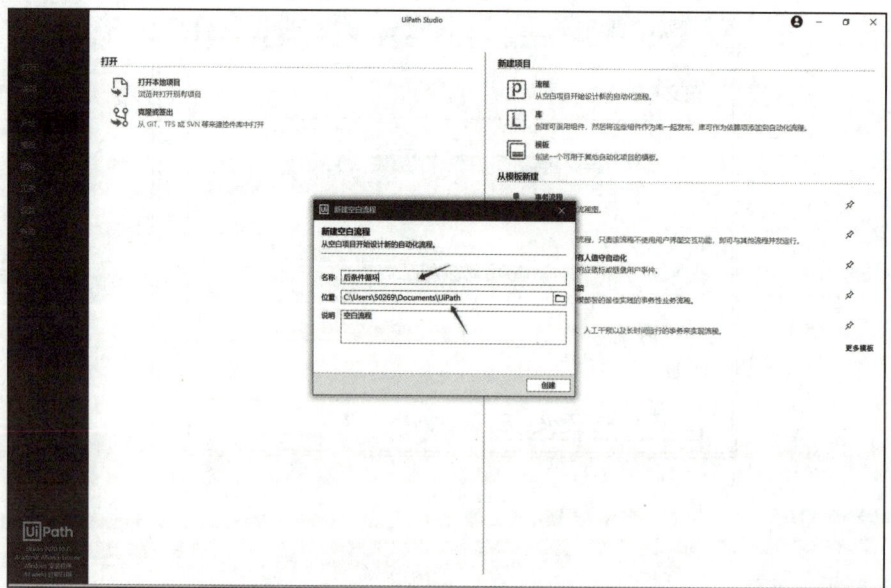

（3）添加新序列。

双击 Main.xaml，在主流程中创建工作流程。

2. 流程制作

流程 1：设置理财产品基础信息

在下图①处点击⊕，在②处输入要添加的活动名称：多重分配。该活动用于设置理财产品基础信息。

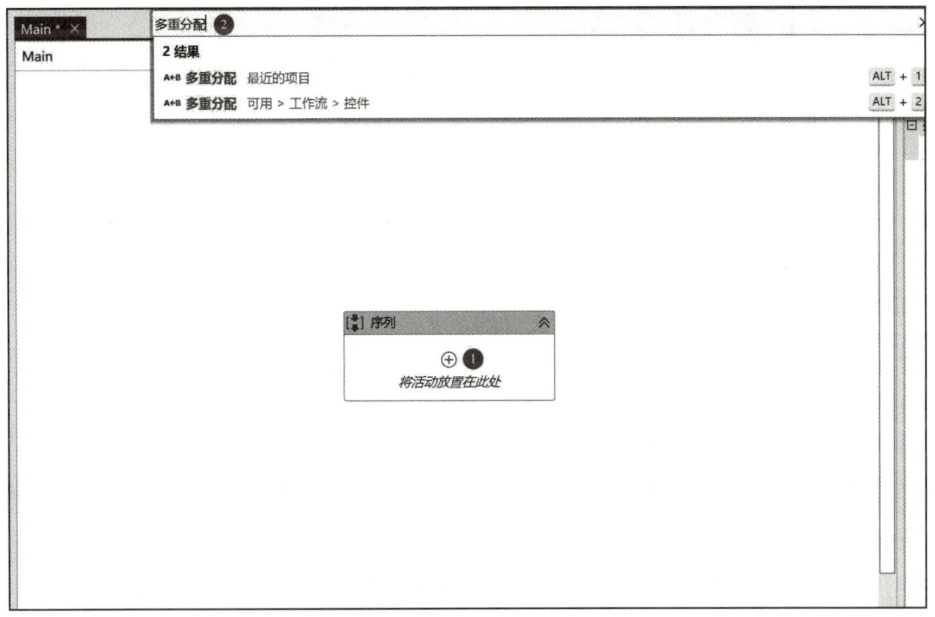

设置【多重分配】活动信息。分别设置变量名、变量类型、变量初始值及其含义，如下表所示。

变量名	变量类型	变量初始值	含义
fv	Double	10000	本利和
period	Int32	5	控制总循环次数。计算5年本利和，循环总次数为5次
rate	Double	0.017	年利率
i	Int32	1	计数器

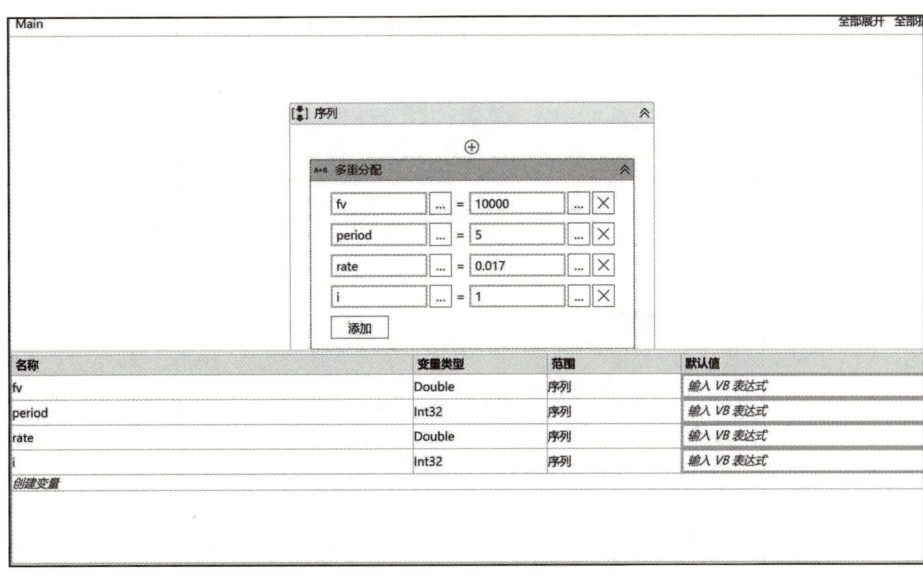

流程2：循环计算每年年末本利和，并输出计算结果

在下图①处点击⊕，在②处输入要添加的活动名称：后条件循环。

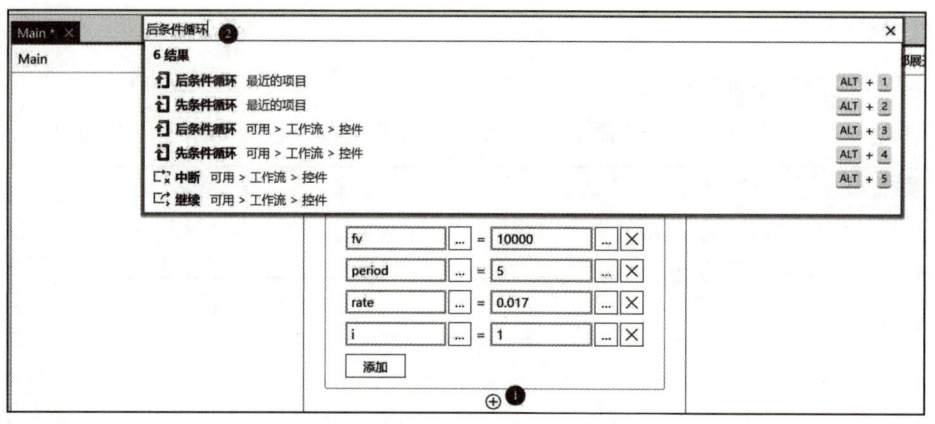

【后条件循环】设置如下：

"条件"处设置 i＜=period，控制循环次数，当次数小于等于5时则需要循环，大于5则退出循环。"正文"部分分别设置【分配】【日志消息】及【分配】活动。第一个【分配】活动 fv = fv ＊ (1 + rate) 完成累计本利和计算。【日志消息】活动完成计算结果的输出，显示效果为"第×年本利和：×"，消息输入框表达式为："第" + CStr(i) + "年本利和:" + CStr(fv)。i 和 fv 是 Double 类型变量，可以通过 CStr 函数转换为字符串型与"第""年本利和:"字符串进行拼接，完成最终显示效果。第二个【分配】活动控制计数器的累加，该【分配】活动必须设置，不然 i 计数器不能增加，i 永远等于1，循环条件永远满足，整个循环将会变成死循环。

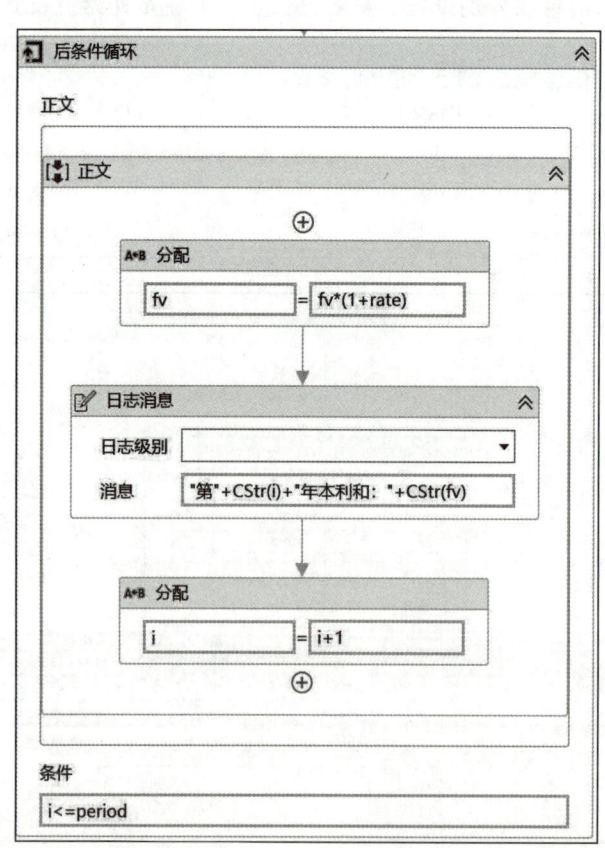

运行并调试程序,运行结果如下:

```
① 已为以下文件启动调试: Main
① 先条件循环 执行开始
① 第1年本利和: 10170
① 第2年本利和: 10342.89
① 第3年本利和: 10518.71913
① 第4年本利和: 10697.53735521
① 第5年本利和: 10879.3954902486
① 先条件循环 执行结束 in: 00:00:01
```

可以修改 fv、period、rate 变量值,进一步观察程序运行结果。

子任务三　了解遍历循环

(一)了解遍历循环基本思路及实现方法

循环遍历集合中的每个元素。

UiPath 中提供的实现方法为【遍历循环】活动。

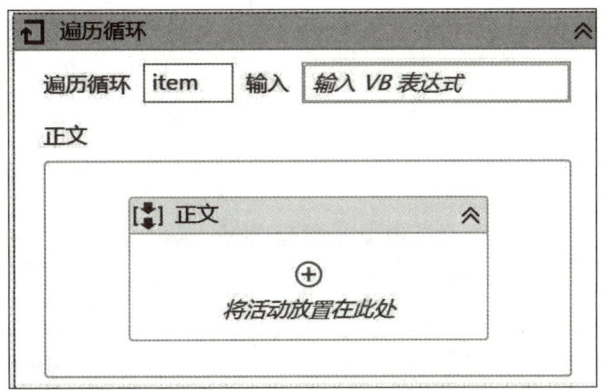

(二)开发练习

任务导入

小王投资一款 10000 元的理财产品,期限为 5 年,年利率为 1.7%,每年复利一次。现需要设计一个 RPA 程序,完成每年年末本利和的计算。通过日志消息输出每年年末本利和计算结果。

任务分析与设计

主要步骤如下:

(1)设置理财产品基础信息。
(2)循环计算每年年末本利和,并输出计算结果。

任务实施

1. 操作准备

(1)打开 UiPath 软件,点击"流程",创建新流程。

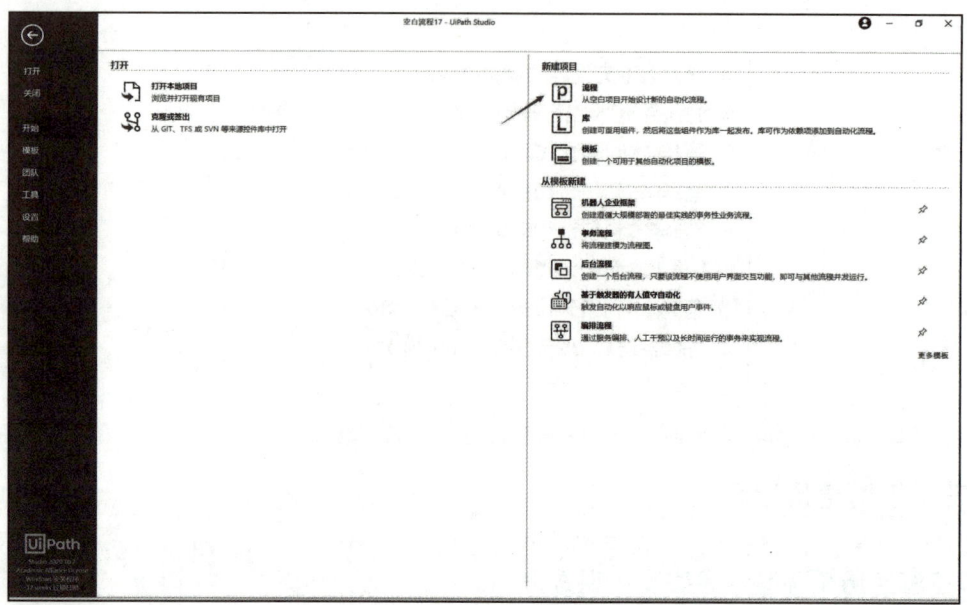

（2）设置好工程文件名称及位置。

此案例中工程名称为"遍历循环"。

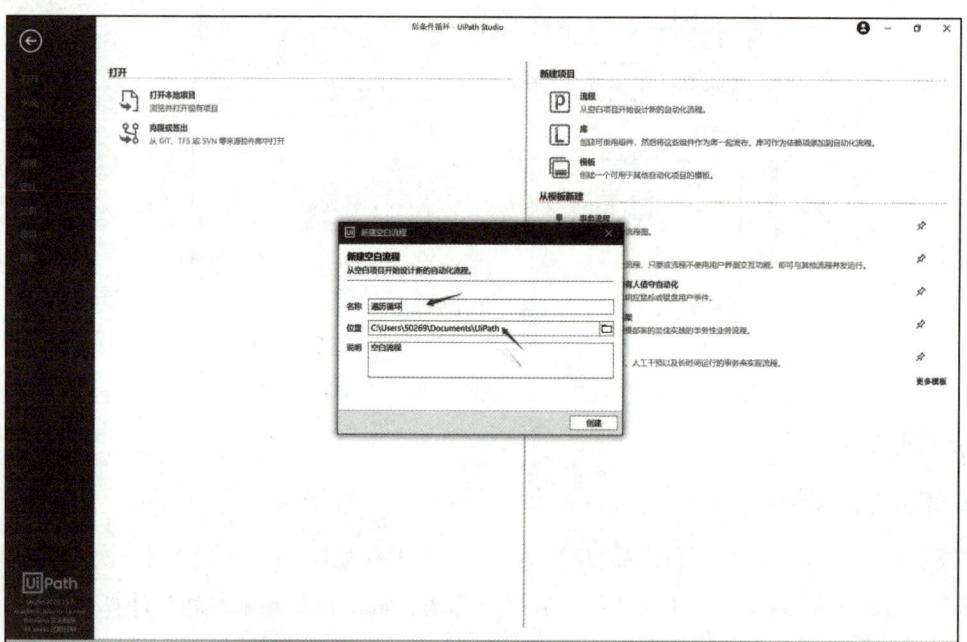

（3）添加新序列。

双击 Main.xaml，在主流程中创建工作流程。

2. 流程制作

流程1：设置理财产品基础信息

在下图①处点击⊕，在②处输入要添加的活动名称：多重分配。该活动用于设置理财产品基础信息。

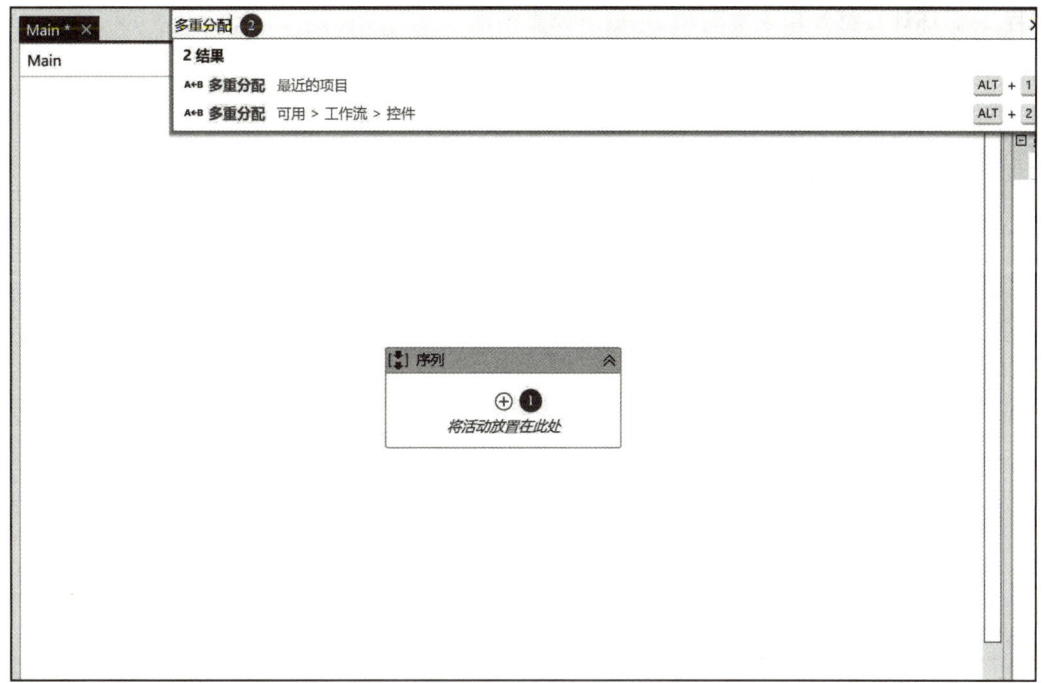

设置【多重分配】活动信息。分别设置变量名、变量类型、变量初始值及其含义，如下表所示。

变量名	变量类型	变量初始值	含义
fv	Double	10000	本利和
i	Int32[ ]	{1,2,3,4,5}	控制总循环次数。数组中定义了 5 个元素，循环 5 次
rate	Double	0.017	年利率

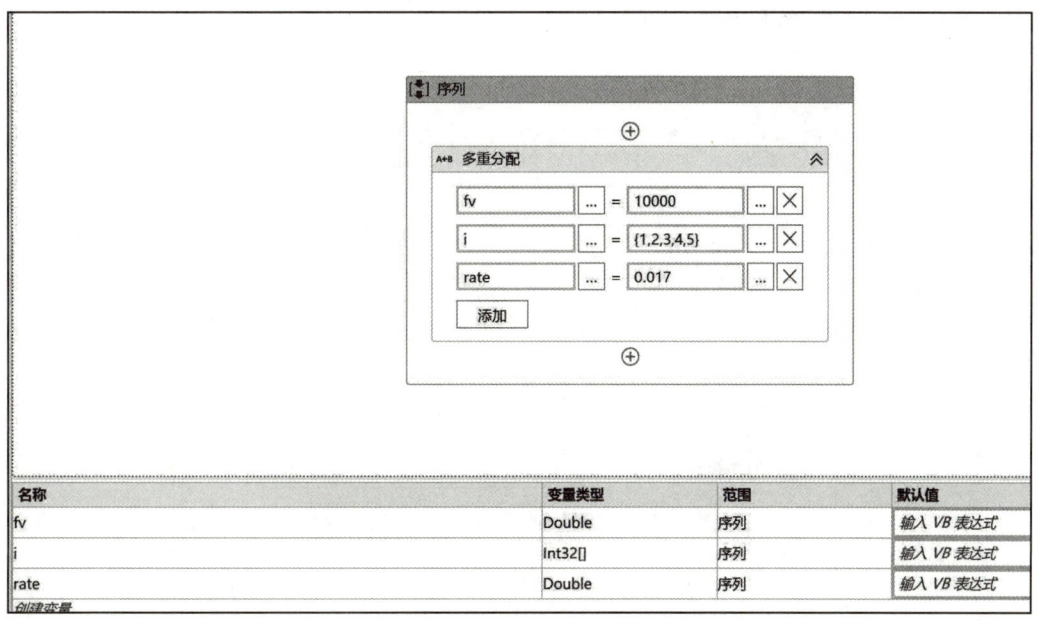

流程2：循环计算每年年末本利和，并输出计算结果

在下图①处点击⊕，在②处输入要添加的活动名称：遍历循环。

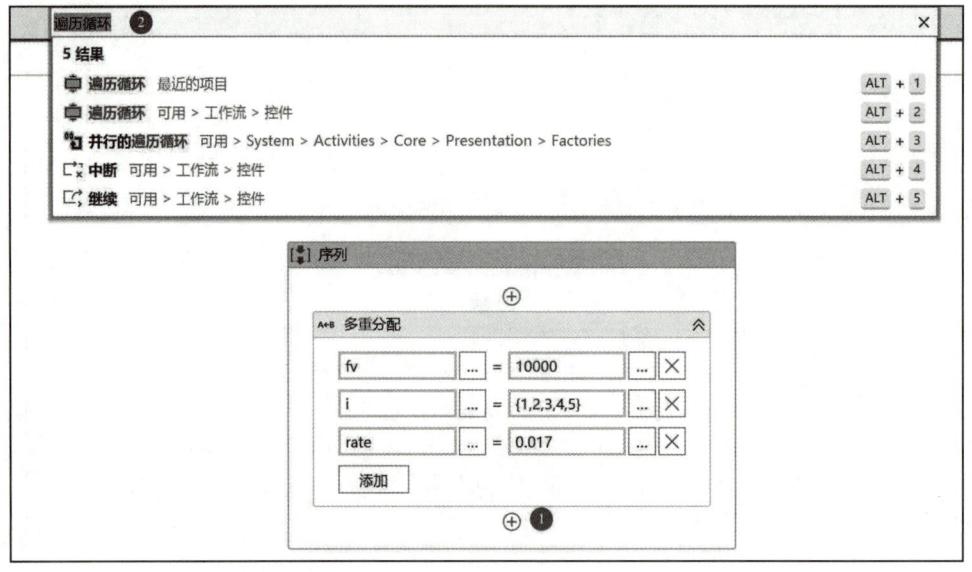

【遍历循环】设置如下：

"输入"处设置为 i，控制循环次数。每次循环从 i 数组中取一个数字到 item 变量中，共有 5 个数字，所以循环 5 次。"正文"部分分别设置【分配】【日志消息】。【分配】活动中设置 fv = fv * (1 + rate) 完成累计本利和计算。【日志消息】活动完成计算结果的输出，显示效果为"第×年本利和：×"，消息输入框表达式为："第" + CStr(item) + "年本利和:" + CStr(fv)。item 和 fv 是 Double 类型变量，可以通过 CStr 函数转换为字符串型与"第""年本利和:"字符串进行拼接，完成最终显示效果。

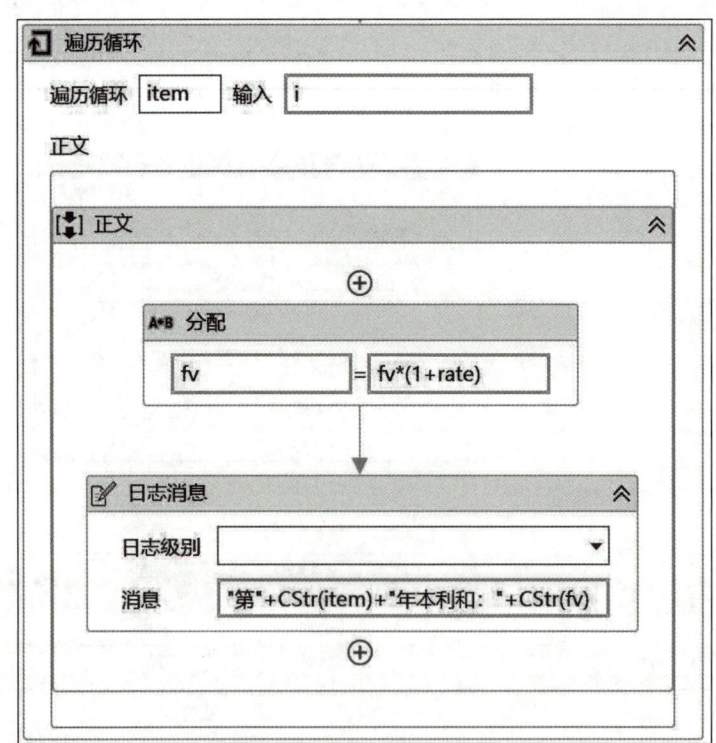

运行并调试程序,运行结果如下:

> ⓘ 已为以下文件启动调试: Main
> ⓘ 先条件循环 执行开始
> ⓘ 第1年本利和: 10170
> ⓘ 第2年本利和: 10342.89
> ⓘ 第3年本利和: 10518.71913
> ⓘ 第4年本利和: 10697.53735521
> ⓘ 第5年本利和: 10879.3954902486
> ⓘ 先条件循环 执行结束 in: 00:00:01

可以修改 fv、i、rate 变量值,进一步观察程序运行结果。

练一练

设计要求	流程图、所需活动
某企业一固定资产的原价为 10000 元,预计使用年限为 5 年,预计净残值 200 元,按直线法计算折旧。请设计一个 RPA 程序,计算出每年的折旧额、累计折旧额	

任务三　了解 Excel 用法

Excel 是日常工作中常用的数据处理工具,掌握 UiPath 中 Excel 的用法可以自动化处理 Excel 任务,从而显著提高工作效率。例如,使用 UiPath 可以自动读取、写入和修改 Excel 文件,避免手动输入和处理的烦琐过程。

一、Excel 基本活动

(一)主要基本活动介绍

(1)【读取范围】读取 Excel 工作表某个范围中的内容。

(2)【读取列】读取 Excel 中某列内容。

(3)【读取行】读取 Excel 中某行内容。

(4)【写入范围】将某些数据内容写入某个 Excel 范围内。

(5)【写入单元格】将某个数据内容写入 Excel 某个单元格中。

(6)【复制范围】将 Excel 某个范围的内容复制到 Excel 另一个范围中。

(7)【插入/删除列(或行)】将 Excel 中某(几)列(或行)删除。

(二)UiPath 数据表编号

UiPath 将 Excel 表格第一行设置为标题行后,数据的编号从 0 开始,例如下图中张三的姓名编号为(0,0),王五的学历编号为(2,2)。

	A	B	C	D
1	姓名	年龄	学历	
2	张三	30	本科	
3	李四	26	本科	
4	王五	40	本科	
5				

(三)开发练习

任务导入

ABC 公司为一家连锁超市,现要对销售数据作简要汇报及处理。使用 RPA 工具完成相关任务。

任务分析与设计

主要任务如下:

(1)显示销售总额。

(2)显示销售总量。

(3)显示某门店某产品销售总额。

(4)在另一工作表中写入某门店数据。

(5)计算折后价(折扣率为5%)。

(6)删除序号列。

任务实施

1. 操作准备

(1)打开 UiPath 软件,点击"流程",创建新流程。

（2）设置好工程文件名称及位置。

此案例中工程名称为"Excel 基本活动"。

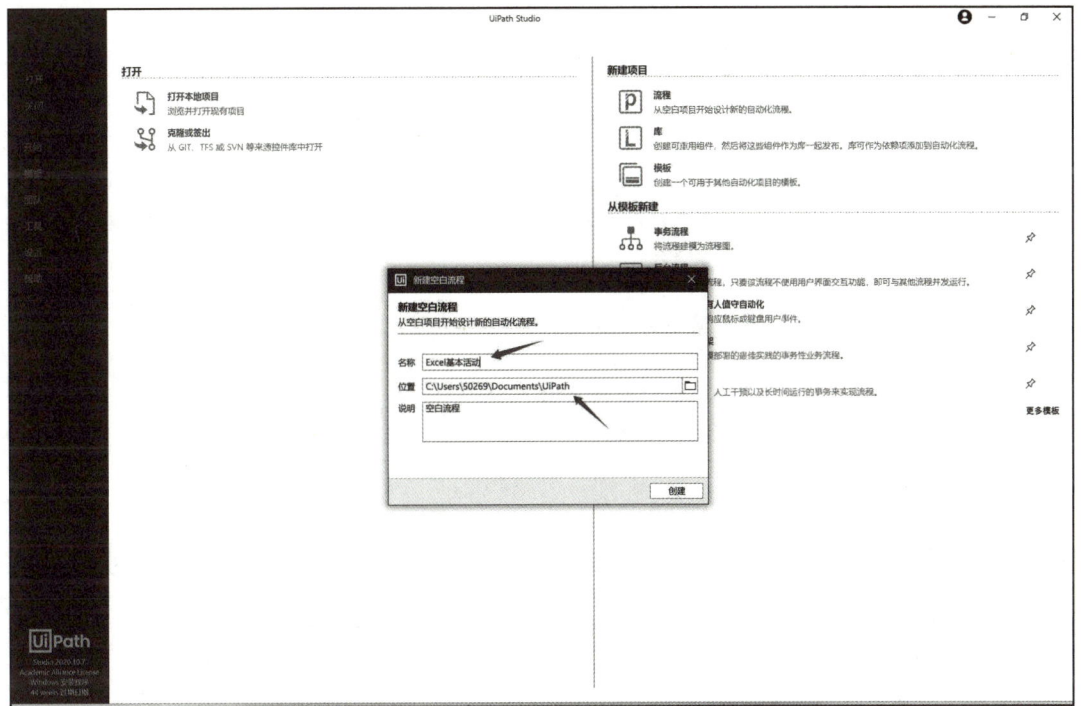

2. 完成相关任务

（1）显示销售总额。

鼠标右键单击 Main.xaml，出现对话框，点击"添加－序列"。

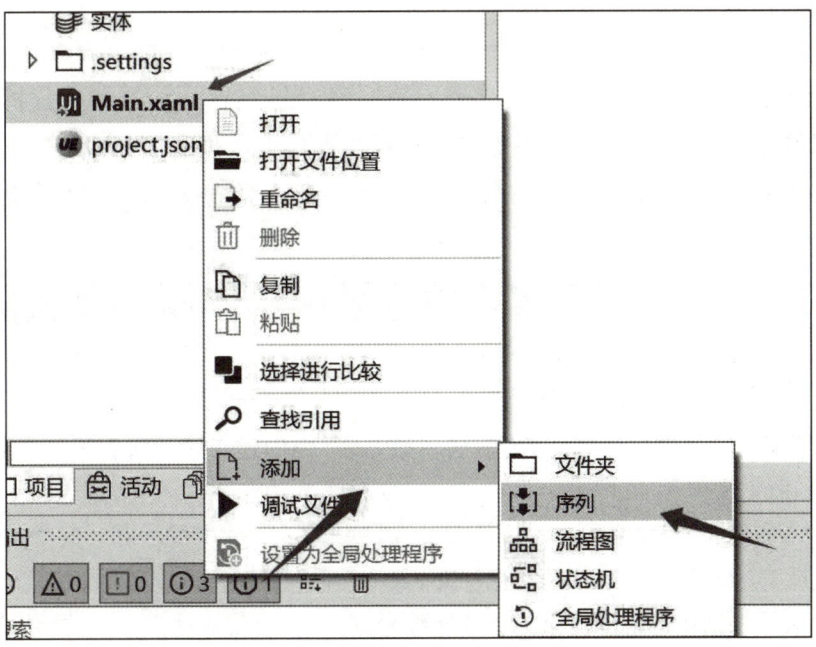

新建序列名称为"显示销售总额"。

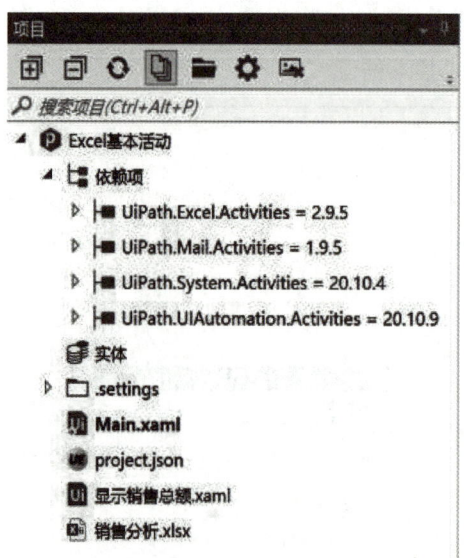

添加新的活动名称:Excel 应用程序范围。

完成工作簿的选择。可以点击右侧文件夹图标,将销售分析 Excel 文件选入,即得到文件路径。

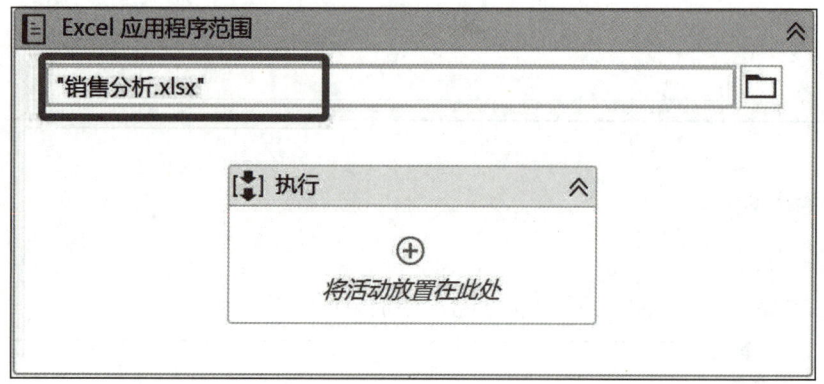

选择工作表及数据范围。选择【读取范围】活动,因为工作表名称为产品分析,所以【读取范围】活动中左侧需要填入"产品分析",右侧可以选择工作表的数据范围,如填入"A1:F2",表示读取产品分析工作表的 A1 至 F2 区域的数据。本例中使用默认值,表示选中产品分析工作表的所有数据。

选择【读取范围】活动,在右侧属性的"输出－数据表"中创建变量 dt1,表示将产品分析工作表中的所有数据存入 dt1 变量中。

> 注意:属性中"添加标头"默认是勾选好的,表示 Excel 表格中选中的范围内首行是标题行,数据从 Excel 表格中选中的范围内第二行开始编号。

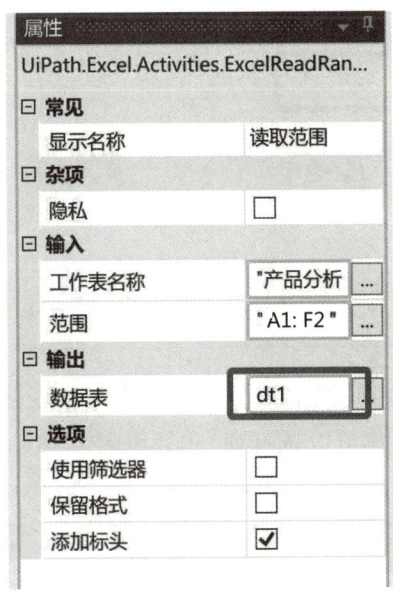

现在数据已存放在 dt1 中,使用【日志消息】活动输出消息。销售总额存放在 50 行 7 列,用 dt1(50)(7). toString 对数据进行访问,toString 表示将数据转换成字符串类型,方便输出。输出结果如下图所示。

(2)显示销售总量。

鼠标右键单击 Main. xaml,出现对话框,依次点击"添加 – 序列"。新建序列名称为显示销售总量。

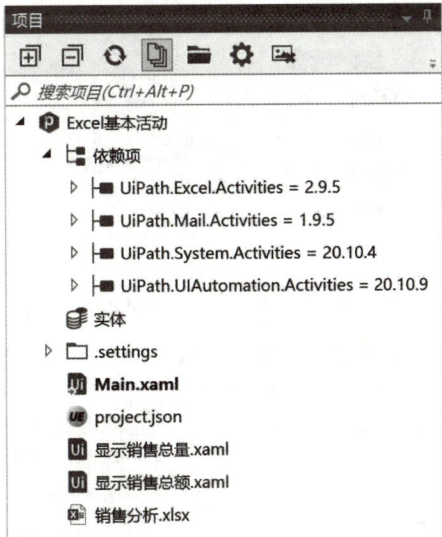

添加新的活动名称:Excel 应用程序范围。

完成工作簿的选择。可以点击右侧文件夹图标,将销售分析 Excel 文件选入即得到文件路径。

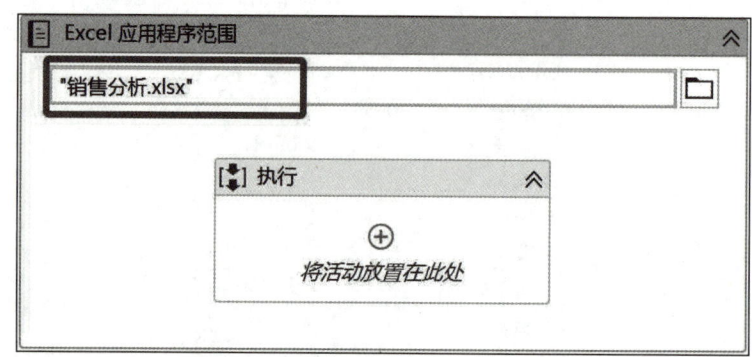

选择工作表及列数据范围。选择【读取列】活动,因为工作表名称为产品分析,所以【读取列】活动中左侧需要填入"产品分析",右侧可以选择列,此处填入"F1",表示读取产品分析工作表的F1列的数据。

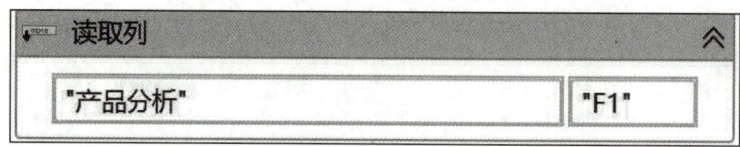

选择【读取列】活动,在右侧属性面板"输出-结果"中创建变量dt2,表示将产品分析工作表中的F1列所有数据存入dt2变量中。

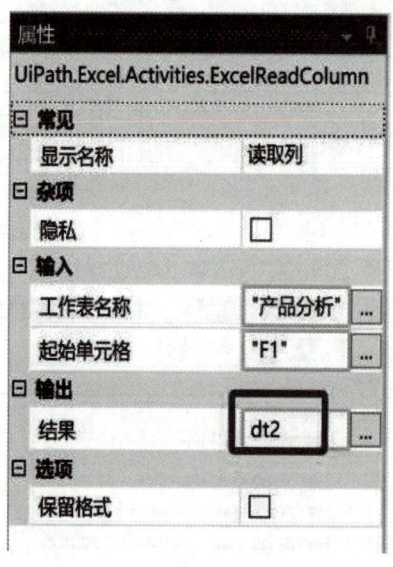

现在数据已存放在dt2中,使用【日志消息】活动输出消息。销售总量存放在51行,用dt2(51).toString对数据进行访问,toString表示将数据转换成字符串类型,方便输出。输出结果如下图所示。

(3)显示某门店某产品销售总额。

本任务中要显示ABC杭州涌金店E产品销售总额。

鼠标右键单击 Main.xaml,新建序列名称为"显示某门店某产品销售总额"。

添加新的活动名称:Excel 应用程序范围。

完成工作簿的选择。可以点击右侧文件夹图标,将销售分析 Excel 文件选入得到文件路径。

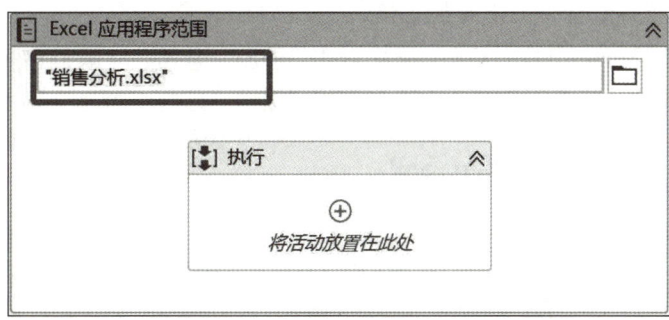

选择工作表及行数据范围。选择【读取行】活动,因为工作表名称为产品分析,所以【读取行】活动中左侧需要填入"产品分析",右侧可以选择行,ABC 杭州涌金店 E 产品销售总额在 A6 行,此处填入"A6",表示读取产品分析工作表的 A6 行的数据。

选择【读取行】活动,在右侧属性面板"输出 – 结果"中创建变量 dt3,表示将产品分析工作表中的 A6 行所有数据存入 dt3 变量中。

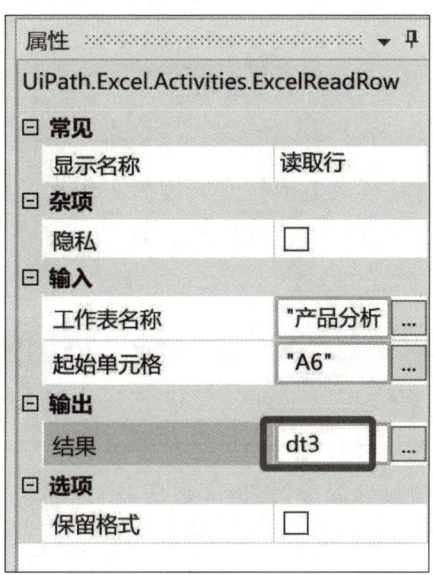

现在数据已存放在 dt3 中,使用【日志消息】活动输出消息。ABC 杭州涌金店 E 产品销售总额存放在第 7 列,用 dt3(7).toString 对数据进行访问,toString 表示将数据转换成字符串类型,方便输出。输出结果如下图所示。

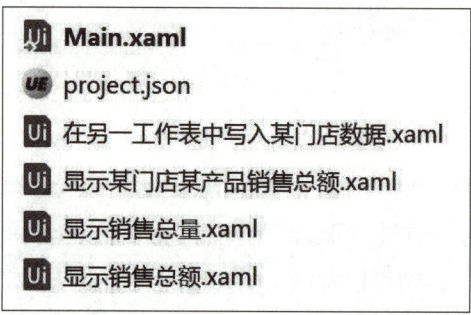

(4)在另一工作表中写入某门店数据。

本任务中要读取并写入 ABC 杭州涌金店数据。

鼠标右键单击 Main.xaml,出现对话框,依次点击"添加 – 序列"。新建序列名称为在"另一工作表中写入某门店数据"。

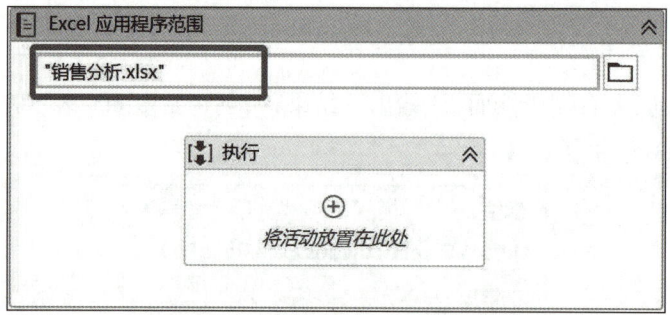

添加新的活动名称:Excel 应用程序范围。

完成工作簿的选择。可以点击右侧文件夹图标,将销售分析 Excel 文件选入得到文件路径。

选择工作表及数据范围。选择【读取范围】活动,因为工作表名称为产品分析,所以【读取范围】活动中左侧需要填入"产品分析",右侧可以选择范围,ABC 杭州涌金店数据在 A1:H6,此处填入"A1:H6"。

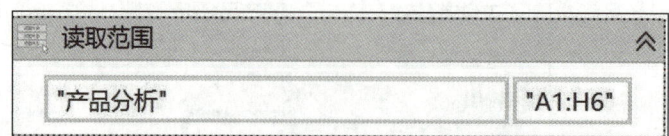

选择【读取范围】活动,在右侧属性面板"输出 – 数据表"中创建变量 dt4,表示将产品分析工作表中的 A1:H6 范围内所有数据存入 dt4 变量中。勾选"添加标头"。

现在数据已存放在 dt4 中,使用【写入范围】活动将数据写入 Sheet1 表格中。同时在属性中勾选"添加标头",表示将标题同时写入 Sheet1 工作表中。

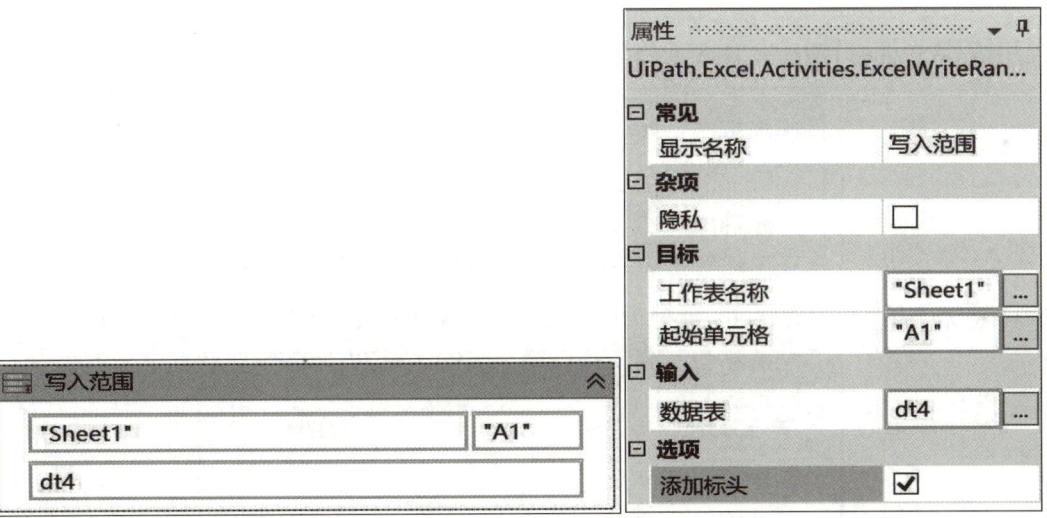

运行结果如下图所示。

序号	门店名称	所在城市	责任人	产品	销售数量	单价	金额
1	ABC杭州涌	杭州	郑浩	A	33	39	1287
2	ABC杭州涌	杭州	郑浩	B	19	29	551
3	ABC杭州涌	杭州	郑浩	C	27	49	1323
4	ABC杭州涌	杭州	郑浩	D	12	59	708
5	ABC杭州涌	杭州	郑浩	E	48	66	3168

(5)计算折后价。

鼠标右键单击 Main.xaml,出现对话框,依次点击"添加-序列"。新建序列名称为"折后价"。

添加新的活动名称:Excel 应用程序范围。

完成工作簿的选择。可以点击右侧文件夹图标,将销售分析 Excel 文件选入得到文件路径。

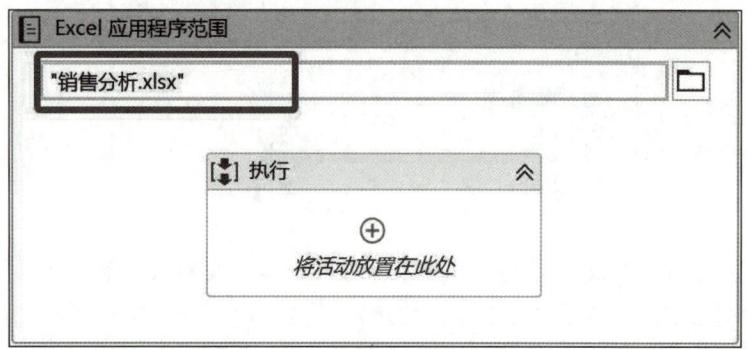

使用【写入单元格】活动在 I1 单元格写入"折后价"字样。

计算某个门店产品的折后价。此处折扣率为 0.05,所以函数写入"=H2*(1-0.05)"。

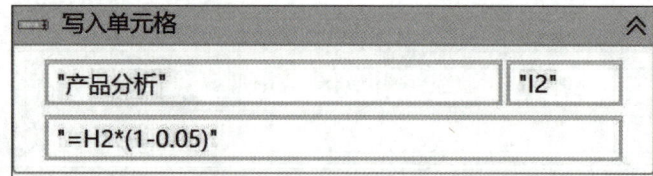

先将上面的函数复制到后续单元格中,可以使用【先条件循环】活动来完成。设置整数型变量 i,初始值为 3,函数从 i3 单元格开始写入。

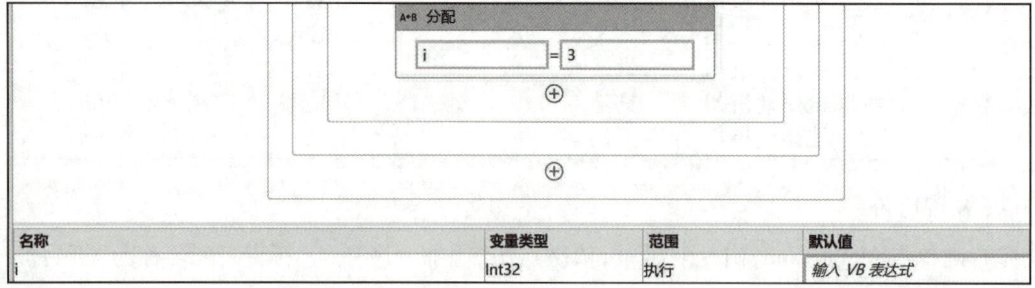

再设置【先条件循环】活动,在"条件"处写入 i <= 51,表示循环到 i51 单元格结束。在"正文"处添加【复制范围】活动和【分配】活动。复制范围属性中分别在"工作表名称"处填入"产品分析","源范围"填入"i2",表示复制的范围来自产品分析表的 i2 单元格,"目标工作表"填入"产品分析","目标单元格"填入"i" + i. ToString,结合【分配】活动中 i = i + 1,表示将产品分析表 i2 单元格的函数复制到产品分析表 i3 到 i51 单元格。

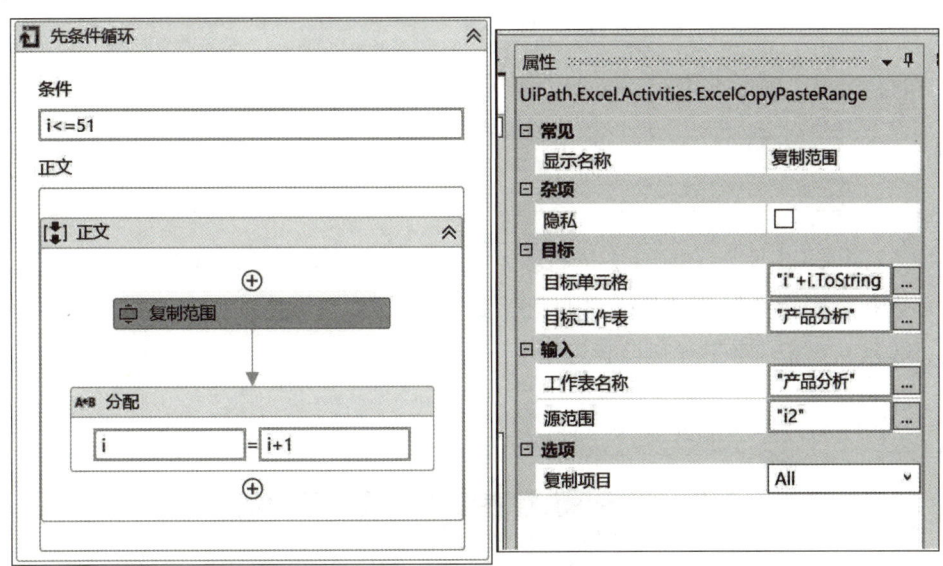

运行部分结果如下:

A	B	C	D	E	F	G	H	I
序号	门店名称	所在城市	责任人	产品	销售数量	单价	金额	折后价
1	ABC杭州涌金店	杭州	郑浩	A	33	39.00	1287.00	1222.65
2	ABC杭州涌金店	杭州	郑浩	B	19	29.00	551.00	523.45
3	ABC杭州涌金店	杭州	郑浩	C	27	49.00	1323.00	1256.85
4	ABC杭州涌金店	杭州	郑浩	D	12	59.00	708.00	672.6
5	ABC杭州涌金店	杭州	郑浩	E	48	66.00	3168.00	3009.6
6	ABC南京大行宫店	南京	陈南	A	32	39.00	1248.00	1185.6
7	ABC南京大行宫店	南京	陈南	B	46	29.00	1334.00	1267.3
8	ABC南京大行宫店	南京	陈南	C	36	49.00	1764.00	1675.8
9	ABC南京大行宫店	南京	陈南	D	47	59.00	2773.00	2634.35

(6)删除序号列。

鼠标右键单击 Main. xaml,出现对话框,依次点击"添加 - 序列"。新建序列名称为"删除列"。

添加新的活动名称:Excel 应用程序范围。

完成工作簿的选择。可以点击右侧文件夹图标,将销售分析 Excel 文件选入,即得到文件路径。

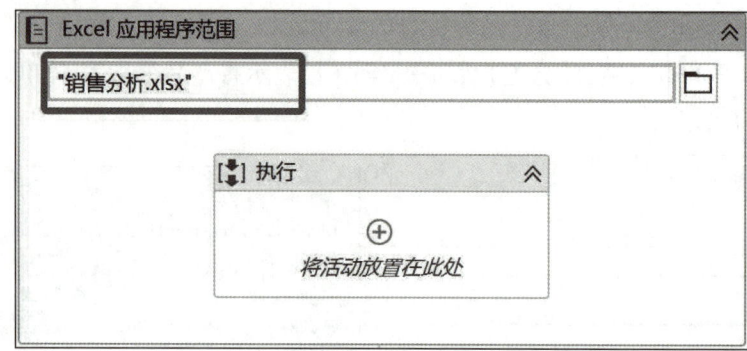

选中【插入/删除列】活动,在属性中进行如下设置:"工作表名称"为"产品分析","更改模式"为 Remove,表示要执行删除操作。"位置"为1,表示删除第1列。"无列"为1(此处为翻译问题,原文为 NoColumns),表示从指定位置开始删除后续1列。

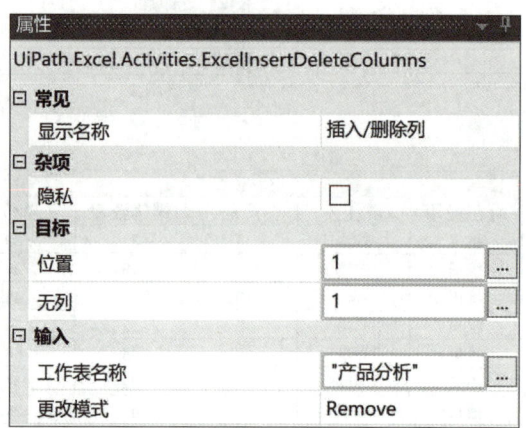

运行部分结果如下图所示,可以看到序号这一列被删除了。

	A	B	C	D	E	F	G	H
1	门店名称	所在城市	责任人	产品	销售数量	单价	金额	折后价
2	ABC杭州涌金店	杭州	郑浩	A	33	39.00	1287.00	1222.65
3	ABC杭州涌金店	杭州	郑浩	B	19	29.00	551.00	523.45
4	ABC杭州涌金店	杭州	郑浩	C	27	49.00	1323.00	1256.85
5	ABC杭州涌金店	杭州	郑浩	D	12	59.00	708.00	672.6
6	ABC杭州涌金店	杭州	郑浩	E	48	66.00	3168.00	3009.6
7	ABC南京大行宫店	南京	陈南	A	32	39.00	1248.00	1185.6
8	ABC南京大行宫店	南京	陈南	B	46	29.00	1334.00	1267.3
9	ABC南京大行宫店	南京	陈南	C	36	49.00	1764.00	1675.8
10	ABC南京大行宫店	南京	陈南	D	47	59.00	2773.00	2634.35
11	ABC南京大行宫店	南京	陈南	E	39	66.00	2574.00	2445.3
12	ABC上海古北店	上海	刘梅	A	46	39.00	1794.00	1704.3
13	ABC上海古北店	上海	刘梅	B	21	29.00	609.00	578.55

二、数据表基本活动

(一)主要基本活动介绍

(1)【对于每一个行】针对数据表做循环操作,主要用于将 Excel 工作表某范围读入后进行循环操作。

(2)【排序数据表】对数据表中的数据进行排序操作。

(3)【筛选数据表】对数据表中的内容进行筛选操作。

(4)【联接数据表】对 Excel 表格进行拼接操作。

(二)开发练习

任务导入

ABC 公司为一家连锁超市,现要对销售数据做简要汇报及处理。使用 RPA 工具完成相关任务。

任务分析与设计

主要任务如下:

(1)筛选出金额≥3000 元的记录,并将筛选结果输出。

(2)对金额进行降序排序。

(3)筛选 ABC 苏州店的记录,并将筛选结果写入"ABC 苏州店记录"工作表。

(4)联接价格表和销售记录表并进行商品销售额计算。

任务实施

1. 操作准备

(1)打开 UiPath 软件,点击"流程",创建新流程。

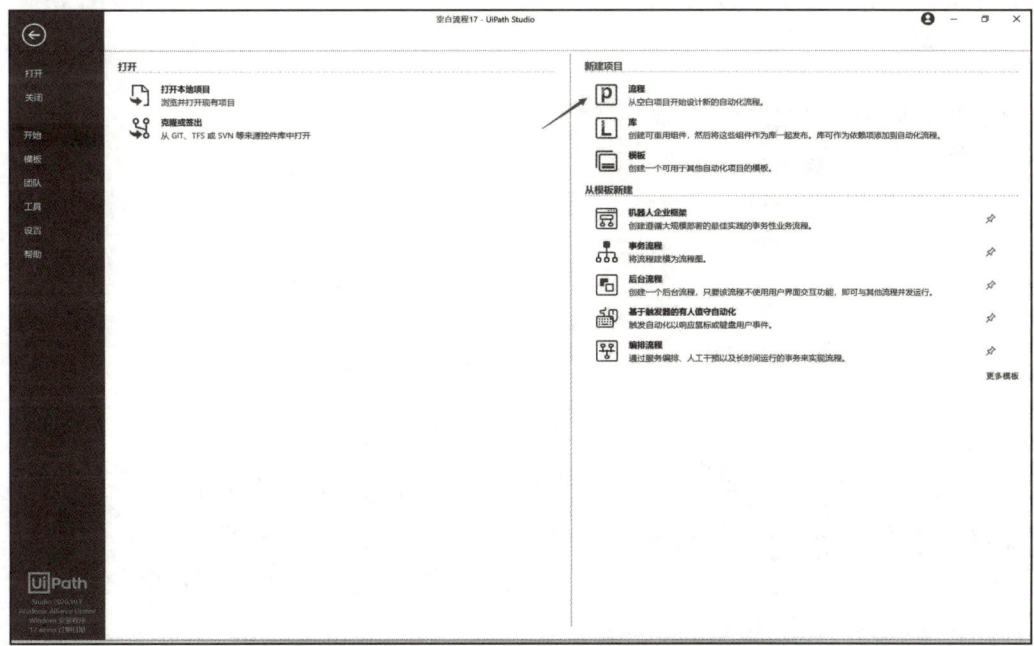

(2)设置好工程文件名称及位置。

此案例中工程名称为"数据表基本活动"。

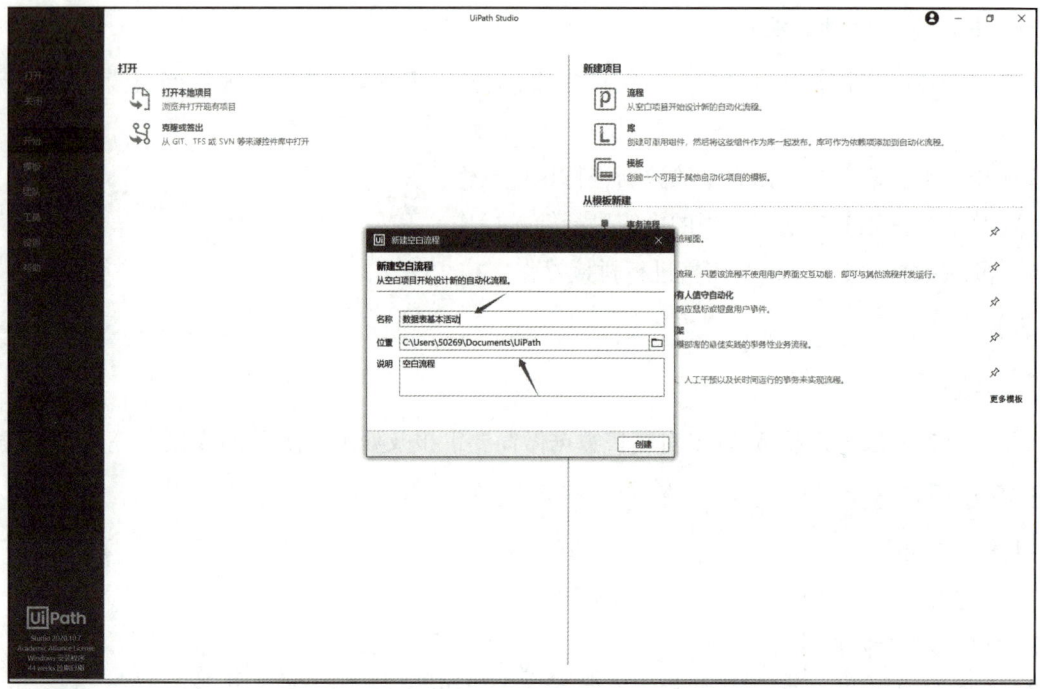

2. 完成相关任务

(1)筛选出金额≥3000元的记录,并将筛选结果输出。

本任务输出结果格式为:

门店名称、所在城市、责任人、产品、金额。

鼠标右键单击 Main.xaml,出现对话框,依次选择"添加-序列"。新建序列名称为"对于每一个行"。

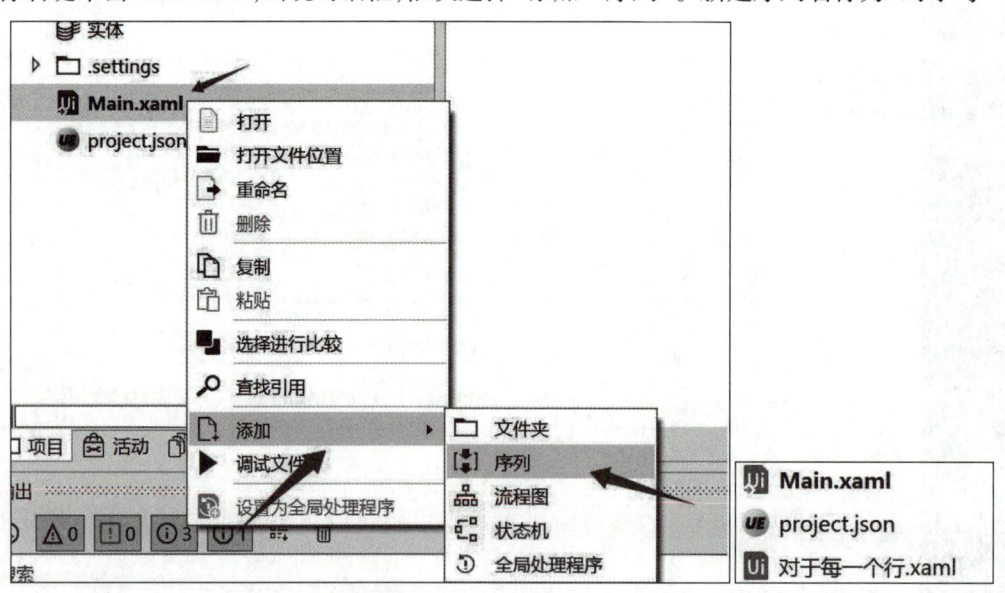

添加新的活动名称:Excel 应用程序范围。

完成工作簿的选择。可以点击右侧文件夹图标,将销售分析 Excel 文件选入,即得到文件路径。

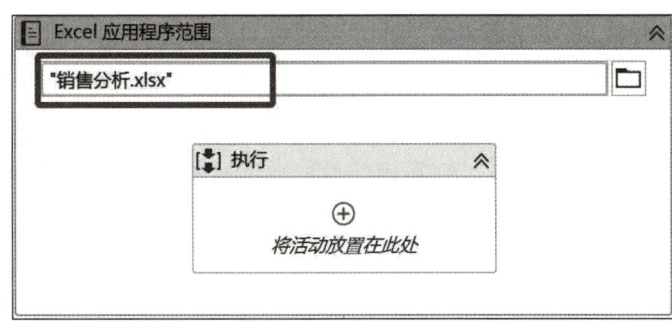

选择工作表及数据范围。选择【读取范围】活动,因为工作表名称为产品分析,所以【读取范围】活动中左侧需要填入"产品分析",右侧可以选择范围,表格中最后一行为总计,所以此处填入"A1:H51"。

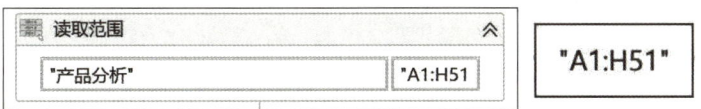

选择【读取范围】活动,在右侧属性面板"输出-数据表"中创建变量 dt1,表示将产品分析工作表中的所有数据存入 dt1 变量中。

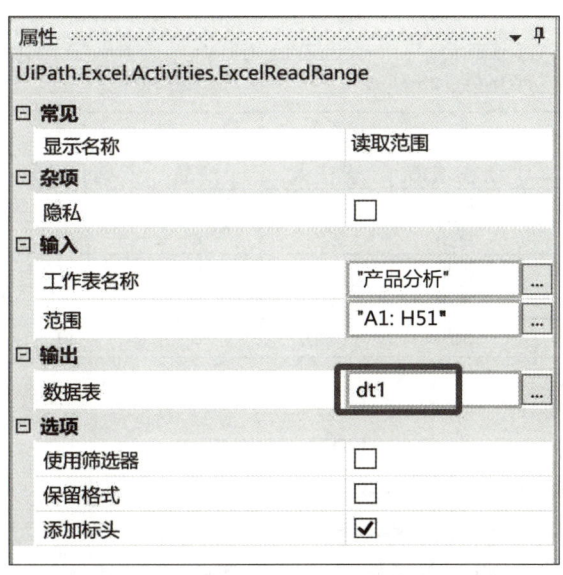

对数据表中的数据进行筛选。因为要对每一个金额数据进行判断,所以此处选择使用【对于每一个行】活动,该活动中左侧 row 为默认变量,右侧"输入"为 dt1,表示对 dt1 中的数据进行逐行遍历并存入 row 变量中,以进行后续操作。

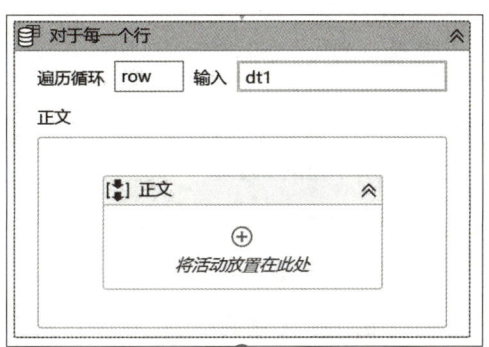

正文部分需要实现每一行金额是否≥3000元的判断,如果满足条件则输出该行记录,否则不做操作。此处使用【IF 条件】活动来完成。在 Condition 中输入表达式 double.parse(row(7).toString) >= 3000,其中 row(7).toString 表示取金额列的数据并转换为字符串,数据编号如下图所示,double.parse 函数的功能是将取出来的数据转换成小数。字符串转换成数字后才能完成数值大小的判断。在 Then 处拖入【日志消息】活动。需要输出的信息为门店名称、所在城市、责任人、产品和金额,分别位于1、2、3、4、7列,所以用 row(1).toString + "," + row(2).toString + "," + row(3).toString + "," + row(4).toString + "," + row(7).toString 完成数据的提取。

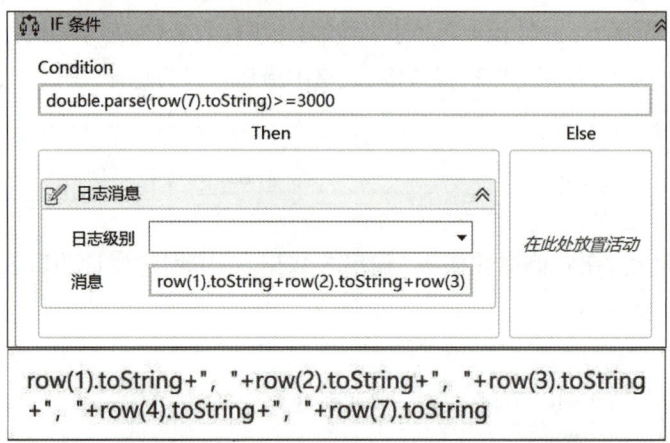

序号	门店名称	所在城市	责任人	产品	销售数量	单价	金额
1	ABC杭州涌金店	杭州	郑浩	A	33	39.00	1287.00
2	ABC杭州涌金店	杭州	郑浩	B	19	29.00	551.00
3	ABC杭州涌金店	杭州	郑浩	C	27	49.00	1323.00
4	ABC杭州涌金店	杭州	郑浩	D	12	59.00	708.00
5	ABC杭州涌金店	杭州	郑浩	E	48	66.00	3168.00

运行部分结果如下图所示:

① 已为以下文件启动调试: 对于每一个行
① 数据表基本活动 执行开始
① ABC杭州涌金店, 杭州, 郑浩, E, 3168
① ABC上海曲阳店, 上海, 王盛, J, 3102
① ABC新里程店, 上海, 曾成, E, 3102
① 数据表基本活动 执行结束 in: 00:00:03

(2)对金额进行降序排序。

鼠标右键单击 Main.xaml,出现对话框,依次点击"添加 – 序列"。新建序列名称为"排序数据表"。

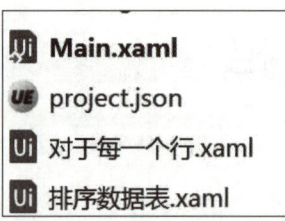

添加新的活动名称：Excel 应用程序范围。

完成工作簿的选择。可以点击右侧文件夹图标，将销售分析 Excel 文件选入得到文件路径。

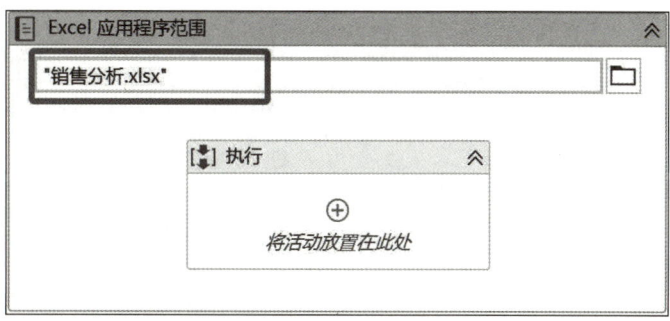

选择工作表及数据范围。选择【读取范围】活动，因为工作表名称为产品分析，所以【读取范围】活动中左侧需要填入"产品分析"，右侧可以选择范围，表格中最后一行为总计，不需要此行，填入"A1:H51"。

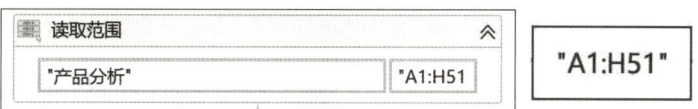

选择【读取范围】活动，在右侧属性面板"输出 – 数据表"中创建变量 dt2，表示将产品分析工作表中的所有数据存入 dt2 变量中。

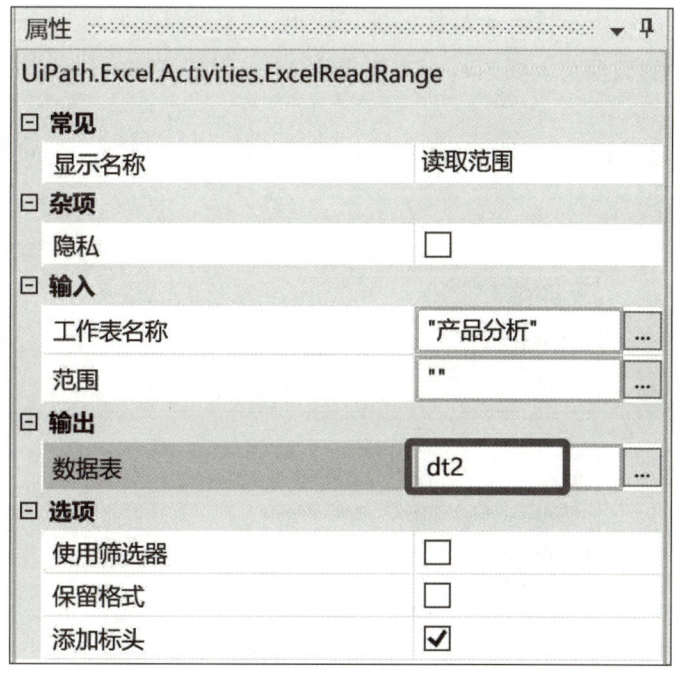

添加【排序数据表】活动，在属性中设置如下："输入 – 数据表"填入 dt2，"输出 – 数据表"创建变量 dt3，表示将原来存放在 dt2 中的数据进行排序处理后保存在 dt3 数据表中。在"排序列 – 名称"中输入"金额"，表示对数据表中的金额这一列进行排序。在"排序列 – 顺序"中选择 Descending，表示对金额列进行降序排列。

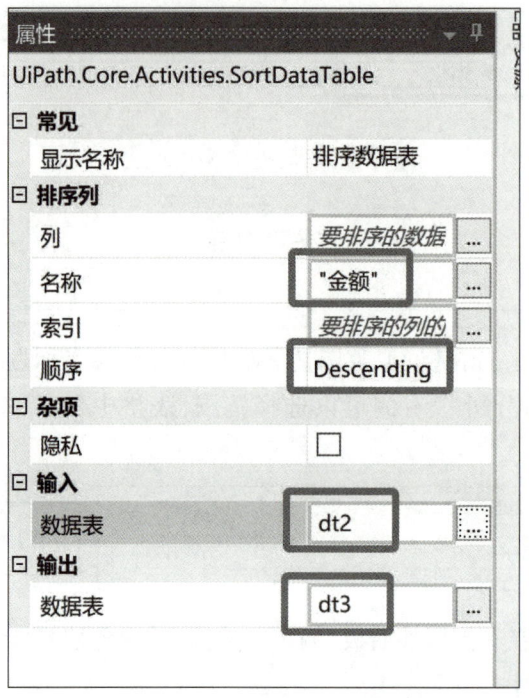

排序完成后,使用【写入范围】活动对数据进行输出。"数据表"处填入 dt3,其他用默认值,表示将排序好存放在 dt3 中的数据写入到 Sheet1 工作表的 A1 单元格开始的位置。

注意:在【写入范围】活动属性面板中要勾选"添加标头",这样在 Excel 文件中才能显示标题行。

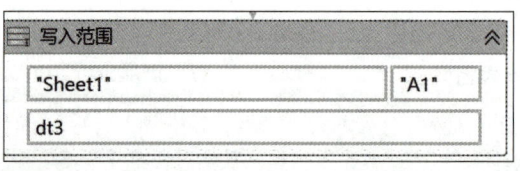

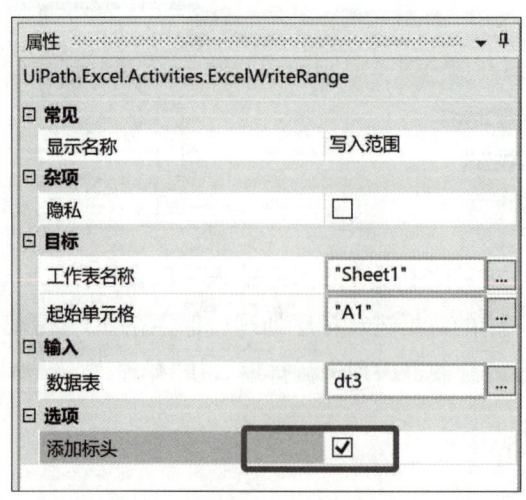

运行结果如下图所示,可以看到数据已经按照金额降序排列好了。

序号	门店名称	所在城市	责任人	产品	销售数量	单价	金额
5	ABC杭州潘	杭州	郑浩	E	48	66	3168
40	ABC上海曲	上海	王盛	J	47	66	3102
50	ABC新里程	上海	曾成	E	47	66	3102
9	ABC南京大	南京	陈南	D	47	59	2773
24	ABC上海联	上海	刘梅	D	47	59	2773
10	ABC南京大	南京	陈南	E	39	66	2574
45	ABC苏州店	苏州	赵冰	E	36	66	2376
18	ABC上海金	上海	曾成	C	47	49	2303
15	ABC上海古	上海	刘梅	E	33	66	2178
19	ABC上海金	上海	曾成	D	36	59	2124
44	ABC苏州店	苏州	赵冰	D	35	59	2065

(3)筛选数据表。

鼠标右键单击 Main.xaml,出现对话框,依次点击"添加 - 序列"。新建序列名称为"筛选数据表"。

添加新的活动名称:Excel 应用程序范围。

完成工作簿的选择。可以点击右侧文件夹图标,将销售分析 Excel 文件选入得到文件路径。

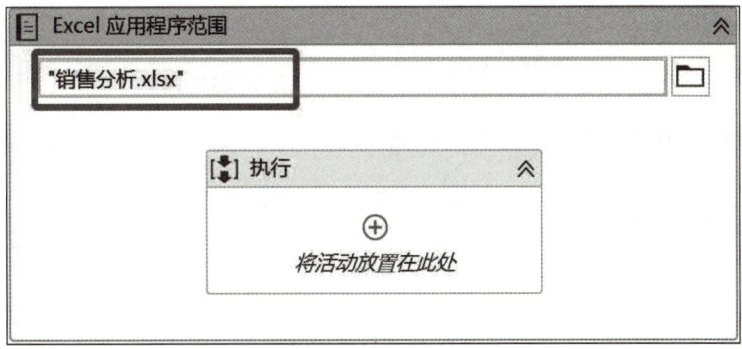

选择工作表及数据范围。选择【读取范围】活动,因为工作表名称为产品分析,所以【读取范围】活动中左侧需要填入"产品分析",右侧可以选择范围,表格中最后一行为总计,不需要此行,填入"A1:H51",并存入变量 dt4 中。

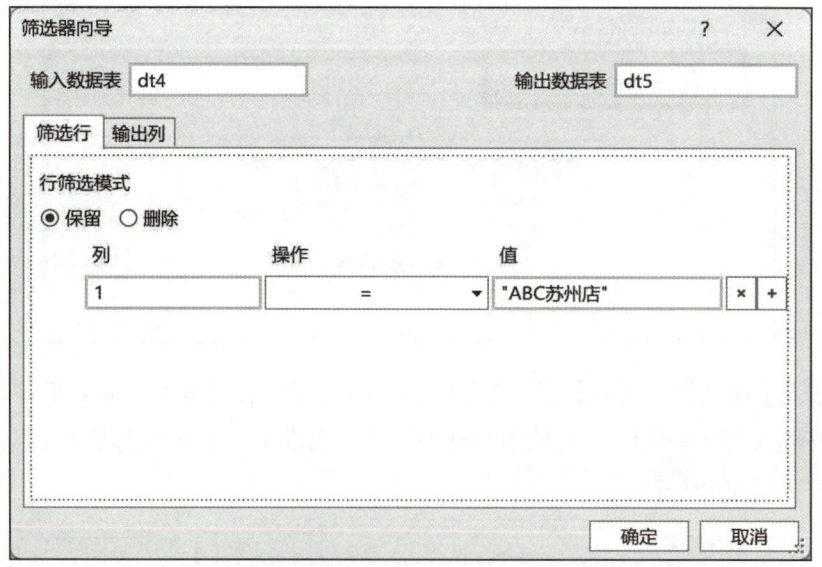

添加【筛选数据表】活动,点击"筛选器向导"后进行筛选数据表的设置。

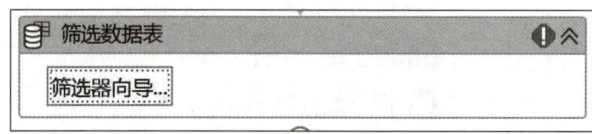

在"输入数据表"处填入 dt4,在"输出数据表"处创建变量 dt5,表示将之前读入到 dt4 中的数据完成筛选操作后写入 dt5 中。在"筛选行"选项卡下"行筛选模式"处选择"按钮"保留,保留第 1 列中值为"ABC 苏州店"的数据。

添加【写入范围】活动,将上述筛选结果写入"ABC 苏州店记录"工作表中。

注意:在【写入范围】活动属性面板中要勾选"添加标头",这样在 Excel 文件中才能显示标题行。

项目二 夯实UiPath开发基础

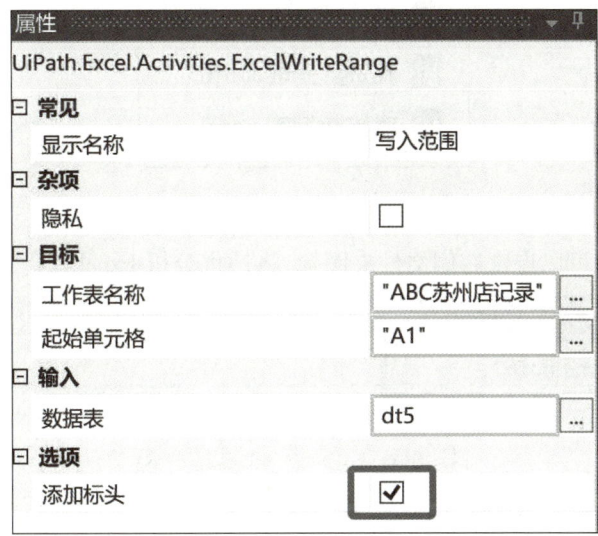

运行部分结果如下图所示：

序号	门店名称	所在城市	责任人	产品	销售数量	单价	金额
41	ABC苏州店	苏州	赵冰	A	9	39	351
42	ABC苏州店	苏州	赵冰	B	38	29	1102
43	ABC苏州店	苏州	赵冰	C	37	49	1813
44	ABC苏州店	苏州	赵冰	D	35	59	2065
45	ABC苏州店	苏州	赵冰	E	36	66	2376

（4）联接数据表。

在此任务中，一个 Excel 表格中包括两个工作表，分别存放产品的销售数量和单价。首先需要对两个表格进行联接；其次进行数据列的选取；最后进行销售额的计算并分类汇总。

销售日期	产品	数量
2016/1/1	蚕豆	46
2016/1/1	大葱	33
2016/1/1	韭菜	34
2016/1/1	蚕豆	16
2016/1/2	佛手瓜	58
2016/1/4	笋瓜	41
2016/1/4	大葱	42
2016/1/5	大葱	24
2016/1/5	豌豆	60
2016/1/5	韭菜	58

销售数量数据

产品	单价
黄瓜	5
西葫芦	3.6
南瓜	1.2
笋瓜	6.5
冬瓜	3.1
丝瓜	2
瓠瓜	3.6
苦瓜	2.8
佛手瓜	4.5
韭菜	0.8
大葱	1.8

销售单价数据

①读入数据。

鼠标右键单击 Main.xaml，出现对话框，依次点击"添加-序列"。新建序列名称为"联接数据表"。

添加新的活动名称：Excel 应用程序范围。

完成工作簿的选择。可以点击右侧文件夹图标，将销售分析 Excel 文件选入得到文件路径。

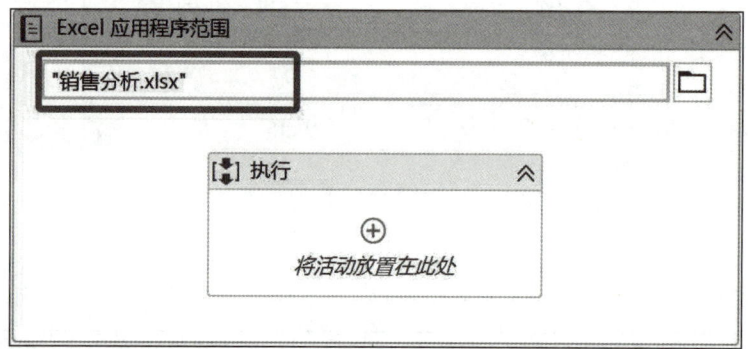

使用【读取范围】活动加载"销售记录"和"单价表"两个工作表，在各自属性栏分别创建 dt1、dt2 两个变量进行数据存放。

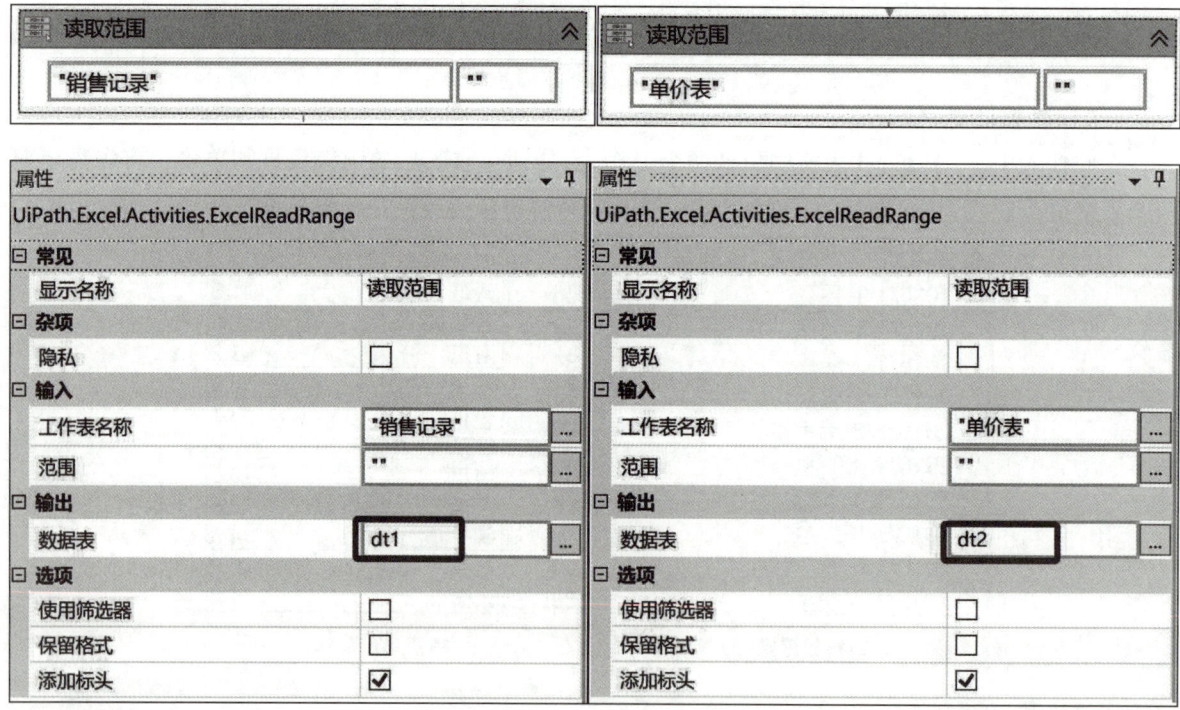

②数据联接。

使用【联接数据表】活动将两个数据表进行联接。"联接向导"设置中，在"输入数据表 1"处填入

dt1,"输入数据表 2"处填入 dt2,"输出数据表"处创建变量 dt3,表明将这两个数据表做联接操作后存入 dt3 变量中。"联接类型"选用 Left 左联接。用销售记录表中的产品名称来匹配查找单价表中的产品名称。"联接向导"中匹配条件设置:表 1 的第 1 列等于表 2 的第 0 列。表 1 的第 1 列列名为产品名称,表 2 的第 0 列列名也是产品名称。

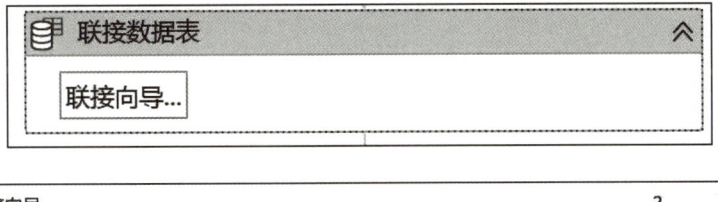

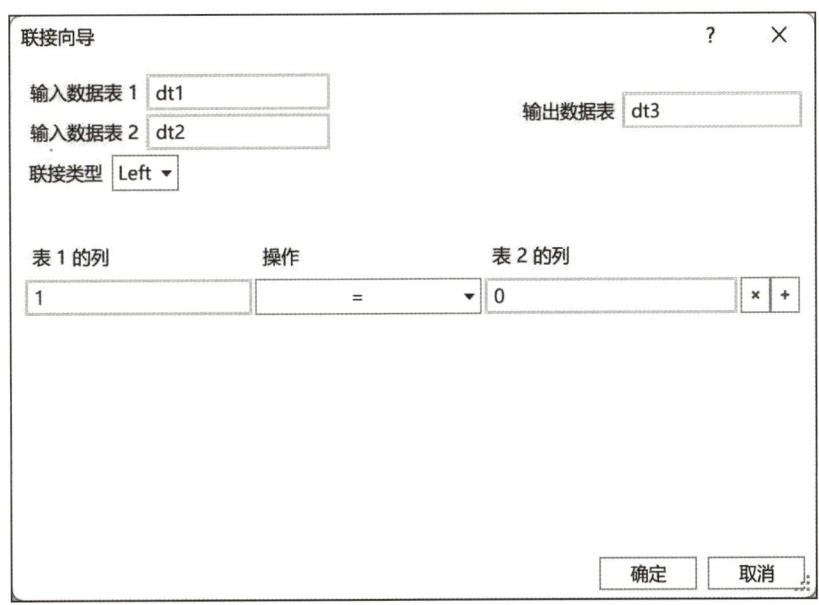

使用【写入范围】活动输出结果,观察结果,可以看到有两个产品列,需要删除其中一列。

销售日期	产品	数量	产品_1	单价
2016/1/15	黄瓜	51	黄瓜	5
2016/1/23	黄瓜	44	黄瓜	5
2016/1/26	黄瓜	42	黄瓜	5
2016/2/10	黄瓜	43	黄瓜	5
2016/2/13	黄瓜	46	黄瓜	5
2016/2/13	黄瓜	20	黄瓜	5
2016/2/22	黄瓜	60	黄瓜	5

添加【筛选数据表】活动,将其中多余的列删除。在"筛选器向导"中"输出列"选项卡下"列选择模式"处选择"按钮"删除,删除第 3 列,即产品_1 列,将处理好的数据表存入 dt4 变量中。使用【写入范围】活动输出结果,观察结果,可以看到产品_1 列已经被删除。

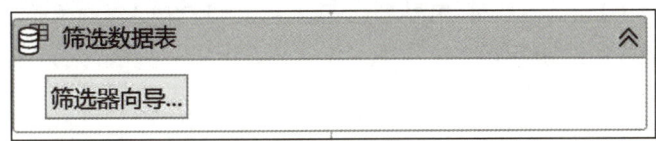

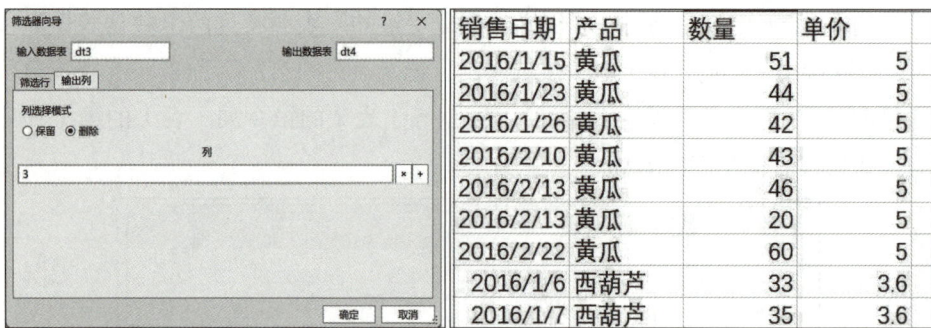

③各销售记录销售额的计算。

添加【添加数据列】活动,增加销售额列名。在【添加数据列】活动属性中分别设置"列名称"为"销售额","数据表"为 dt4。表明是对 dt4 这个数据表增加销售额这个列。

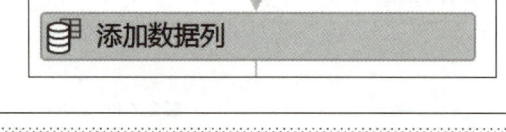

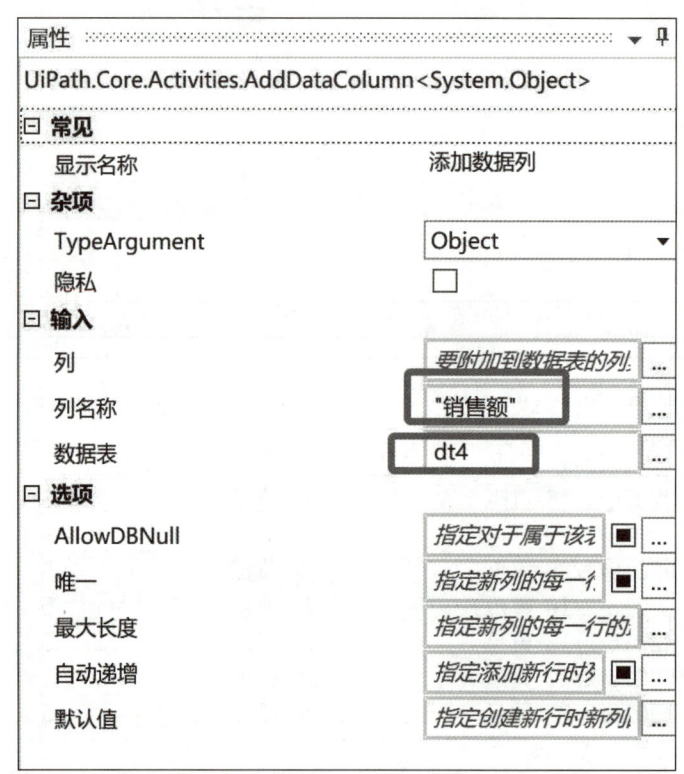

添加【对于每一个行】活动对销售额列进行销售额的逐行计算。销售额 = 数量 × 价格。具体计算使用【分配】活动来完成。【分配】活动中左侧填入 row(4),右侧填入 CDbl(row (2). ToString) * CDbl (row(3). ToString),其中 row(2)为数量,row(3)为价格,先用 toString 转成字符串数据,再用 CDbl 函数完成字符串对浮点数数据类型的转换。

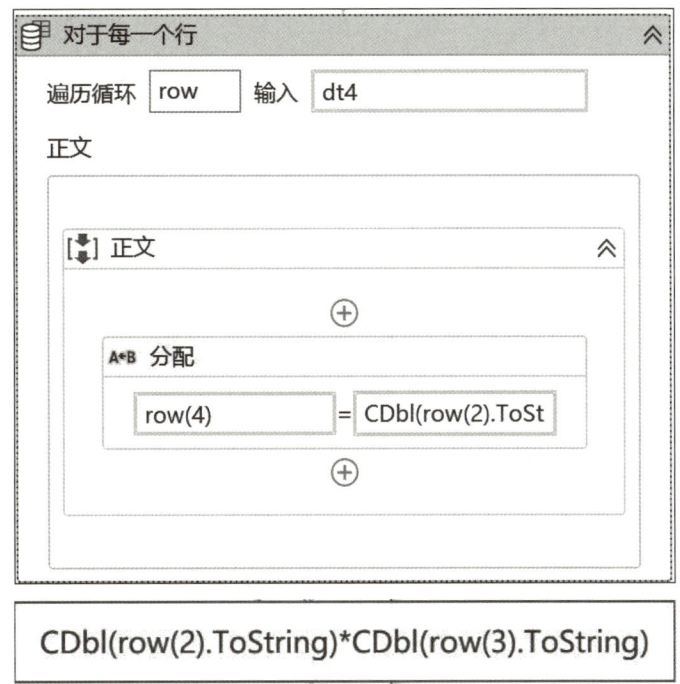

④数据列筛选并输出到 Excel 工作表中。

考虑后续数据透视表只需要根据产品和销售额列来完成,因此该步骤完成产品和销售额列的筛选。添加【筛选数据表】活动。

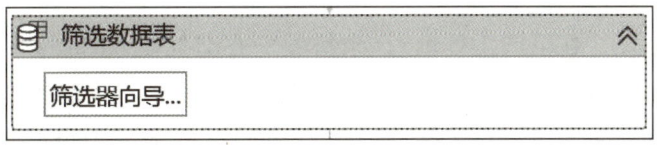

点击"筛选器向导",在"输入数据表"处填入 dt4,在"输出数据表"处创建变量 dt5。在"输出列"选项卡下"列选择模式"处选择"按钮"保留,"列"中分别输入"产品"和"销售额",保留产品和销售额列。

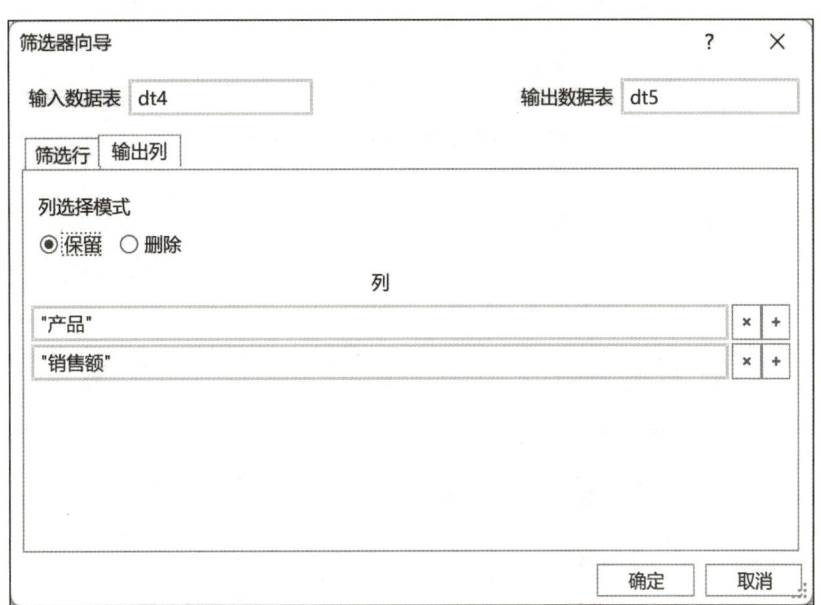

将计算的结果写入 Excel 文件中。添加【写入范围】活动,在下图①处填入"销售额",在②处填入 dt5,在③处填入"A1",表示将 dt5 中的数据写入销售额工作表,从该工作表 A1 单元格开始写入。在属性面板中勾选"添加标头"。

⑤完成产品销售额分类汇总统计。

添加【创建表格】活动。在下图①处填入"销售额",在②处填入"pivot",在③处填入"a1:b" + dt5.rows.count.ToString,表示以销售表中的所有数据创建表格 pivot,等待后续使用数据透视表功能。表达式"a1:b" + dt5.rows.count.ToString 中 dt5.rows.count.ToString 将取得数据表总行数,连起来表示取得工作表所有数据。

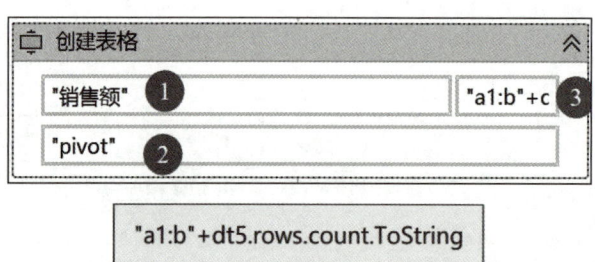

添加【创建透视表】活动。在下图①处填入"销售额汇总表",在②处填入"A1",在③处填入"pivot",在④处填入"sales",表示将根据上一步取得的 pivot 中的数据创建数据透视表 sales,并将结果写入"销售额汇总表"工作表中,从该工作表 A1 单元格处开始写入。

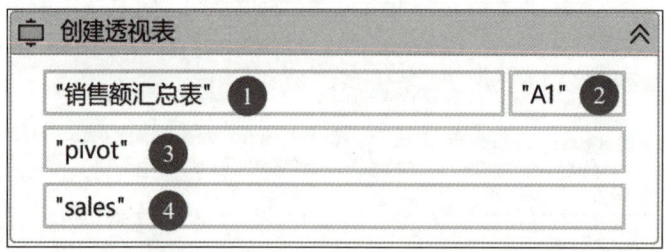

注意：该步骤实现时，Excel 文件最好是". xlsx"格式，不然会在程序运行时弹出 Excel 兼容性检查器窗口。

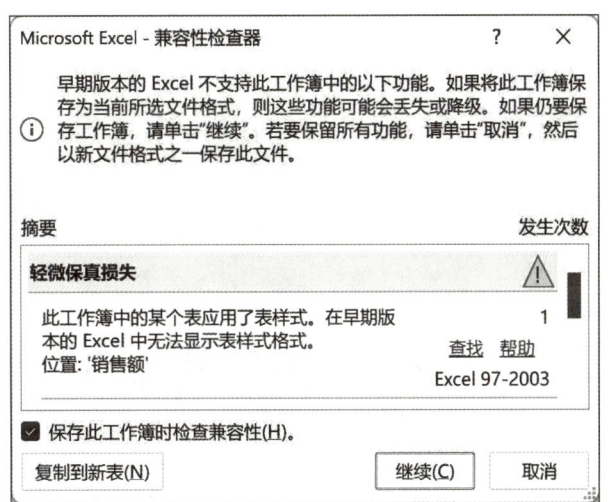

运行结果如下图所示，可以看到各商品销售额已经分类汇总好了。

行标签	求和项:销售额
蚕豆	1018.5
大葱	738
大蒜	2235.5
冬瓜	933.1
佛手瓜	751.5
瓠瓜	594
黄瓜	1530
豇豆	562
韭菜	314.4
韭葱	997.5
苦瓜	299.6
毛豆	968.4
南瓜	73.2
丝瓜	444
笋瓜	565.5
豌豆	411
西葫芦	1080
洋葱	661.2
总计	14177.4

任务四　了解 E-mail 用法

E-mail 是日常工作中不可或缺的通信工具，掌握 UiPath 中的 E-mail 用法可以实现邮件处理的自动化，从而大幅提升工作效率。例如，使用 UiPath 可以自动发送、接收和整理电子邮件，省去手动操作和管理的麻烦。

一、E-mail 环境准备

(一)开启电子邮件协议,获取授权码

使用 UiPath 发送、接收邮件,需要开启电子邮件协议,获取授权码。电子邮件协议主要有:

(1)发送电子邮件的协议:SMTP。

(2)接收电子邮件的协议:POP3 和 IMAP。

本教材使用 QQ 邮箱收发邮件,开通 QQ 邮箱,POP3、SMTP、IMAP 协议的操作过程如下,其他邮箱可以参考完成:

(1)进入 QQ 邮箱,点击"设置",点击"账号"。

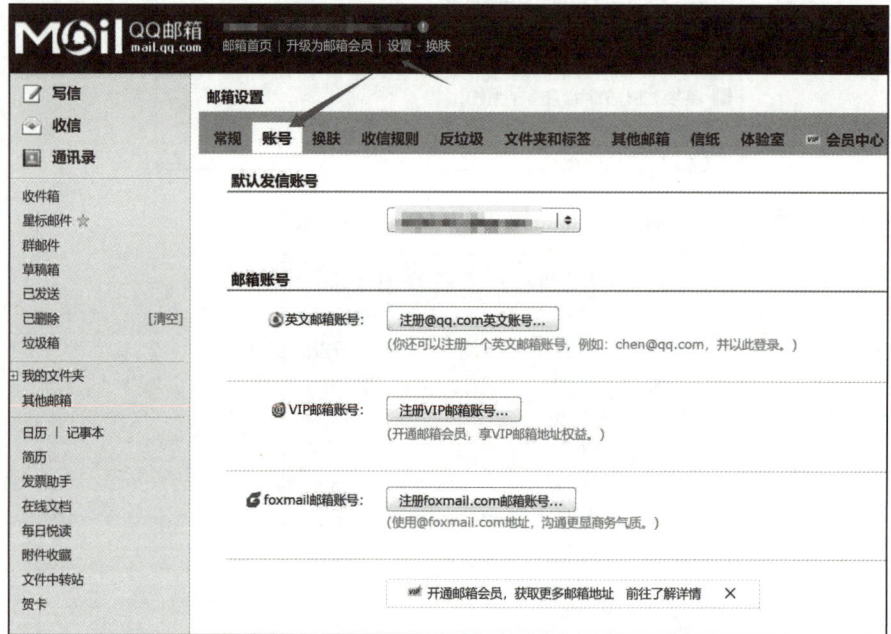

(2)鼠标移动到 POP3/IMAP/SMTP/Exchange/CardDAV/CalDAV 服务,点击"继续开启服务"。

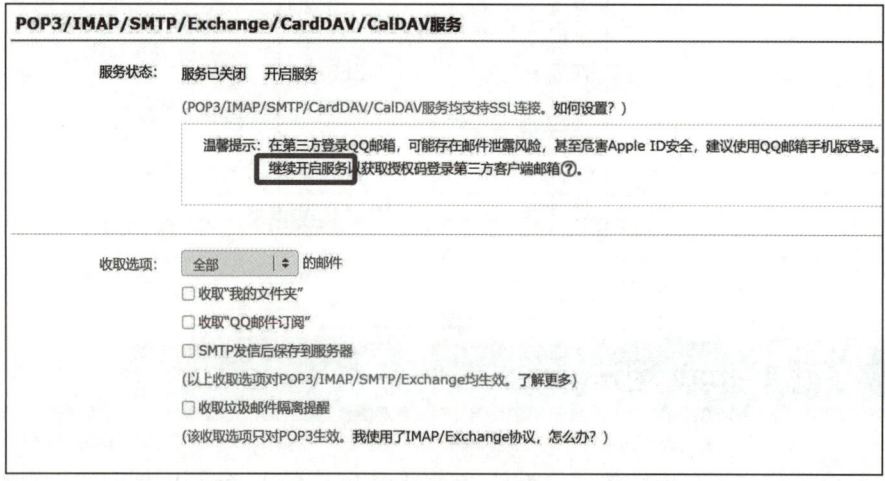

(3)向手机发送短信获取授权码。

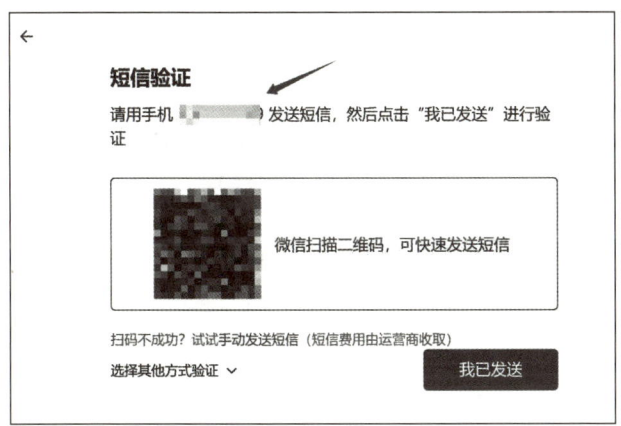
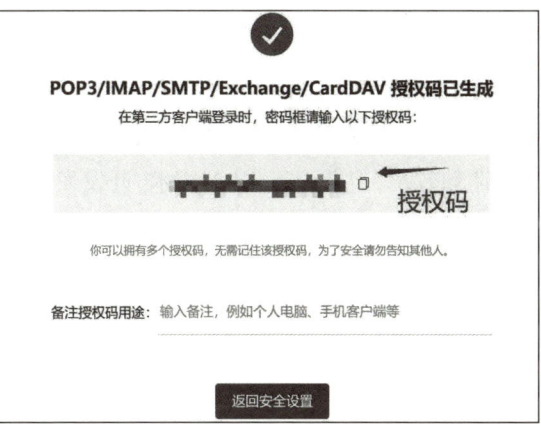

(二)POP3 和 SMTP 服务器地址

在 QQ 邮箱使用说明中获取邮件服务器地址,如下表所示。

邮箱	POP3 服务器(端口 995)	SMTP 服务器(端口 465 或 587)
qq.com	pop.qq.com	smtp.qq.com

练一练

如果你的电子邮箱是网易邮箱,如何开启服务、获取授权码并获取服务器地址及端口? 请写出步骤。

_____
_____
_____
_____
_____
_____

二、RPA 发送电子邮件

UiPath 中主要通过【发送 SMTP 邮件消息】来完成邮件的发送。

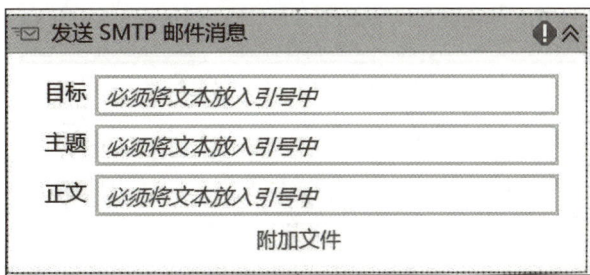

子任务一　发送单个邮件

任务导入

B企业发票发送量大,传统方式下,财务人员需手动发送发票邮件,效率低下且易出错。为提升准确性和效率,企业引入RPA技术,开发发票发送业务财务机器人(发送单个邮件)。

邮件格式如下：

主题：发票

正文：附件中为RPA发送的发票

附件：

发票.pdf

项目确认单.docx

数据资料

发票相关文件所在文件夹如下图所示。

发票相关文件如下图所示。

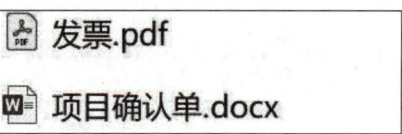

任务分析与设计

整体步骤如下图所示。

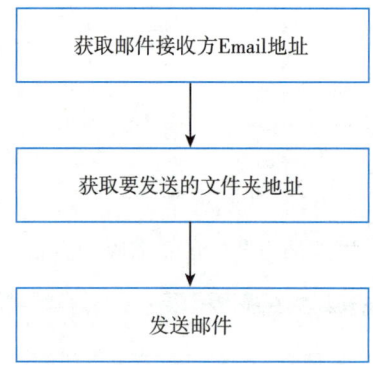

任务实施

(一) 操作准备

1. 打开 UiPath 软件,点击"流程",创建新流程

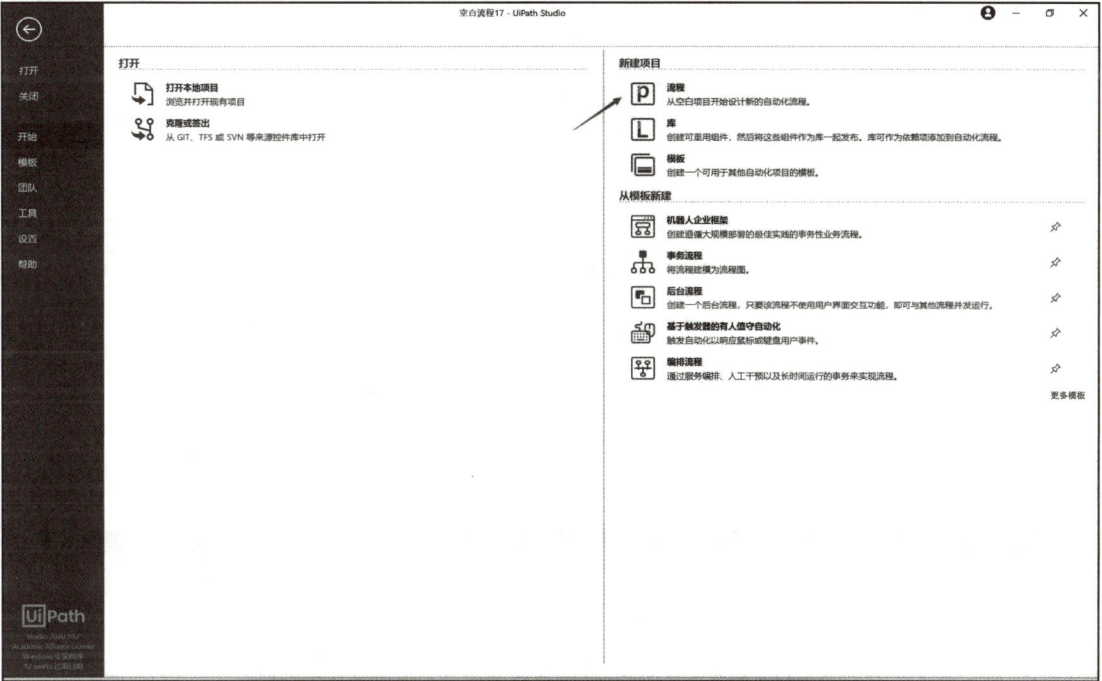

2. 设置好工程文件名称及位置

此案例中工程名称为"发送单个邮件"。

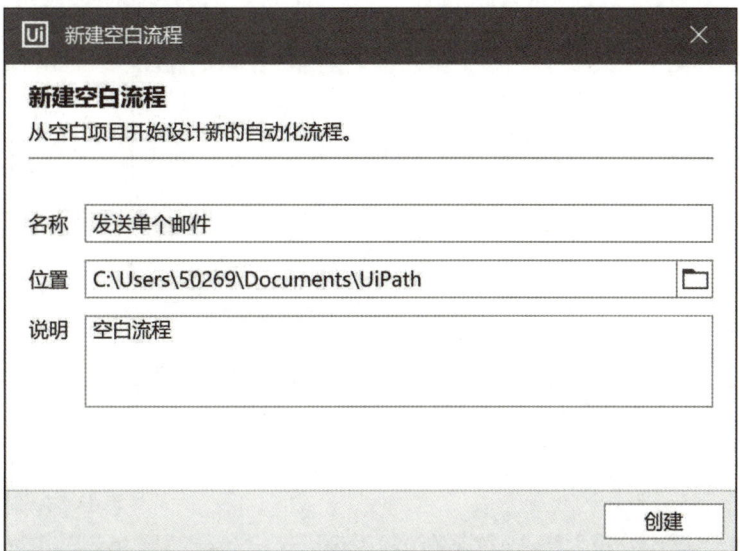

3. 等待加载完毕，进入编辑界面封面

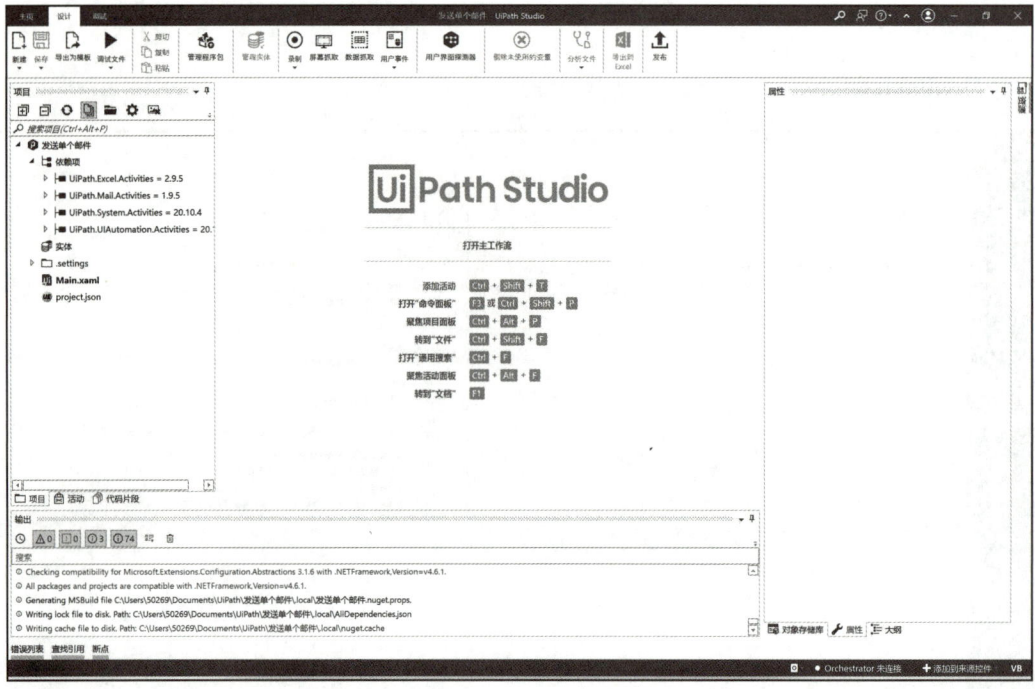

4. 添加新序列

因为整体流程不太复杂，直接双击 Main.xaml，在主流程中创建工作流程。

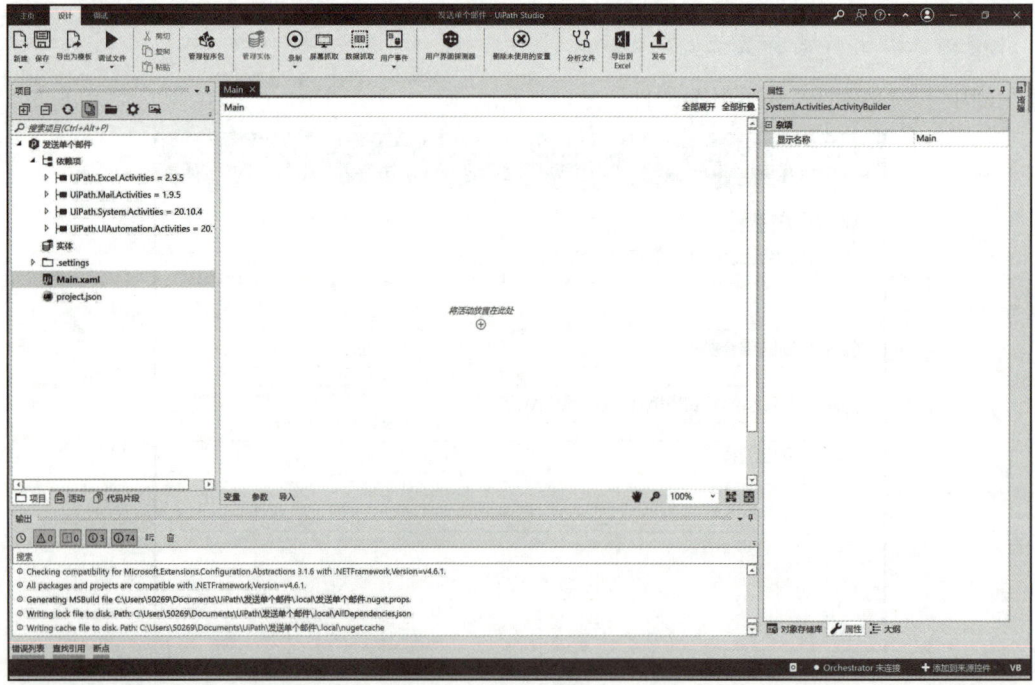

（二）流程制作

流程1：获取邮件接收方 E-mail 地址

添加【输入对话框】活动，在下图①处填入"发送邮件"，在②处填入"请输入收件人 E-mail 地址"，在③处选择文本框,在④处创建变量 E-mail,变量类型为 String,将输入的 E-mail 地址存入变量 E-mail 中。

流程2:获取要发送的文件夹地址

添加【消息框】活动。输入"请选择文件夹",提示用户选择需要发送的文件所在的文件夹。

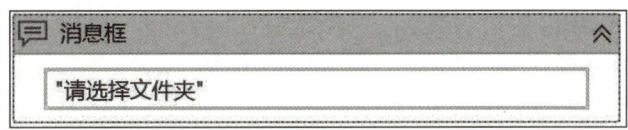

添加【选择文件夹】活动。

在其属性面板中,在"输出 – 选择的文件夹"中创建变量 folder,变量类型为 String,该变量用于存储所选文件夹的完整路径。

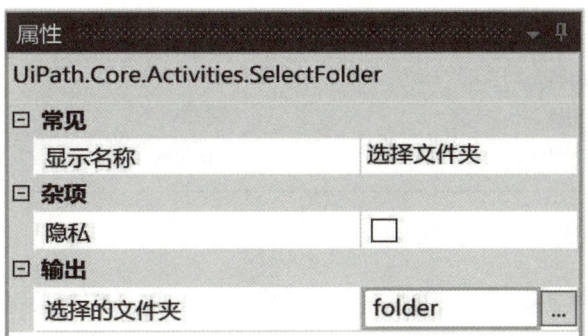

流程3:发送邮件

1. 读取文件夹下所有文件

添加【分配】活动,【分配】活动中左侧创建读取所有文件存入的变量名 arrfiles。变量类型为 String[ ],即字符串数组变量。右侧填入表达式 Directory.GetFiles(folder)。通过该表达式获取文件夹下所有文件的路径。

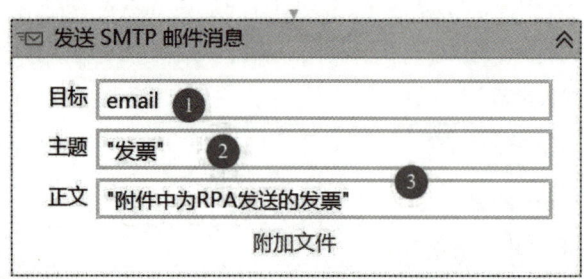

2. 发送邮件

添加【发送 SMTP 邮件消息】活动。在下图①处填入电子邮件的接收人变量 E-mail, 在②处填入主题"发票", 在③处填入正文"附件中为 RPA 发送的发票"。

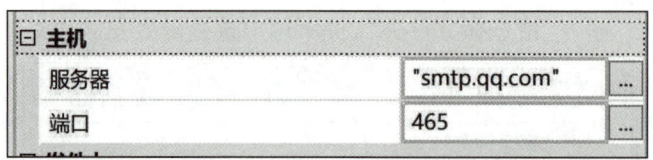

在其属性面板中,"主机"设置 QQ 邮箱的 SMTP 服务器地址"smtp.qq.com", 端口可设置为 465。

"登录"设置密码为之前申请的授权码, 电子邮件为发送者的 E-mail 地址。

附件集合设置为变量 arrfiles。

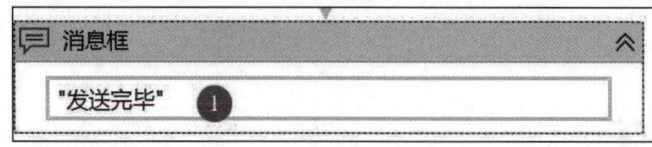

3. 发送完毕信息提示

添加【消息框】活动, 将下图①处设置为"发送完毕", 提示用户整个流程执行结束。

运行结果如下图所示。

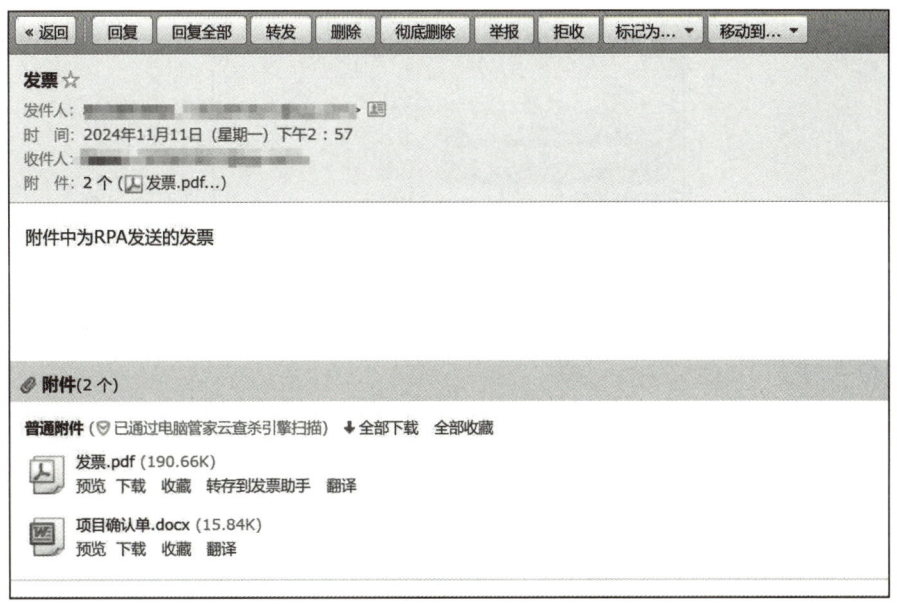

子任务二 批量发送邮件

任务导入

B 企业发票发送量大,传统方式下,财务人员需手动向多家企业(本任务中有 A、C、D、E 四家企业)发送发票邮件,效率低下且易出错。为提升准确性和效率,企业引入 RPA 技术,开发发票发送业务财务机器人(批量发送邮件)。

邮件格式如下:

主题:发票

正文:附件中为 RPA 发送的发票

附件:

发票.pdf

项目确认单.docx

数据资料

不同企业发票文件夹如下图所示。

各企业文件夹下的发票相关文件如下图所示。

企业列表,附公司名称及接收方 E-mail 地址。

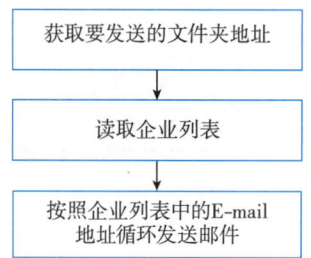

任务分析与设计

整体步骤如下图所示。

```
获取要发送的文件夹地址
        ↓
    读取企业列表
        ↓
按照企业列表中的E-mail
地址循环发送邮件
```

任务实施

(一)操作准备

1. 打开 UiPath 软件,点击"流程",创建新流程

2. 设置好工程文件名称及位置

此案例中工程名称为"批量发送邮件"。

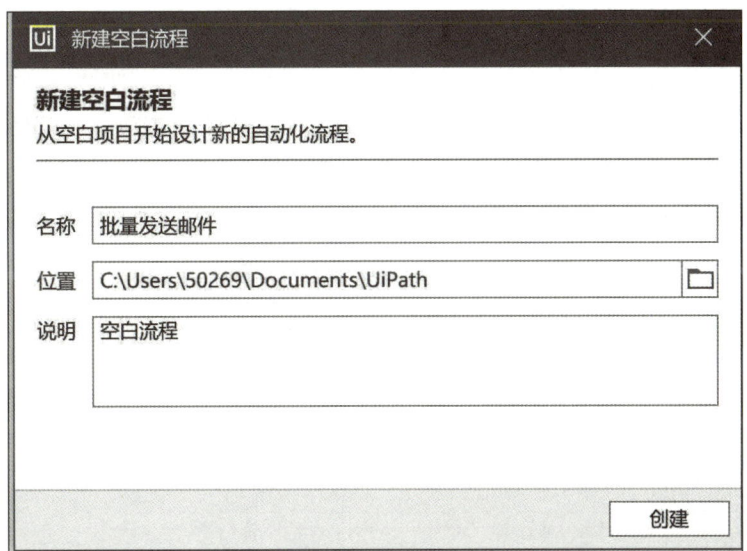

3. 等待加载完毕，进入编辑界面封面

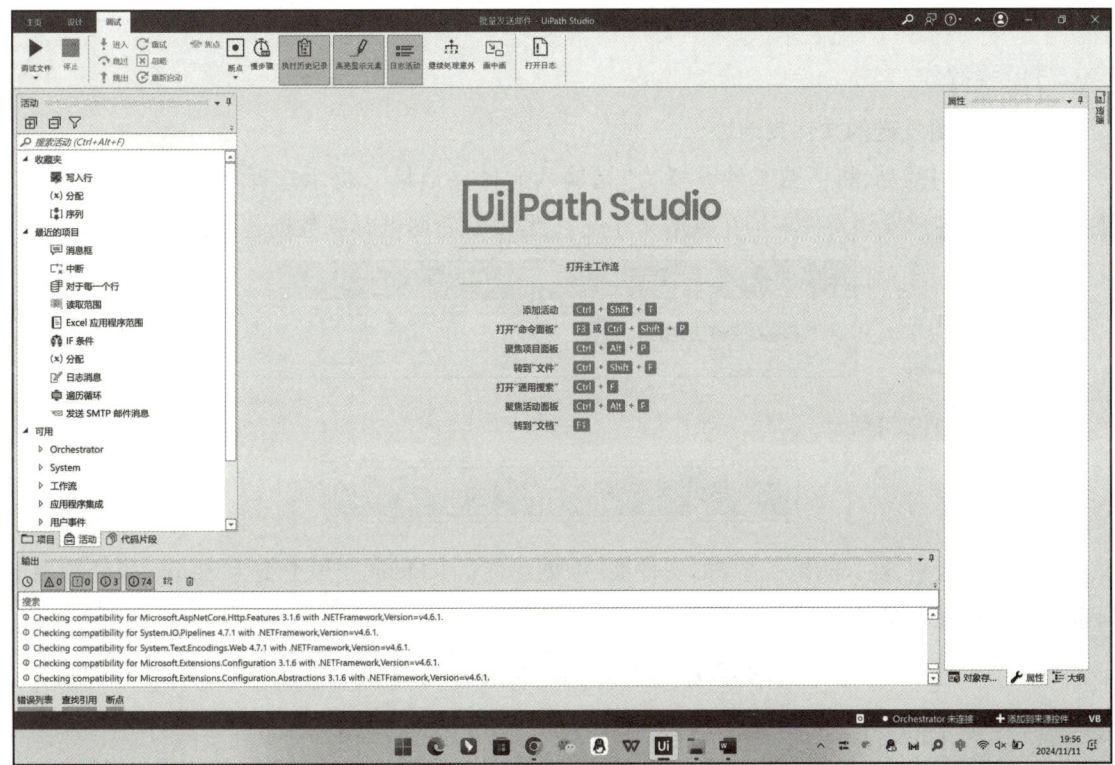

4. 添加新序列

因为整体流程不太复杂，直接双击 Main.xaml，在主流程中创建工作流程。将新建的序列名称改为批量发送邮件。

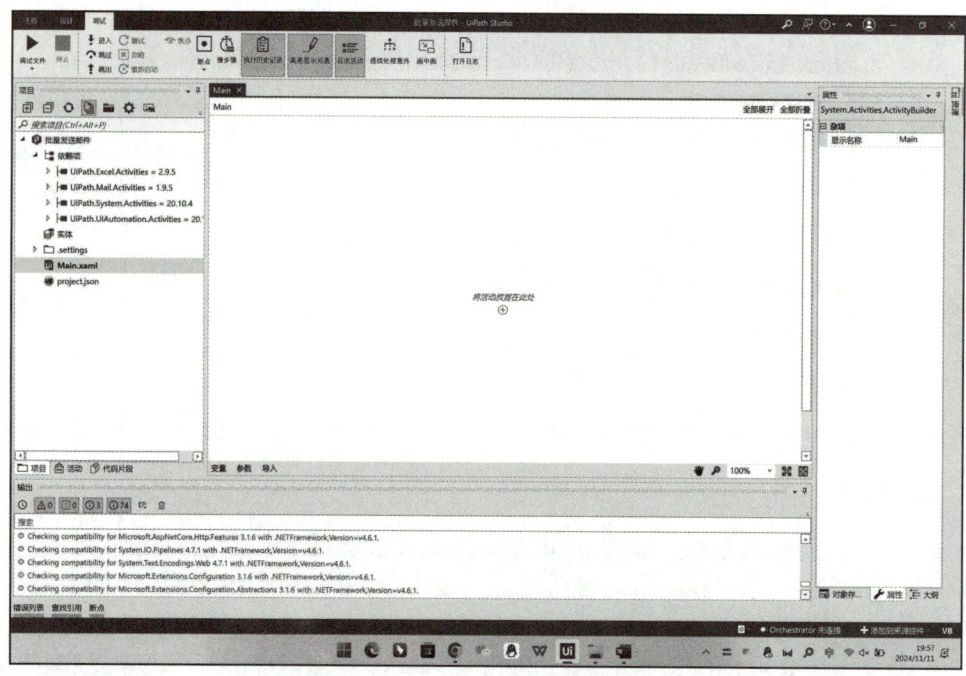

（二）流程制作

流程1：获取要发送的文件夹地址

添加【消息框】活动，将下图①处设置为"请输入文件夹地址"，提示选择客户发票文件夹位置。本任务中所有的客户发票文件夹均在数据文件夹下，程序运行时选择到数据这一级文件夹即可。

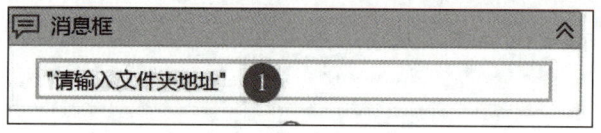

添加【选择文件夹】活动。

在其属性面板中，在"输出-选择的文件夹"中创建变量 folders，变量类型为 String，该变量用于存储所选文件夹的完整路径。

添加【分配】活动，在左侧创建变量 arrfolders，变量类型为 String[ ]，在右侧填入表达式 Directory. GetDirectories(folders)，获取所选文件夹下的所有客户发票文件夹。

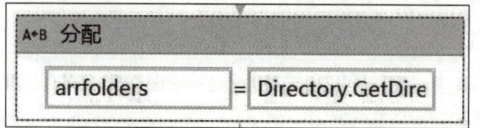

流程 2：读取企业列表

添加【Excel 应用程序范围】活动,点击右侧文件夹图标,选择企业列表 Excel 文件。

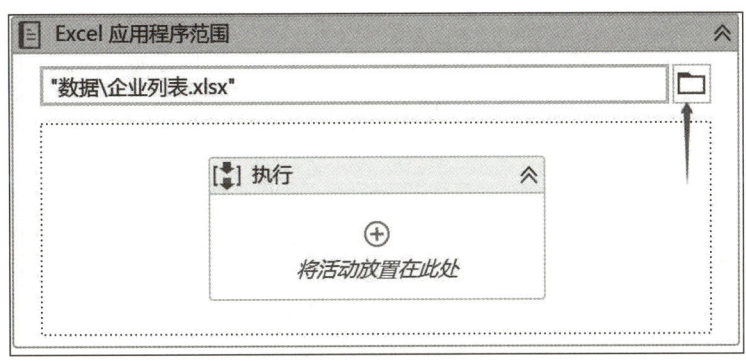

添加【读取范围】活动,在该活动中设置工作表为 Sheet1,"读取范围"为""。

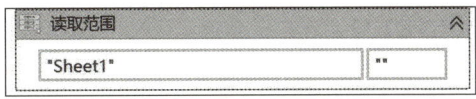

在其属性面板"输出 – 数据表"中创建变量 dt,数据类型为 dt。

流程 3：按照企业列表中的 E-mail 地址循环发送邮件

需要两层循环完成邮件的发送。首先,在外层遍历企业列表(对应下图①处),如某次遍历到 A 企业;其次,在里层循环中遍历企业文件夹(对应下图②处),完成 A 企业名称与文件夹中企业名称的匹配。匹配成功后得到该企业文件夹中的发票数据作为附件,填写正文、主题等信息后完成邮件的发送(对应下图③处)。

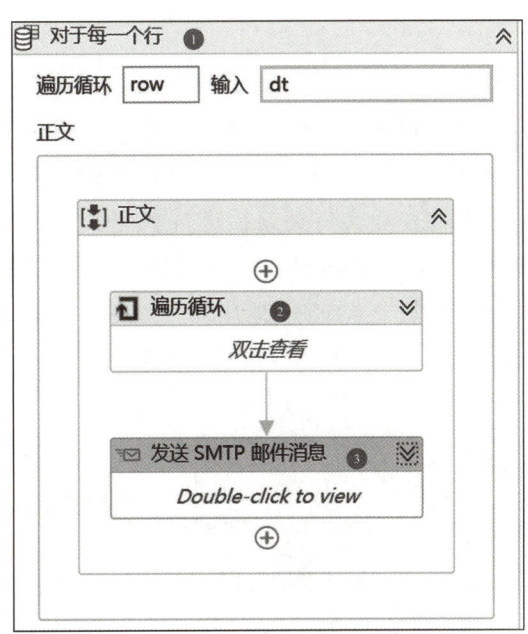

1. 遍历企业列表

添加【对于每一个行】活动,在"输入"处填入变量 dt。

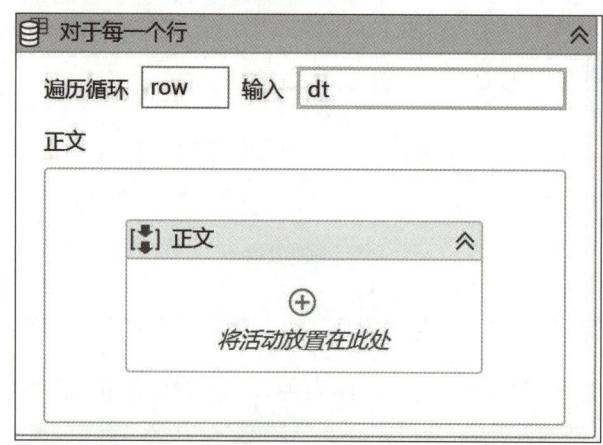

2. 遍历企业名称文件夹

需要根据当前企业列表中的企业名称查找到该企业所对应的发票文件夹,以便后续读取发票文件夹中的发票数据作为附件发送。添加【遍历循环】活动,在"输入"处填入变量 arrfolders。

得到当前企业文件夹数组长度。添加【分配】活动,左侧填入 length 变量,变量类型为 Int32,右侧填入 Split(item.ToString," \ ").Length,该函数中 item.ToString 用于获取企业文件夹路径,Split 函数将按指定的分隔符(此处为"\"号)对该企业文件夹路径进行字符串的分割,Length 属性将获取数组长度。例如某企业文件夹路径为 C:\Users\admin\Desktop\数据\A 公司,通过 item.ToString 将获取该路径,再通过 Split 函数以"\"作为分隔符,将路径分割为"C:""Users""admin""Desktop""数据""A 公司"六个部分,存入字符串数组中,通过 Length 将获取该数组的长度 6。

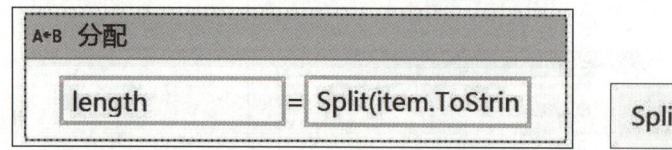

添加【IF 条件】活动,完成匹配测试。如果匹配,即当前企业文件夹中的企业名称与当前企业列表中的企业名称一致,则执行1,将当前企业文件夹下所有文件的路径赋值给变量 arrfiles,以便后续将这些文件作为附件发送,同时停止查找。否则执行2,不执行任何操作,继续查找。

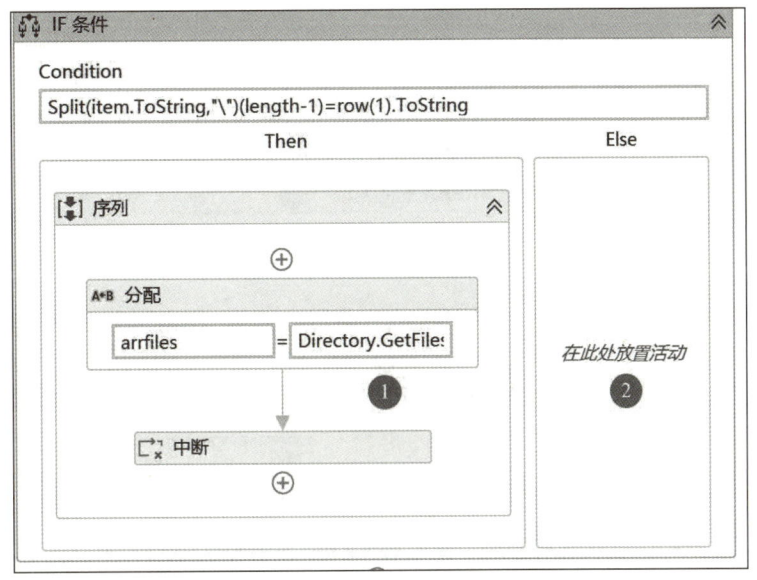

Directory.GetFiles(item.ToString)

在【IF 条件】活动 Condition 处填写 Split(item.ToString,"\")(length-1)=row(1).ToString。等于号左边函数中 item.ToString 用于获取企业文件夹路径,Split 函数将按指定的分隔符(此处为"\"号)对该企业文件夹路径进行字符串的分割,(length-1)将获取分割后的字符串数组中最后一个元素。例如某企业文件夹路径为 C:\Users\admin\Desktop\数据\A 公司,通过 item.ToString 将获取该路径,再通过 Split 函数以"\"作为分隔符将路径分割为"C:""Users""admin""Desktop""数据""A 公司"六个部分,存入字符串数组中,通过(length-1)取得数组最后一个元素,即 A 公司。等于号右边 row(1).ToString 将获取企业列表中的企业名称。整体实现企业文件夹中的企业名称与企业列表中的企业名称的匹配测试。

在上图 Then 下①处添加【分配】活动。该活动中,左侧创建变量 arrfiles,数据类型为 String[ ],范围为批量邮件,右侧填入 Directory.GetFiles(item.ToString)。下方添加【中断】活动,匹配成功则中止本次循环。

> 注意:arrfiles 变量的范围要设置为批量邮件,否则在后续【发送 SMTP 邮件消息】活动中将因查找不到该变量而出错。

3. 发送邮件

添加【发送 SMTP 邮件消息】活动,在下图①处填入电子邮件的接收企业邮箱 row(0).ToString,在②处填入主题"发票",在③处填入正文"附件中为 RPA 发送的发票"。

在其属性面板中,"主机"设置 QQ 邮箱的 SMTP 服务器地址"smtp. qq. com",端口可设置为 465。

"登录"设置密码为之前申请的授权码,电子邮件为发送者的 E-mail 地址。

附件集合设置为变量 arrfiles。

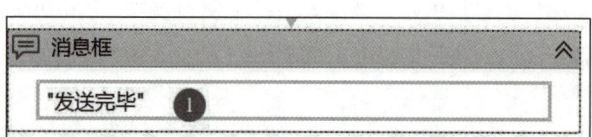

4. 发送完毕信息提示

添加【消息框】活动,将下图①处设置为"发送完毕",提示用户整个流程执行结束。

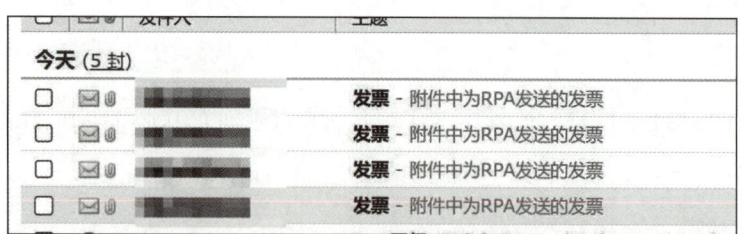

将企业列表中接收方 E-mail 地址调成自己的 E-mail 后进行测试,将接收到多封 E-mail,运行结果如下图所示。

三、RPA 读取电子邮件

UiPath 中主要通过【获取 POP3 邮件消息】来完成邮件的接收。

项目二
夯实UiPath开发基础 02

子任务一　获取单个邮件主题

任务导入

A 企业发票接收量大,传统方式下,财务人员需手动接收发票邮件,效率低下且易出错。为提升准确性和效率,企业引入 RPA 技术,开发发票接收业务财务机器人,获取单个邮件的主题。

任务说明

本任务中将获取前 3 封 QQ 邮件的主题,在完成本任务时可事先准备好其他 QQ 邮箱发送的 3 封不同主题的邮件。

任务分析与设计

整体步骤如下图所示。

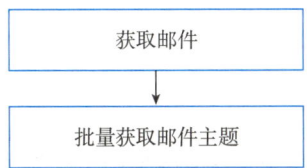

任务实施

(一)操作准备

1. 打开 UiPath 软件,点击"流程",创建新流程

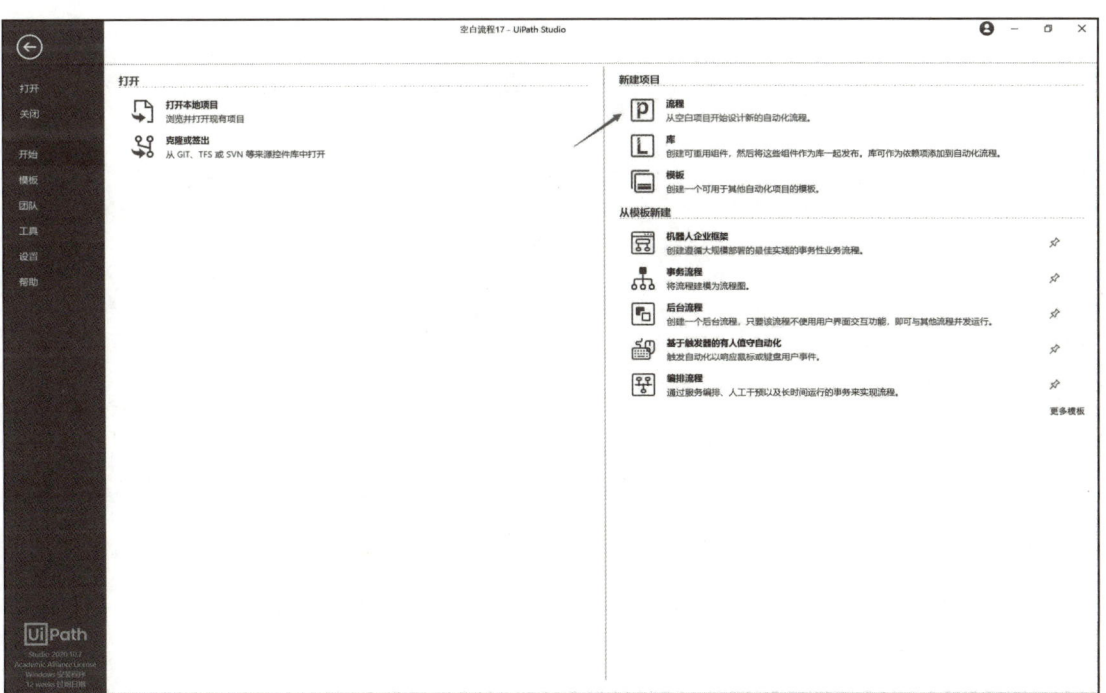

2. 设置好工程文件名称及位置

此案例中工程名称为"获取单个邮件信息"。

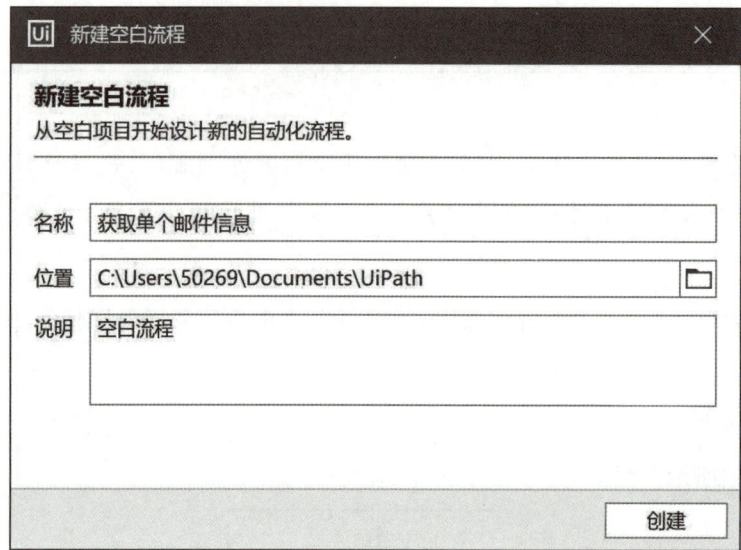

3. 等待加载完毕,进入编辑界面封面

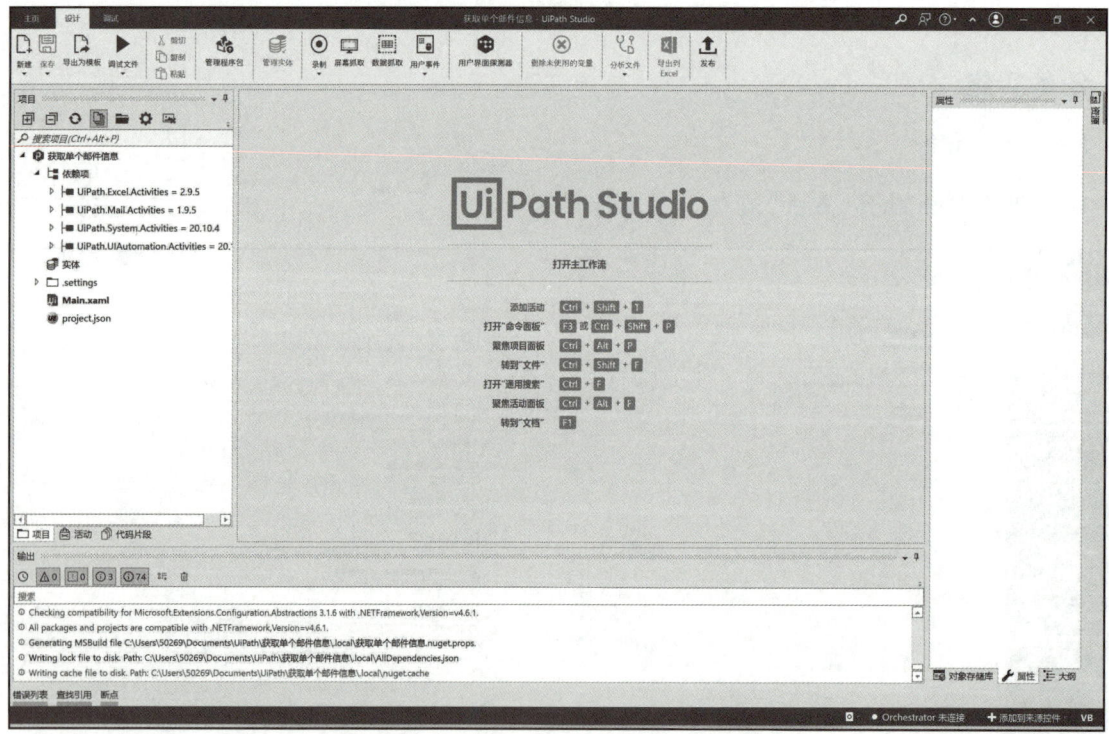

4. 添加新序列

因为整体流程不太复杂,直接双击 Main.xaml,在主流程中创建工作流程。

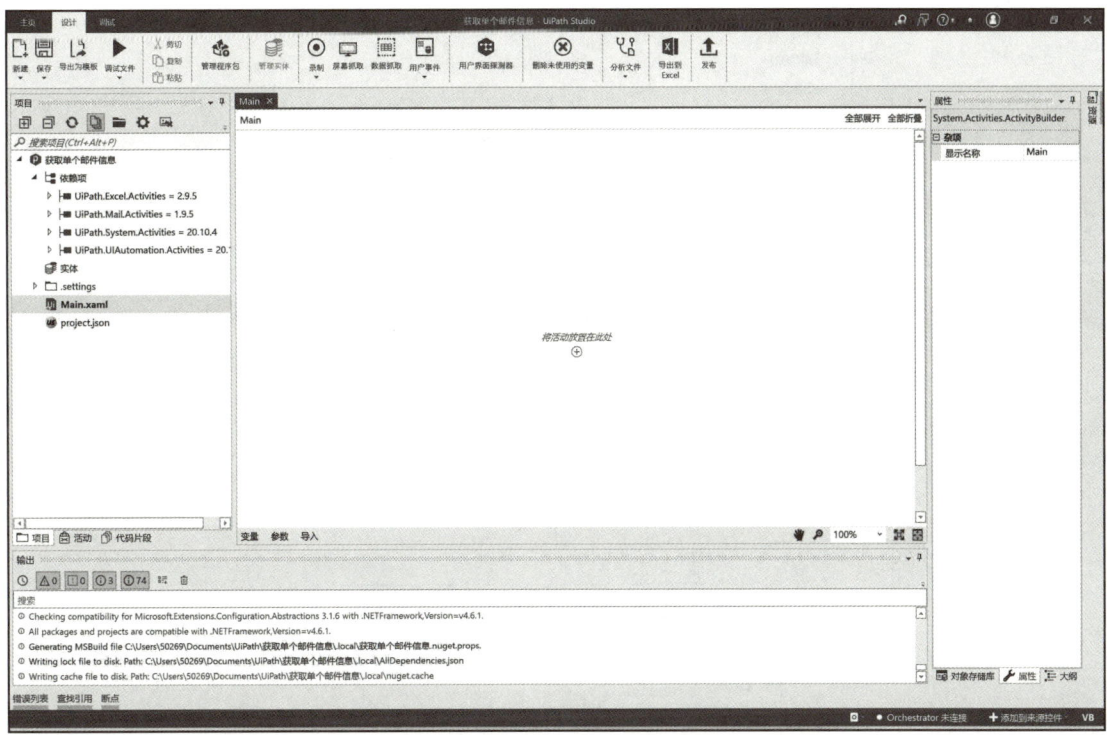

(二)流程制作

流程 1：获取邮件

添加【获取 POP3 邮件消息】活动。

在其属性面板中,"主机"设置 QQ 邮箱的 SMTP 服务器地址"pop.qq.com",端口可设置为 995。

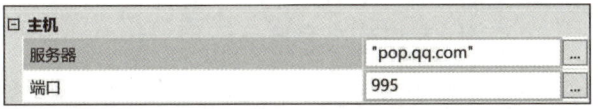

"登录"设置密码为之前申请的授权码,电子邮件为发送者的 E-mail 地址。

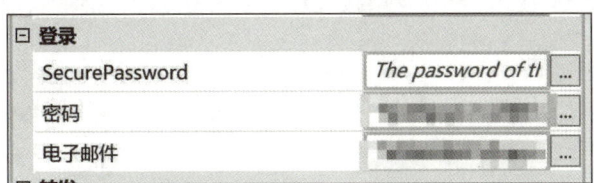

创建变量 mails,用于存储获取到的邮件信息。

顶部设置为 3,表示获取前 3 封邮件。

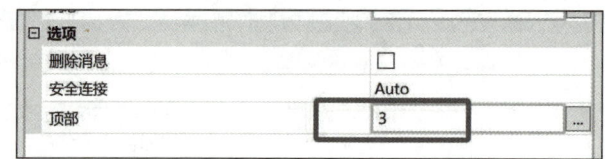

流程 2：获取单个邮件主题

1. 显示主题消息

添加【日志消息】活动。在"消息"处填入 mails(0).Subject，用来输出第 0 封邮件的主题消息。

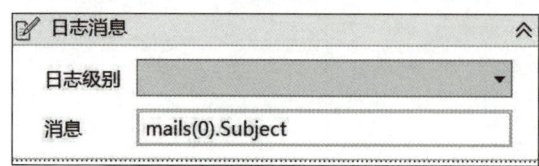

显示第 0 封邮件的主题消息。输出信息如下图所示。

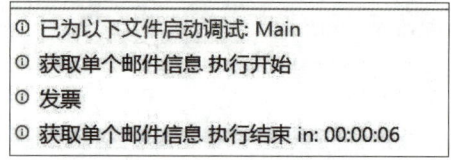

2. 接收完毕信息提示

添加【消息框】活动，将下图①处设置为"显示完毕"，提示用户整个流程执行结束。

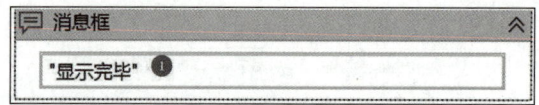

子任务二　批量获取邮件主题

任务导入

A 企业发票接收量大，传统方式下，财务人员需手动接收发票邮件，效率低下且易出错。为提升准确性和效率，企业引入 RPA 技术，开发发票接收业务财务机器人，批量获取邮件的主题。

任务说明

本任务中将获取前 3 封 QQ 邮件的主题，在完成本任务时可事先准备好其他 QQ 邮箱发送的 3 封不同主题的邮件。

任务分析与设计

整体步骤如下图所示。

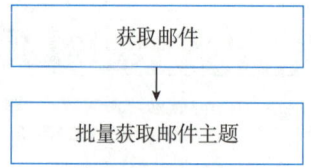

任务实施

(一)操作准备

1. 打开 UiPath 软件,点击"流程",创建新流程

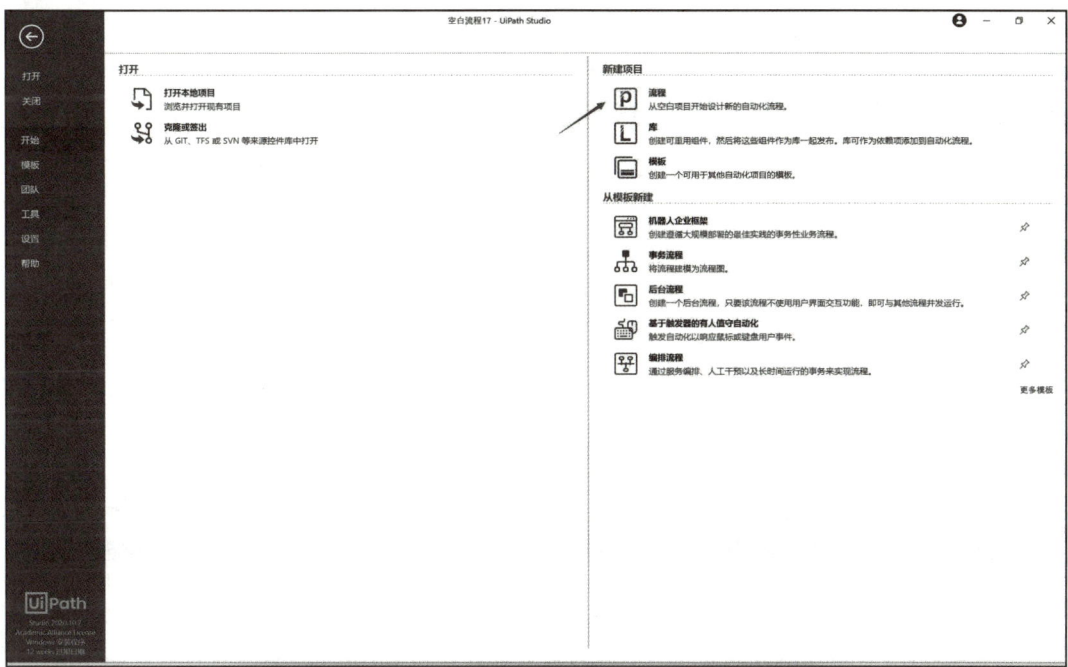

2. 设置好工程文件名称及位置

此案例中工程名称为"批量获取邮件信息"。

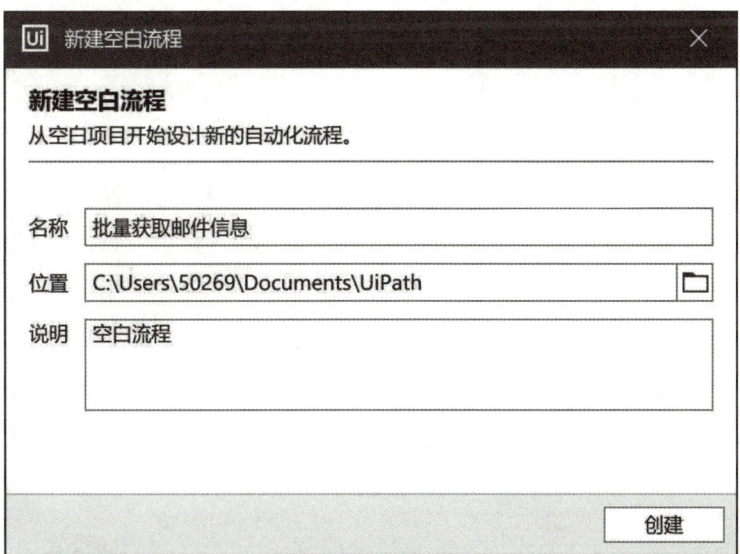

3. 等待加载完毕，进入编辑界面封面

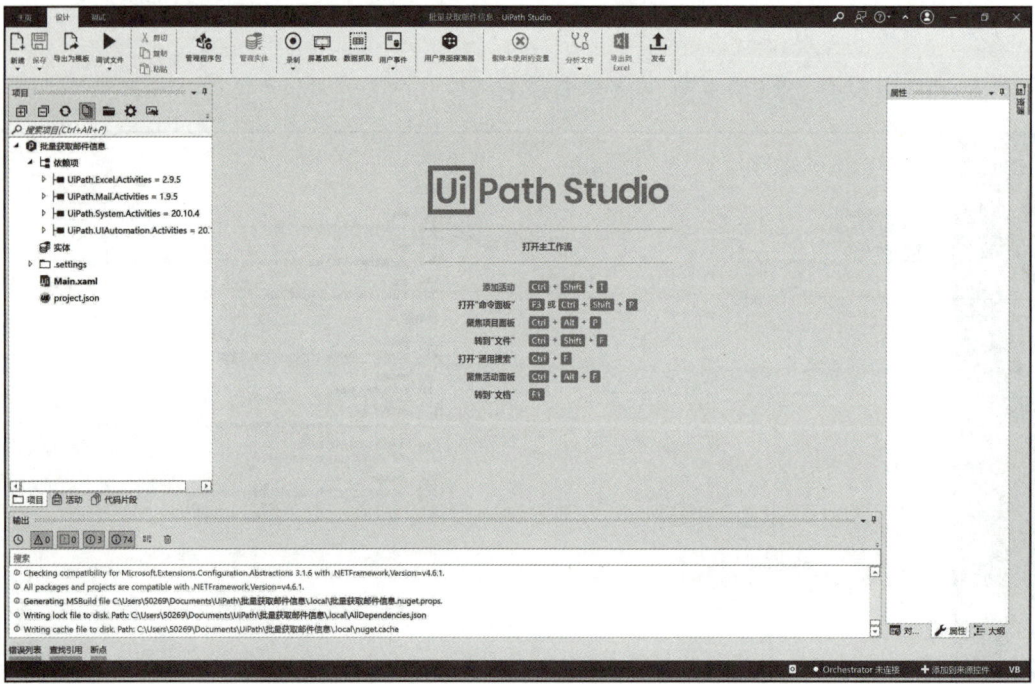

4. 添加新序列

因为整体流程不太复杂，直接双击 Main.xaml，在主流程中创建工作流程。

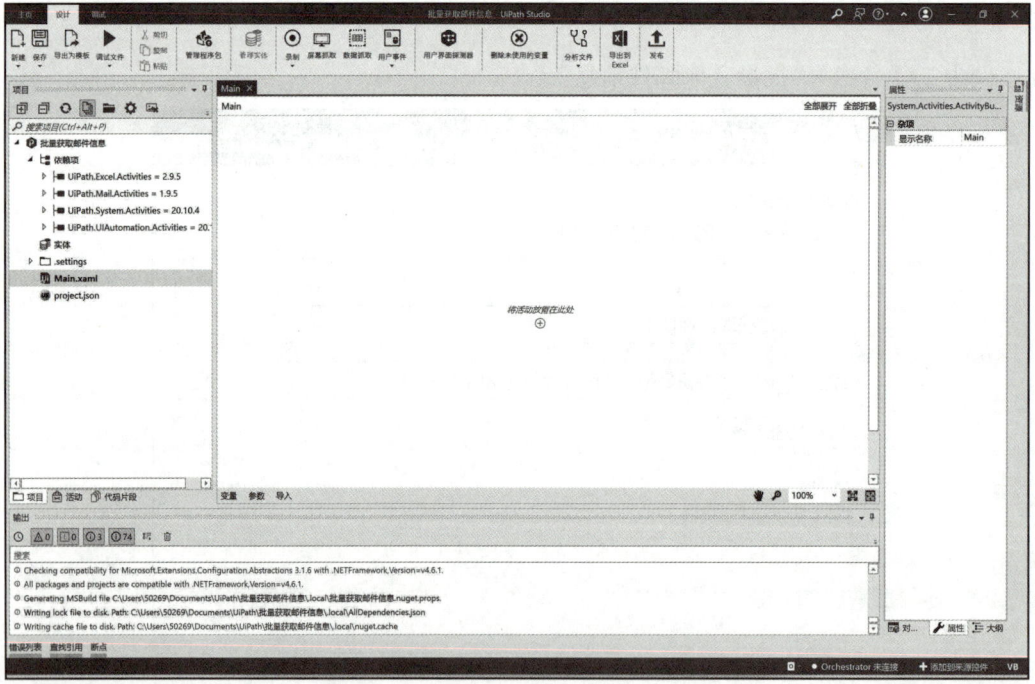

(二) 流程制作

流程 1：获取邮件

添加【获取 POP3 邮件消息】活动。

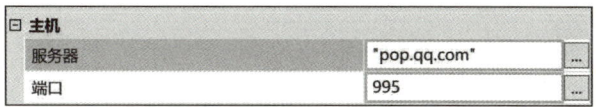

在其属性面板中,"主机"设置 QQ 邮箱的 SMTP 服务器地址"pop.qq.com",端口可设置为995。

"登录"设置密码为之前申请的授权码,电子邮件为发送者的 E-mail 地址。

创建变量 mails,用于存储获取到的邮件信息。

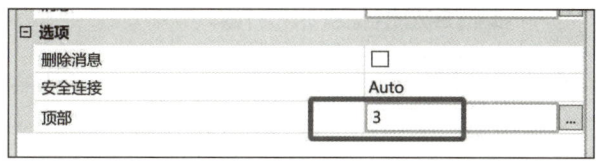

顶部设置为3,表示获取前3封邮件。

流程2:批量获取邮件主题

1. 搭建批量获取邮件主题循环体

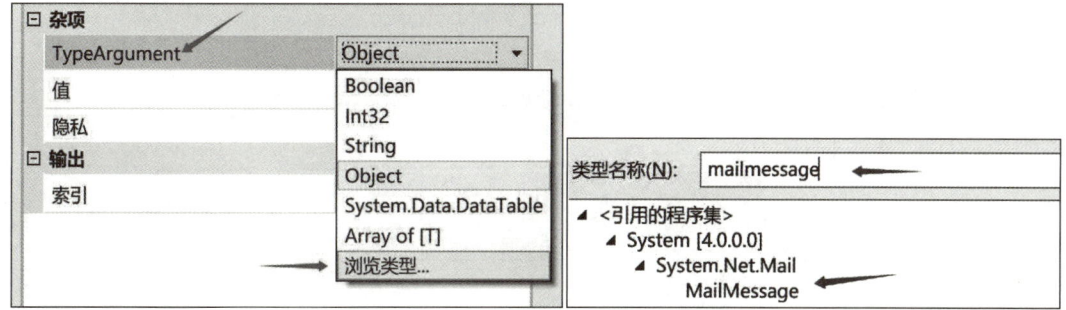

在【遍历循环】属性面板中,将 TypeArgument 类型修改为 MailMessage。点击"浏览类型",类型名称处输入 mailmessage,选择 System[4.0.0.0]下的 System.Net.Mail 下的 MailMessage。

2. 获取邮件主题并显示

显示主题消息。在循环体中添加【日志消息】活动。在"消息"处填入 item.Subject，用来输出各邮件主题消息。

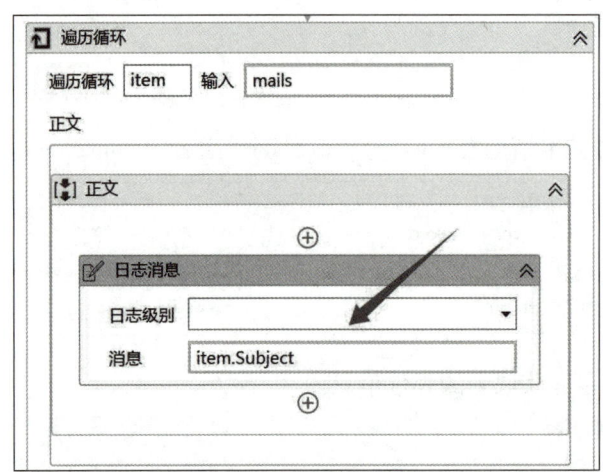

显示各封邮件的主题消息（本例中共 3 封邮件，主题都是发票）。输出信息如下图所示。

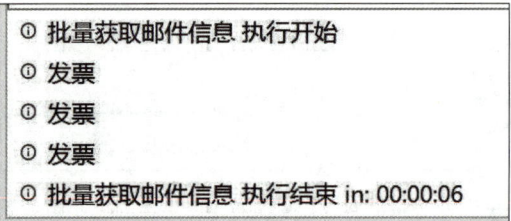

3. 接收完毕信息提示

在循环体外添加【消息框】活动，将下图①处设置为"显示完毕"，提示用户整个流程执行结束。

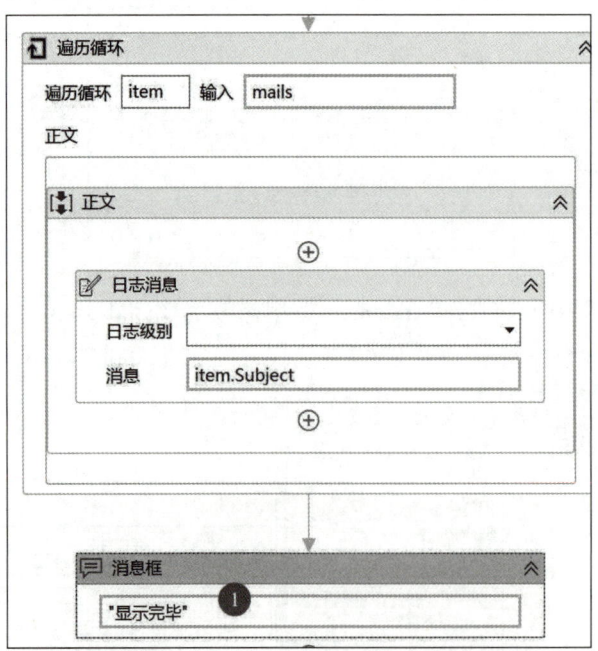

子任务三　批量保存邮件附件

任务导入

A企业发票接收量大,传统方式下,财务人员需手动接收发票邮件,效率低下且易出错。为提升准确性和效率,企业引入RPA技术,开发发票接收业务财务机器人,批量保存各邮件附件。

任务说明

本任务中将获取前3封邮件的附件内容,在完成本任务时可事先准备好其他QQ邮箱发送3封带附件的邮件。

任务分析与设计

整体步骤如下图所示。

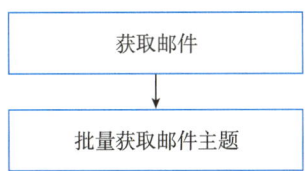

任务实施

（一）操作准备

1. 打开UiPath软件,点击"流程",创建新流程

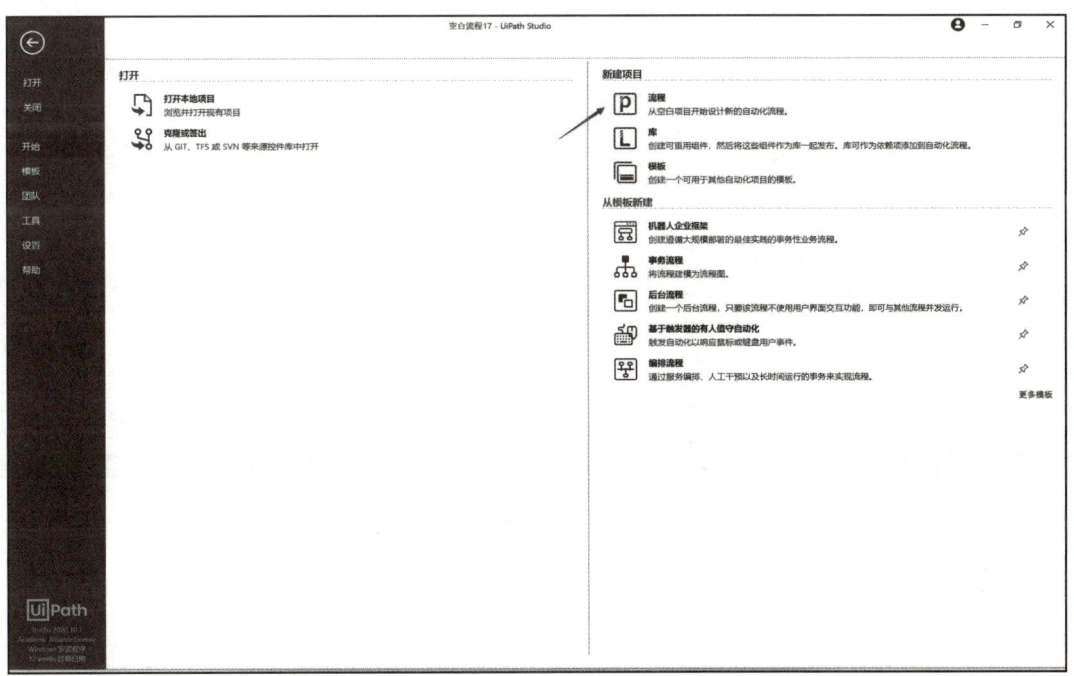

2. 设置好工程文件名称及位置

此案例中工程名称为"批量保存邮件附件"。

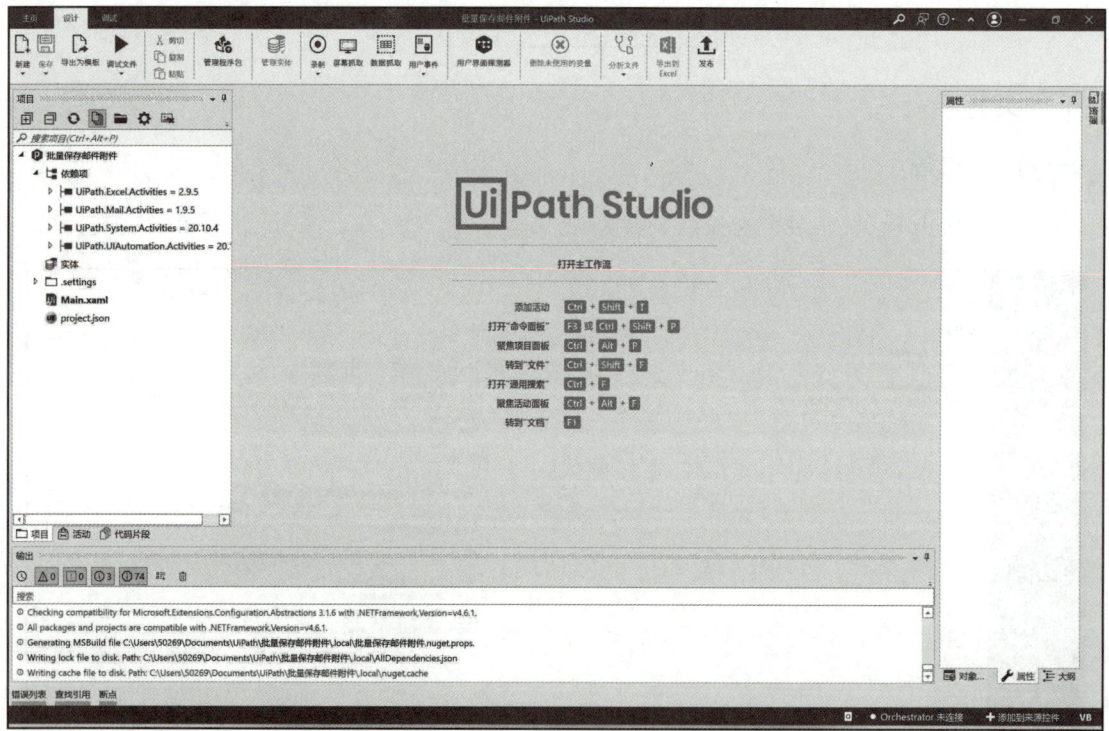

3. 等待加载完毕，进入编辑界面封面

4. 添加新序列

因为整体流程不太复杂，直接双击 Main. xaml，在主流程中创建工作流程。

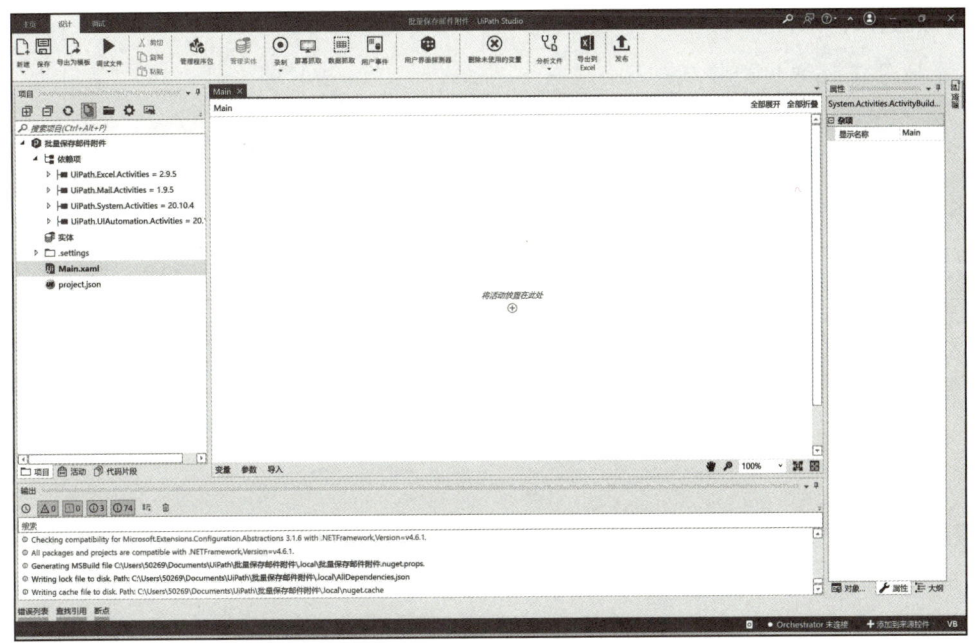

(二) 流程制作

流程1：获取邮件

添加【获取 POP3 邮件消息】活动。

在其属性面板中，"主机"设置 QQ 邮箱的 SMTP 服务器地址"pop.qq.com"，端口可设置为 995。

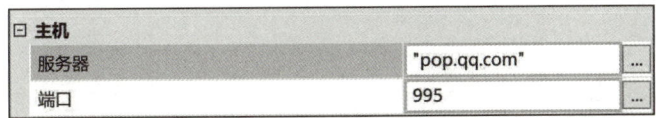

"登录"设置密码为之前申请的授权码，电子邮件为发送者的 E-mail 地址。

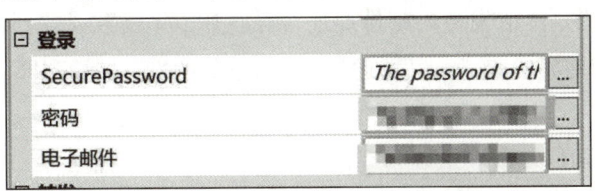

创建变量 mails，用于存储获取到的邮件信息。

顶部设置为 3，表示获取前 3 封邮件。

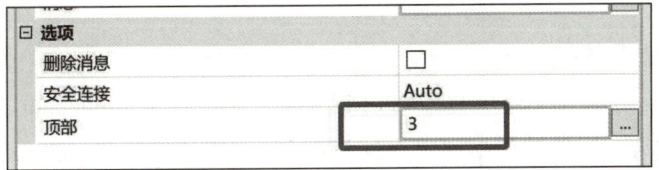

流程 2：批量保存邮件附件

1. 搭建批量获取邮件附件循环体

在【遍历循环】属性面板中，将 TypeArgument 类型修改为 MailMessage。点击"浏览类型"，类型名称处输入 mailmessage，选择 System[4.0.0.0]下的 System.Net.Mail 下的 MailMessage。

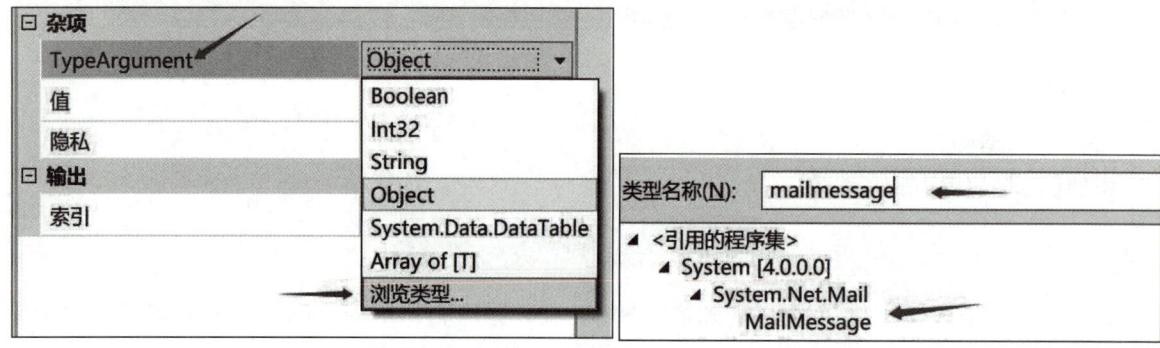

2. 保存附件

步骤 1：设置附件保存路径。

添加【分配】活动，在左侧创建变量 filepath，在右侧填入" 发票\" + Split(item.From.ToString, "@")(0)。该函数的功能是读取发件人邮件地址，再通过 Split 函数读取到发件人。例如读取到某发件人 QQ 邮箱的地址为 123456@qq.com 后，通过 Split 函数可以获取 123456，得到附件保存路径为" 发票\123456\"。

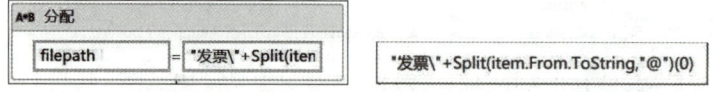

> 思考：QQ 邮箱中，如果是其他 QQ 邮箱发送的，则读取到的发件人信息为×××@qq.com，如果是非 QQ 邮箱发送的，则读取到的发件人信息可能为×××<×××@163.com>，如何从这两种类型的邮件中分别读取到发件人？本任务代码中只考虑了 QQ 邮箱邮件的情况。

步骤 2：判断路径是否存在。

添加【路径存在】活动，此处"路径类型"选择 Folder，"路径"填入 filepath。该活动返回值为布尔型(True,False)。在该活动属性面板中创建变量 folderexist，用于保存路径是否存在的查询结果。

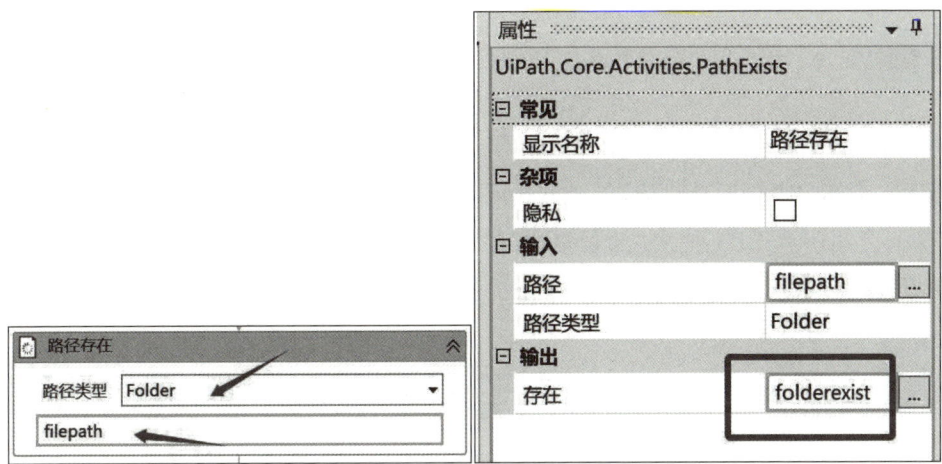

步骤 3：保存附件。

添加【IF 条件】活动，判断路径是否已经存在。如果之前已经创建了某路径，则跳过，否则将新建路径。在下图①处填入变量 folderexist，用于判断路径是否存在。在 Else 下添加【创建文件夹】活动，在②处填写文件夹名称 filepath 用于创建路径。

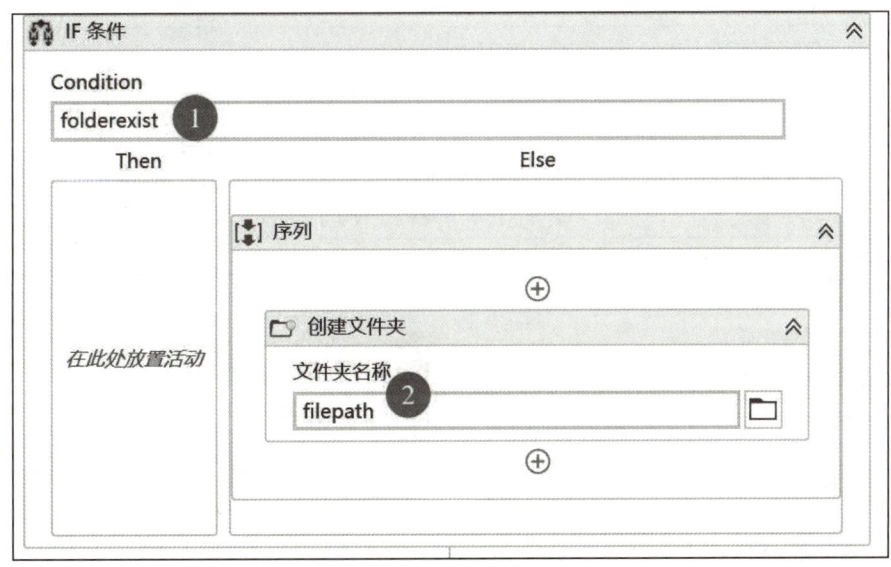

思考：此处如果路径已经存在，同一发件人的邮件附件将覆盖保存，如果是同一发件人不同的邮件，如何不覆盖保存？本任务代码中只考虑了不同 QQ 邮箱邮件的情况。

添加【保存附件】活动，用于保存附件。在下图①处填入变量 item，设置保存的附件内容，在②处填入变量 filepath，设置附件保存路径。

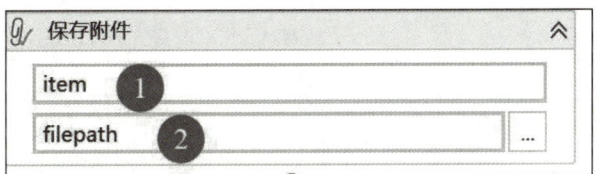

项目实训

任务导入

C 公司面临跨部门报表汇总挑战,传统方式因手动操作易导致延迟、遗漏或错误,影响决策效率。为解决此难题,公司引入 RPA 技术,部署报表催发,向各部门发送定制化催发邮件,减少人为拖延。请为该公司设计一款 RPA 程序。

任务报告

序号	步骤	实训成果		疑难点
1	绘制流程图			
2	流程开发	实现步骤	结果	

任务评价

序号	技能评分	佐证	是否达标
1	配置电子邮件	能够正确配置电子邮件	
2	打开 Excel 文件	能够运用【Excel 应用程序范围】活动及【读取范围】活动打开 Excel 文件	
3	发送邮件	能够正确使用【发送 SMTP 邮件消息】活动	
4	获取文件夹文件	能够正确使用【选择文件夹】活动及 GetFiles 等函数	

序号	素质评分	佐证	是否达标
1	流程思维能力	能够完成流程图的绘制	
2	程序开发能力	能够完成程序开发	
3	协同创新能力	能够和团队成员头脑风暴,协同完成任务	

任务五 基础活动运用——景点信息查询

任务导入

企业项目组安排去旅游,大家列出了一个景点清单(清单见下表)。但因时间有限,只能去一个省份的景点,最后大家决定去浙江,现要求完成出行攻略,并查询景点的基本信息。

序号	景点名称	所在省份
1	西湖	浙江
2	雁荡山	浙江
3	黄山	安徽
4	泰山	山东
5	千岛湖	浙江

项目二
夯实UiPath开发基础 | 02

任务分析与设计

整体步骤如下：

（1）机器人打开百度网站。

（2）机器人读取 Excel 文件。

（3）机器人对指定景点信息进行查询。

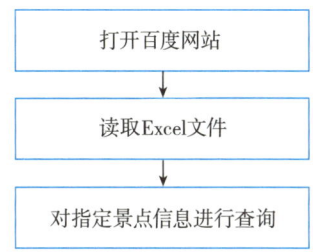

任务实施

（一）操作准备

1. 打开 UiPath 软件，点击"流程"，创建新流程

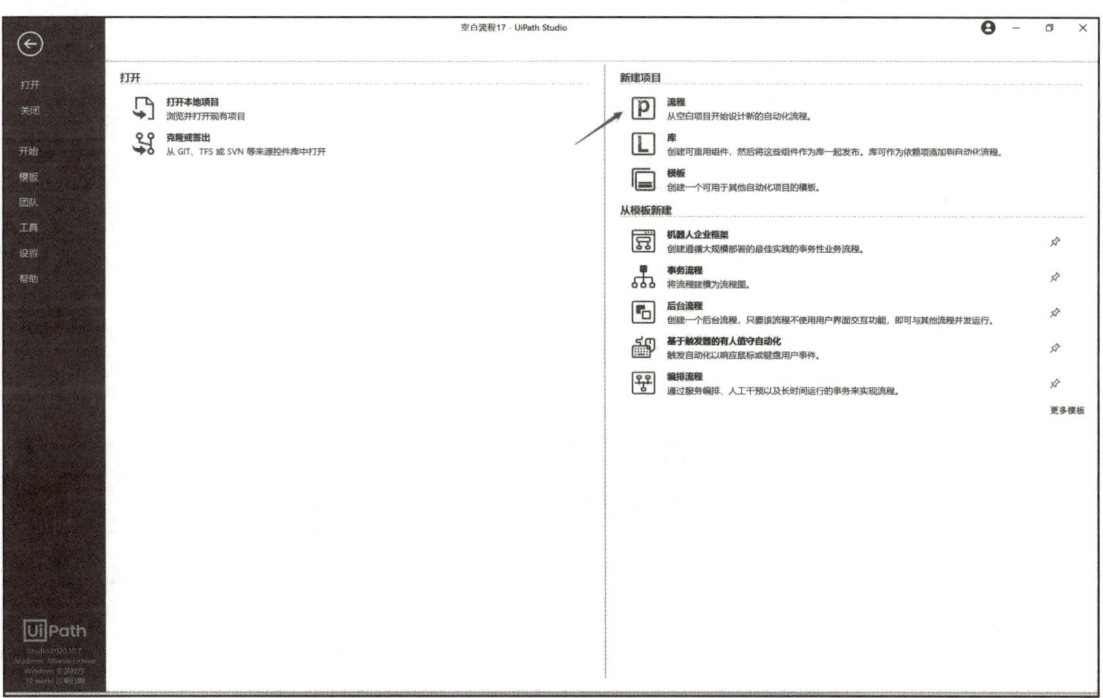

2. 设置好工程文件名称及位置

此案例中工程名称为"景点信息查询"。

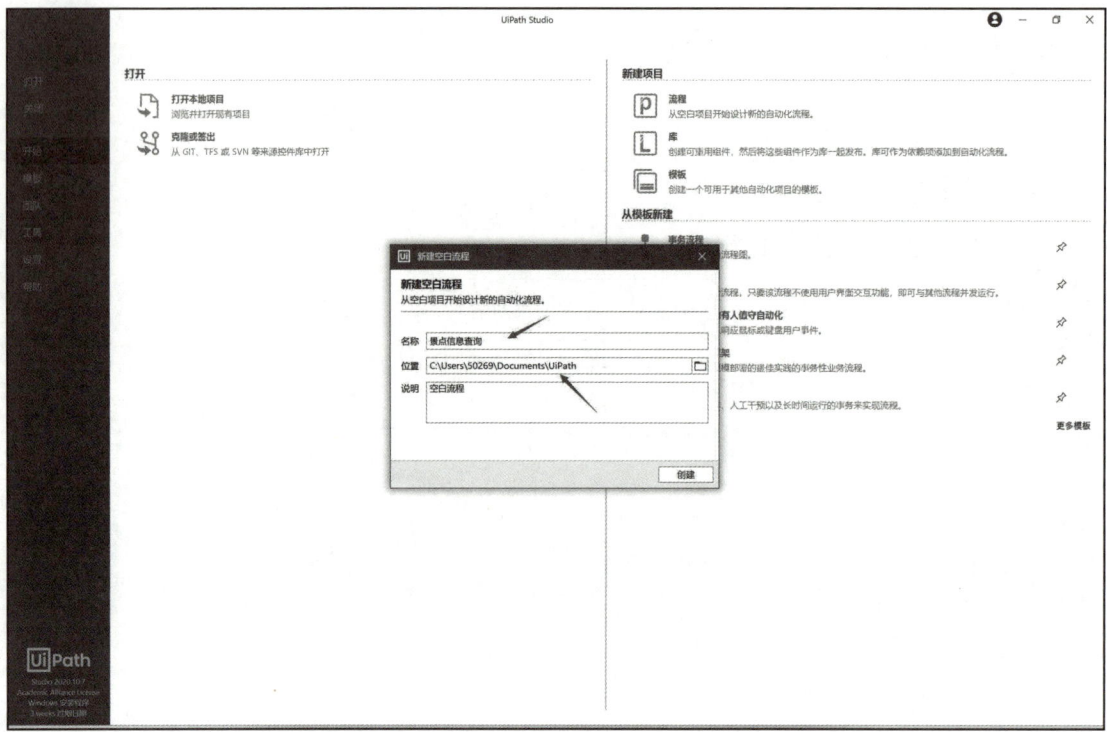

3. 等待加载完毕，进入编辑界面封面

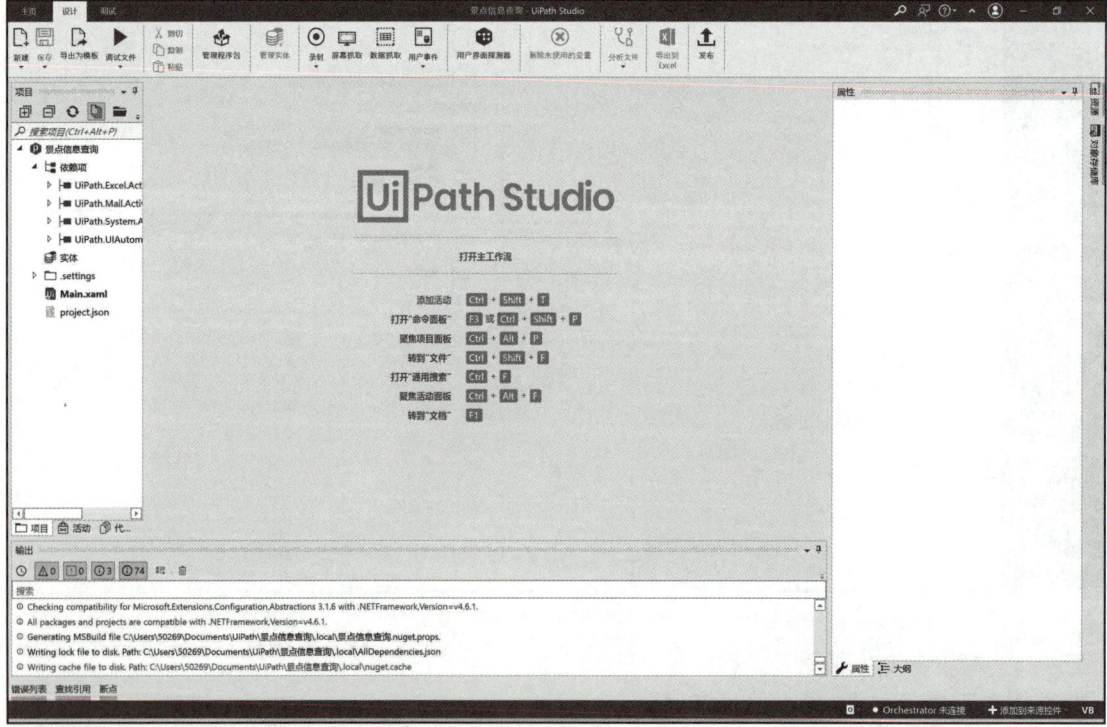

4. 添加新序列

因为整体流程不太复杂，直接双击 Main.xaml，在主流程中创建工作流程。

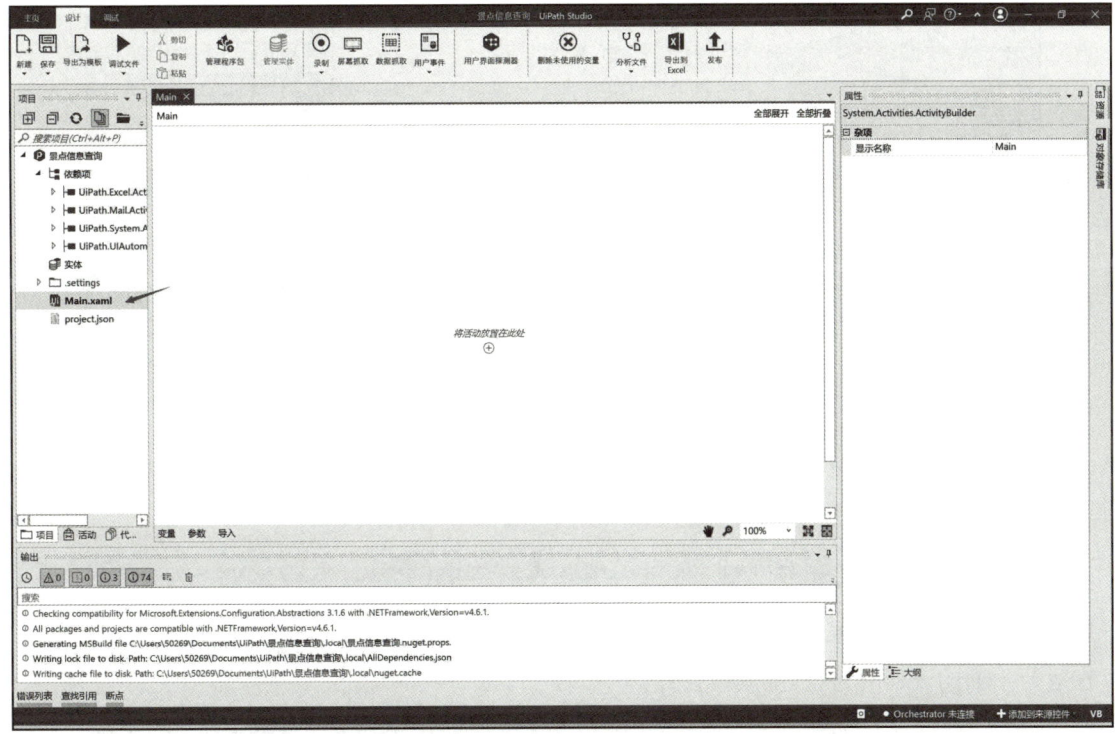

5. 确保谷歌浏览器 UiPath 插件处于可工作状态

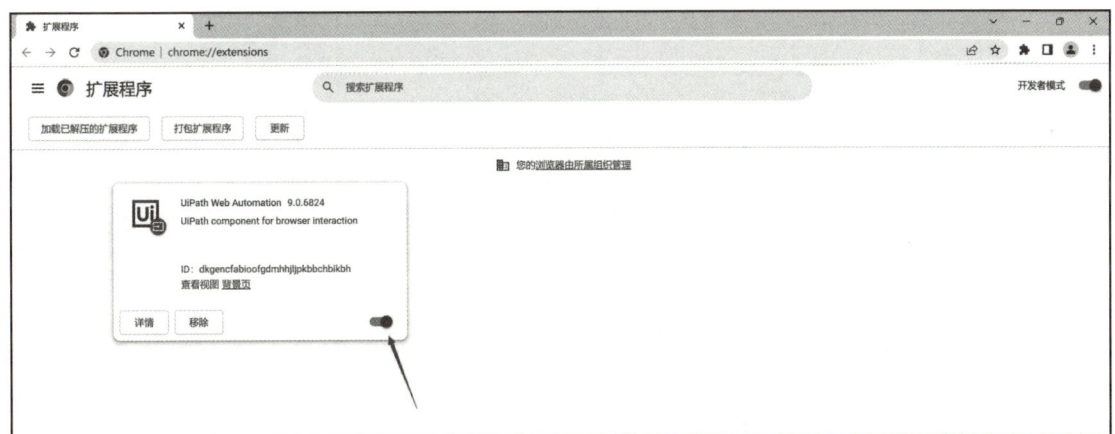

(二) 流程制作

流程 1：打开百度网站

点击下图①处，切换至活动。在②处输入打开浏览器。将出现的【打开浏览器】活动拖拽至中间面板处。在③处输入百度网站网址 www.baidu.com，输入的网址需要用英文状态下的引号引起来。在④处点击左侧下拉框，选择 Chrome，以便在后面使用谷歌浏览器进行操作。单击中间面板空白处⑤，将属性面板隐藏起来。

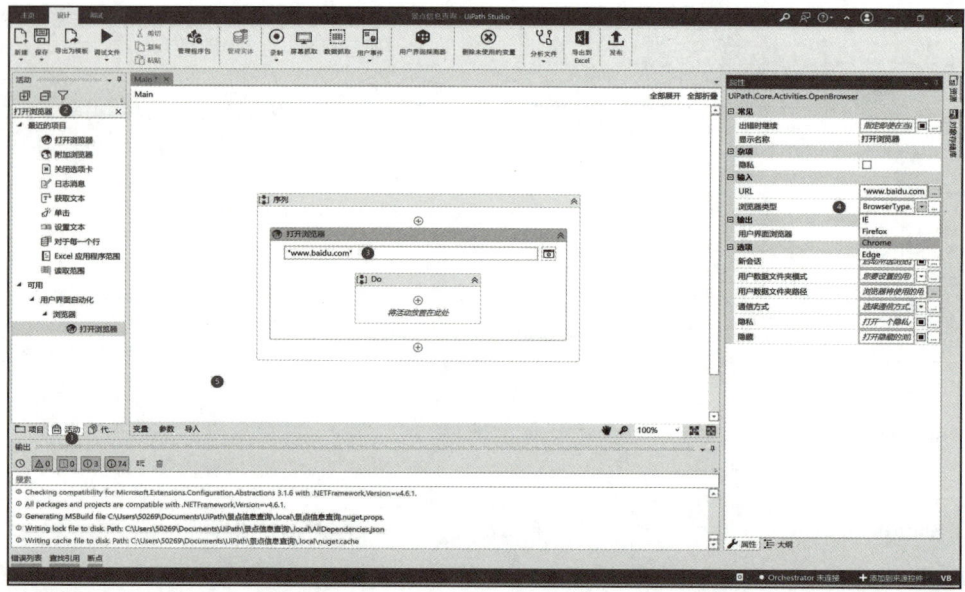

流程2：读取Excel文件

在运行上面的流程时，将百度网站打开。

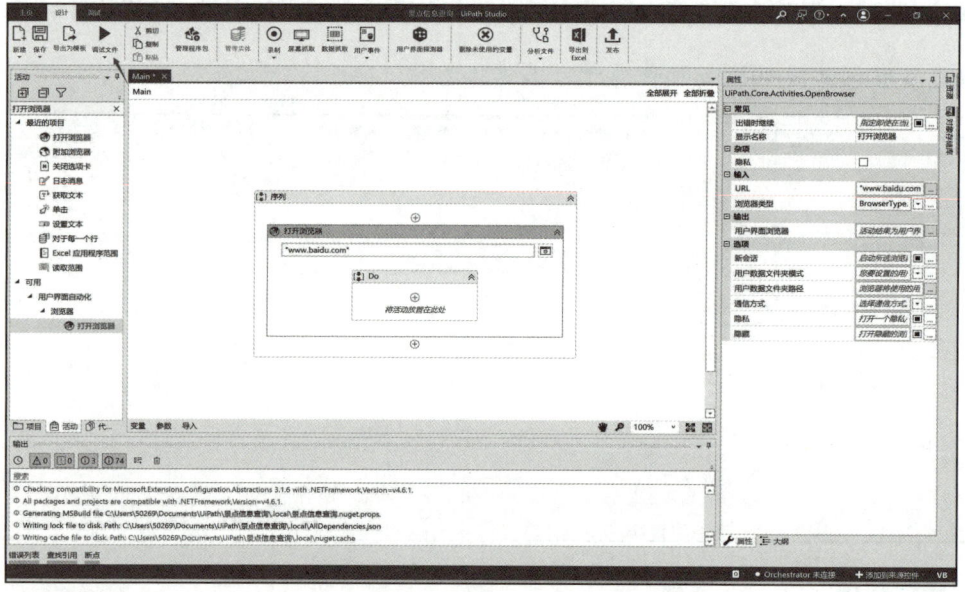

点击下图中⊕，输入Excel，双击出现的【Excel应用程序范围】活动。

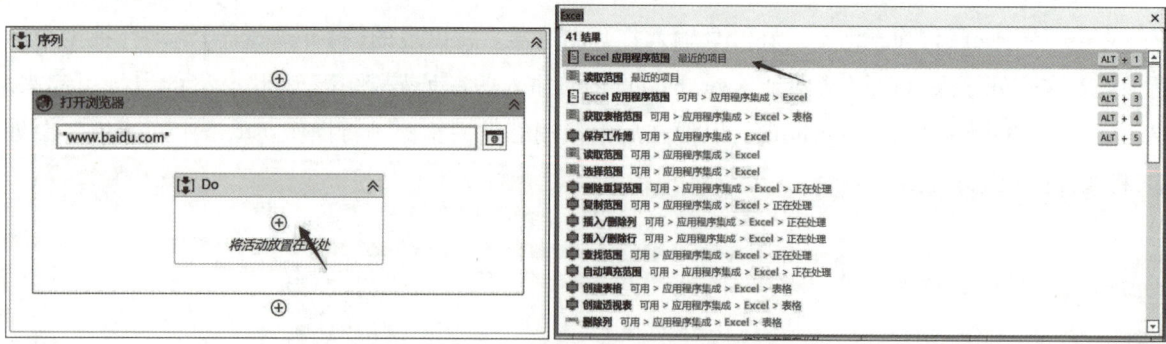

单击下图箭头处,将景点 Excel 表格选入。点击⊕,输入读取范围,双击出现的【读取范围】活动,读取 Excel 数据范围。

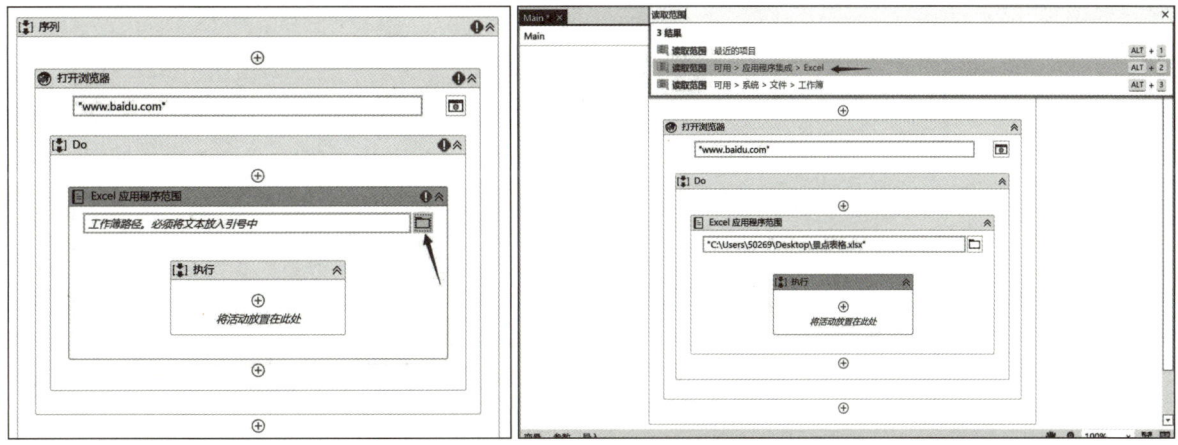

注意:此处有两个读取范围,因为本例中 Excel 工作簿已读入,所以此处选择【应用程序集成】下的【读取范围】。

将读入的数据存入变量中,在属性窗口中"输出－数据表"处填写变量名,变量名自拟,此处设置变量名为 dt。

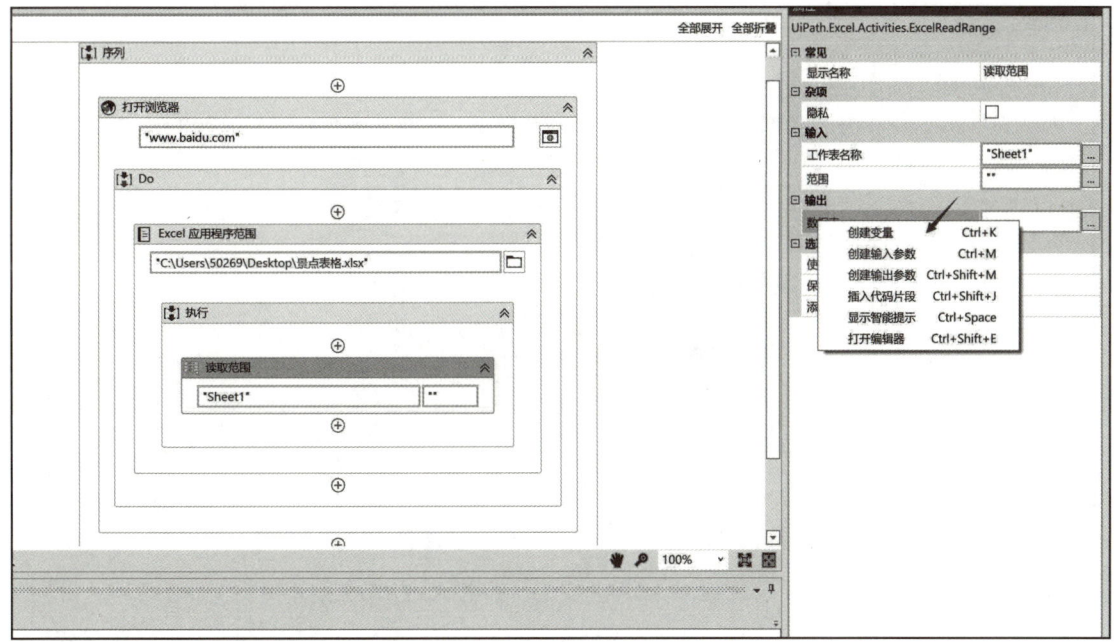

流程 3:对指定景点信息进行查询

要读取 Excel 中所有的景点信息,需要一个循环语句,同时要判断是否为浙江的景点,所以还需要一个判断语句。

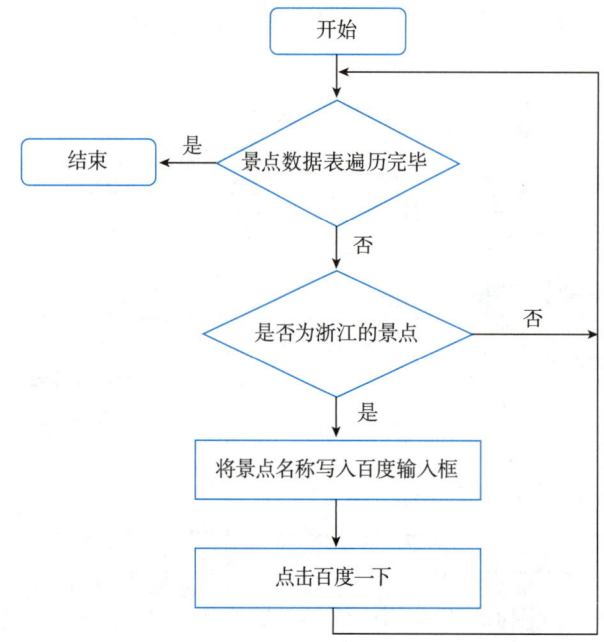

具体流程实现如下：

1. 构建循环体

点击下图中⊕，输入"对于每一个行"，双击出现的【对于每一个行】活动。

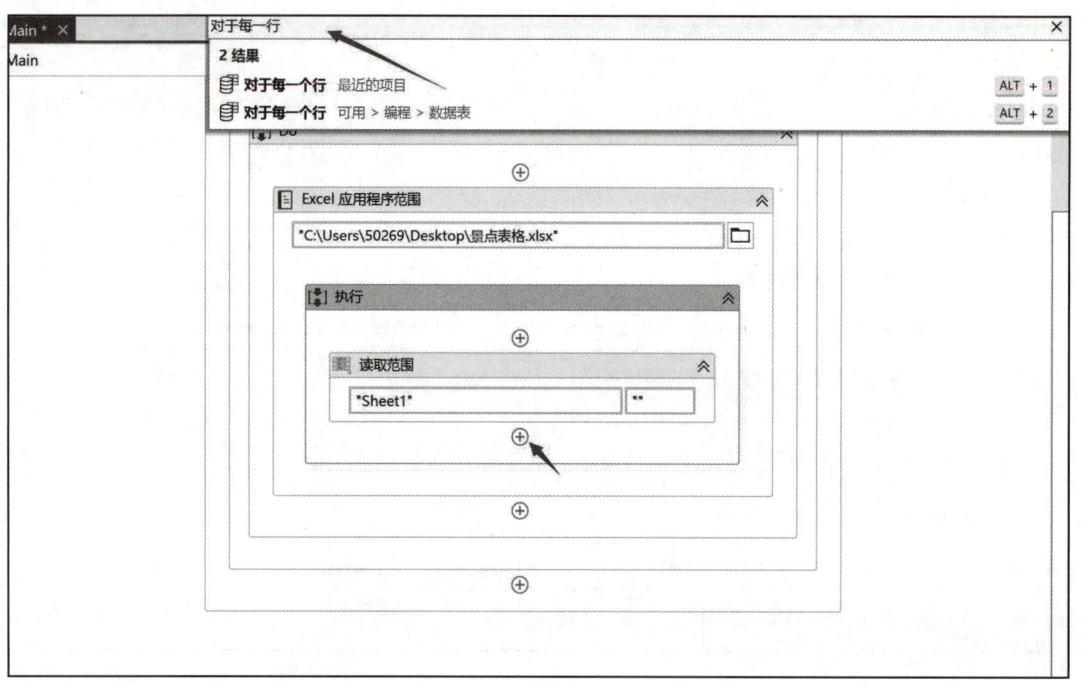

在出现的【对于每一个行】活动中，输入上面设置的 dt 变量。遍历数据表中每一行的循环框架搭建完毕。

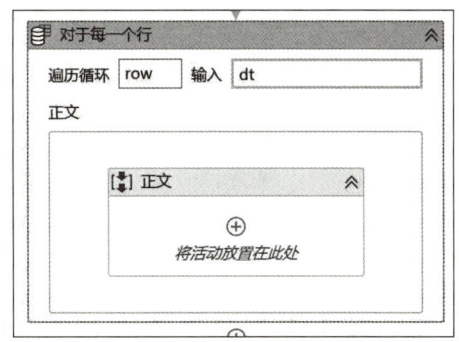

2. 判断是否为浙江的景点

点击下图中⊕,输入 if,双击出现的【IF 条件】活动。在 Condition 下方的输入框中输入 row(2).tostring = "浙江",判断是否为浙江的景点。注意,此处浙江的引号需要为英文状态下的引号。

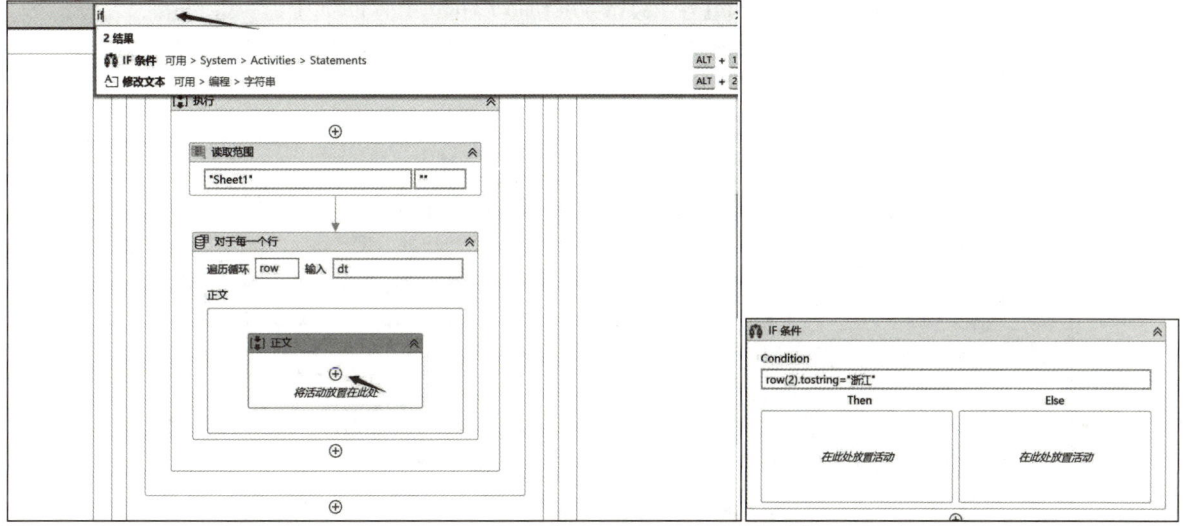

3. 将景点名称写入百度输入框

在"活动"中输入"设置文本"。将出现的【设置文本】活动添加到 Then 下方的框中。

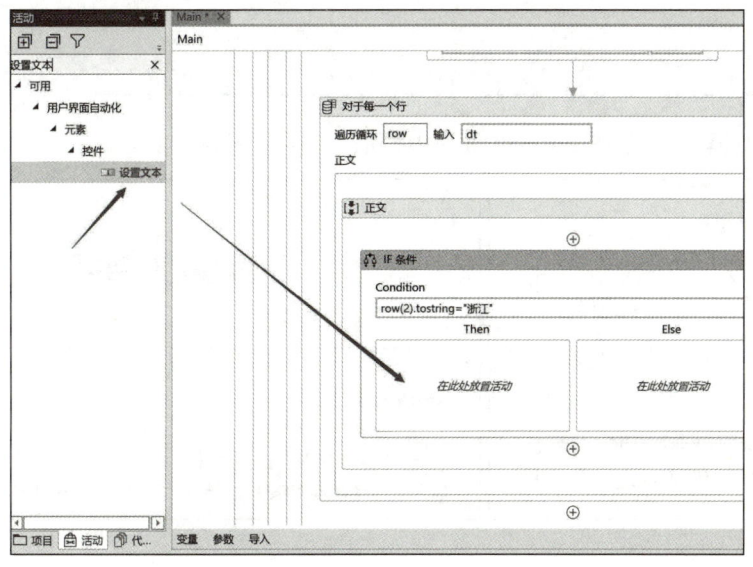

在下图①处输入要查询的内容:row(1).tostring,在②处点击"网页上的输入位置"。在百度页面中选择输入框。

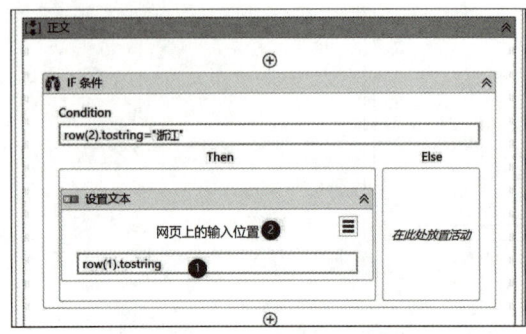
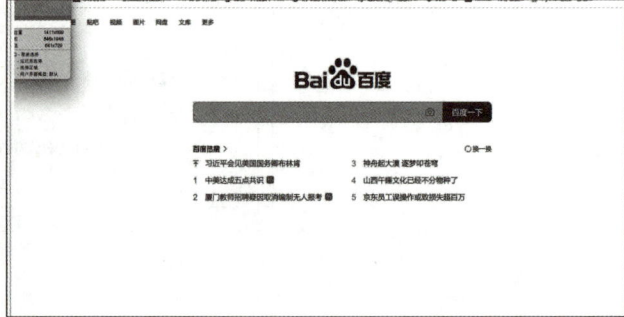

4. 点击百度一下

在"活动"中输入"单击"。将出现的【单击】活动添加到 Then 下方的框中。

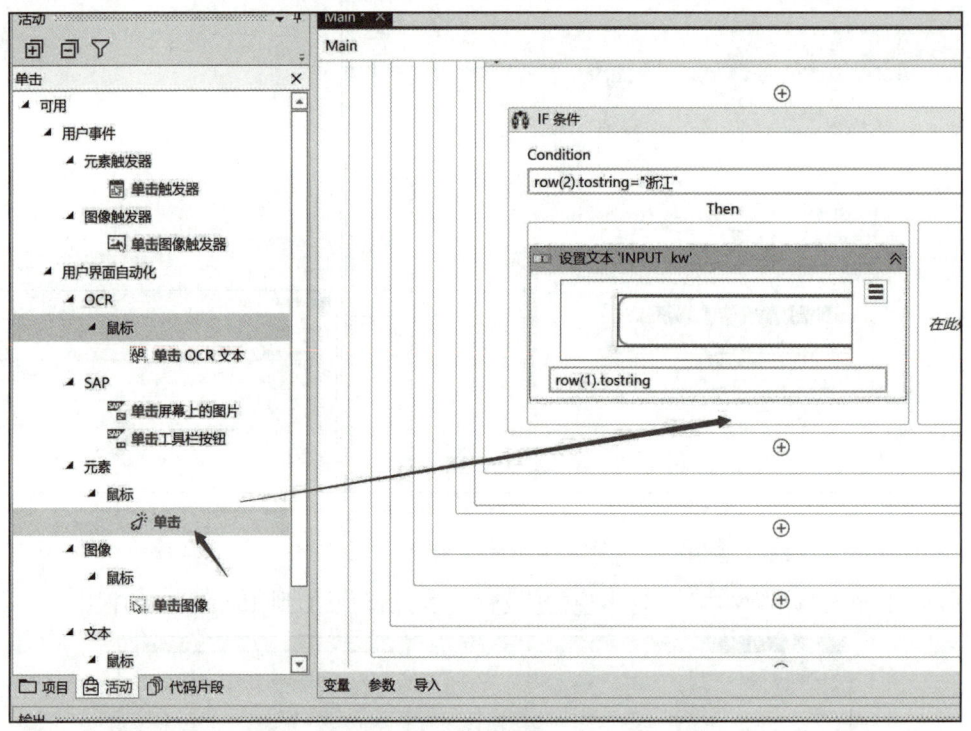

点击"指出浏览器中的元素",在百度页面中拾取"百度一下"按钮。

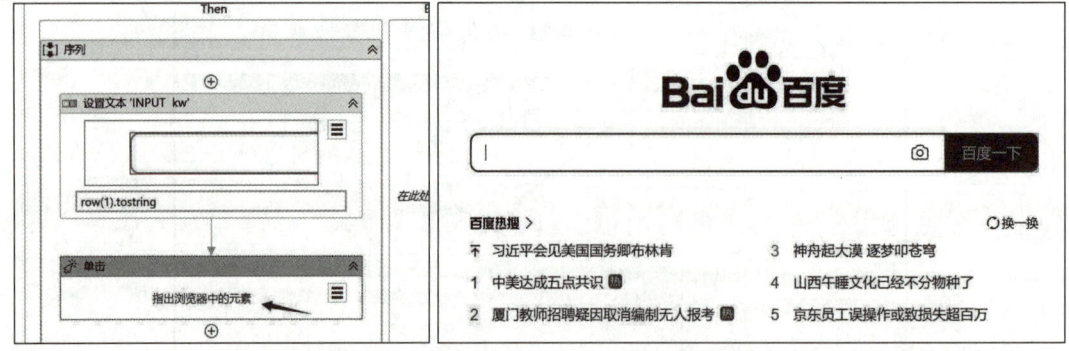

项目实训

任务导入

企业项目组安排去考察,现需要在百度网站中查询列表中各城市天气。

序号	城市名称	所在省份
1	金华市	浙江省
2	宁波市	浙江省
3	南昌市	江西省
4	温州市	浙江省

任务报告

序号	步骤	实训成果		疑难点
1	绘制流程图			
2	流程开发	实现步骤	结果	

任务评价

序号	技能评分	佐证	是否达标
1	打开百度网站	能够运用【打开浏览器】活动打开百度网站	
2	打开 Excel 文件	能够运用【Excel 应用程序范围】活动及【读取范围】活动打开 Excel 文件	
3	对景点信息进行查询	能够运用【对于每一个行】活动及【IF 条件】活动完成景点信息查询	

序号	素质评分	佐证	是否达标
1	流程思维能力	能够完成流程图的绘制	
2	程序开发能力	能够完成程序开发	
3	协同创新能力	能够和团队成员头脑风暴,协同完成任务	

项目三
采购业务机器人开发

教学目标

知识目标：

1. 掌握价格信息收集与比对的一般流程。
2. 掌握供应商信息维护的一般流程。
3. 掌握业务单据比对的一般流程。
4. 熟悉应付会计岗位的相关业务常识。

能力目标：

1. 掌握 RPA 财务机器人开发需求分析与流程梳理。
2. 掌握 RPA 财务机器人的流程设计思路。
3. 掌握页面元素获取及函数的书写方法。
4. 能熟练完成价格信息收集与比对机器人的开发与调试。
5. 能熟练完成供应商信息维护机器人的开发与调试。
6. 能熟练完成单据比对机器人的开发与调试。

素养目标：

1. 具备良好的思考和分析问题的能力。
2. 具备良好的 IT 思维能力。
3. 具备良好的创新思维能力。
4. 具备良好的劳动者对于劳动对象的责任意识。
5. 具备细致耐心的劳动精神。

项目三 采购业务机器人开发

项目导览

任务一 价格信息收集与比对机器人

任务导入

为及时了解市场动态,需要跟踪商品的价格等信息,如果靠人工复制粘贴,不仅费时费力,而且很容易出错。基于此,很有必要利用机器人来完成商品价格等信息的抓取并及时做好保存,以便动态跟踪分析。

本案例以京东网站为例,对办公桌商品进行数据抓取,同时由于本企业办公桌商品定位为5000元及以下,因此数据抓取后只保存在该价位内的商品信息。

任务说明

由于京东网站会改版,部分内容可根据京东网站实际情况进行改写。

任务分析与设计

整体步骤如下:

(1)打开京东网站,输入需要查询的商品名称。

(2)机器人抓取商品信息。

(3)机器人保存所需商品信息至 Excel 文件中。

(4)机器人关闭京东网站

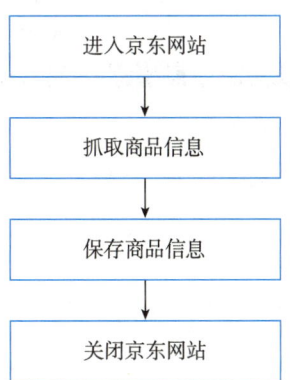

任务实施

（一）操作准备

1. 打开 UiPath 软件，点击"流程"

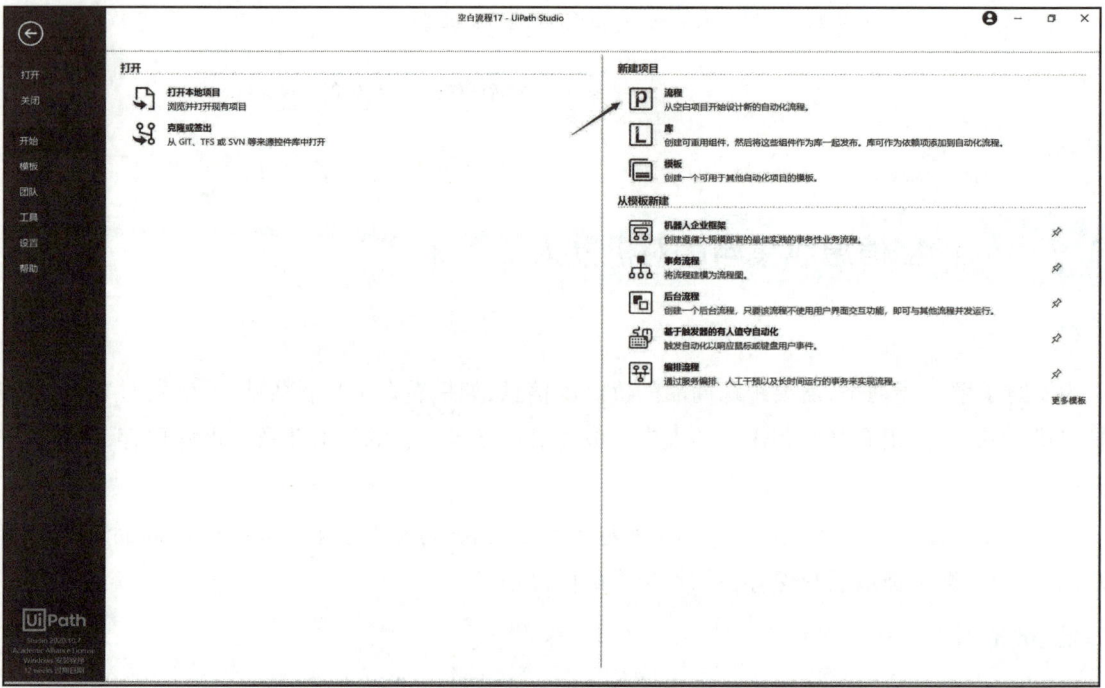

2. 设置好工程文件名称及位置

此案例中工程名称为"京东办公桌信息查询"。

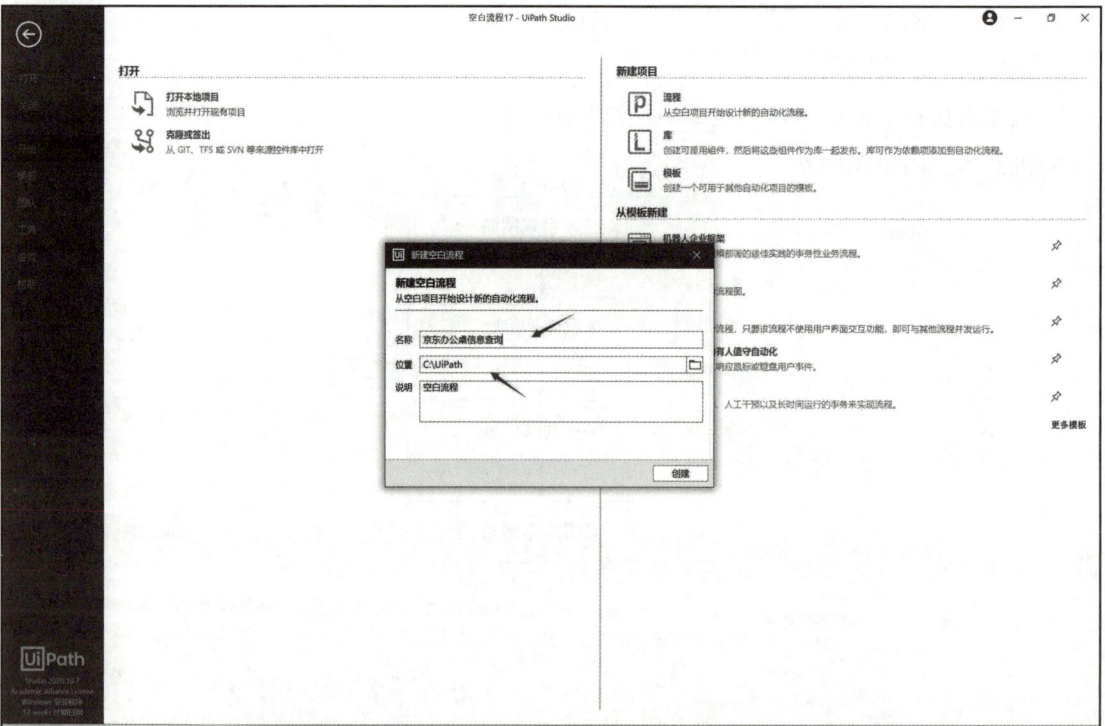

3. 等待加载完毕,进入编辑界面封面

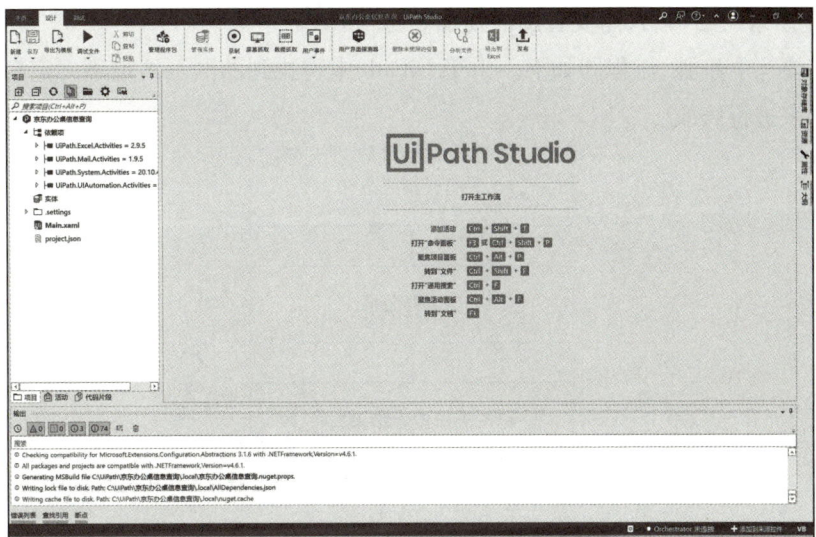

4. 添加新序列

因为整体流程不太复杂,直接双击 Main.xaml,在主流程中创建工作流程。

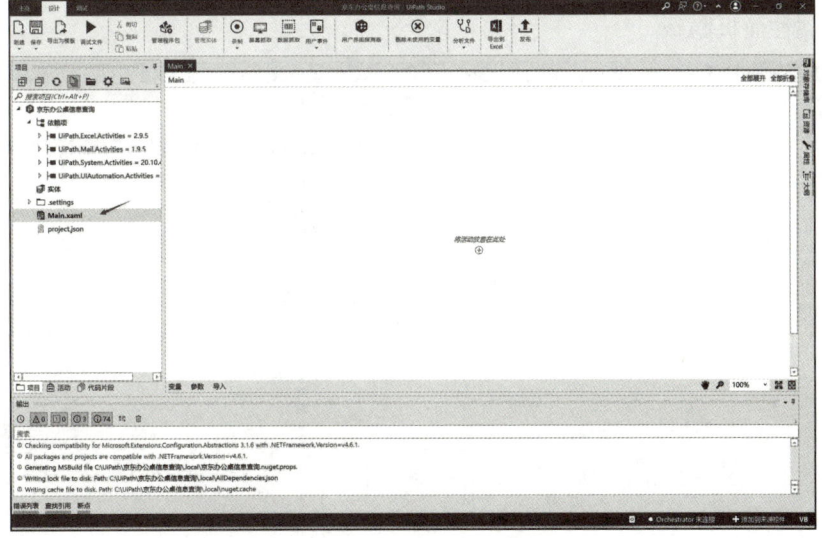

5. 确保谷歌浏览器 UiPath 插件处于可工作状态

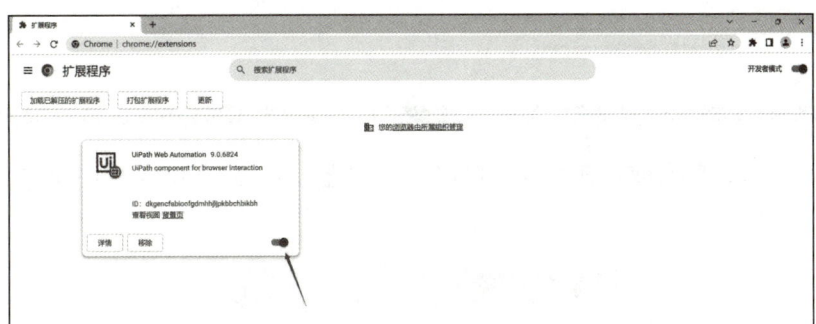

（二）流程制作

流程1：打开京东网站，输入需要查询的商品名称

此流程共需要三个步骤，流程图如下。由于 UiPath 中查找到的网页地址不一定精确，所以需要结合网页实际代码来进行修改。

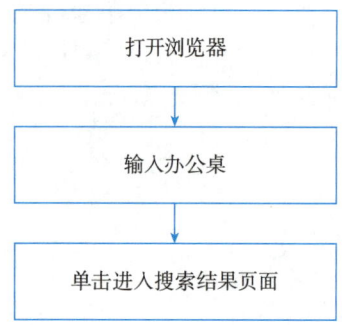

1. 打开浏览器

点击下图①处，切换至活动。在②处输入"打开浏览器"。将出现的【打开浏览器】活动拖拽至中间面板处。在③处输入京东网站网址 www.jd.com，输入的网址需要用英文引号引起来。点击④处，切换至属性。在⑤处点击左侧下拉框，选择 Chrome，以便后续使用谷歌浏览器进行操作。单击中间面板空白处⑥，将属性面板隐藏。

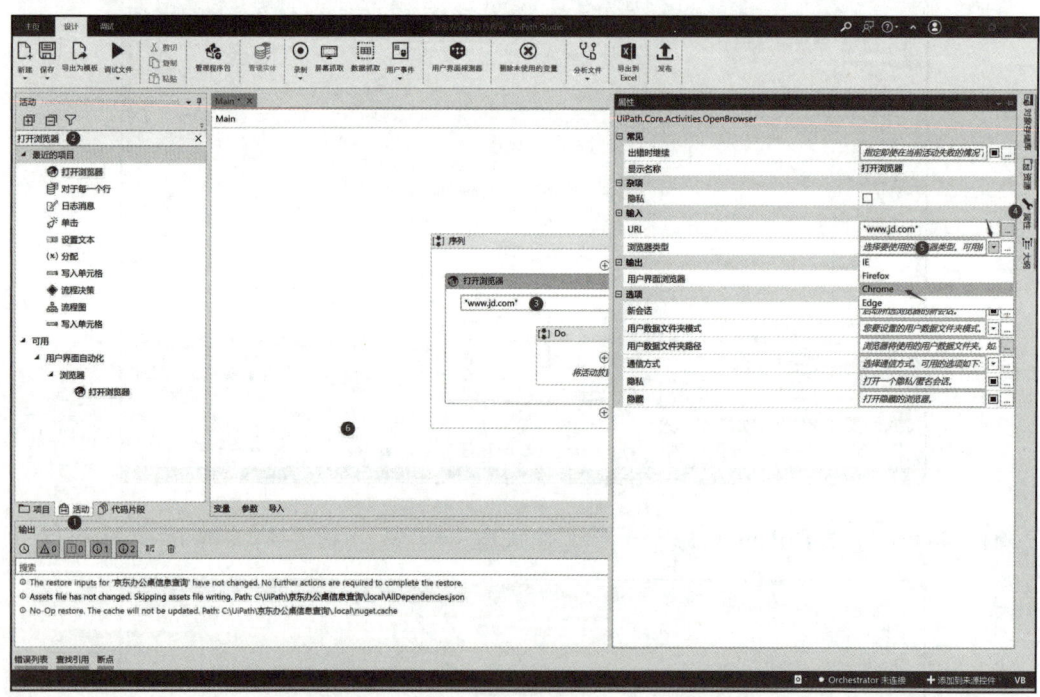

添加【最大化窗口】活动，使打开的浏览器窗口最大化，方便后续 RPA 程序能准确获取到所需控制的元素。

2. 输入办公桌

点击下图①处⊕，在②处输入"设置文本"，双击出现的【设置文本】活动。

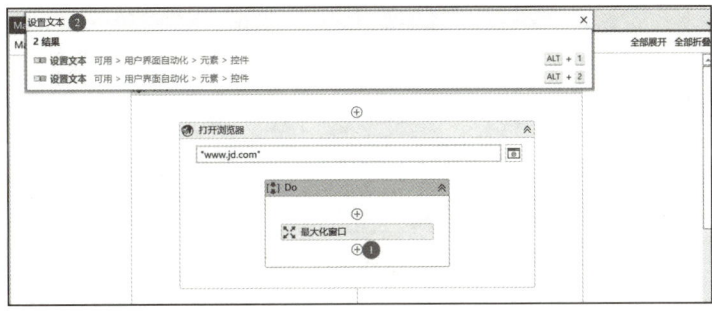

在下图①处输入要查询的内容"办公桌"，在②处点击"指出浏览器中的元素"。

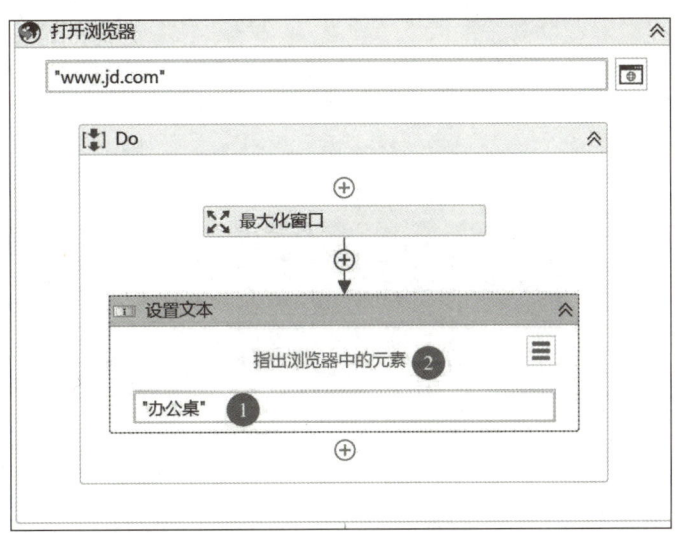

在运行上面的流程时，打开京东页面。在京东页面中选择输入框。

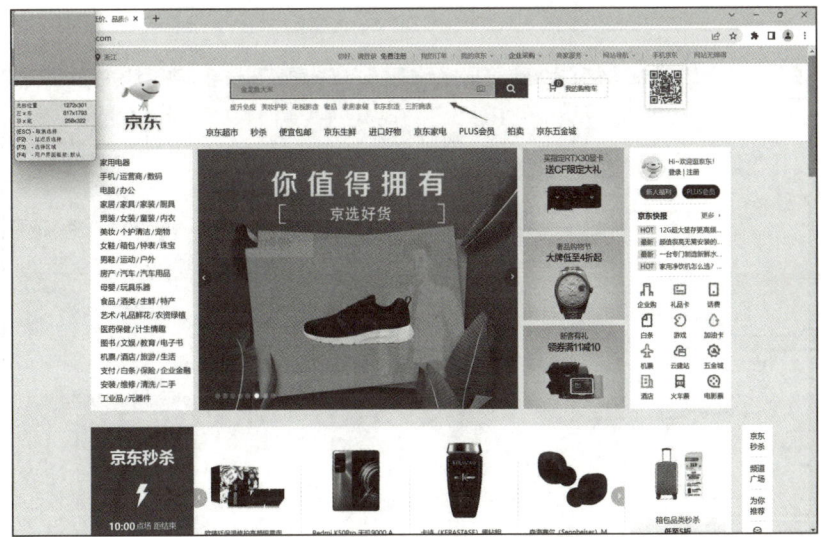

由于 UiPath 此处捕获到的默认地址不太精确，需要做出调整。点击下图①处，在弹出框中选择②处"在用户界面探测器中打开"。

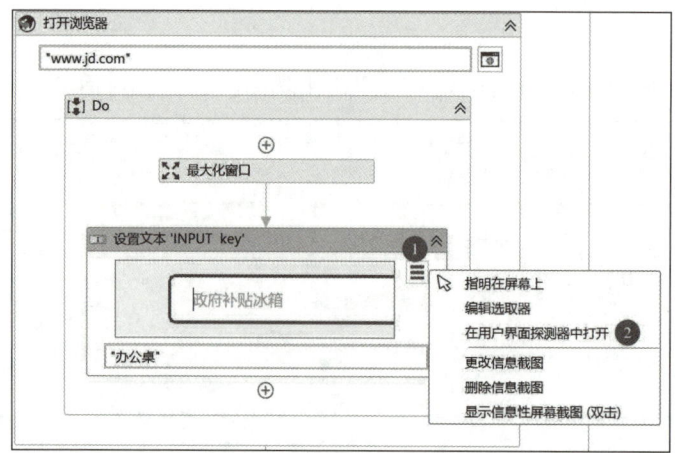

在谷歌浏览器中,可以看到此处探索框中还有 id = "key",aria – label = "搜索",我们可以通过该信息进行更精确的定位。此处勾选 id = "key",点击保存。

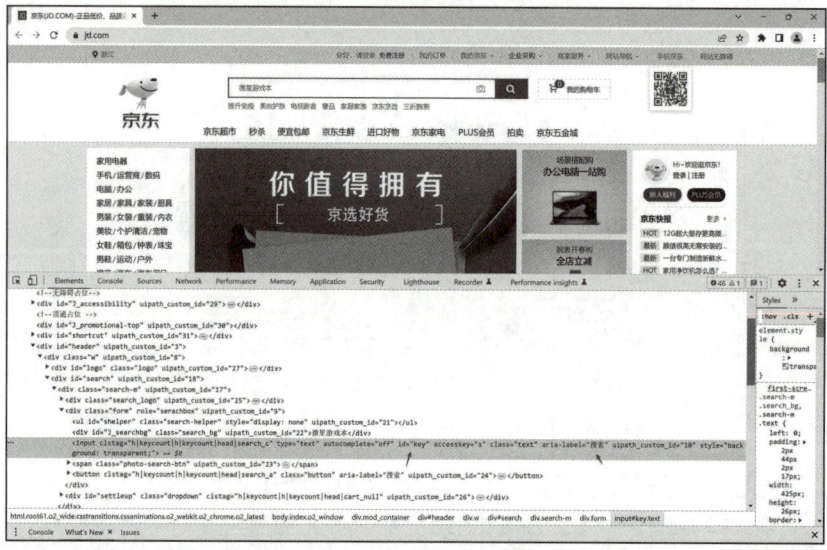

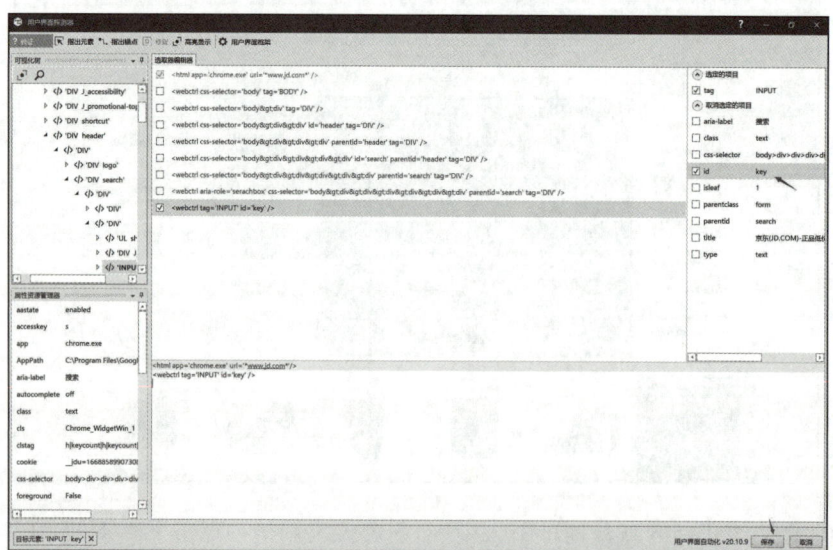

3. 单击进入搜索结果页面

点击下图①处⊕，在②处输入"单击"，双击出现的【单击】活动。点击"指出浏览器中的元素"。在京东页面中拾取 🔍

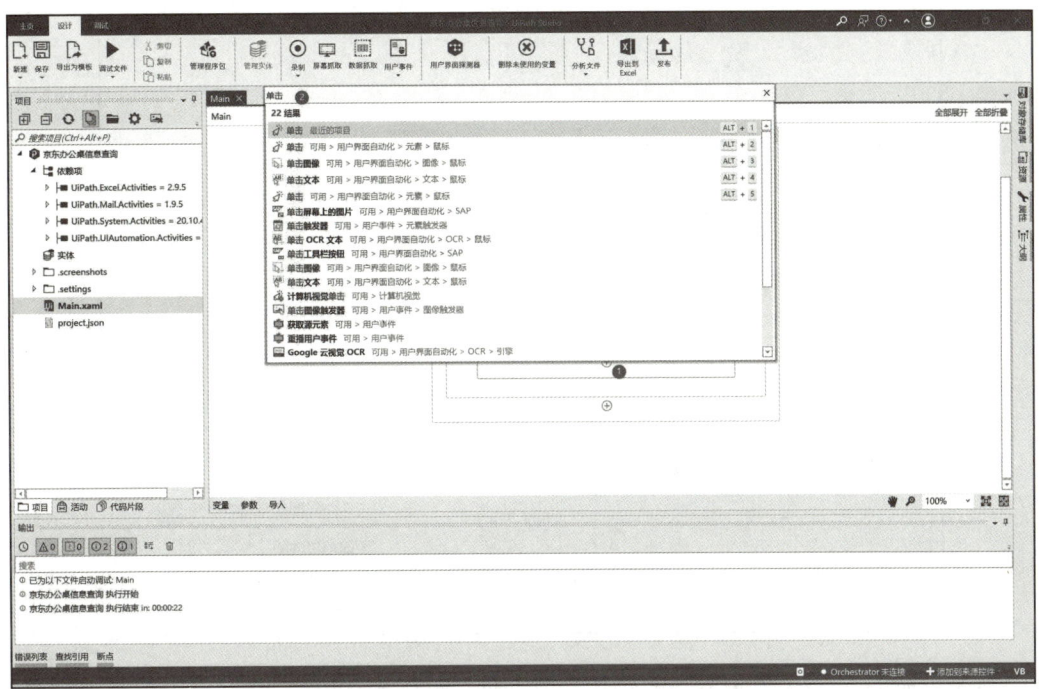

由于 UiPath 此处捕获到的默认地址不太精确，需要做出调整。点击下图①处，在弹出框中选择②处"在用户界面探测器中打开"。

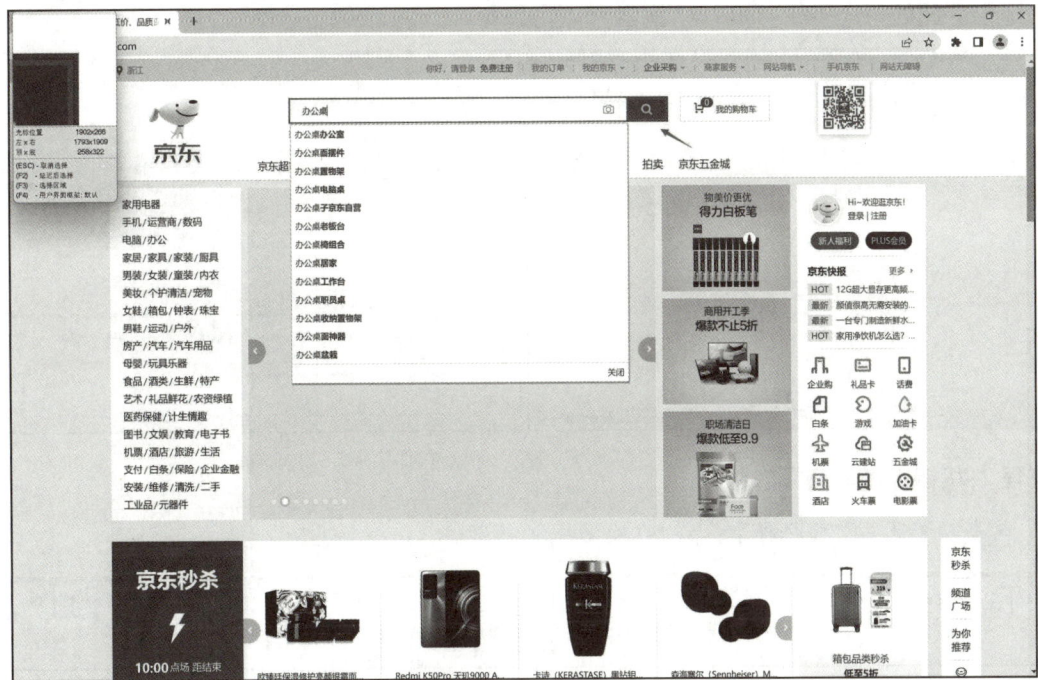

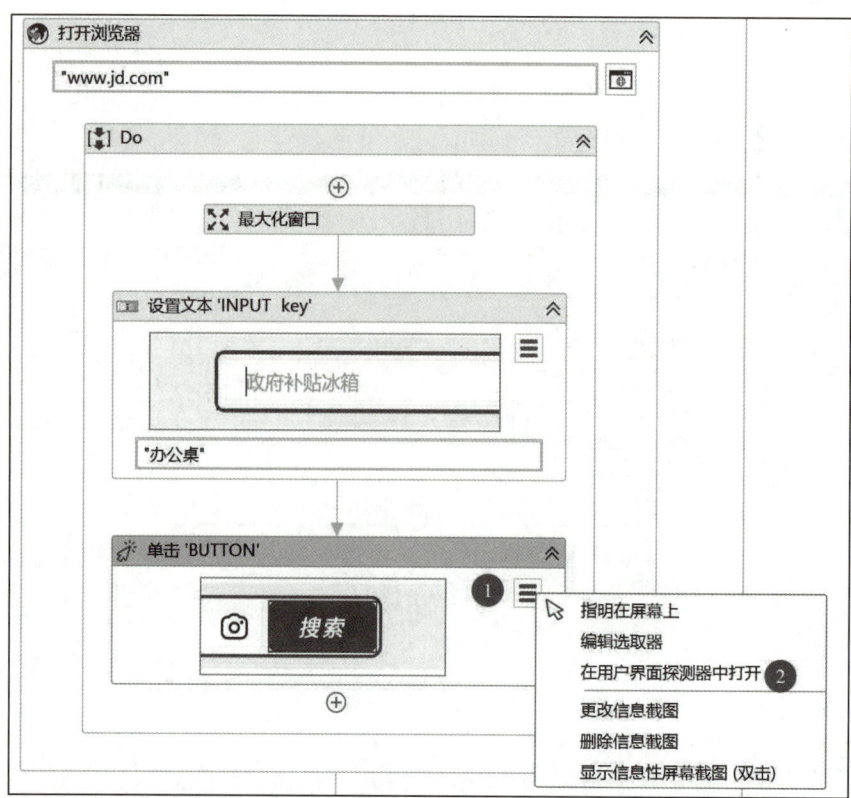

在谷歌浏览器中,可以看到此处探索框中还有 aria – label = "搜索",我们可以通过该信息进行更精确的定位。此处勾选 aria – label = "搜索",点击保存。

流程 2:机器人抓取商品信息

1. 点击功能区的"数据抓取",启动数据抓取功能

2. 设置需要抓取的列

需要设置抓取信息的第一个和第二个值,以便让 UiPath 提取到该信息在网页上的位置规律。

如在这里需要抓取价格信息,先拾取第一个价格1168,再拾取第二个价格210。再将其取好列名。然后点击下一步,进行其他列的选取。

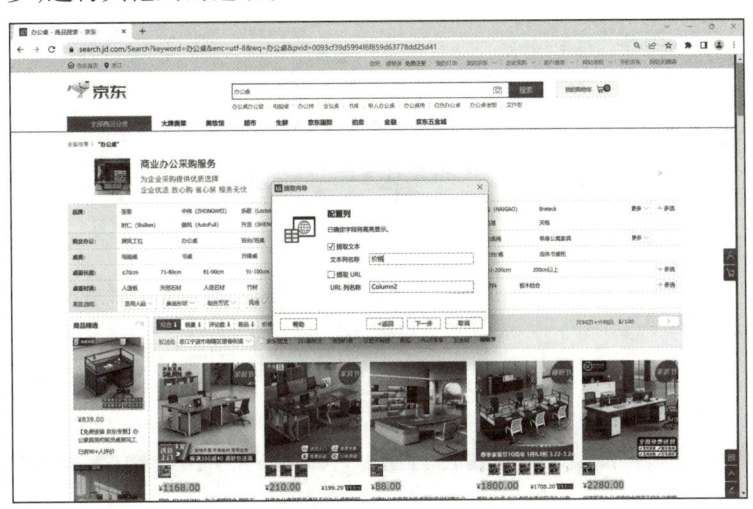

最终得到价格、商品名称、店铺三列信息。设置需要抓取的数据条数,此处用默认值100。点击完成。

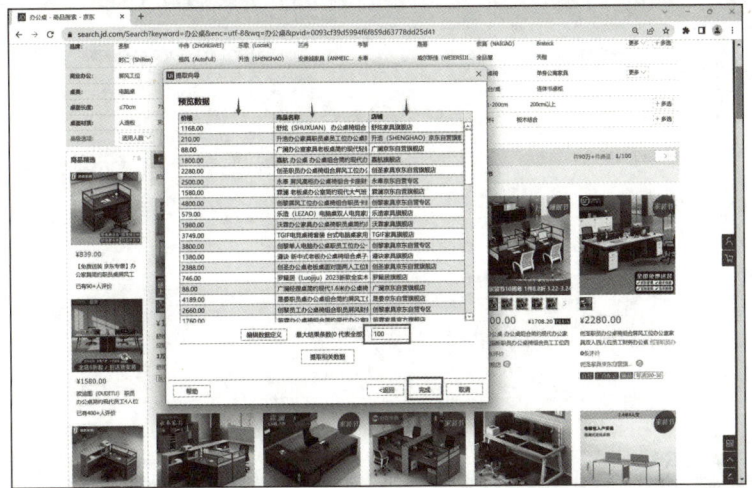

如需翻页获取数据,可以在"指出下一个链接"处点击"是",并提供下一页翻页器地址。在操作时,可以先将页面移动到下一页翻页器,再拾取页面中"下一页"按钮。

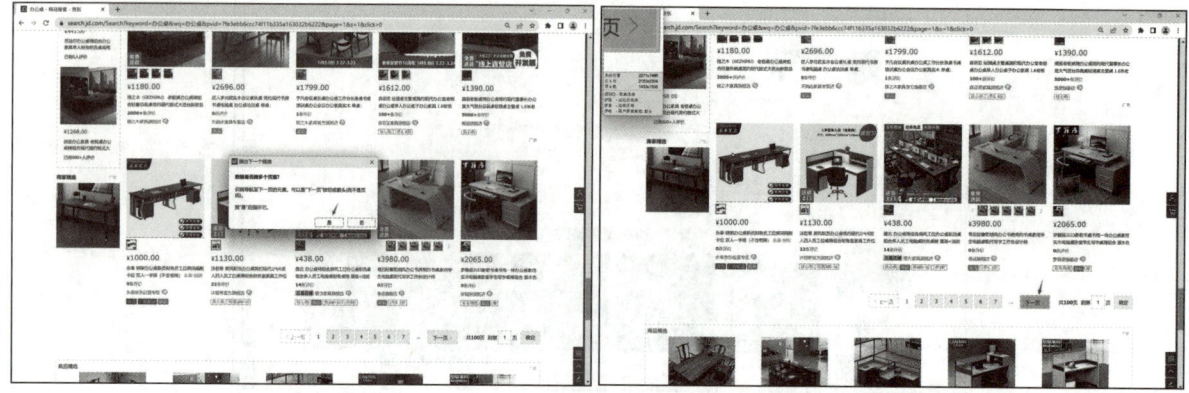

点击"属性",可以看到数据默认存放在 ExtractDataTable 变量中。

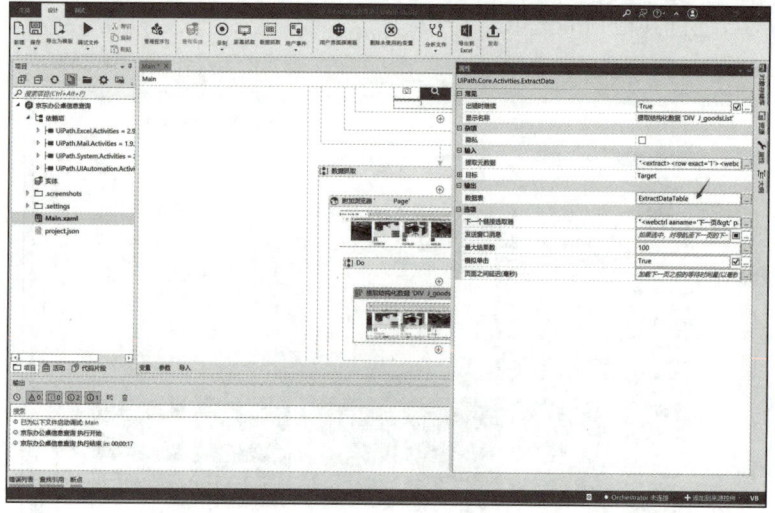

3. 设置浏览器变量

为方便后续关闭浏览器,在此步骤中创建变量 t。打开变量面板可以看到该变量类型为 Browser。

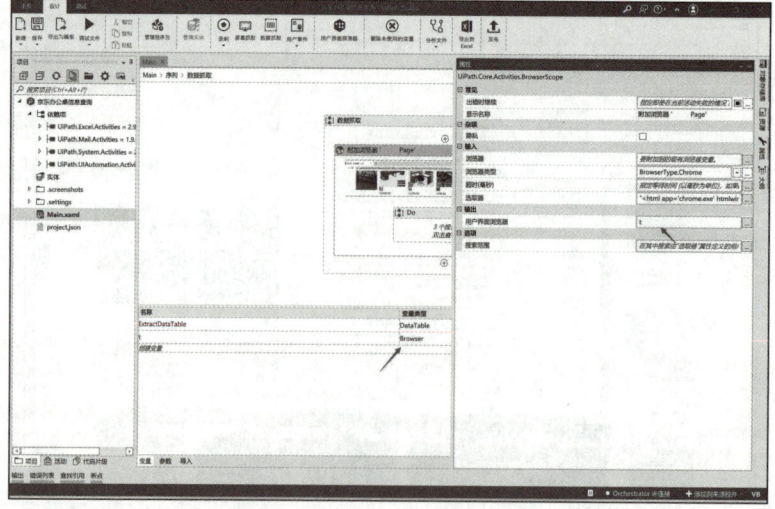

流程3：机器人保存所需商品信息至Excel文件中

由于在此案例中，只保存5000元及以下的商品信息，所以在保存信息时需要对抓取到的商品价格进行判断，看抓取到的数据是否落在该价位范围内。这里涉及几个问题：①如何将价格文本转换为数字；②采用何种方式完成判断；③采用何种方式将信息逐行写入Excel文件中。对于第1个问题，可以使用Double.Parse函数来完成；对于第2个问题，使用流程图来完成较为方便；对于第3个问题，可以使用循环结合单元格写入函数依次写入。整体流程图如下：

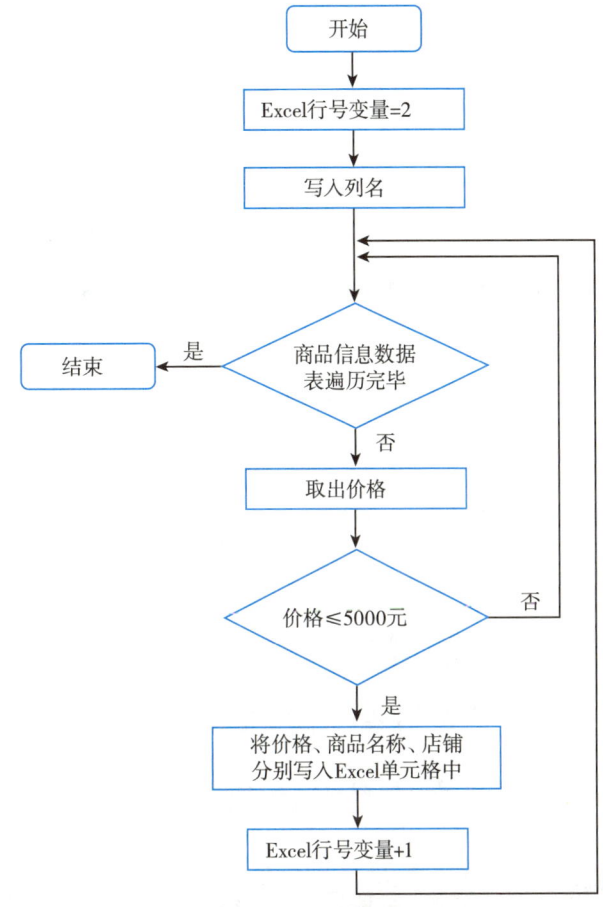

在该流程中，先将Excel行号赋初值，以便在循环时行号可以递增，以达到在Excel中逐行写入的目的。在循环体内，首先，判断商品信息数据表是否已遍历完毕，如已遍历完毕则结束循环，否则将价格读出。其次，判断是否在指定的价格区间内，如在指定价格区间内，则将价格、商品名称、店铺分别写入Excel单元格中，随后将Excel行号递增，计算下一记录写入位置；如果不在指定价格区间内则继续取下一条记录。

具体流程实现如下：

1. Excel行号变量赋值

点击下图①处⊕，在②处输入"分配"，在③处双击【分配】活动。

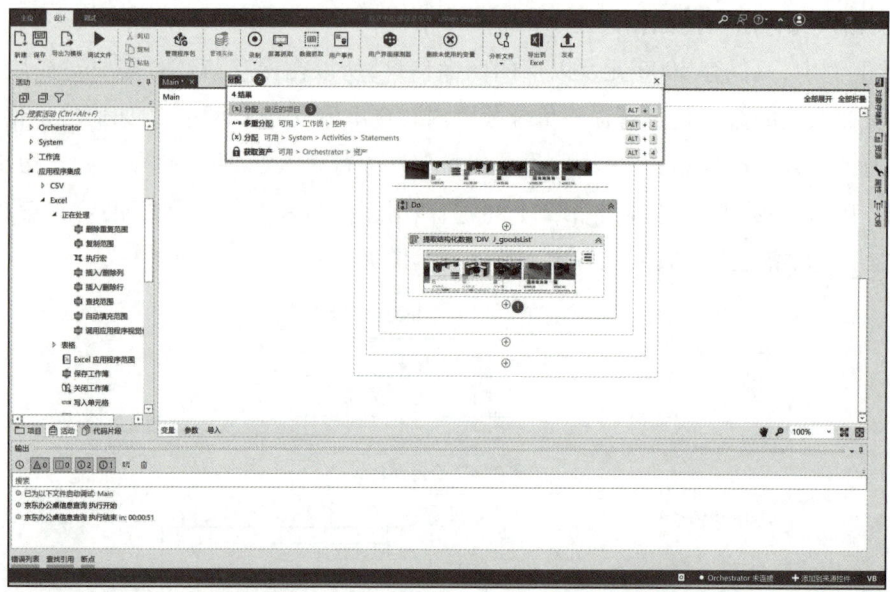

按 Ctrl+K 快捷键创建变量 i，赋值 2，将 i 变量类型设置为 Int32。

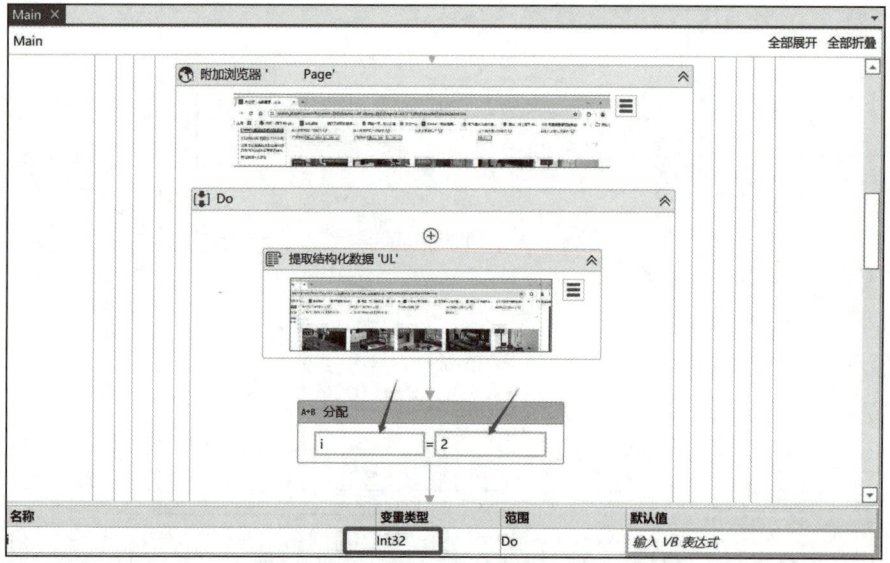

2. 确定要写入的 Excel 文件路径及文件名

添加【Excel 应用程序范围】活动，设置要保存的 Excel 文件。这里确定数据要写入的 Excel 文件名称和路径。

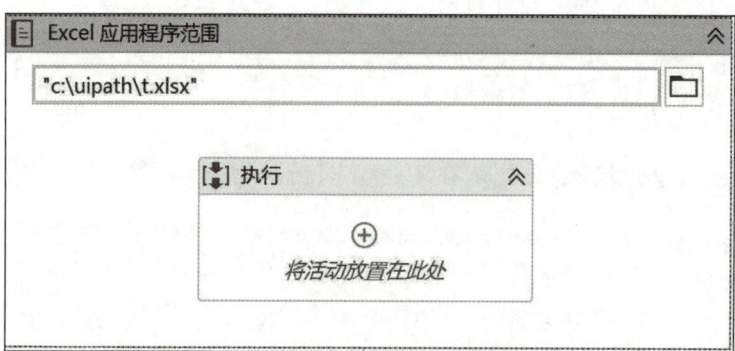

3. 写入列名

写入列名"价格"。添加【写入单元格】活动。在下图①处填入"价格",在②处填入"Sheet1",在③处填入"A1"。表示在 Sheet1 工作表 A1 单元格处写入列名"价格"。

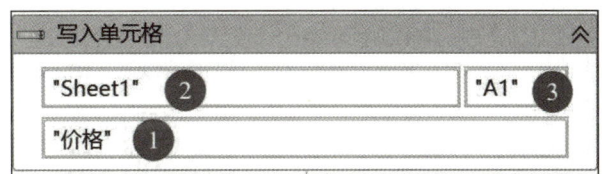

写入列名"商品名称"。添加【写入单元格】活动。在下图①处填入"商品名称",在②处填入"Sheet1",在③处填入"B1"。表示在 Sheet1 工作表 B1 单元格处写入列名"商品名称"。

写入列名"店铺"。添加【写入单元格】活动。在下图①处填入"店铺",在②处填入"Sheet1",在③处填入"C1"。表示在 Sheet1 工作表 C1 单元格处写入列名"店铺"。

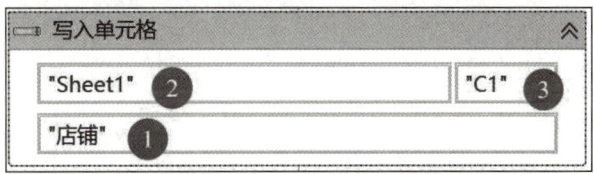

4. 循环遍历商品信息数据表

添加【对于每一个行】活动。在下图①处输入商品信息数据表变量 ExtractDataTable。通过【对于每一个行】活动遍历商品信息数据表中每一行数据。

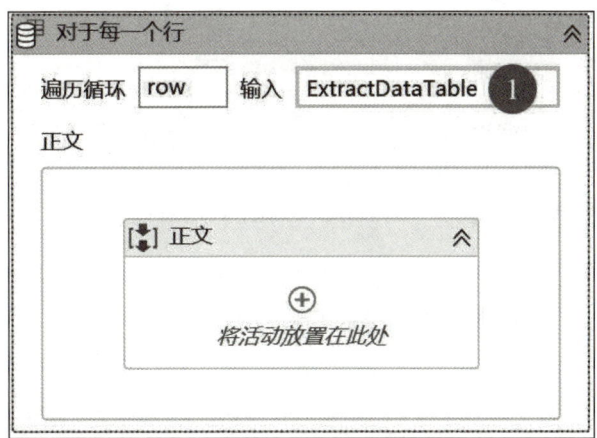

5. 判断及数据写入

创建流程图,具体内容如下:

在下图①处使用【流程决策】活动进行商品价格判断,表达式为 Double.Parse(row(0).ToString) <= 5000。其中 Double.Parse 函数将数据转换为浮点型数据。在②③④处分别使用【写入单元格】活动对读

取到的内容(价格、商品名称、店铺)进行单元格写入。

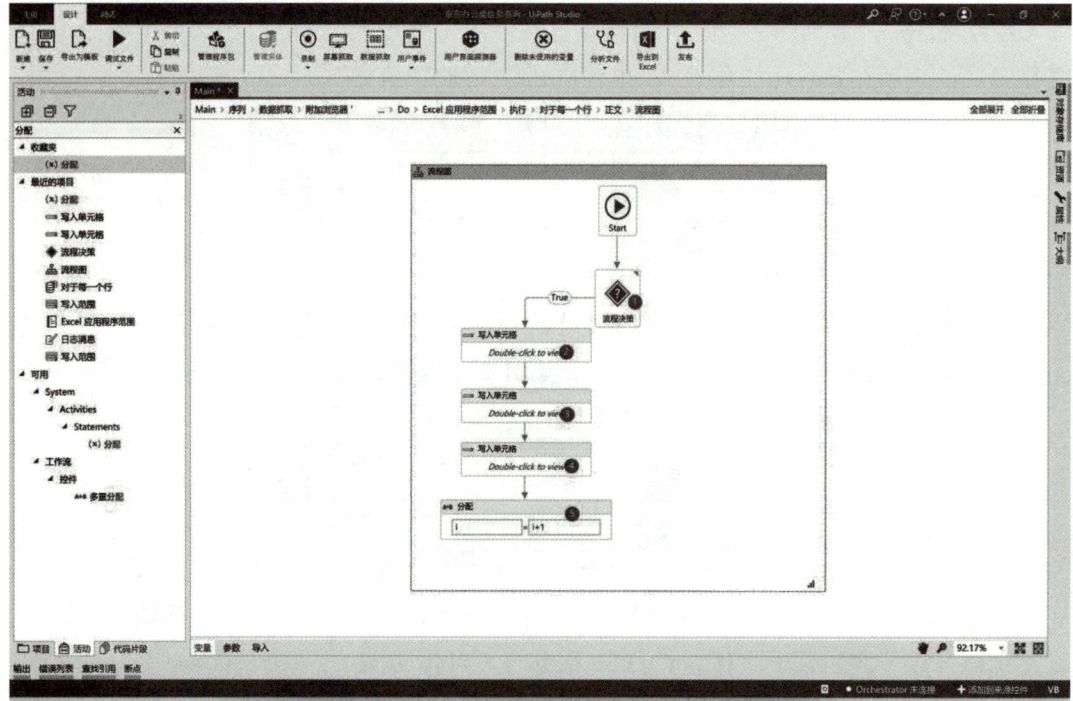

在②处:写入的内容处填写 row(0). ToString,写入的单元格处填写" A" + i. ToString。表示在 Ai 单元格处写入价格。

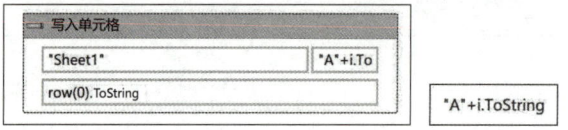

在③处:写入的内容处填写 row(1). ToString,写入的单元格处填写" B" + i. ToString。表示在 Bi 单元格处写入商品名称。

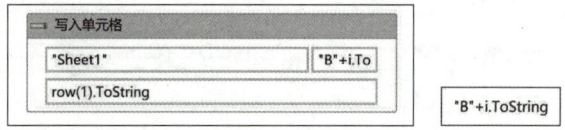

在④处:写入的内容处填写 row(2). ToString,写入的单元格处填写" C" + i. ToString。表示在 Ci 单元格处写入店铺。

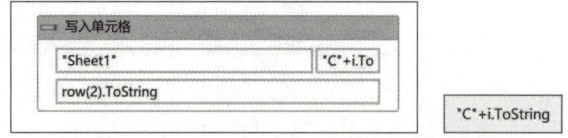

在⑤处使用【分配】活动设置变量 i = i + 1,以便通过循环递增到下一单元格写入。

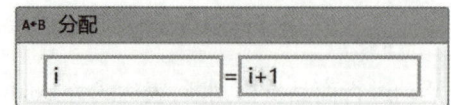

流程4：机器人关闭京东网站

为保证信息安全,需要将浏览的网站关闭。单击下图①处⊕,在②处输入"关闭选项卡",然后将出现的【关闭选项卡】活动拖拽至⊕处。

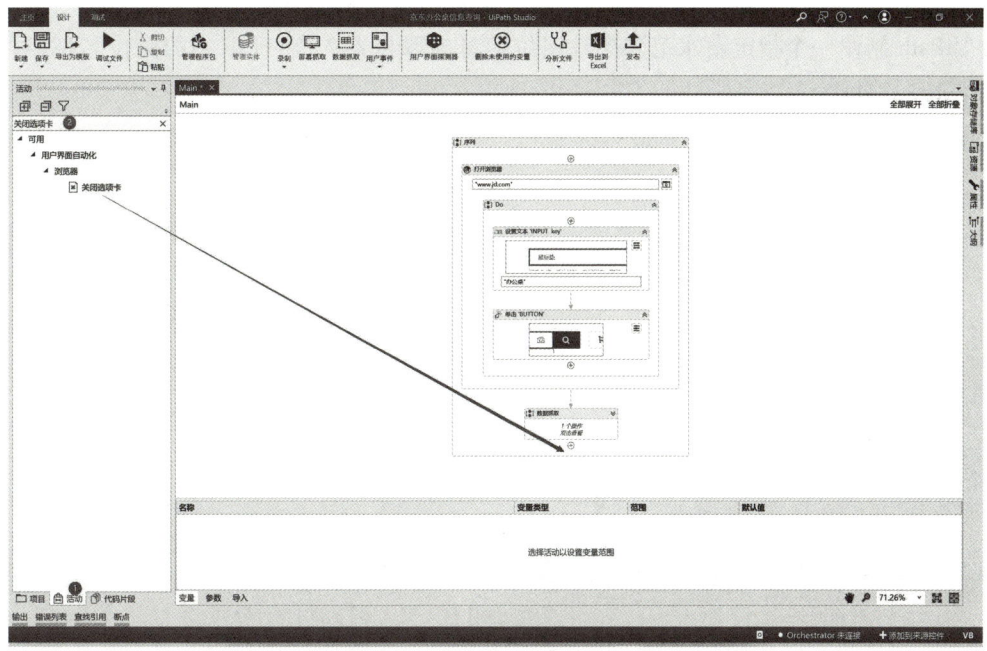

点击下图右侧①处属性,在②处输入之前设置的浏览器变量 t。

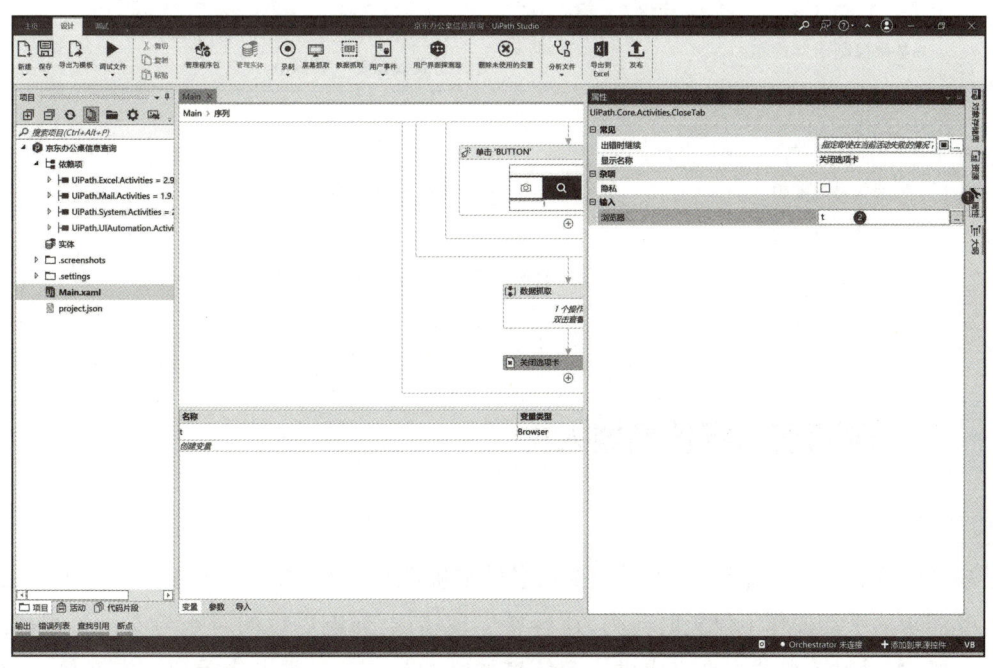

> 思考:本案例通过在 Excel 单元格逐个写入的方法完成,速度较慢。是否可以通过其他方法完成,如函数或其他活动,以提高写入效率。

项目实训

任务导入

通过 UiPath 制作一个指定薪水范围会计岗位信息抓取机器人,将抓取到的岗位名称、薪资、企业名称写入 Excel 文件中。

网站网址:https://www.51job.com/。

任务报告

序号	步骤	实训成果		疑难点
1	绘制流程图			
2	流程开发	实现步骤	结果	

任务评价

序号	技能评分	佐证	是否达标
1	打开网站	能够运用【打开浏览器】活动打开网站	
2	数据抓取	能够运用【数据抓取】活动	
3	Excel 文件操作	能够运用【Excel 应用程序范围】活动及【读取范围】活动读取 Excel 文件	
4	基础控制语句操作	能够运用【对于每一个行】活动及【流程决策】活动,能够运用函数完成数据格式转换	

序号	素质评分	佐证	是否达标
1	流程思维能力	能够完成流程图的绘制	
2	程序开发能力	能够完成程序开发	
3	协同创新能力	能够和团队成员头脑风暴,协同完成任务	

任务二 供应商信息维护机器人

任务导入

为了高效管理企业财务流程,确保供应商信息的准确性和时效性,传统的手动录入方式已无法满足当前业务需求。手动操作不仅耗时耗力,还容易出现错误,影响后续的对账与支付流程。因此,引入自动化手段,通过财务机器人来完成供应商信息的维护与更新显得尤为重要。本案例完成供应商信息的自动录入。

数据资料

会计核算虚拟平台:https://bank.yidureading.com/supply/supplystart。

会计核算虚拟平台用户名:admin。

会计核算虚拟平台密码:Rpa@2025。

任务分析与设计

整体步骤如下:

(1)登录会计核算虚拟平台。

(2)读取供应商信息 Excel 文件。

(3)在辅助核算档案——供应商完成供应商信息的录入。

(4)退出会计核算虚拟平台。

任务实施

(一)操作准备

1. 打开 UiPath 软件,点击"流程"

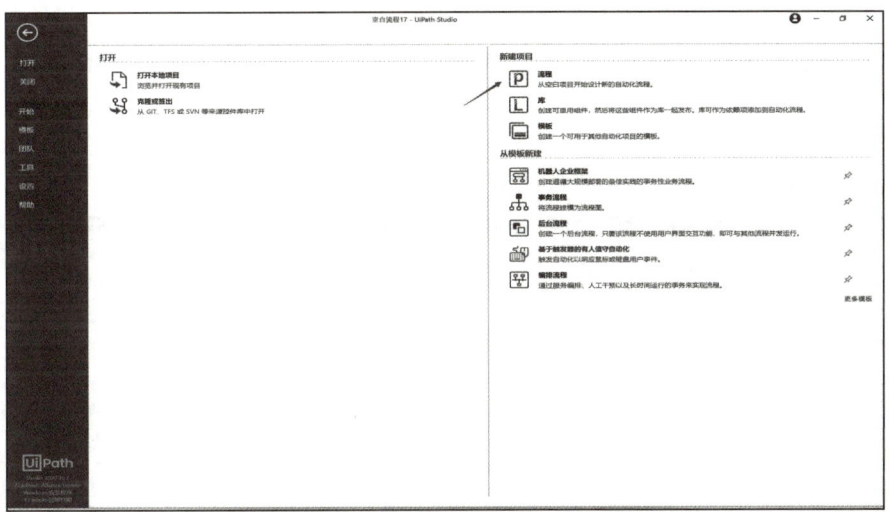

2. 设置好工程文件名称及位置

此案例中工程名称为"供应商信息"。

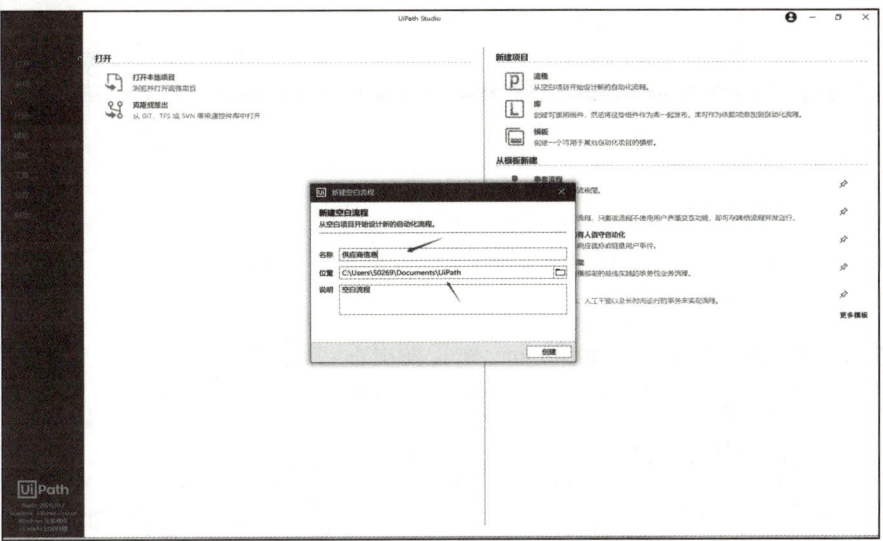

3. 等待加载完毕，进入编辑界面封面

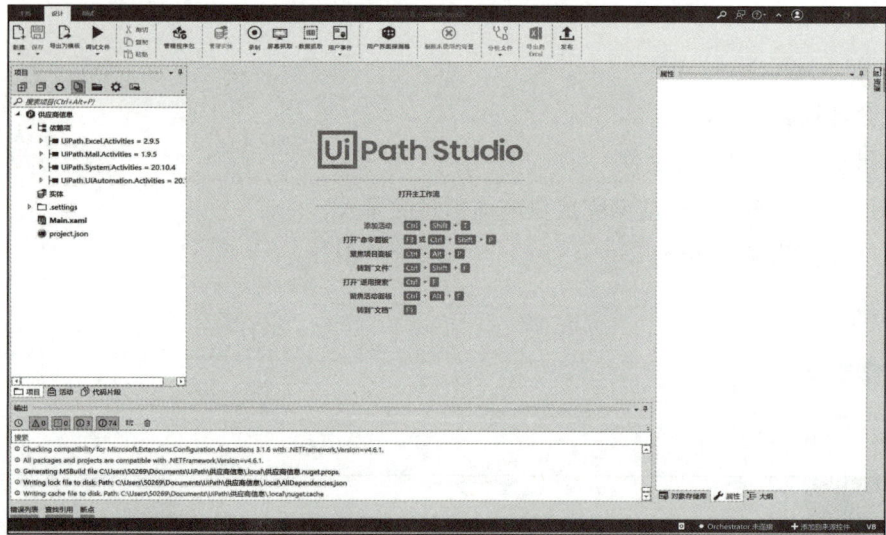

4. 添加新序列

因为整体流程不太复杂，直接双击 Main. xaml，在主流程中创建工作流程。

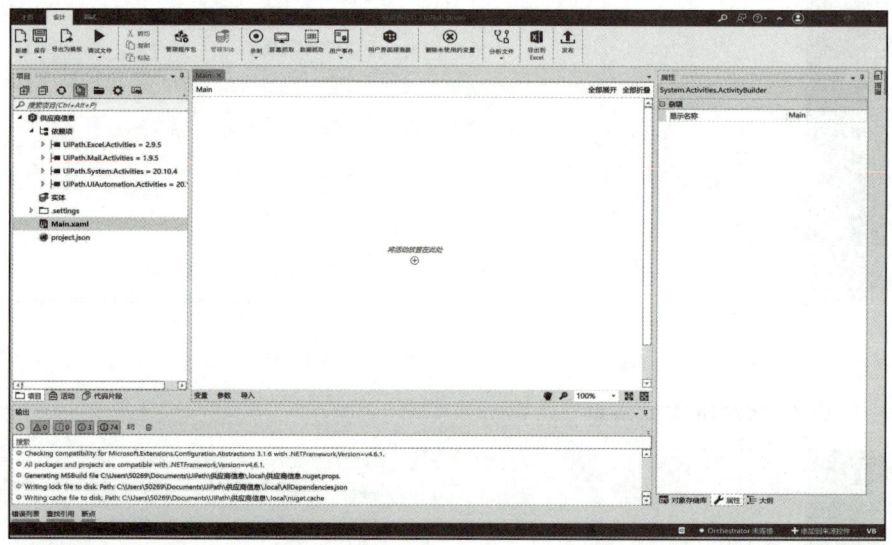

（二）流程制作

流程 1：登录会计核算虚拟平台

添加【打开浏览器】活动，在 URL 输入框中输入" https://bank. yidureading. com/supply/supplystart"，注意此处引号为英文引号。

在其属性面板中，浏览器类型选择 Chrome，设置使用谷歌浏览器打开。

添加【最大化窗口】活动,使打开的浏览器窗口最大化,方便后续 RPA 程序能准确获取到所需控制的元素。

添加【设置文本】活动,通过"指出浏览器中的元素"功能拾取虚拟平台中的用户名输入框,并设置输入文本为"admin",完成用户名的自动输入。

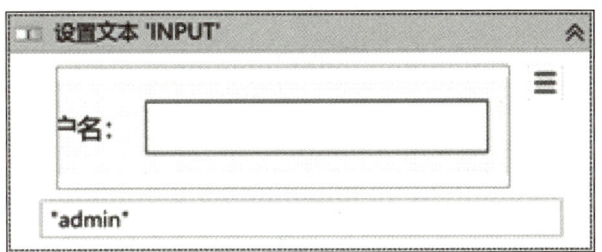

添加【设置文本】活动,通过"指出浏览器中的元素"功能拾取虚拟平台中的密码输入框,并设置输入文本为"Rpa@2025",完成密码的自动输入。

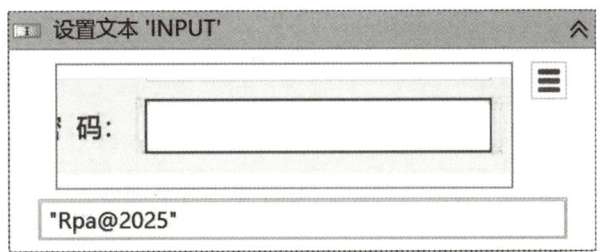

添加【单击】活动,点击"指出浏览器中的元素"拾取虚拟平台中的"登录"按钮。

流程 2:读取供应商信息 Excel 文件

读入工作簿。添加【Excel 应用程序范围】活动,点击右侧图标处将"供应商"文件选入。

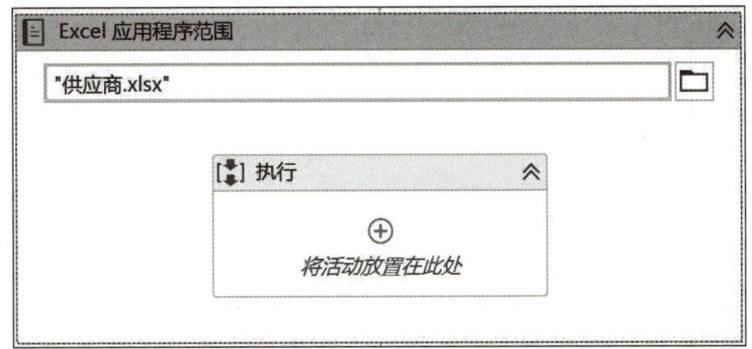

读入工作表及数据。添加【读取范围】活动,在左侧工作表名称处填入"供应商",范围选择默认

值""。在属性面板"输出-数据表"中创建变量dt。将读入的数据存入变量dt中。

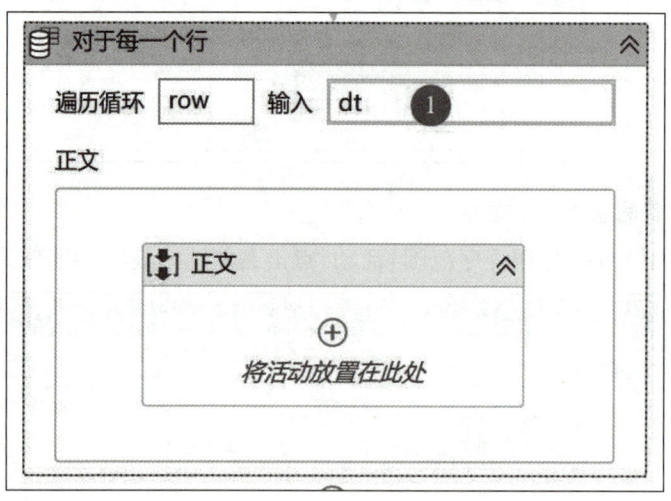

流程3：在辅助核算档案——供应商完成供应商信息的录入

（1）搭建写入虚拟平台的循环体。

添加【对于每一个行】活动，在下图①处输入之前设置的变量名dt。该活动将完成对之前存入dt中的供应商信息的逐行遍历。

（2）将供应商信息写入平台。

添加【设置文本】活动，通过【设置文本】活动将信息逐个写入。

输入供应商信息，整体活动设置如下表所示。

操作	活动	设置
写入供应商编码	设置文本 'INPUT' 供应商编码 row(0).ToString	拾取位置：网站中供应商编码下方输入框 输入信息：row(0).ToString
写入供应商名称	设置文本 'INPUT' 供应商名称 row(1).ToString	拾取位置：网站中供应商名称下方输入框 输入信息：row(1).ToString
写入供应商税号	设置文本 'INPUT' 供应商税号 row(2).ToString	拾取位置：网站中供应商税号下方输入框 输入信息：row(2).ToString
写入联系人	设置文本 'INPUT' 联系人 row(3).ToString	拾取位置：网站中联系人下方输入框 输入信息：row(3).ToString
写入联系电话	设置文本 'INPUT' 联系电话 row(4).ToString	拾取位置：网站中联系电话下方输入框 输入信息：row(4).ToString
写入银行账号	设置文本 'INPUT' 银行账号 row(5).ToString	拾取位置：网站中银行账号下方输入框 输入信息：row(5).ToString

(3)点击提交按钮提交一行供应商信息。

添加【单击】活动,点击"指出浏览器中的元素",拾取虚拟平台上的"添加"按钮。完成输入一行信息后,单击提交按钮的自动化操作设置。

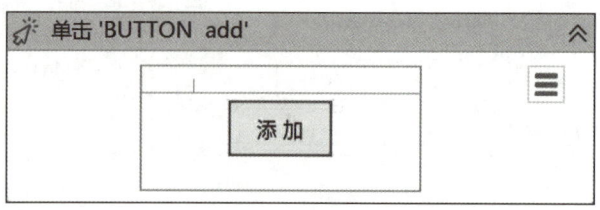

流程4:退出会计核算虚拟平台

在流程3搭建的循环体外添加【单击】活动,点击"指出浏览器中的元素",拾取虚拟平台上的"退出维护"按钮。完成输入全部供应商信息后,点击退出虚拟平台的自动化操作设置。

任务三 采购单、发货清单、验收入库单比对机器人

任务导入

在B公司,随着业务量的快速增长,采购、发货与验收三个环节产生的单据数量激增,传统的人工比对方式已难以应对。以往,财会人员需从信息系统中逐一比对采购单、发货清单与验收入库单,不仅耗时巨大,还常因人为疏忽导致比对错误,影响库存准确性与订单处理效率。为破解这一难题,B公司决定引入RPA技术,打造智能比对机器人。该机器人能自动抓取三单数据,进行高效、精准的比对,识别其中差异,并即时反馈。

任务说明

本案例中为演示简单起见,不考虑发货单与验收入库单新增了货品编码的情况。

数据资料

采购单业务 Excel 文件如下图所示。

A	B
单号	
1234	
1235	
1236	

平台中单号相关数据如下图所示。

采购单

采购单号：1234　　开始日期：　　结束日期：　　[查询]

日期	采购单号	货品编码	货品名称	规格型号	单位	数量	单价	金额	备注
2024/09/12	1234	101	惠普打印机	HP LaserJet1020	台	1	1200	1200	
2024/09/12	1234	102	得力宽胶带	6cm	卷	10	6	60	

采购单号：1235　　开始日期：　　结束日期：　　[查询]

日期	采购单号	货品编码	货品名称	规格型号	单位	数量	单价	金额	备注
2024/09/16	1235	103	双面胶	1.2cm	卷	30	0.8	24	

采购单号：1236　　开始日期：　　结束日期：　　[查询]

日期	采购单号	货品编码	货品名称	规格型号	单位	数量	单价	金额	备注
2024/09/18	1236	101	惠普打印机	HP LaserJet1020	台	1	1200	1200	
2024/09/18	1236	104	装订齿条	77-1401（12齿条）	盒	2	58	116	
2024/09/18	1236	105	晨光签字笔	15-0350	盒	5	21.6	108	

发货清单

采购单号：1234　　开始日期：　　结束日期：　　[查询]

日期	采购单号	货品编码	货品名称	规格型号	单位	数量	单价	金额	备注
2024/10/12	1234	101	惠普打印机	HP LaserJet1020	台	1	1200	1200	
2024/10/12	1234	102	得力宽胶带	6cm	卷	10	6	60	

采购单号：1235　　开始日期：　　结束日期：　　[查询]

日期	采购单号	货品编码	货品名称	规格型号	单位	数量	单价	金额	备注
2024/10/16	1235	103	双面胶	1.2cm	卷	30	0.8	24	

采购单号：1236　　开始日期：　　结束日期：　　[查询]

日期	采购单号	货品编码	货品名称	规格型号	单位	数量	单价	金额	备注
2024/10/18	1236	101	惠普打印机	HP LaserJet1020	台	1	1200	1200	
2024/10/18	1236	104	装订齿条	77-1401（12齿条）	盒	2	58	116	
2024/10/18	1236	105	晨光签字笔	15-0350	盒	5	21.6	108	

验收入库单

采购单号：1234　　开始日期：　　结束日期：　　[查询]

日期	采购单号	货品编码	货品名称	规格型号	单位	数量	单价	金额	备注
2024/10/12	1234	101	惠普打印机	HP LaserJet1020	台	1	1200	1200	
2024/10/12	1234	102	得力宽胶带	6cm	卷	10	6	60	

采购单号：1235　　开始日期：　　结束日期：　　[查询]

日期	采购单号	货品编码	货品名称	规格型号	单位	数量	单价	金额	备注
2024/10/16	1235	103	双面胶	2cm	卷	30	0.8	24	

采购单号：1236　　开始日期：　　结束日期：　　[查询]

日期	采购单号	货品编码	货品名称	规格型号	单位	数量	单价	金额	备注
2024/10/18	1236	101	惠普打印机	HP LaserJet1020	台	1	1200	1200	
2024/10/18	1236	105	晨光签字笔	15-0351	盒	5	21.6	108	

会计核算虚拟平台：https://bank.yidureading.com/purchase/purchasestart。

会计核算虚拟平台用户名：admin。

会计核算虚拟平台密码：Rpa@2025。

任务分析与设计

整体步骤如下：

（1）读取采购单业务 Excel 文件。

（2）登录会计核算虚拟平台。

（3）对采购单、发货清单、验收入库单按采购单号逐条比对并显示比对结果。

（4）退出会计核算虚拟平台。

程序主干部分流程图如下：

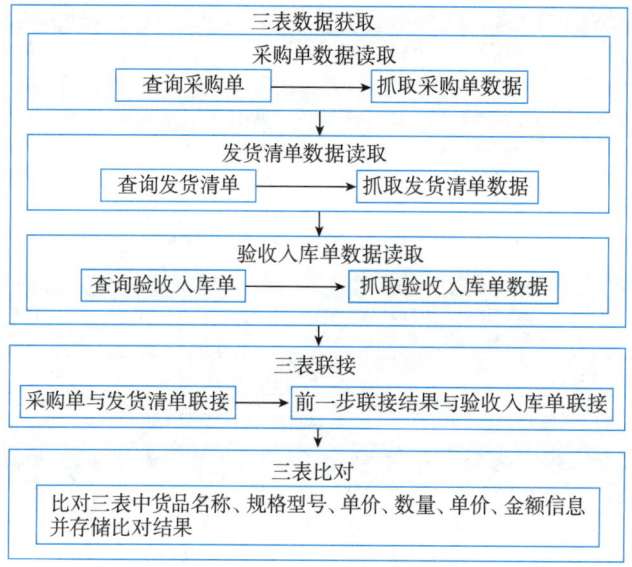

任务实施

（一）操作准备

1. 打开 UiPath 软件，点击"流程"

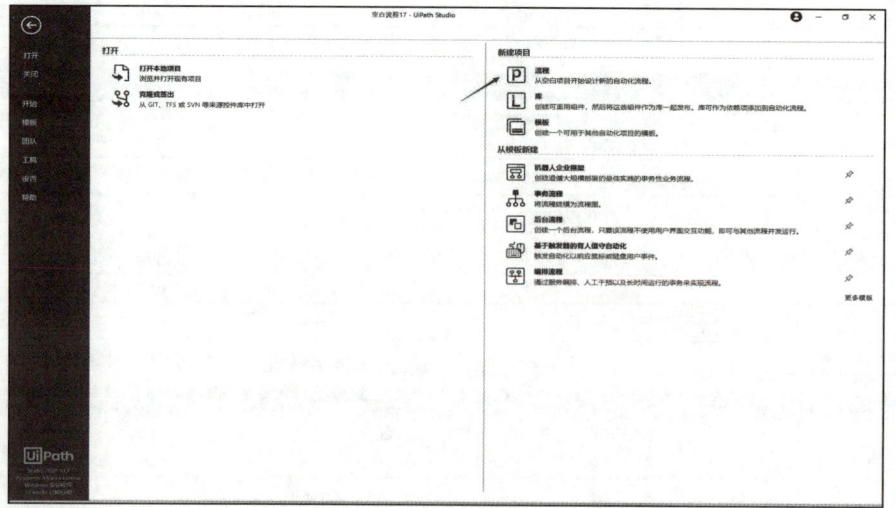

2. 设置好工程文件名称及位置

此案例中工程名称为"三单比对"。

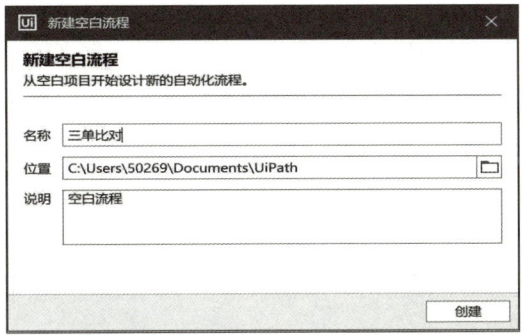

3. 等待加载完毕，进入编辑界面封面

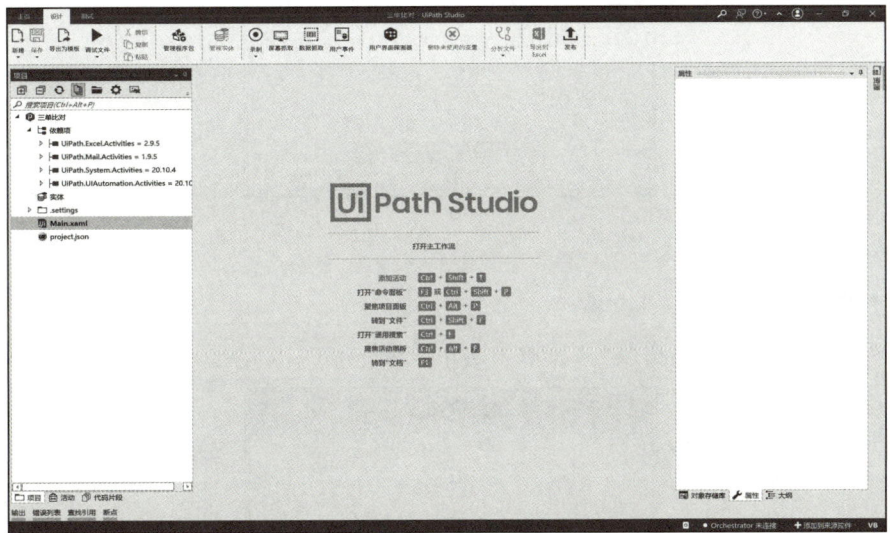

4. 添加新序列

因为整体流程不太复杂，直接双击 Main.xaml，在主流程中创建工作流程。

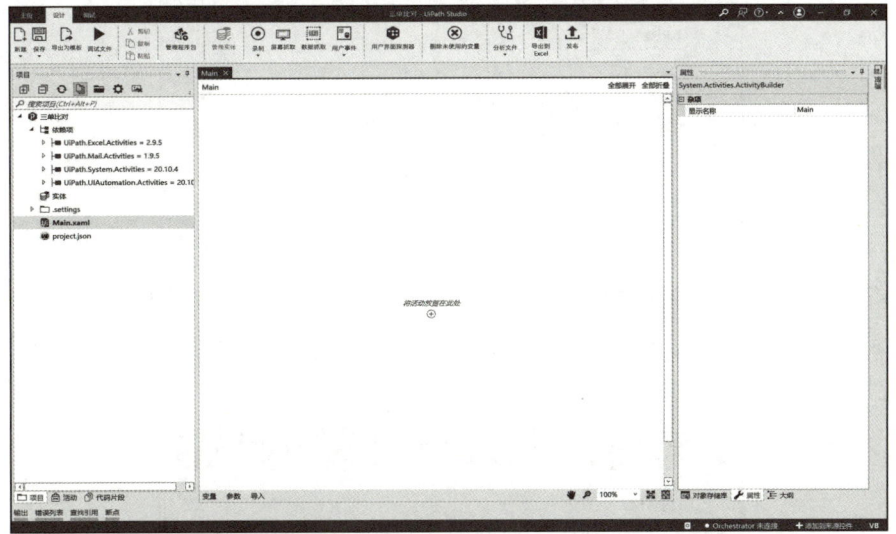

5. 确保谷歌浏览器 UiPath 插件处于可工作状态

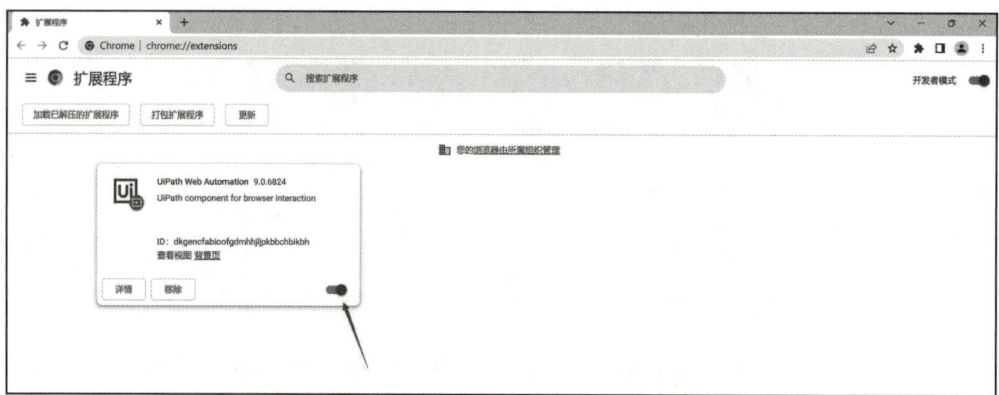

6. 将主序列名改为三单比对

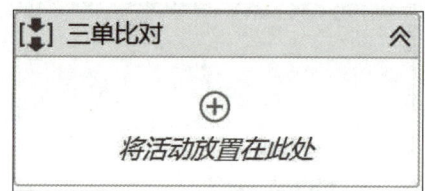

（二）流程制作

流程 1：读取采购单业务 Excel 文件

添加【序列】活动，将序列名更改为"读取采购单数据"。

读入工作簿。添加【Excel 应用程序范围】活动，点击右侧图标处将"单号"文件选入。

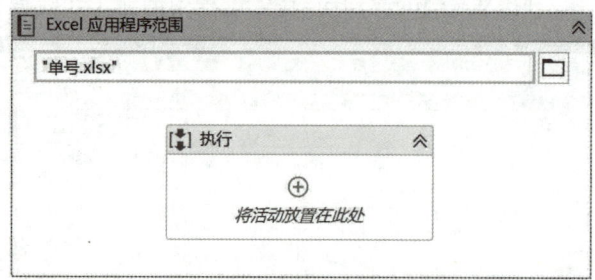

读入工作表及数据。添加【读取范围】活动，在左侧工作表名称处填入"Sheet1"，范围选择默认值""。在属性面板"输出-数据表"中创建变量 dt。将读入的数据存入变量 dt 中。变量范围改为三单比对。

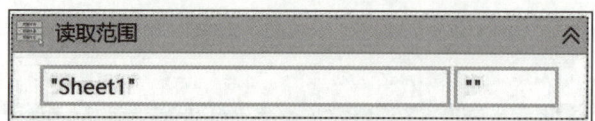

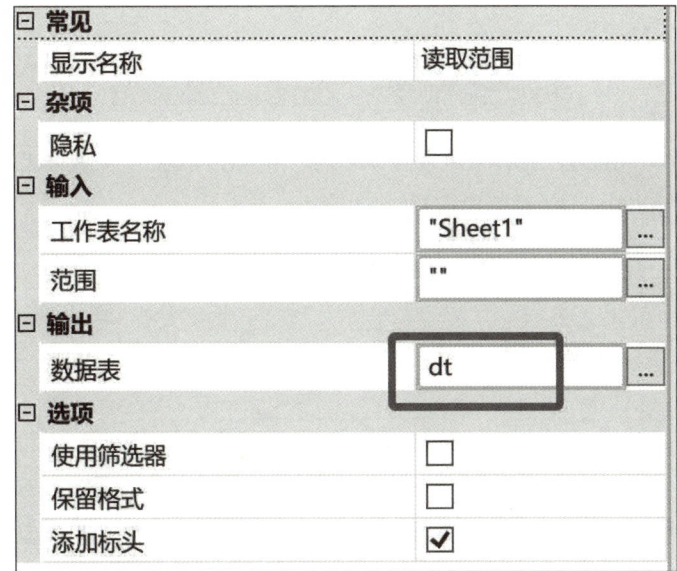

流程2：登录会计核算虚拟平台

添加【序列】活动，将序列名更改为"登录"。

在"登录"序列中添加【打开浏览器】活动，在URL输入框中输入"https://bank.yidureading.com/purchase/purchasestart"，注意此处引号为英文引号。

在其属性面板中，浏览器类型选择Chrome，设置使用谷歌浏览器打开。

添加【最大化窗口】活动，使打开的浏览器窗口最大化，方便后续RPA程序能准确获取到所需控

制的元素。

添加【设置文本】活动,通过"指出浏览器中的元素"功能拾取会计核算虚拟平台中的用户名输入框,并设置输入文本为"admin",完成用户名的自动输入。

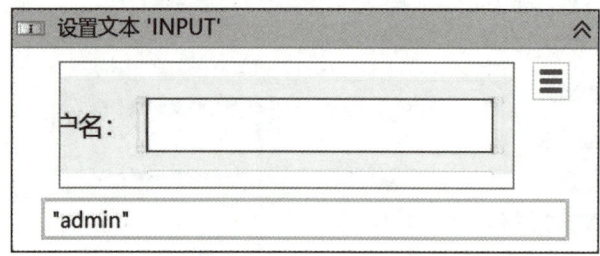

添加【设置文本】活动,通过"指出浏览器中的元素"功能拾取会计核算虚拟平台中的密码输入框,并设置输入文本为"Rpa@2025",完成密码的自动输入。

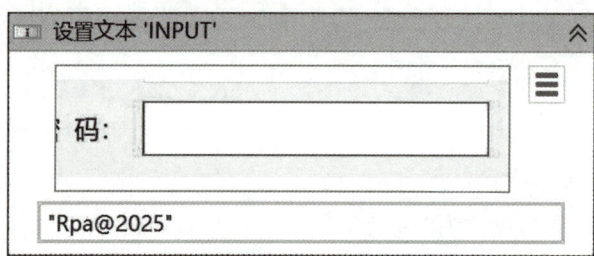

添加【单击】活动,通过"指出浏览器中的元素"功能拾取会计核算虚拟平台中的"登录"按钮。

流程3:对采购单、发货清单、验收入库单按采购单号逐条比对并显示比对结果

添加【序列】活动,将序列名更改为"比对"。

1. 三表数据获取

(1)构建循环体。

添加【对于每一个行】活动,在右侧输入变量 dt,对采购单业务数据逐行遍历。修改活动名为"三表数据获取"。

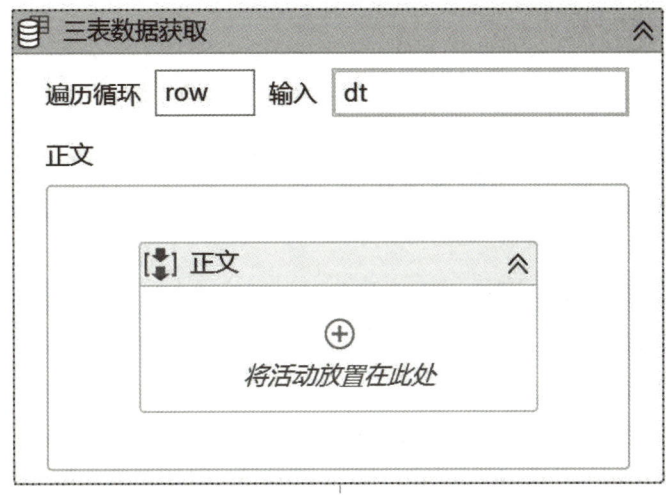

(2)完成采购单数据的读取。

添加【序列】活动,将序列名更改为"采购单数据读取",该序列将完成采购单数据的读取。

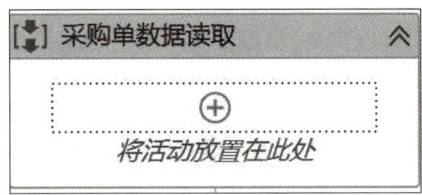

1)单击采购单,进入采购单数据查询界面。

添加【单击】活动,通过"指出浏览器中的元素"功能拾取进销存管理界面中的"采购单"选项按钮。

该页面由三个子页面构成:purchaseform、distform、wareform。当点击"入库单"按钮进入到wareform页面后再次点击"采购单"按钮时,因为最初【单击】活动的"采购单"按钮是根据purchaseform页面上的信息进行设置的,而此时在wareform页面如果还用之前purchaseform中的设置就可能点击不到"采购单"按钮,因此需要修改"采购单"按钮【单击】活动中的相关设置。

选中【单击】活动,点击右侧三横处,点击"在用户界面探测器中打开"。

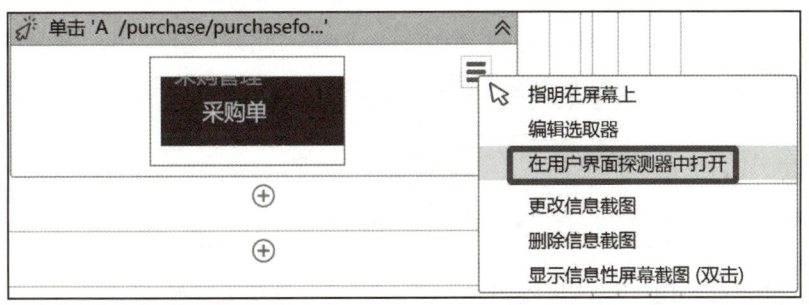

修改 title 属性值为" * 进销存管理"。* 代表任意字符串,表示 title 属性值以"进销存管理"结尾的任意网页都可以点击到"采购单"按钮,而不是 title = "采购单 - 进销存管理"的网页才可以点击到该按钮。

```
<html app='chrome.exe' title='采购单 - 进销存管理' />        <html app='chrome.exe' title='*进销存管理' />
<webctrl aaname='采购单' tag='A' />          →             <webctrl aaname='采购单' tag='A' />
```

2)输入采购单号,完成数据查询。

输入采购单号。添加【设置文本】活动,通过"指出浏览器中的元素"功能拾取编号输入框。设置输入值为 row(0). ToString,完成采购单号的自动填写。输入值中 row(0). ToString 将获取采购单号。由于此处 UiPath 网页要通过 id 属性值来定位,而在该网页中 id 属性值是随机产生的,如本次 id 为 el-id-2485-7,在下次运行时将无法再获取到该 id 属性值所在的网页,所以需要通过其他方法来定位。在用户界面探测器中取消勾选 id,同时勾选 css-selector。

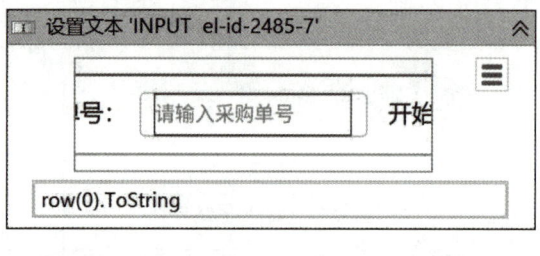

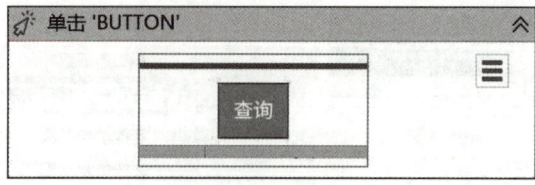

单击完成查询。添加【单击】活动,通过"指出浏览器中的元素"功能拾取"查询"按钮。

完成输入全部信息后,RPA 将可以在进销存管理界面自动填入采购单号信息并完成查询。

3）抓取采购单数据。

点击功能区中的"数据抓取"功能。

点击"下一步"。

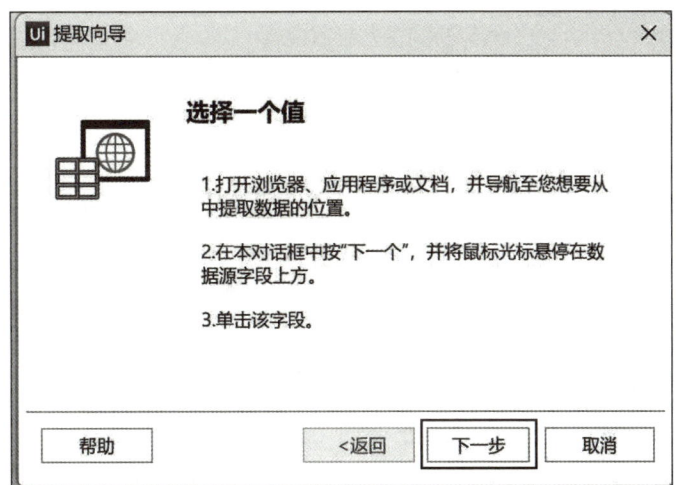

选择查询得到数据中的任意一值后,提示框选择"是"。

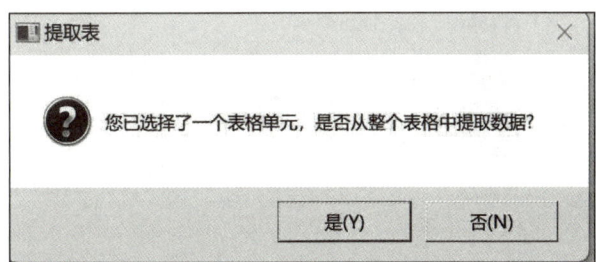

在"提取向导"弹出窗口中点击"完成"。

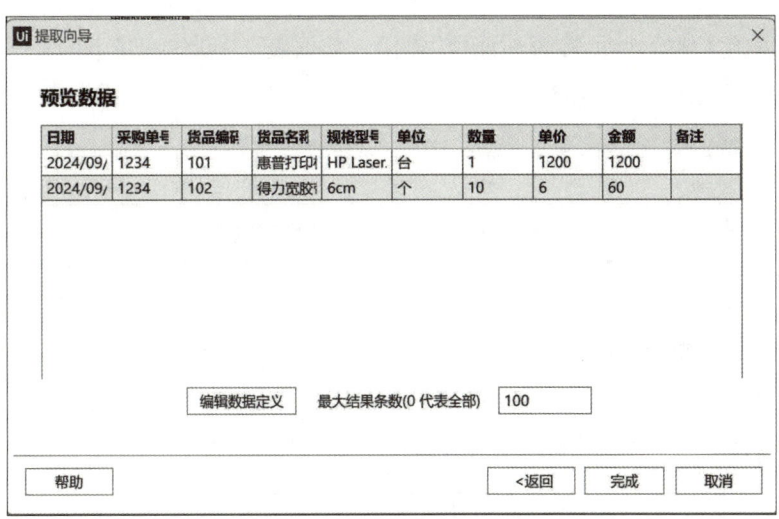

数据是否跨多个页面？选择"否"。

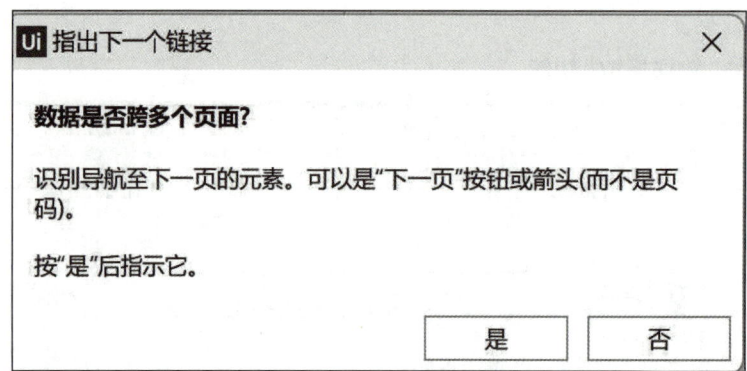

得到整个"数据抓取"序列。

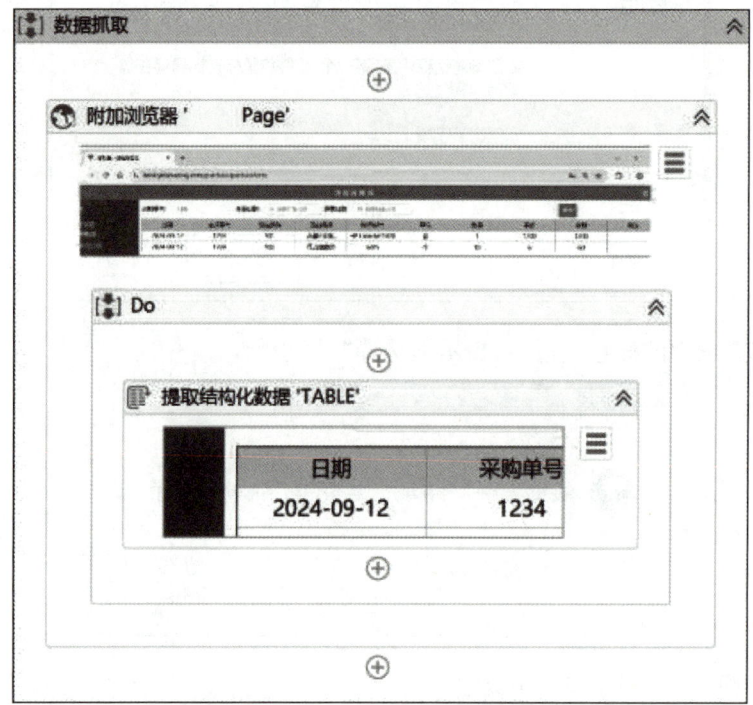

点击【提取结构化数据】活动,在属性面板"输出-数据表"中创建变量 pdoc。将读入的数据存入变量 pdoc 中。变量范围改为三单比对。

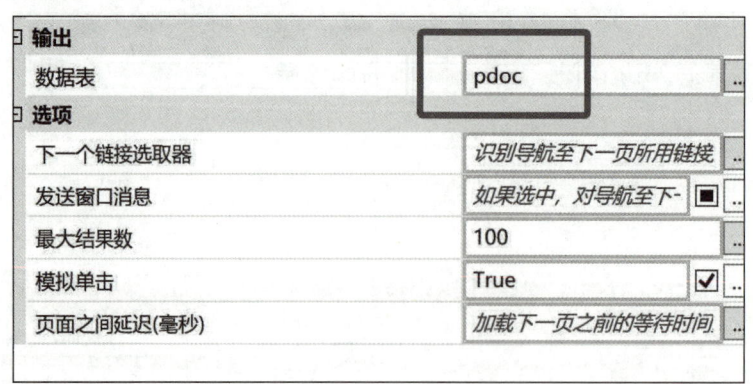

(3)完成发货清单数据的读取。

添加【序列】活动,将序列名更改为"发货清单数据读取",该序列将完成发货清单数据的读取。

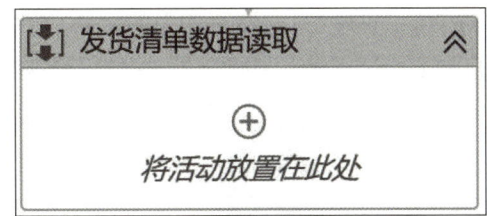

1)单击发货清单,进入发货清单数据查询界面。

添加【单击】活动,通过"指出浏览器中的元素"功能拾取进销存管理界面中的"发货清单"选项按钮。

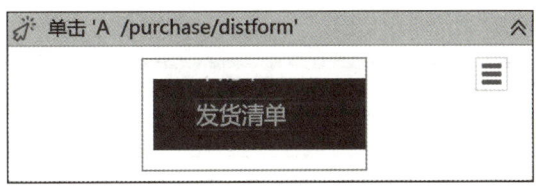

2)输入采购单号,完成数据查询。

输入采购单号。添加【设置文本】活动,通过"指出浏览器中的元素"功能拾取编号输入框。设置输入值为 row(0).ToString,完成采购单号的自动填写。输入值中 row(0).ToString 将获取采购单号。由于此处 UiPath 网页要通过 id 属性值来定位,而在该网页中 id 属性值是随机产生的,如本次 id 为 el－id－1740－2,在下次运行时将无法再获取到该 id 属性值所在的网页,所以需要通过其他方法来定位。在用户界面探测器中取消勾选 id,同时勾选 css－selector。

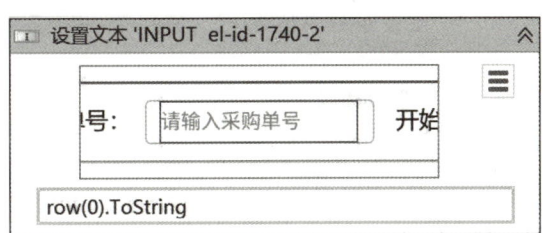

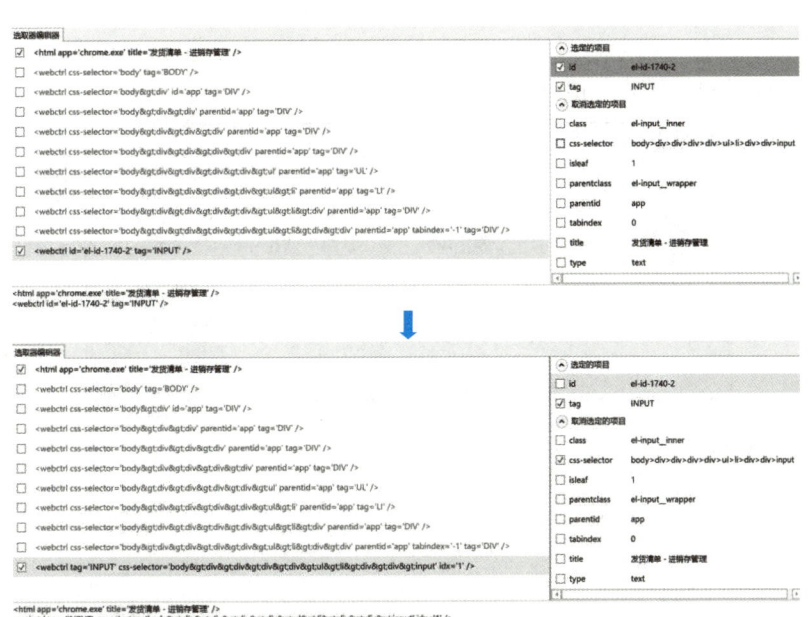

单击完成查询。添加【单击】活动,通过"指出浏览器中的元素"功能拾取"查询"按钮。

完成输入全部信息后,RPA将可以在进销存管理界面自动填入采购单号信息并完成查询。

3)抓取发货清单数据。

点击功能区中的"数据抓取"功能。

点击"下一步"。

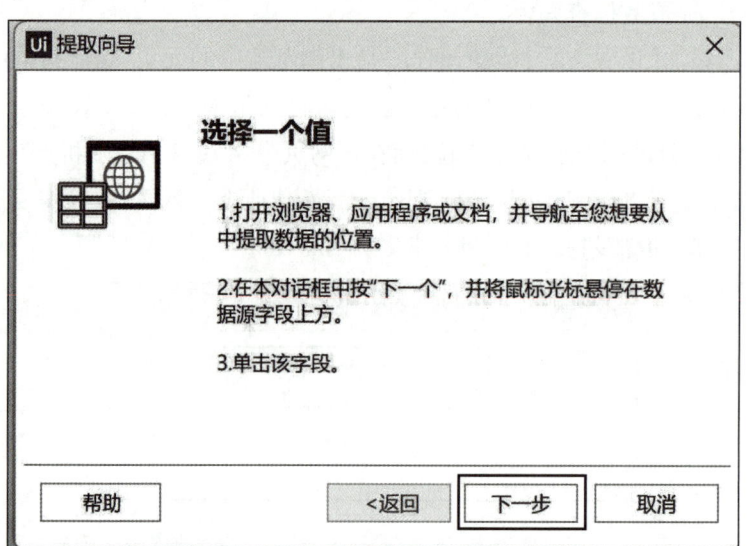

选择查询得到数据中的任意一值后,提示框选择"是"。

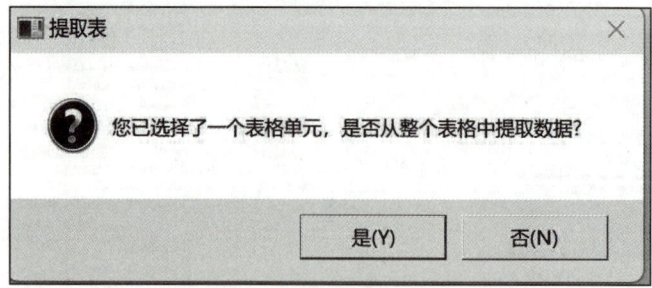

在"提取向导"弹出窗口中点击"完成"。

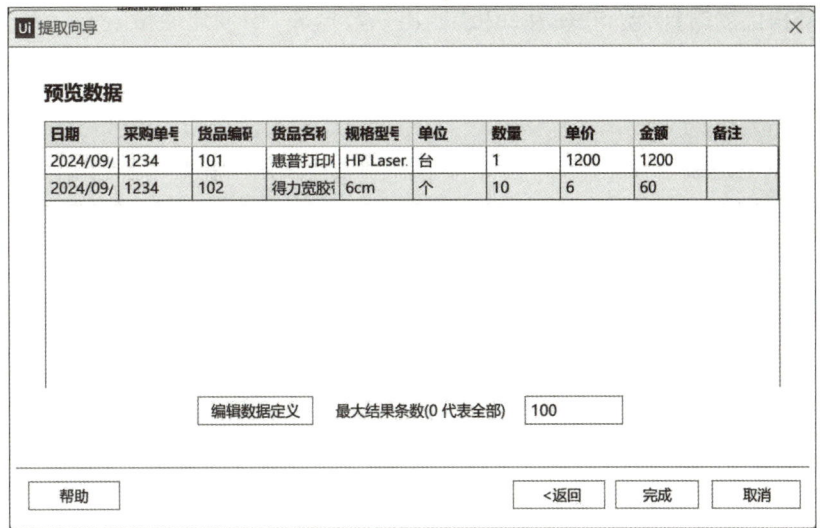

数据是否跨多个页面？选择"否"。

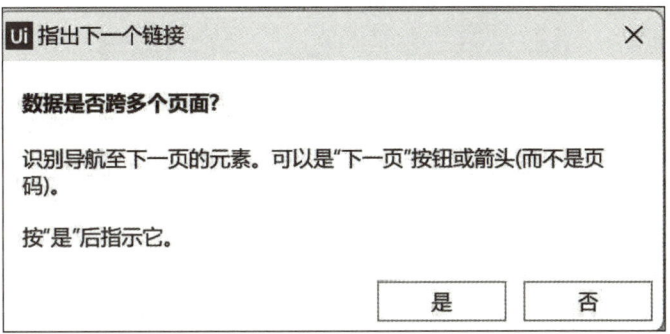

得到整个"数据抓取"序列。

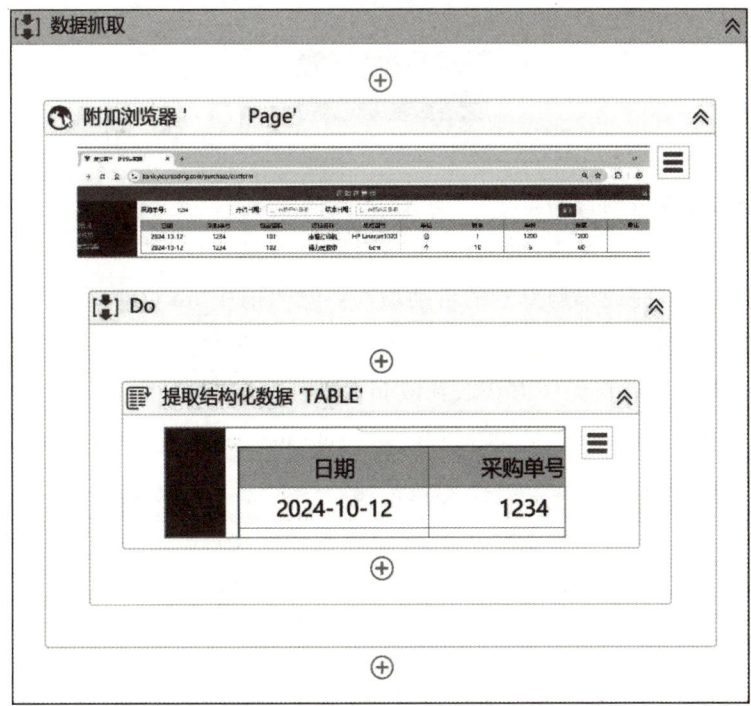

点击【提取结构化数据】活动,在属性面板"输出 – 数据表"中创建变量 sdoc。将读入的数据存入变量 sdoc 中。变量范围改为三单比对。

(4)完成验收入库单数据的读取。

添加【序列】活动,将序列名更改为"入库单数据读取",该序列将完成入库单数据的读取。

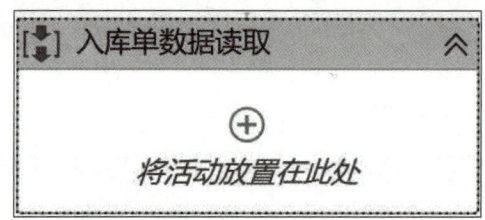

1)单击入库单,进入入库单数据查询界面。

添加【单击】活动,通过"指出浏览器中的元素"功能拾取进销存管理界面中的"入库单"选项按钮。

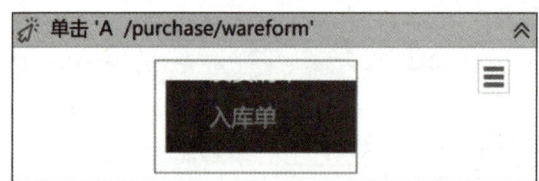

2)输入采购单号,完成数据查询。

输入采购单号。添加【设置文本】活动,通过"指出浏览器中的元素"功能拾取编号输入框。设置输入值为 row(0).ToString,完成采购单号的自动填写。输入值中 row(0).ToString 将获取采购单号。由于此处 UiPath 网页要通过 id 属性值来定位,而在该网页中 id 属性值是随机产生的,如本次 id 为 el – id – 6206 – 2,在下次运行时将无法再获取到该 id 属性值所在的网页,所以需要通过其他方法来定位。在用户界面探测器中取消勾选 id,同时勾选 css – selector。

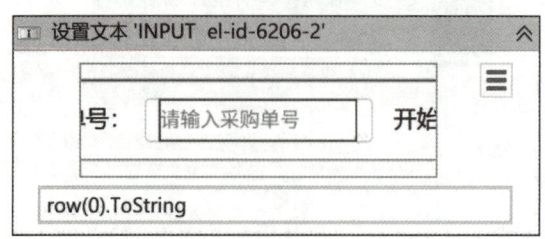

项目三 03
采购业务机器人开发

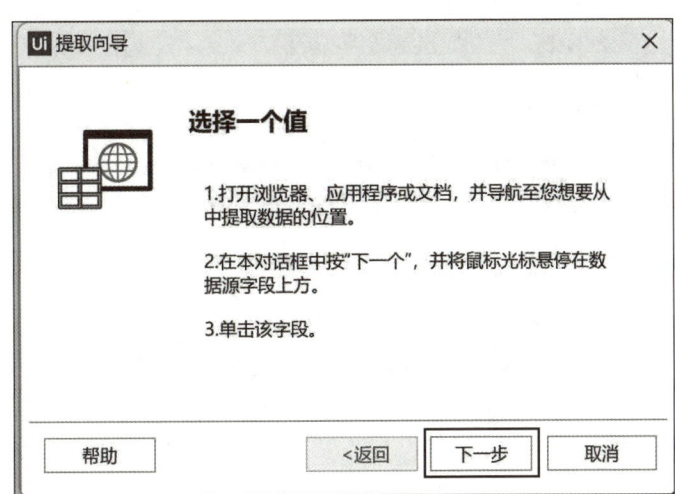

单击完成查询。添加【单击】活动,通过"指出浏览器中的元素"功能拾取"查询"按钮。

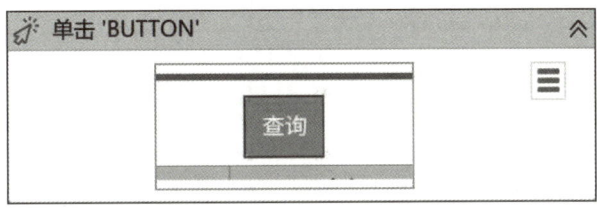

完成输入全部信息后,RPA 将可以在进销存管理界面自动填入采购单号信息并完成查询。

3) 抓取验收入库单数据。

点击功能区中的"数据抓取"功能。

点击"下一步"。

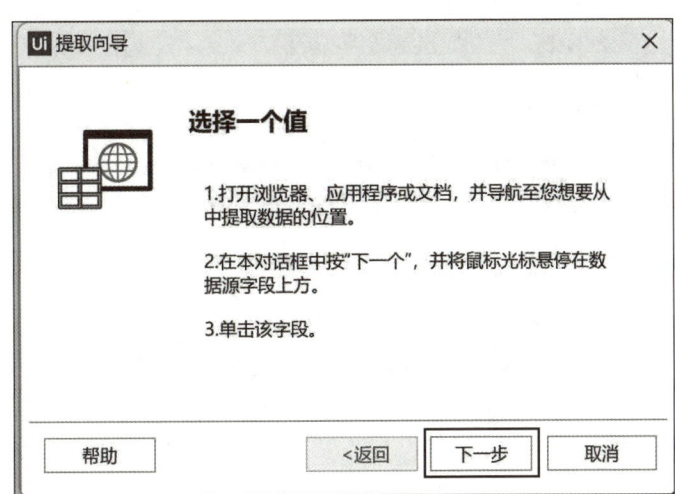

选择查询得到数据中的任意一值后,提示框选择"是"。

163

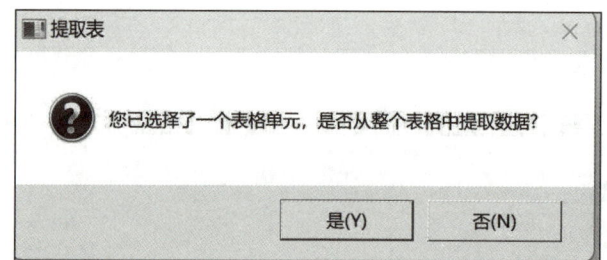

在"提取向导"弹出窗口中点击"完成"。

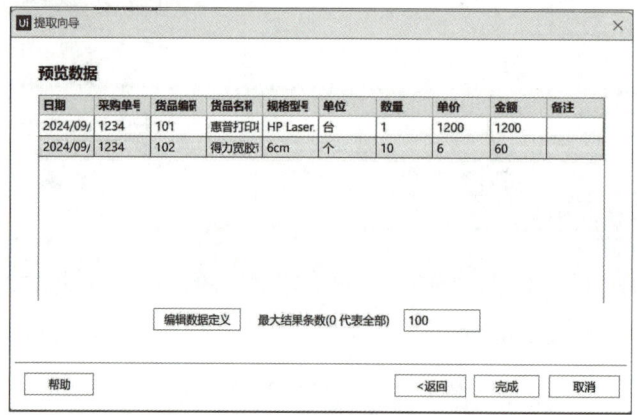

数据是否跨多个页面？选择"否"。

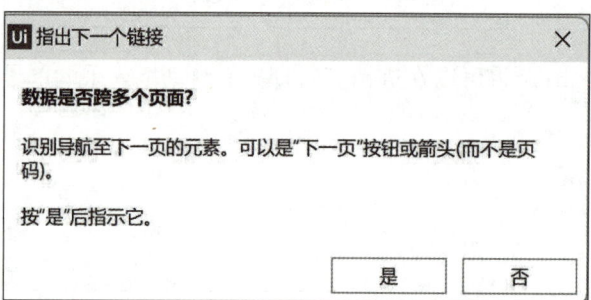

得到整个"数据抓取"序列。

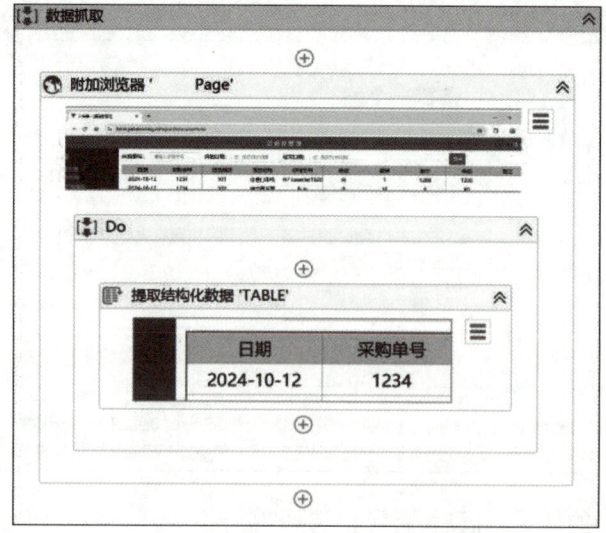

点击【提取结构化数据】活动,在属性面板"输出 – 数据表"中创建变量 wdoc。将读入的数据存入变量 wdoc 中,变量范围改为三单比对。

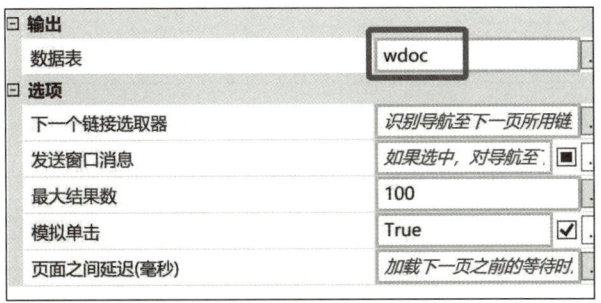

2. 三表联接

将采购单、发货清单和入库单合并在一起。添加【序列】活动,将显示名称改为"三表联接"。

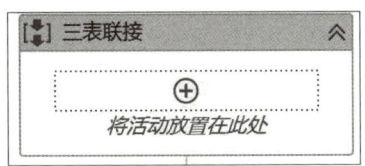

(1)将采购单、发货清单进行联接。

添加【联接数据表】活动。

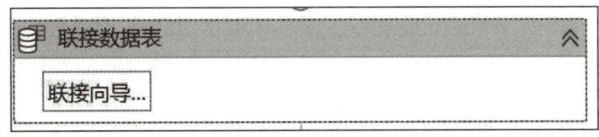

在其属性面板中的"输入数据表 1"处填写 pdoc,"输入数据表 2"处填写 sdoc,"输出数据表"处创建变量dt_result1,变量范围为三单比对,联接类型为 Full。在联接关键字中设置表 1 中的第 1 列 = 表 2 中的第 1 列,同时,表 1 中的第 2 列 = 表 2 中的第 2 列。第 1 列和第 2 列分别为采购单号和货品编码。因为某个商品可能在好多个采购订单中出现,仅靠货品编码将不能很好地匹配,此处需要采购单号和货品编码两个关键词对记录进行定位。全联接合并后如果采购单和发货清单都有该记录,则同行显示,表示采购的商品已经在发货清单中;如果只有一方有数据而另一方留空,则表示采购的商品未出现在发货清单中。

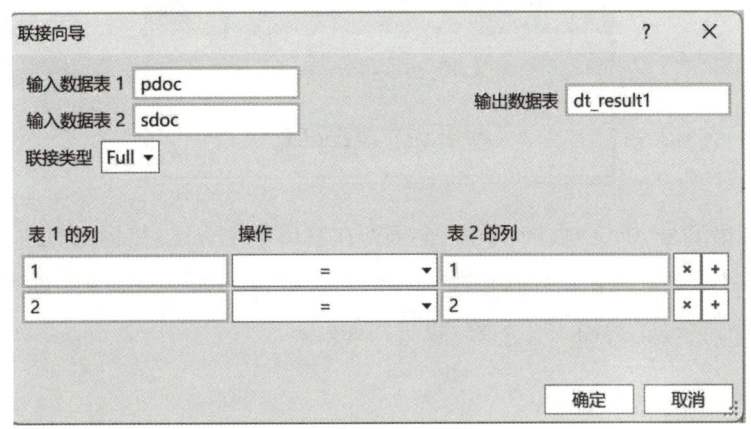

（2）将上一步联接好的表格再与入库单联接。

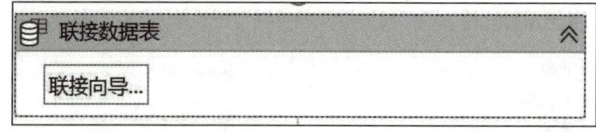

在其属性面板中的"输入数据表1"处填写 dt_result1，"输入数据表2"处填写 wdoc，"输出数据表"处创建变量 dt_result2，变量范围为三单比对，联接类型为 Full。在联接关键字中设置表1中的第1列＝表2中的第1列，同时，表1中的第2列＝表2中的第2列。第1列和第2列分别为采购单号和货品编码。因为某个商品可能在好多个采购订单中出现，仅靠货品编码将不能很好地匹配，此处需要采购单号和货品编码两个关键词对记录进行定位。全联接合并后如果采购单和入库单都有该记录，则同行显示，表示采购的商品已经在入库单中；如果只有一方有数据而另一方留空，则表示采购的商品未出现在入库单中，或者入库单中出现了未在采购单中的商品。

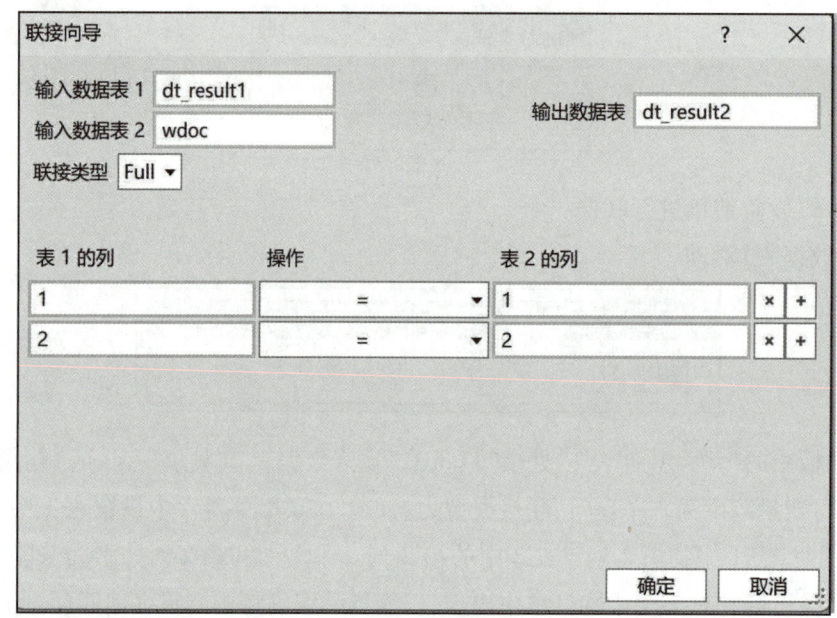

3. 三表比对

对采购单、发货清单、入库单进行比对。添加【序列】活动，将显示名称改为"三表比对"。

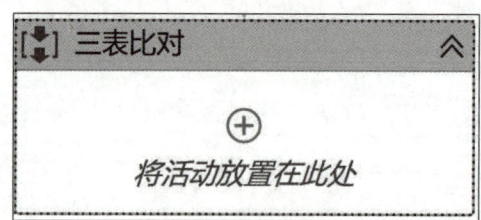

将货品名称、规格型号、单位、数量、单价、金额列在三单中完成比对，将比对结果存入新建列。

添加【调用代码】活动。点击"编辑参数"，各活动参数设置如下：在"值"处填入 dt_result2，"类型"转变为 DataTable，"方向"为输入，"名称"设置为 arg。

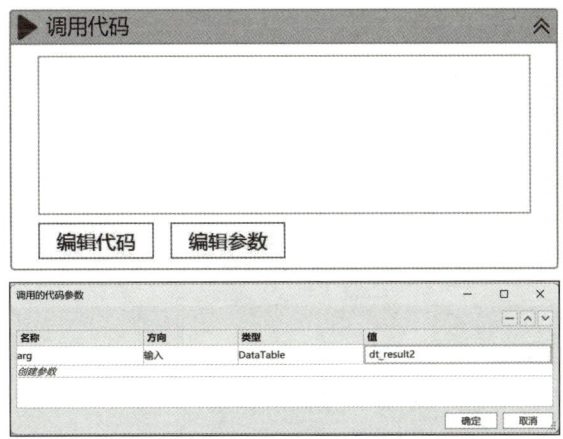

点击"编辑代码",各活动代码设置如下表所示。

操作	活动	设置
比对货品名称	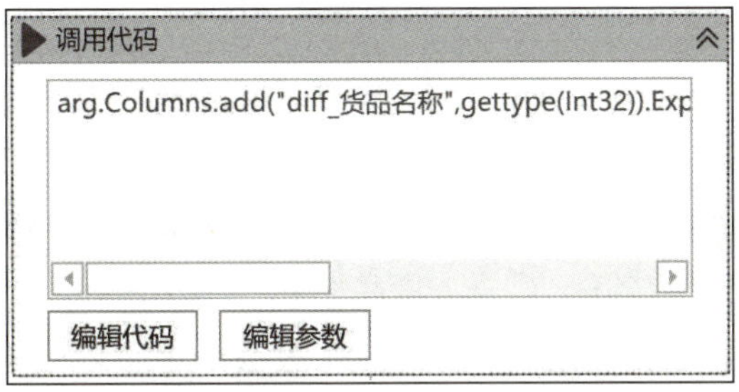 调用代码：arg.Columns.add("diff_货品名称",gettype(Int32)).Exp...	代码：arg. Columns. add（" diff_货品名称"，gettype（Int32））.Expression = "（[货品名称] = [货品名称_1]）and（[货品名称_1] = [货品名称_2]）"
比对规格型号	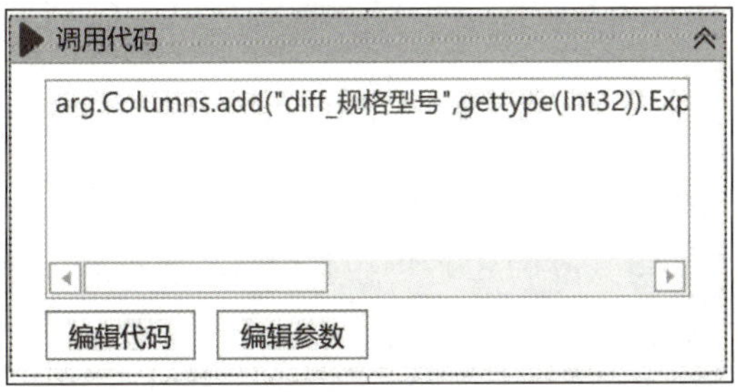 调用代码：arg.Columns.add("diff_规格型号",gettype(Int32)).Exp...	代码：arg. Columns. add（" diff_规格型号"，gettype（Int32））. Expression = "（[规格型号] = [规格型号_1]）and（[规格型号_1] = [规格型号_2]）"
比对单位	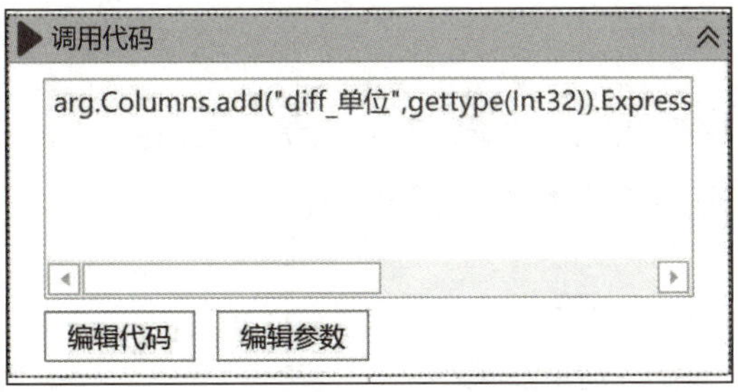 调用代码：arg.Columns.add("diff_单位",gettype(Int32)).Express...	代码：arg. Columns. add（" diff_单位"，gettype（Int32））. Expression = "（[单位] = [单位_1]）and（[单位_1] = [单位_2]）"
比对数量	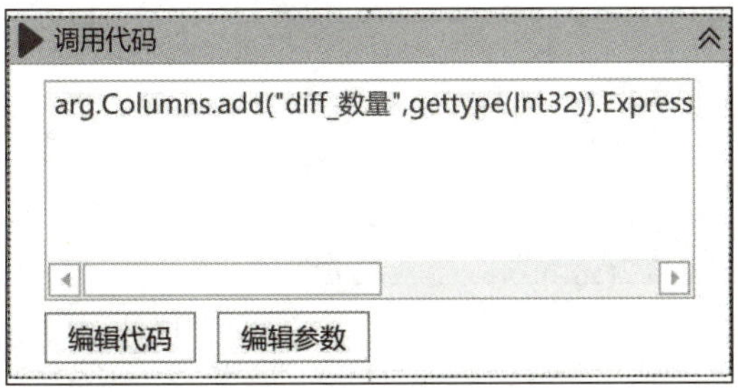 调用代码：arg.Columns.add("diff_数量",gettype(Int32)).Express...	代码：arg. Columns. add（"diff_数量"，gettype（Int32））. Expression = "（[数量] = [数量_1]）and（[数量_1] = [数量_2]）"

续表

操作	活动	设置
比对单价	调用代码 arg.Columns.add("diff_单价",gettype(Int32)).Express 编辑代码 编辑参数	代码： arg. Columns. add("diff_单价",gettype(Int32)).Expression="([单价]=[单价_1]) and ([单价_1]=[单价_2])"
比对金额	调用代码 arg.Columns.add("diff_金额",gettype(Int32)).Express 编辑代码 编辑参数	代码： arg. Columns. add("diff_金额",gettype(Int32)).Expression="([金额]=[金额_1]) and ([金额_1]=[金额_2])"

以比对货品名称中的表达式为例。arg. Columns. add("diff_货品名称",gettype(Int32)). Expression = "([货品名称]=[货品名称_1]) and ([货品名称_1]=[货品名称_2])" 表示：增加新列，列名为 diff_货品名称，数据类型为整数型(Int32)，该列为计算列，完成三个表格中货品名称列的比对，如果相同，结果为 TRUE，否则为 FALSE。由于该计算列数据类型设置为整数型(Int32)，结果为 TRUE 的将会转换为 1，结果为 FALSE 的将会转换为 0。

> 注意：此处列名在 UiPath 中最终显示结果会有变化，如上面的例子中，虽然在表达式中设置的列名为 diff_货品名称。但 UiPath 会自动将其改为 diff_货品名称 + ([货品名称]=[货品名称_1]) and ([货品名称_1]=[货品名称_2])。

4. 结果输出

将得到的比对结果进行输出。添加【序列】活动，将显示名称改为"结果输出"。

（1）添加比对结果列。

添加【添加数据列】活动。

在其属性面板中，"数据表"处填入 dt_result2，"列名称"处填入"状态"。该列完成状态的记录。

(2)将比对结果添加到状态列。

规则如下：

如果6列比对结果均为无差异,则显示无误,见下图标题行下第1行。

如果6列比对结果中列有差异,则显示有误,见下图标题行下第3行。

AE	AF	AG	AH	AI	AJ	AK	AL	AM	AN
diff_货品名	diff_规格型	diff_单位	+diff_数量	+diff_单价	+diff_金额	+([金额]=[金额_1])	and	([金额_1]=[金额_2])	
1	1	1	1	1	1				
1	1	1	1	1	1				
1	0	1	1	1	1				
1	1	1	1	1	1				
1	0	1	1	1	1				

实现上述规则的方法为：比对每个值是否为"1",如果为"1",则将比对结果转换为数字1,否则为0。将每个值与"1"的比对结果相加,如果为6,则表明各列均无差异,显示无误,如上图中标题行下第1行,否则显示有误。

1）构建循环体。

添加【对于每一个行】活动,对每一行比对结果进行转换。

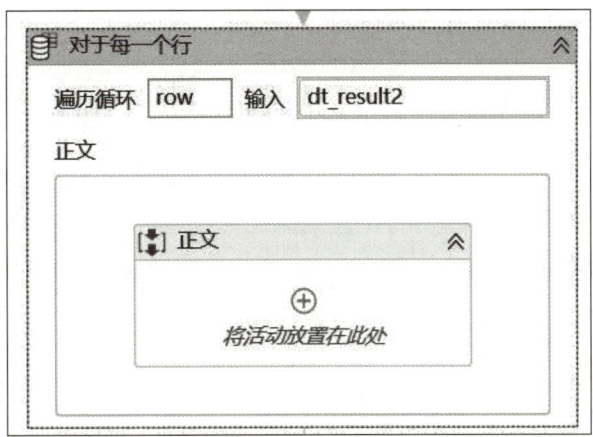

2）完成每一行比对结果的计算。

添加【分配】活动,左侧创建变量number,数据类型为Int32,右侧填入函数Convert.ToInt32(row(30).tostring ="1") + Convert.ToInt32(row(31).tostring ="1") + Convert.ToInt32(row(32).tostring ="1") + Convert.ToInt32(row(33).tostring ="1") + Convert.ToInt32(row(34).tostring ="1") + Convert.ToInt32(row(35).tostring ="1")。

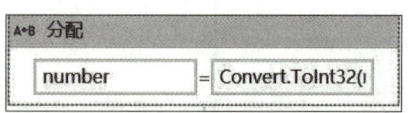
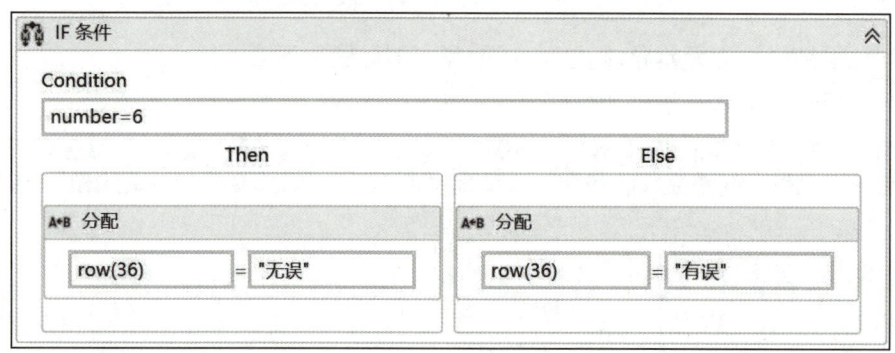

3)根据比对结果的计算完成状态的判断。

添加【IF 条件】活动,在 Condition 输入框处写入条件 number = 6,在 Then 处添加【分配】活动,设置 row(36) = "无误",在 Else 处添加【分配】活动,设置 row(36) = "有误"。

(3)输出结果到 Excel 表格中。

添加【筛选数据表】活动,点击"筛选器向导"完成设置。

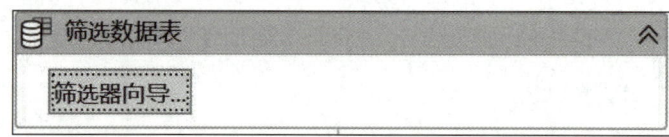

在"筛选器向导"中,"输入数据表"填入 dt_result2,"输出数据表"创建变量 dt_final。在"输出列"选项卡中"列选择模式"点击"保留",保留 0、1、2、3、4、5、6、7、8、36 列。

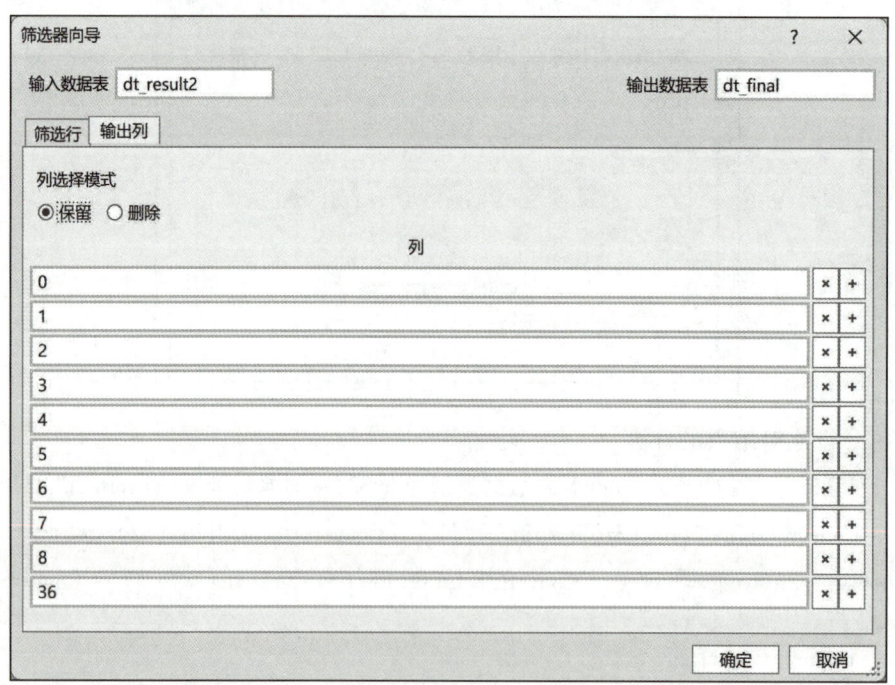

添加【写入范围】活动,在下图①处填入存入的 Excel 路径及文件名,在②处填入工作表名,在③

处填入起始单元格,在④处填入数据表名。

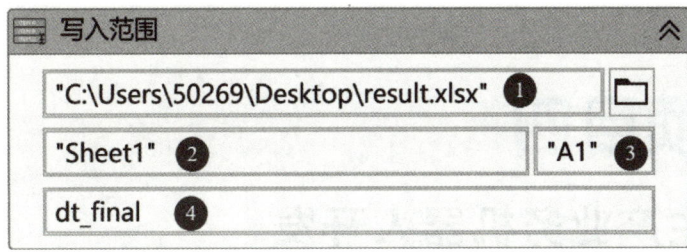

流程4:退出会计核算虚拟平台

添加【单击】活动,通过"指出浏览器中的元素"功能拾取"退出"按钮。

运行程序后,显示比对结果如下图所示。

A	B	C	D	E	F	G	H	I	J
日期	采购单号	货品编码	货品名称	规格型号	单位	数量	单价	金额	状态
2024/09/1	1234	101	惠普打印机	HP LaserJet	台	1	1200	1200	无误
2024/09/1	1234	102	得力宽胶带	6cm	个	10	6	60	无误
2024/09/1	1235	103	双面胶	1.2cm	个	30	0.8	24	有误
2024/09/1	1236	101	惠普打印机	HP LaserJet	台	1	1200	1200	无误
2024/09/1	1236	105	晨光签字笔	15-0350	盒	5	21.6	108	有误
2024/09/1	1236	104	装订齿条	77-1401(	盒	2	58	116	有误

项目四
生产业务机器人开发

教学目标

知识目标：

1. 掌握工资费用分配业务知识。
2. 掌握产品成本归集与分配业务知识。
3. 掌握制造费用处理业务知识。

能力目标：

1. 能够完成工资费用业务机器人的开发。
2. 能够完成产品成本归集与分配机器人的开发。
3. 能够完成制造费用处理机器人的开发。

素养目标：

1. 具备信息素养，明确绿色数据发展的重要性。
2. 具备诚实守信的素养。

项目导览

生产业务机器人开发
- 工资费用分配机器人
- 产品成本归集与分配机器人
- 制造费用处理机器人

项目四 生产业务机器人开发 04

任务一　工资费用分配机器人

任务导入

在 C 公司，随着员工规模的扩大，工资费用分配工作日益烦琐。以往，财务人员需手动根据工资表逐一区分人员类别，完成计提工资、计提福利费、计提社会保险费、计提住房公积金、结转代扣款，再编制发放工资等分录。这一过程不仅耗时费力，还容易因人为判断失误导致费用分配错误，影响成本核算的准确性。为提升效率与准确性，C 公司决定引入 RPA 技术，打造工资费用分配机器人。该机器人能够自动读取工资表数据，依据预设规则快速完成工资费用分配分录的编制。它能准确区分制造费用、管理费用等科目，确保每一笔费用都被正确归类。完成分录编制后，该机器人还能自动将分录信息填入电算化软件中，实现全流程自动化。

任务说明

本案例中为演示简单起见，只考虑工资的计提、福利费的计提、代扣款的结转以及工资发放分录的编制。养老保险、医疗保险、住房公积金在本案例中只考虑个人部分。

数据资料

工资表 Excel 文件如下图所示。

工资结算汇总表

人员类别	岗位工资	绩效工资	工龄工资	交通补贴	通信补贴	应付工资	养老保险	医疗保险	住房公积金	扣款合计	实发工资
行政管理人员	11520	4720	715.2	2960	352	20267.2	555.0128	215.3296	2081.2992	2851.642	17415.56
生产部门人员	50400	18160	3484.8	10800	1456	84300.8	2391.475	931.8432	8968.032	12291.35	72009.45
生产管理人员	960	400	72	240	16	1688	45.824	17.664	171.84	235.328	1452.672
研发部门人员	2320	800	177.6	464	80	3841.6	109.2768	42.4192	409.7856	561.4816	3280.118
销售部门人员	3680	1360	139.2	800	112	6091.2	168.7344	65.6752	632.7536	867.1632	5224.037
总计	68880	25440	4588.8	15264	2016	116188.8	3270.323	1272.931	12263.71	16806.96	99381.84

会计核算虚拟平台网址：https://bank.yidureading.com/entry/entrystart。

会计核算虚拟平台用户名：admin。

会计核算虚拟平台密码：Rpa@2025。

任务分析与设计

整体步骤如下：

(1) 读取工资表 Excel 文件。

(2) 编制工资费用分配分录。

(3) 登录会计核算虚拟平台。

(4) 将分录填写至会计核算虚拟平台。

(5) 退出会计核算虚拟平台。

任务实施

（一）操作准备

1. 打开 UiPath 软件，点击"流程"

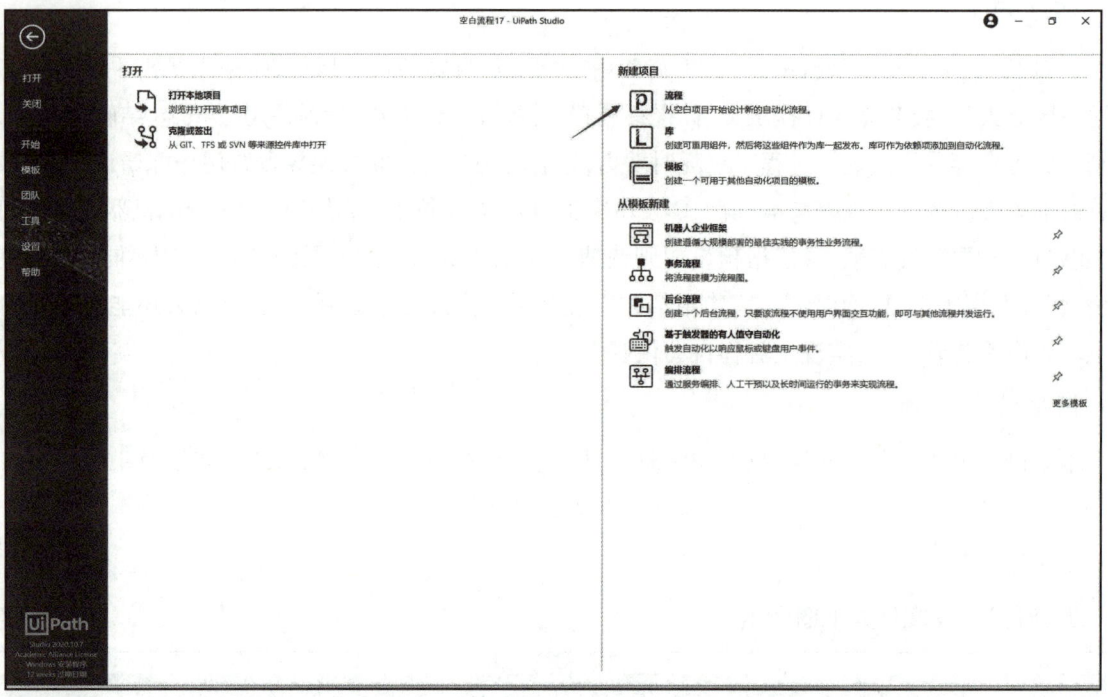

2. 设置好工程文件名称及位置

此案例中工程名称为"工资费用分配"。

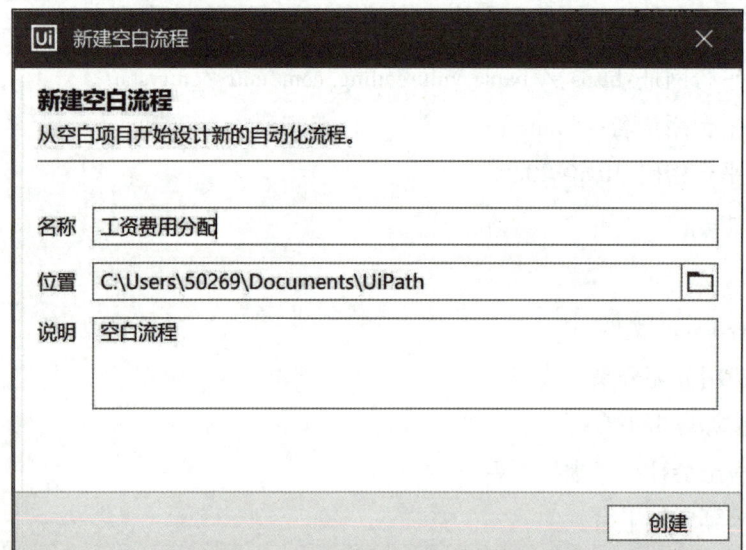

3. 等待加载完毕，进入编辑界面封面

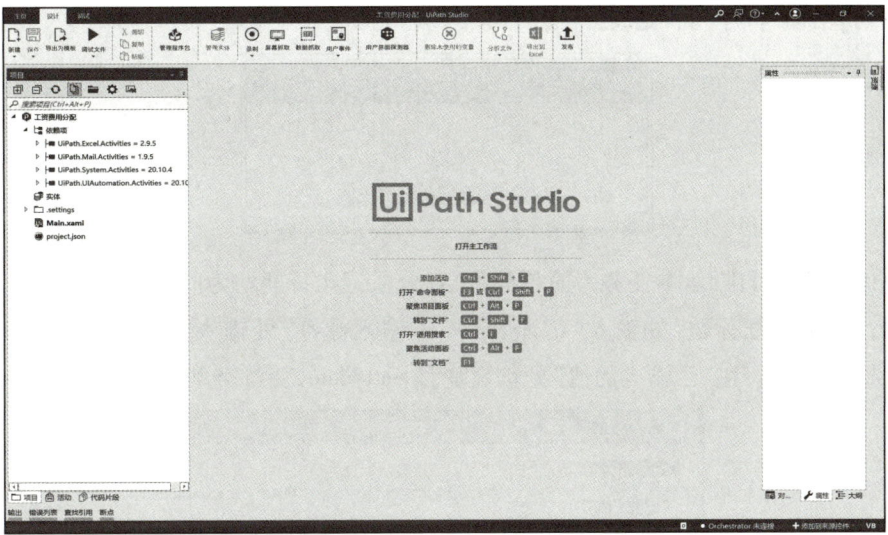

4. 添加新序列

因为整体流程不太复杂，直接双击 Main.xaml，在主流程中创建工作流程。

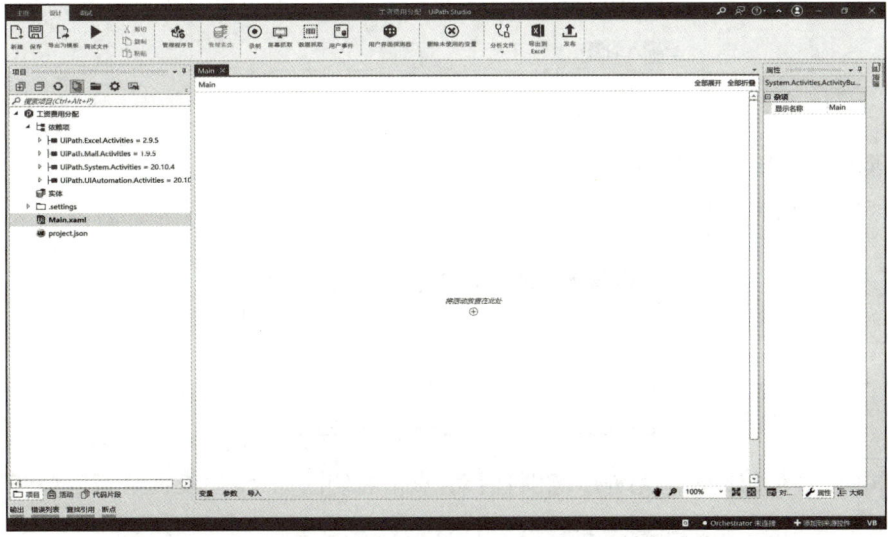

5. 确保谷歌浏览器 UiPath 插件处于可工作状态

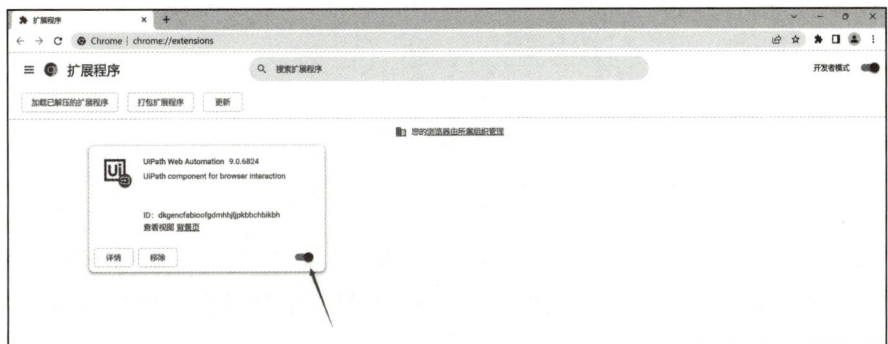

(二)流程制作

添加【序列】活动,将序列名更改为"工资"。

提示用户输入记账日期。本任务为简单起见,各分录记账日期均为此处输入的日期。添加【输入对话框】活动,在"对话框标题"处输入"记账日期","输入标签"处输入"记账日期(年-月-日)","输入类型"选择文本框,在"已输入的值"处创建变量 entrydate,变量类型为 String。

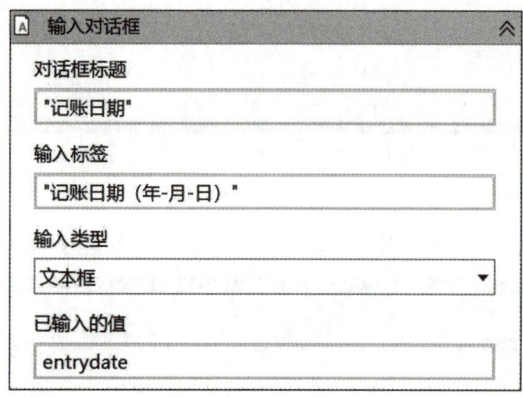

流程 1:读取工资表 Excel 文件

添加【序列】活动,将序列名更改为"读取工资表"。

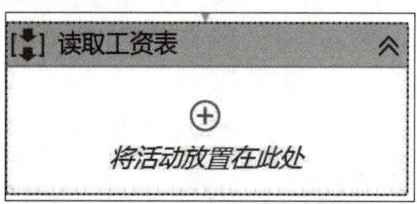

读入工作簿。添加【Excel 应用程序范围】活动,点击右侧图标处将"工资结算汇总表"文件选入。

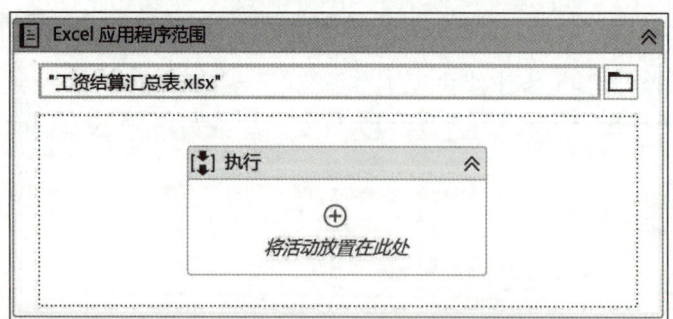

读入工作表及数据。添加【读取范围】活动,在左侧工作表名称处填入"Sheet1",范围选择默认值""。在属性面板的"输出-数据表"中创建变量 dt。将读入的数据存入变量 dt 中,变量范围改为"工资"。

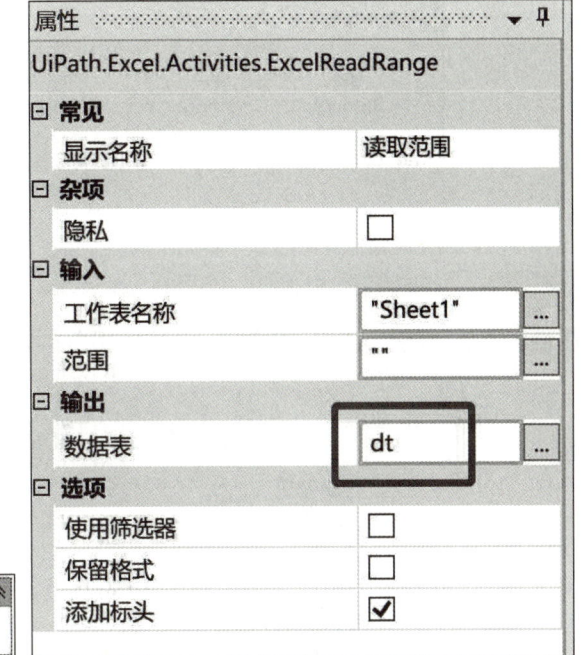

名称	变量类型	范围	默认值
dt	DataTable	工资	输入 VB 表达式

流程2：编制工资费用分配分录

添加【序列】活动，将序列名更改为"分配"。

1. 搭建分录框架

后续所有分录将写入如下框架表中。

摘要	账户	方向	金额	分录号
String	String	String	Double	Int32

其中方向记录借、贷符号，分录号记录第几笔分录。

添加【构建数据表】活动，点击"数据表"，按上面的框架构建数据表。

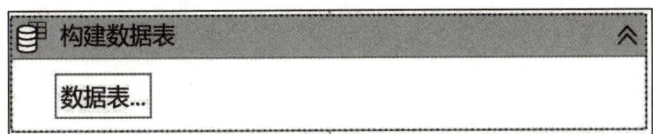

在属性面板中,创建数据表变量 entry,其使用范围设置为"工资"。

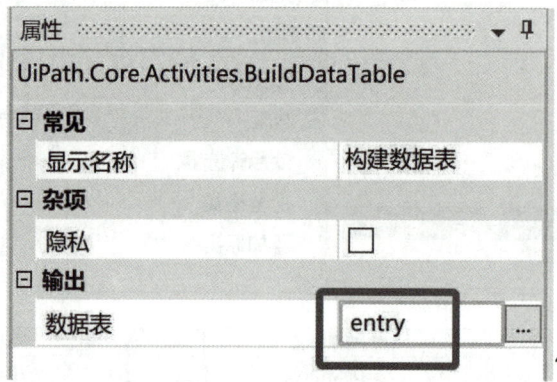

entry		DataTable	工资	输入 VB 表达式

2. 计提工资、福利费

添加【序列】活动,将序列名更改为"计提工资福利"。

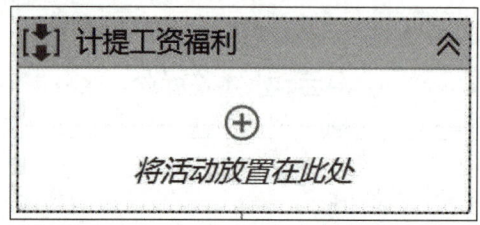

此处分录模板如下:

计提工资:

借:管理费用

　　生产成本

　　制造费用

　　研发支出

　　销售费用

　　　贷:应付职工薪酬

计提福利费:

借:管理费用

　　生产成本

制造费用

研发支出

销售费用

贷：应付职工薪酬

在会计核算时，上述两个步骤将分开，但财务机器人可一起计算完成，填入之前构建的数据表中，在后续填入会计核算虚拟平台时，可以根据分录号分开。此案例中计提福利费比例为14%。

(1) 构建循环体。

添加【对于每一个行】活动，右侧输入变量dt，完成对工资数据的逐行读取。

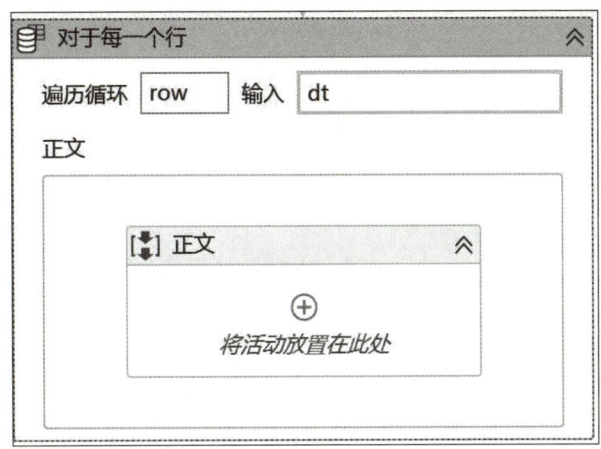

(2) 完成不同人员工资费用的归集，对照表如下：

人员	归集科目
行政管理人员	管理费用
生产部门人员	生产成本
生产管理人员	制造费用
研发部门人员	研发支出
销售部门人员	销售费用

添加【切换】活动，在Expression中填入row(0).tostring。属性面板中的TypeArgument更改为String。【切换】活动整体构建如下：

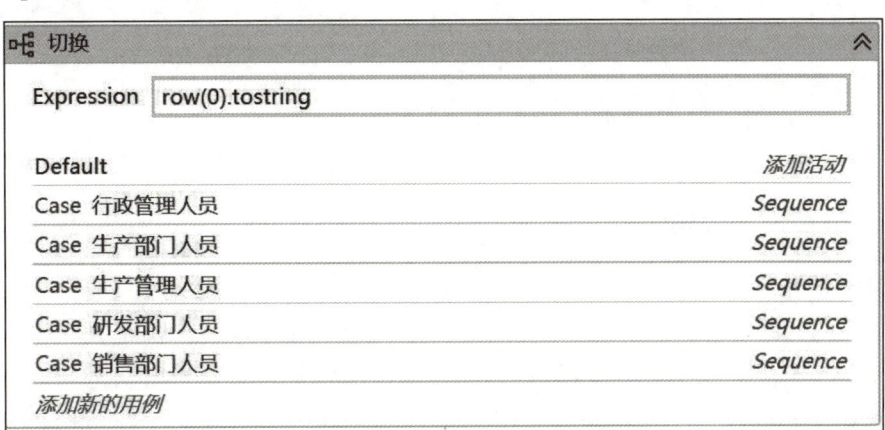

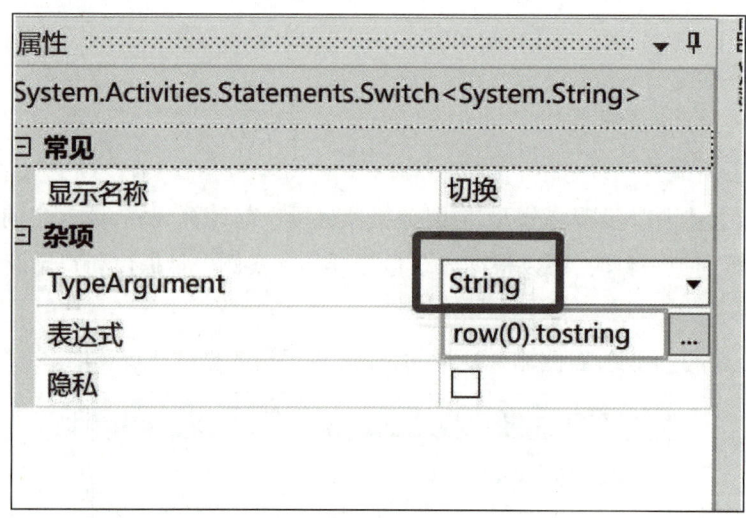

为不同人员添加计提工资和福利费的借方分录，具体设置如下表所示。

人员类别	操作	活动	设置	分录
行政管理人员	计提工资	其中第一个【添加数据行】活动	数据表：entry 数据行： {"计提工资","管理费用","借",cdbl(row(6).tostring),1}	借：管理费用 摘要：计提工资
行政管理人员	计提福利费	其中第二个【添加数据行】活动	数据表：entry 数据行： {"计提福利费","管理费用","借",cdbl(row(6).tostring)*0.14,2}	借：管理费用 摘要：计提福利费
生产部门人员	计提工资	其中第一个【添加数据行】活动	数据表：entry 数据行： {"计提工资","生产成本","借",cdbl(row(6).tostring),1}	借：生产成本 摘要：计提工资
生产部门人员	计提福利费	其中第二个【添加数据行】活动	数据表：entry 数据行： {"计提福利费","生产成本","借",cdbl(row(6).tostring)*0.14,2}	借：生产成本 摘要：计提福利费

续表

人员类别	操作	活动	设置	分录
生产管理人员	计提工资	其中第一个【添加数据行】活动	数据表：entry 数据行： {"计提工资","制造费用","借",cdbl(row(6).tostring),1}	借:制造费用 摘要:计提工资
生产管理人员	计提福利费	其中第二个【添加数据行】活动	数据表：entry 数据行： {"计提福利费","制造费用","借",cdbl(row(6).tostring)*0.14,2}	借:制造费用 摘要:计提福利费
研发部门人员	计提工资	其中第一个【添加数据行】活动	数据表：entry 数据行： {"计提工资","研发支出","借",cdbl(row(6).tostring),1}	借:研发支出 摘要:计提工资
研发部门人员	计提福利费	其中第二个【添加数据行】活动	数据表：entry 数据行： {"计提福利费","研发支出","借",cdbl(row(6).tostring)*0.14,2}	借:研发支出 摘要:计提福利费
销售部门人员	计提工资	其中第一个【添加数据行】活动	数据表：entry 数据行： {"计提工资","销售费用","借",cdbl(row(6).tostring),1}	借:销售费用 摘要:计提工资
销售部门人员	计提福利费	其中第二个【添加数据行】活动	数据表：entry 数据行： {"计提福利费","销售费用","借",cdbl(row(6).tostring)*0.14,2}	借:销售费用 摘要:计提福利费

添加计提工资和福利费的贷方分录。

具体设置如下表所示。

操作	活动	设置	分录
计提工资	添加数据行	数据表： entry 数据行： {"计提工资","应付职工薪酬","贷",dt(6)(6).tostring,1}	贷:应付职工薪酬 摘要:计提工资
计提福利费	添加数据行	数据表： entry 数据行： {"计提福利费","应付职工薪酬","贷",cdbl(dt(6)(6).tostring)*0.14,2}	贷:应付职工薪酬 摘要:计提福利费

其中添加的数据行正好对应设立的分录框架，以数据行{"计提工资","管理费用","借",cdbl(row(6).tostring),1}为例，对应关系如下表所示。

摘要	账户	方向	金额	分录号
String	String	String	Double	Int32
计提工资	管理费用	借	cdbl(row(6).tostring)	1

3. 结转代扣款

添加【序列】活动，将序列名更改为"结转代扣款"。

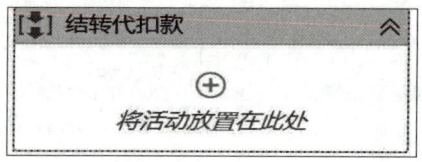

此处分录模板如下：

借:应付职工薪酬

    贷:其他应付款——社会保险费

              ——住房公积金

添加结转代扣款的借贷方分录，具体设置如下表所示。

操作	活动	设置	分录
结转代扣款	添加数据行	数据表： entry 数据行： {"结转代扣款","应付职工薪酬","借",dt(6)(10).tostring,3}	借:应付职工薪酬 摘要:结转代扣款
结转代扣款	添加数据行	数据表： entry 数据行： {"结转代扣款","其他应付款——社会保险费","贷",cdbl(dt(6)(7).tostring)+cdbl(dt(6)(8).tostring),3}	贷:其他应付款——社会保险费 摘要:结转代扣款

续表

操作	活动	设置	分录
结转代扣款	添加数据行	数据表： entry 数据行： {"结转代扣款","其他应付款——住房公积金","贷",cdbl(dt(6)(9).tostring),3}	贷：其他应付款——住房公积金 摘要：结转代扣款

4. 发放工资

添加【序列】活动,将序列名更改为"发放工资"。

此处分录模板如下：

借：应付职工薪酬

　　贷：银行存款

添加发放工资借贷方分录,具体设置如下表所示。

操作	活动	设置	分录
发放工资	添加数据行	数据表： entry 数据行： {"发放工资","应付职工薪酬","借",dt(6)(11).tostring,4}	借：应付职工薪酬 摘要：发放工资
发放工资	添加数据行	数据表： entry 数据行： {"发放工资","银行存款","贷",dt(6)(11).tostring,4}	贷：银行存款 摘要：发放工资

流程3：登录会计核算虚拟平台

添加【序列】活动,将序列名更改为"登录"。

在"登录"序列中添加【打开浏览器】活动,在URL输入框中输入"https://bank.yidureading.com/entry/entrystart",注意此处引号为英文引号。

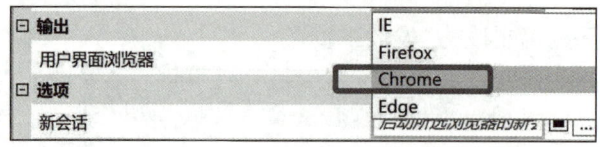

在其属性面板中,浏览器类型选择Chrome,设置使用谷歌浏览器打开。

添加【最大化窗口】活动,使打开的浏览器窗口最大化,方便后续RPA程序能获取到所需控制的元素。

添加【设置文本】活动,通过"指出浏览器中的元素"功能拾取会计核算虚拟平台中的用户名输入框,并设置输入文本为"admin",完成用户名的自动输入。

添加【设置文本】活动,通过"指出浏览器中的元素"功能拾取会计核算虚拟平台中的密码输入框,并设置输入文本为"Rpa@2025",完成密码的自动输入。

添加【单击】活动,通过"指出浏览器中的元素"功能拾取会计核算虚拟平台中的"登录"按钮。

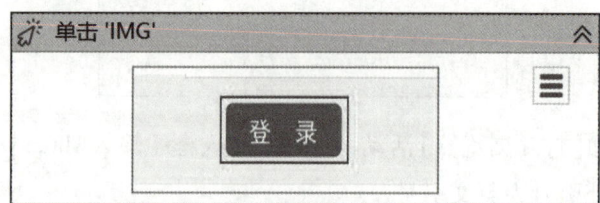

流程 4：将分录填写至会计核算虚拟平台

添加【序列】活动，将序列名更改为"填写分录"。

该部分流程图如下：

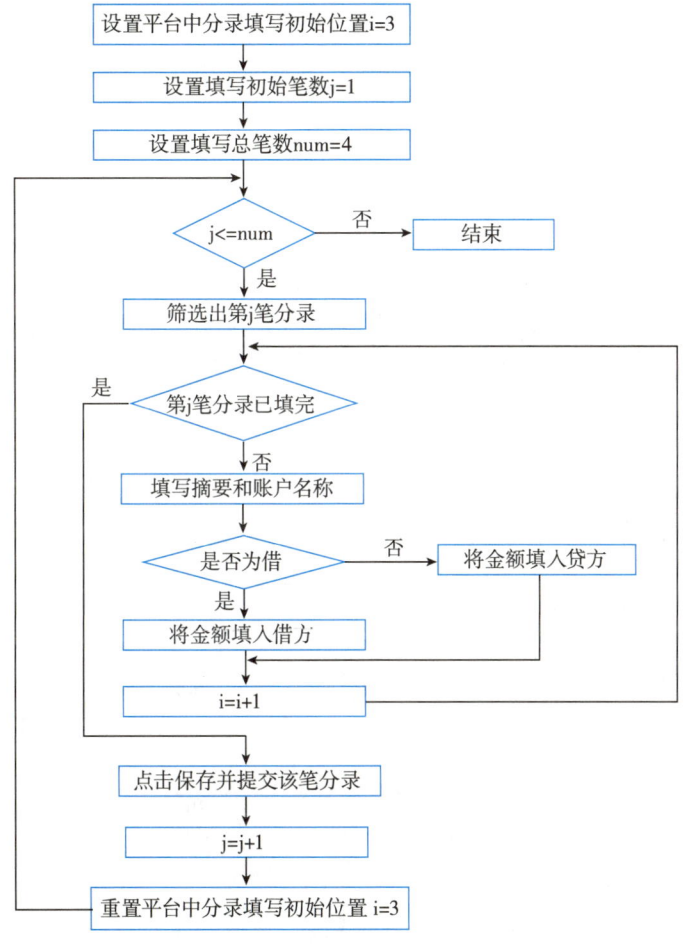

1. 设置初始值

设置网页中分录初始填写位置。添加【分配】活动，在左侧创建变量 i，数据类型为 Int32，变量初始值设置为 3。

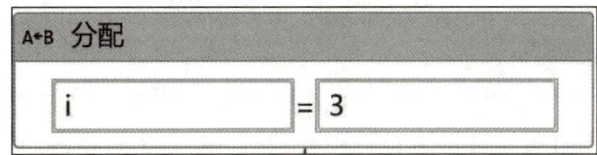

设置分录初始笔数。添加【分配】活动，在左侧创建变量 j，数据类型为 Int32，变量初始值设置为 1，从第 1 笔分录开始填写。

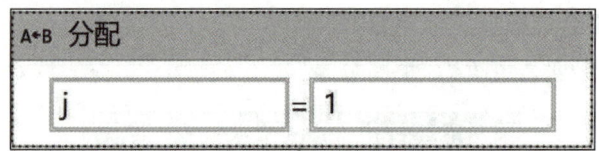

设置分录总笔数。添加【分配】活动,在左侧创建变量 num,数据类型为 Int32,变量初始值设置为 4,表示共需要完成 4 笔分录的填写。

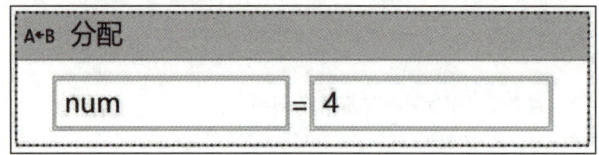

2. 依次循环填写各笔分录

(1)构建循环体。

添加【先条件循环】活动。循环条件中输入 j<=num,在正文中添加循环递增语句。添加【分配】活动,设置 j=j+1。后续循环体内语句在正文中【分配】活动前添加。

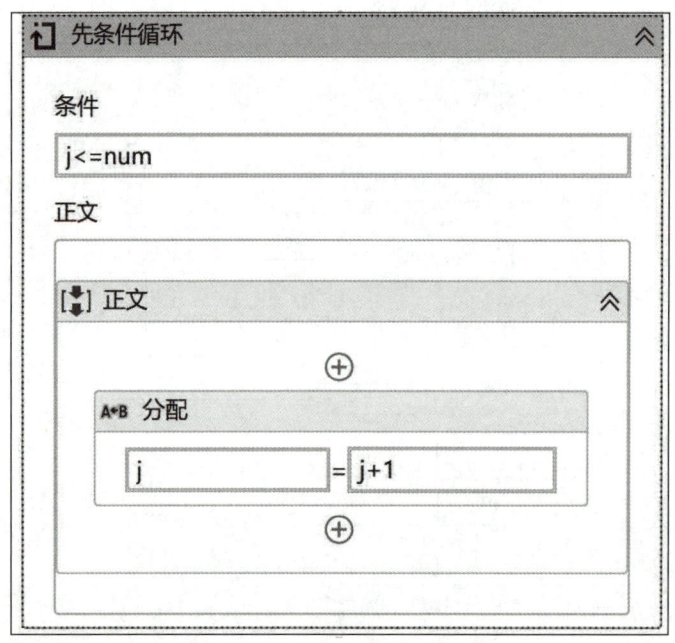

(2)筛选出当前要填写的分录。

添加【筛选数据表】活动。

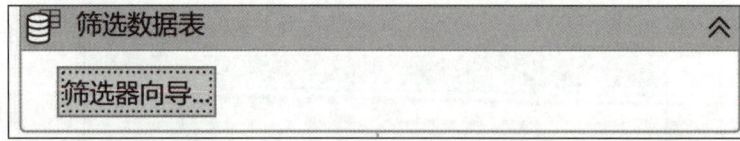

点击"筛选器向导"完成【筛选数据表】活动的设置。在"输入数据表"中填入 entry,在"输出数据表"中创建变量 entryout。在"筛选行"中"行筛选模式"选择"保留",4=j,即分录号列=j。如当前 j=1,则将筛选出第 1 笔分录。

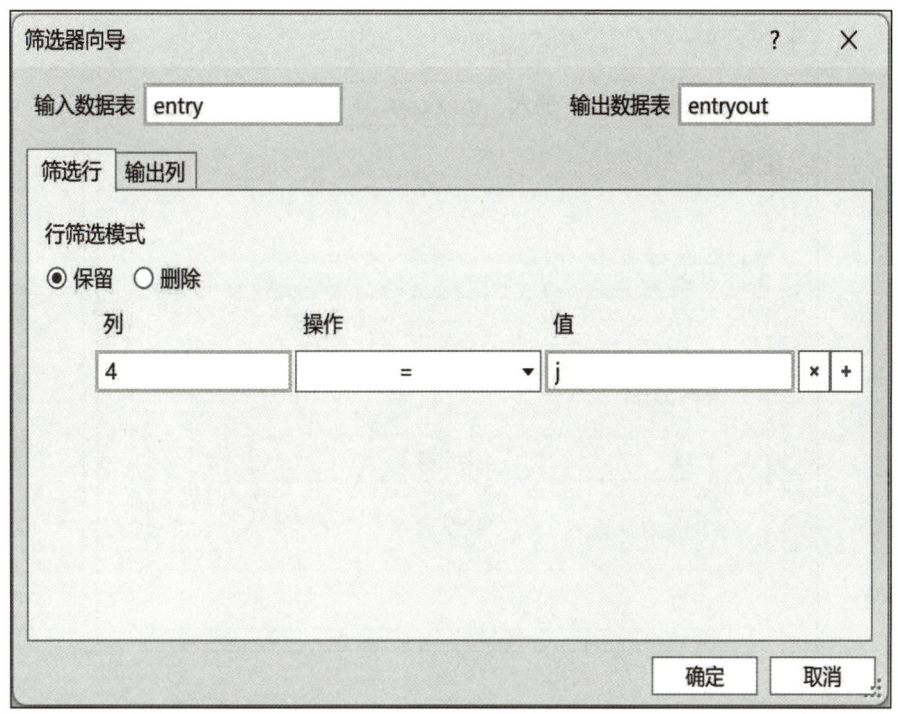

(3)完成对当前筛选中的分录的填写。

1)填写日期。

添加【输入信息】活动,点击"指明在屏幕上",拾取虚拟平台中日期输入框,设置输入值为 entrydate + "[k(enter)]"。其中"[k(enter)]"表示在输入信息后回车。由于在输入新的日期信息前,已存在当前日期,在输入时需要将其清空,在该属性面板中"选项 – 空字段"处完成勾选。

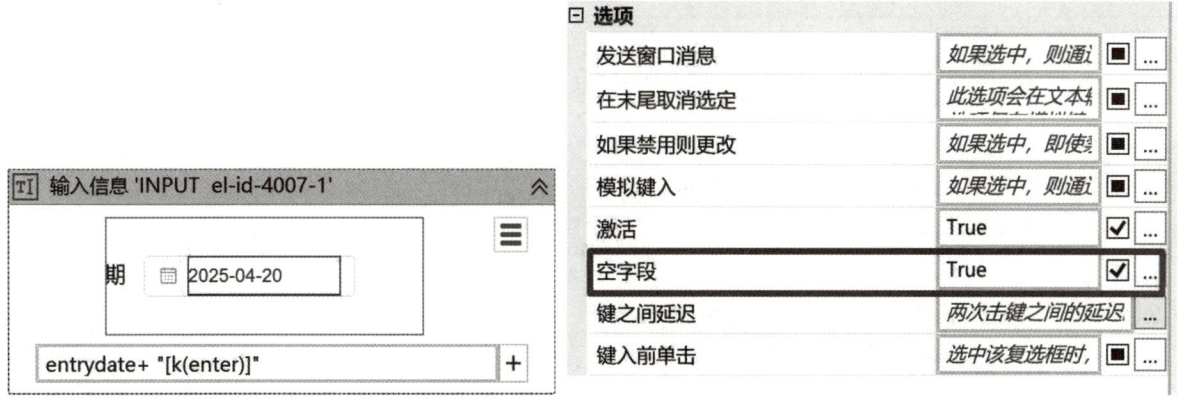

2)构建循环体。

添加【对于每一个行】活动,在"输入"填写框填入变量 entryout。在正文中添加循环递增语句。添加【分配】活动,设置 i = i + 1。后续循环体内语句在正文中【分配】活动前添加。

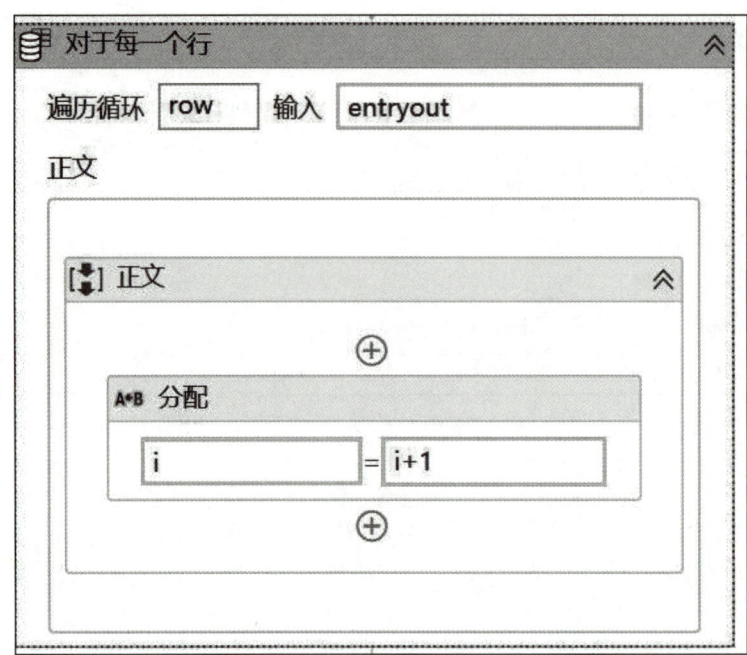

3)填写摘要和账户名称。

操作	活动	设置
单击摘要填写处	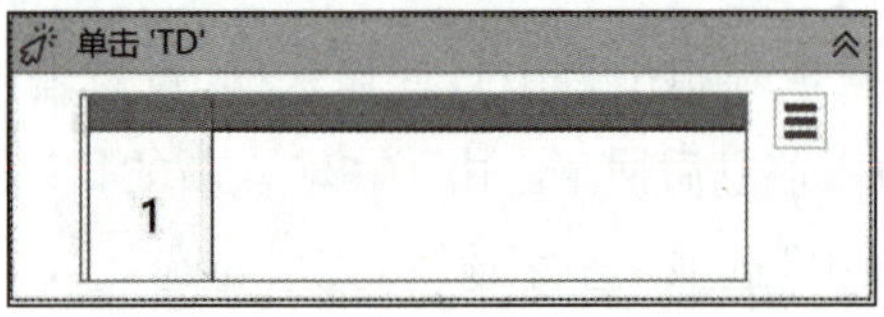 单击 'TD'	点击右上角三横处,在出现的编辑选取器中,设置 < webctrl tableCol = '2' tableRow = '3' tag = 'TD' / > 为 < webctrl tableCol = '2' tableRow = '{{i}}' tag = 'TD' / >,表示从变量 i 中获取表格的填写位置
设置摘要文本	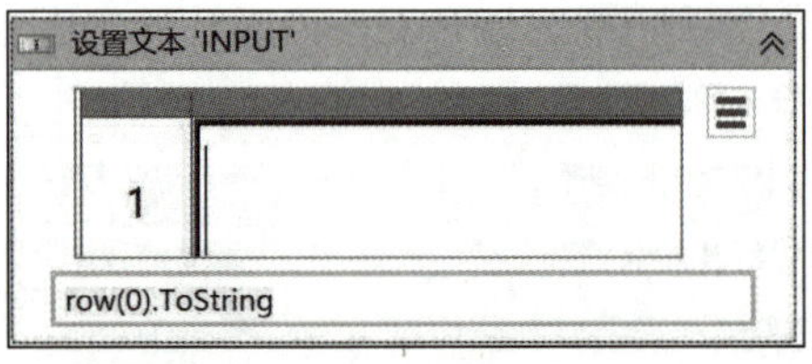 设置文本 'INPUT' row(0).ToString	输入内容: row(0).ToString
单击账户名称填写处	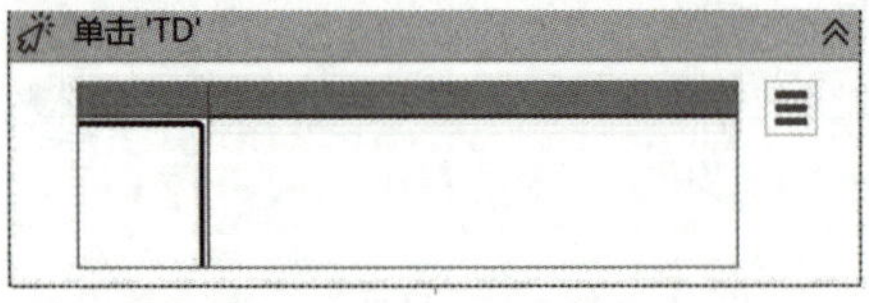 单击 'TD'	点击右上角三横处,在出现的编辑选取器中,设置 < webctrl tableCol = '2' tableRow = '3' tag = 'TD' / > 为 < webctrl tableCol = '2' tableRow = '{{i}}' tag = 'TD' / >,表示从变量 i 中获取表格的填写位置
设置账户名称文本	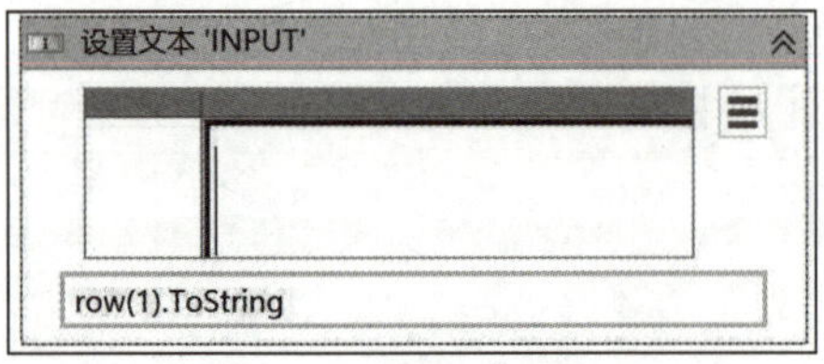 设置文本 'INPUT' row(1).ToString	输入内容: row(1).ToString

4)填写借贷金额。

要根据之前分录框架中方向列的信息,判断填入借方栏还是贷方栏。

添加【IF 条件】活动,在 Condition 处填入 row(2). tostring = "借"。

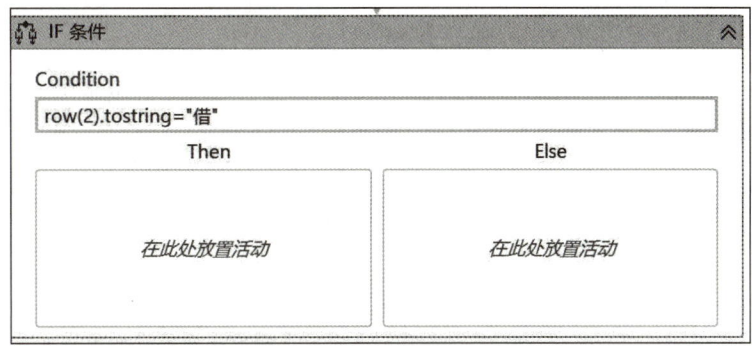

如果方向栏为借,则将金额填入借方栏。

操作	活动	设置
单击借方金额填写处	单击 'TD'	点击右上角三横处,在出现的编辑选取器中,设置 < webctrl tableCol = '4' tableRow = '3' tag = 'TD' / > 为 < webctrl tableCol = '4' tableRow = '{{i}}' tag = 'TD' / >,表示从变量 i 中获取表格的填写位置
设置金额	输入信息 'INPUT' row(3).ToString	输入内容: row(3). ToString

如果方向栏为贷,则将金额填入贷方栏。

操作	活动	设置
单击贷方金额填写处	单击 'TD'	点击右上角三横处,在出现的编辑选取器中,设置 < webctrl isleaf = '1' tableCol = '17' tableRow = '3' tag = 'TD' / > 为 < webctrl isleaf = '1' tableCol = '17' tableRow = '{{i}}' tag = 'TD' / >,表示从变量 i 中获取表格的填写位置
设置金额	输入信息 'INPUT' row(3).ToString	输入内容: row(3). ToString

(4)保存分录。

添加【单击】活动,点击"指出浏览器中的元素",在平台上拾取"保存并新增"按钮。

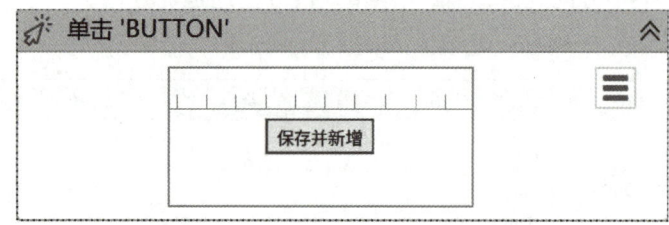

(5)重置平台中分录填写初始位置。

添加【分配】活动,设置 i = 3。

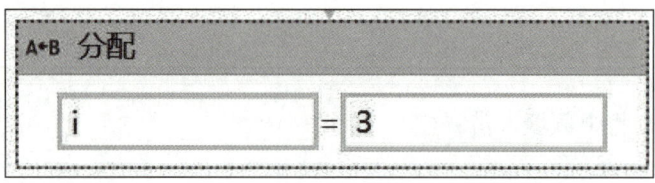

流程5:退出会计核算虚拟平台

添加【单击】活动,点击"指出浏览器中的元素",在平台上拾取"退出记账"按钮。

任务二 产品成本归集与分配机器人

任务导入

在 E 公司,随着产品线的丰富和生产规模的扩大,产品成本归集工作变得烦琐。以往,会计人员需要手动从各个生产环节收集成本数据,包括原材料消耗、人工费用、制造费用分摊等,然后逐一录入成本计算系统,进行成本归集和分配。这一过程不仅耗时冗长,而且由于数据来源多样、处理环节众多,很容易出现数据录入错误、遗漏或计算不准确的问题,导致产品成本计算不准确,进而影响企业的定价策略、成本控制和盈利分析。

为提升成本归集的效率和准确性,E 公司决定采用 RPA(机器人流程自动化)技术,构建产品成本归集与分配机器人。该机器人能够自动从各生产系统获取成本数据,依据预设的成本归集流程,快速而准确地完成成本数据的整理和归集工作,实现产品成本归集与分配的全流程自动化和精细化管理。

任务说明

本案例为演示简便起见,假设 E 公司生产 A、B 两种产品,两种产品差异不大,期初期末无在产品。用户输入 A、B 产品完工产量,将直接材料、直接人工和制造费用按完工产量进行分配。

数据资料

工资表:

序号	年月标识	姓名	项目	岗位工资	薪级工资	岗位补贴	生活补贴	应发工资	公积金	养老金	医疗金	失业金	工会费	职业年金	其他	实发工资	备注
1	2024年11月	张三	销售部	6500	400	300	600	7800	1000	300	70	30	10	200	100	6090	
2	2024年11月	刘菲菲	销售部	6500	600	400	600	8100	1200	350	80	40	20	300	150	5960	
3	2024年11月	李四	研发项目组	8500	1000	600	700	10800	1000	300	70	30	10	200	100	9090	
4	2024年11月	毛豆豆	研发项目组	8500	2000	800	700	12000	1200	350	80	40	20	300	150	9860	
5	2024年11月	王五	生产车间	6000	400	300	500	7200	1000	300	70	30	10	200	100	5490	
6	2024年11月	王晓宇	生产车间	6000	500	350	500	7350	1000	300	70	30	10	200	100	5640	
7	2024年11月	郝天	生产车间	6000	550	400	500	7450	1000	300	70	30	10	200	100	5740	
8	2024年11月	毛天天	生产车间	6000	550	400	500	7450	1000	300	70	30	10	200	100	5740	
9	2024年11月	刘颖	制造部门	6000	400	300	500	7200	1000	300	70	30	10	200	100	5490	
10	2024年11月	于潇	制造部门	6000	450	350	500	7300	1000	300	70	30	10	200	100	5590	
11	2024年11月	张晓晓	财务部	6500	400	300	500	7700	1000	300	70	30	10	200	100	5990	
12	2024年11月	刘潇	财务部	6500	400	300	500	7700	1000	300	70	30	10	200	100	5990	
13	2024年11月	张婷婷	人力资源部	6500	500	350	500	7850	1000	300	70	30	10	200	100	6140	
14	2024年11月	尹秀秀	人力资源部	6500	500	350	500	7850	1200	350	80	40	20	300	150	5710	

折旧表:

编号	资产编号	设备名称	使用部门	入账日期	原值	使用年限	残值率	当前期间	使用月份	折旧方法	本月折旧	累计折旧
1	10001	装订机	财务部	2024年10月1日	2000	3	5%	2024年11月1日	1	平均年限法	52.78	52.78
2	10002	电脑	财务部	2022年3月1日	10000	5	3%	2024年11月1日	32	平均年限法	158.33	5066.67
3	10003	厂房A	生产车间	2012年3月2日	50000000	20	5%	2024年11月1日	9	平均年限法	197916.67	1781250.00
4	10004	厂房B	生产车间	2022年3月3日	700000000	20	5%	2024年11月1日	32	平均年限法	2770833.33	88666666.67
5	10005	车辆A	销售部	2024年3月4日	400000	5	5%	2024年11月1日	8	平均年限法	6333.33	50666.67
6	10006	叉车A	生产车间	2022年3月5日	800000	5	5%	2024年11月1日	32	平均年限法	12666.67	405333.33
7	10007	电脑	研发部	2022年3月6日	24000	5	5%	2024年11月1日	32	平均年限法	380.00	12160.00
8	10008	电脑	销售部	2022年5月7日	27500	5	5%	2024年11月1日	30	平均年限法	435.42	13062.50
9	10009	生产机器A	生产车间	2023年7月8日	450000	10	5%	2024年11月1日	16	平均年限法	3562.50	57000.00
10	10010	生产机器B	生产车间	2022年9月8日	1800000	10	5%	2024年11月1日	26	平均年限法	14250.00	370500.00
11	10011	电脑	制造部门	2021年9月9日	22500	5	5%	2024年11月2日	38	平均年限法	356.25	13537.50

水电费表:

项目	使用部门	使用量	单位	单价	金额
电费	财务部门	200	度	0.96	192
电费	生产车间	50000	度	0.96	48000
电费	制造部门	3400	度	0.96	3264
电费	研发部门	504	度	0.96	483.84
电费	销售部门	139	度	0.96	133.44
水费	财务部门	20	吨	5	100
水费	生产车间	400	吨	5	2000
水费	制造部门	200	吨	5	1000
水费	研发部门	46	吨	5	230
水费	销售部门	14	吨	5	70
				合计	55473.28

原材料表:

	材料收发存月报表											
	期初			本期购入			可供领用			本月耗用		期末库存
	数量	单价	金额	数量	单价	金额	数量	单价	金额	数量	金额	数量	单价	金额
钢管	2000	15	30000	1000	30	30000	3000	20	60000	1500	30000	1500	20	30000
油漆	500	6	3000	3000	6	18000	3500	6	21000	2300	13800	1200	6	7200
轮胎	1500	40	60000	500	60	30000	2000	45	90000	1700	76500	300	45	13500
合计	4000		93000	4500		78000	8500		171000	5500	120300	3000	71	50700

任务分析与设计

整体步骤如下:

(1)读取分配表 Excel 文件。

(2)输入完工产量。

(3)对工资表、折旧表、水电费、原材料进行生产费用归集。

(4)对完工产品成本进行分配。

(5)将分配结果写入 Excel 文件中。

任务实施

(一)操作准备

1. 打开 UiPath 软件,点击"流程"

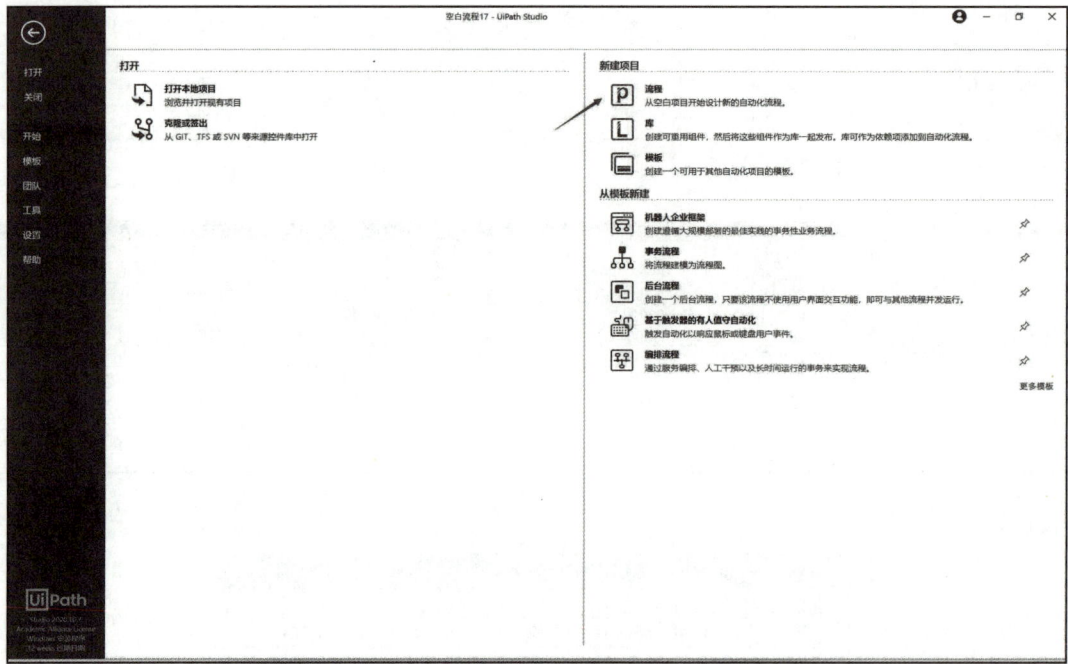

2. 设置好工程文件名称及位置

此案例中工程名称为"产品成本归集与分配"。

3. 等待加载完毕，进入编辑界面封面

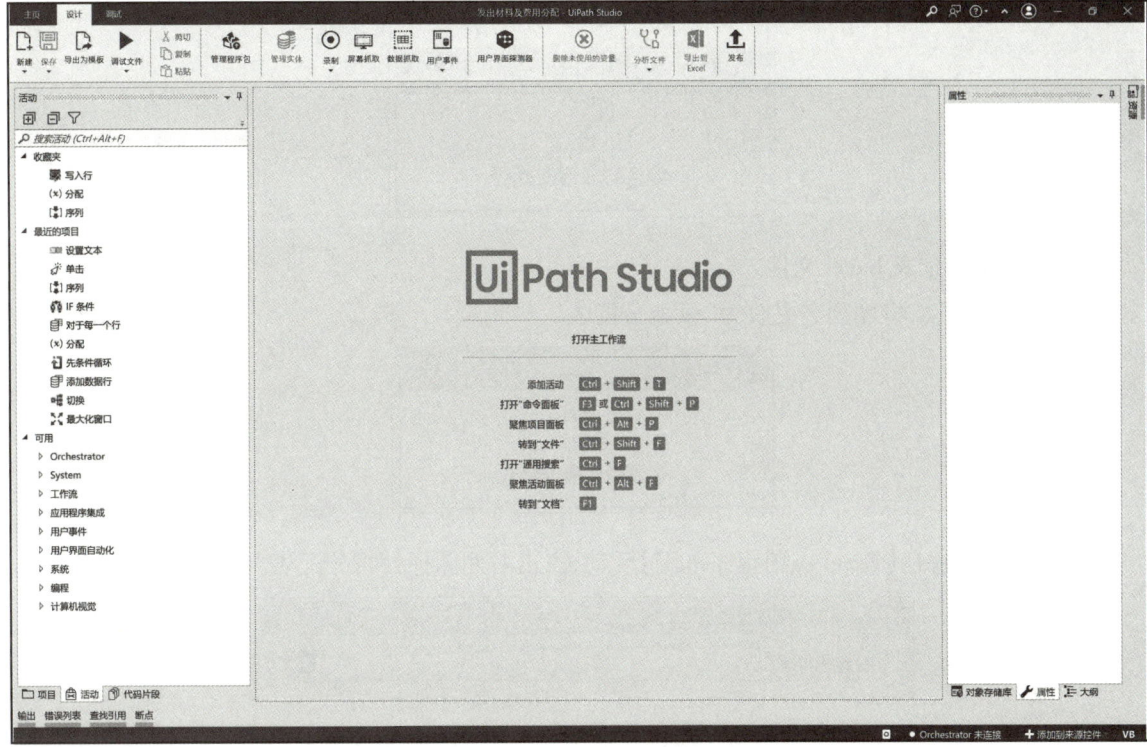

4. 添加新序列

因为整体流程不太复杂，直接双击 Main.xaml，在主流程中创建工作流程。

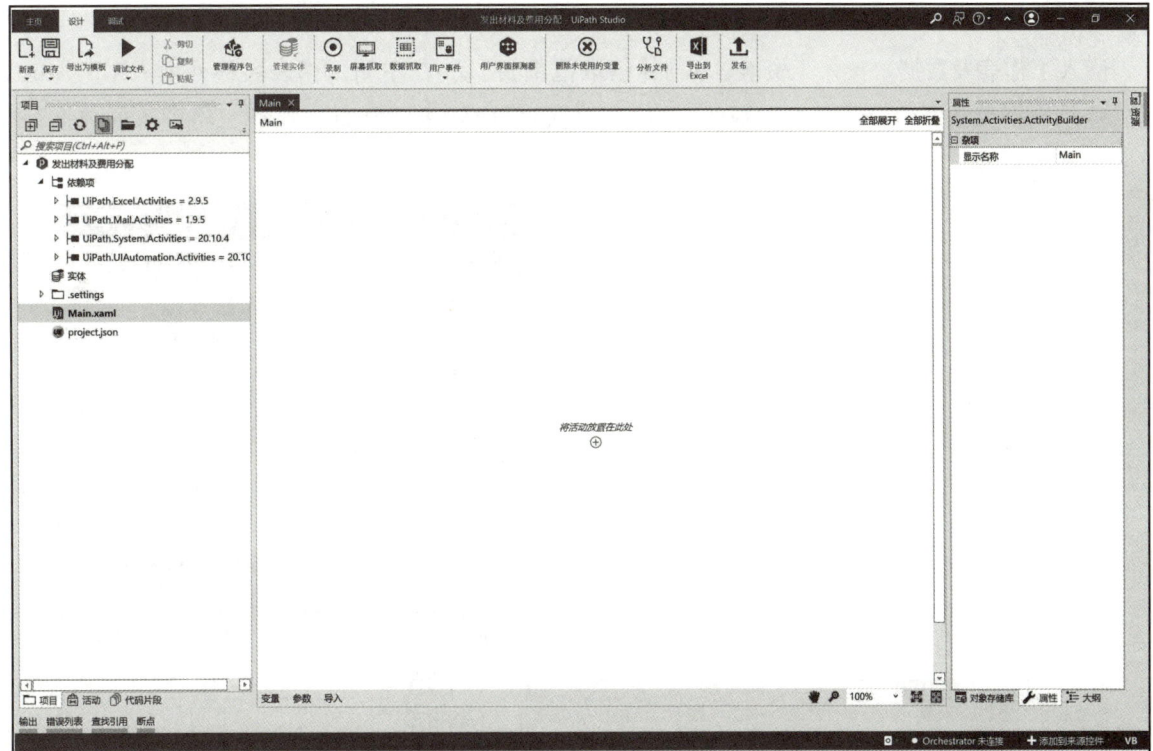

(二)流程制作

添加【序列】活动,将序列名更改为"归集与分配"。

流程1:读取分配表Excel文件

添加【序列】活动,将序列名更改为"读取分配表"。

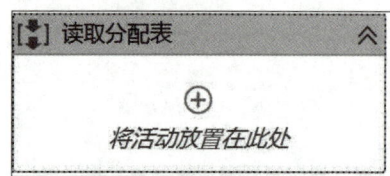

读入工作簿。添加【Excel应用程序范围】活动,点击右侧图标处将分配表Excel文件选入。

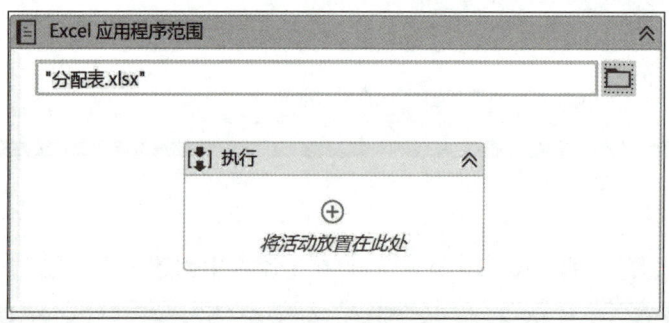

读入工作表及数据。读入工资表。添加【读取范围】活动,在左侧工作表名称处填入"11月份工资",范围选择默认值""。在属性面板的"输出-数据表"中创建变量dt_payroll。将读入的数据存入变量dt_payroll中。变量范围改为归集与分配。

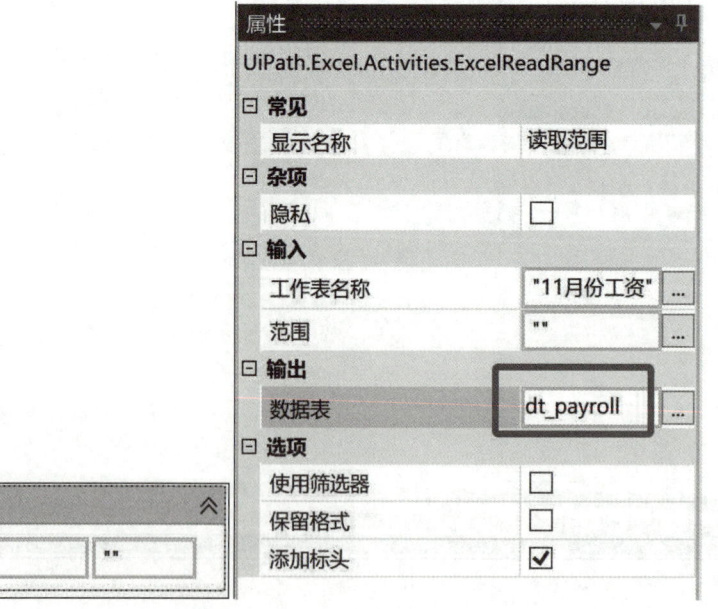

读入折旧表。添加【读取范围】活动,在左侧工作表名称处填入"11月份折旧",范围选择默认值""。在属性面板的"输出–数据表"中创建变量 dt_dep。将读入的数据存入变量 dt_dep 中。变量范围改为归集与分配。

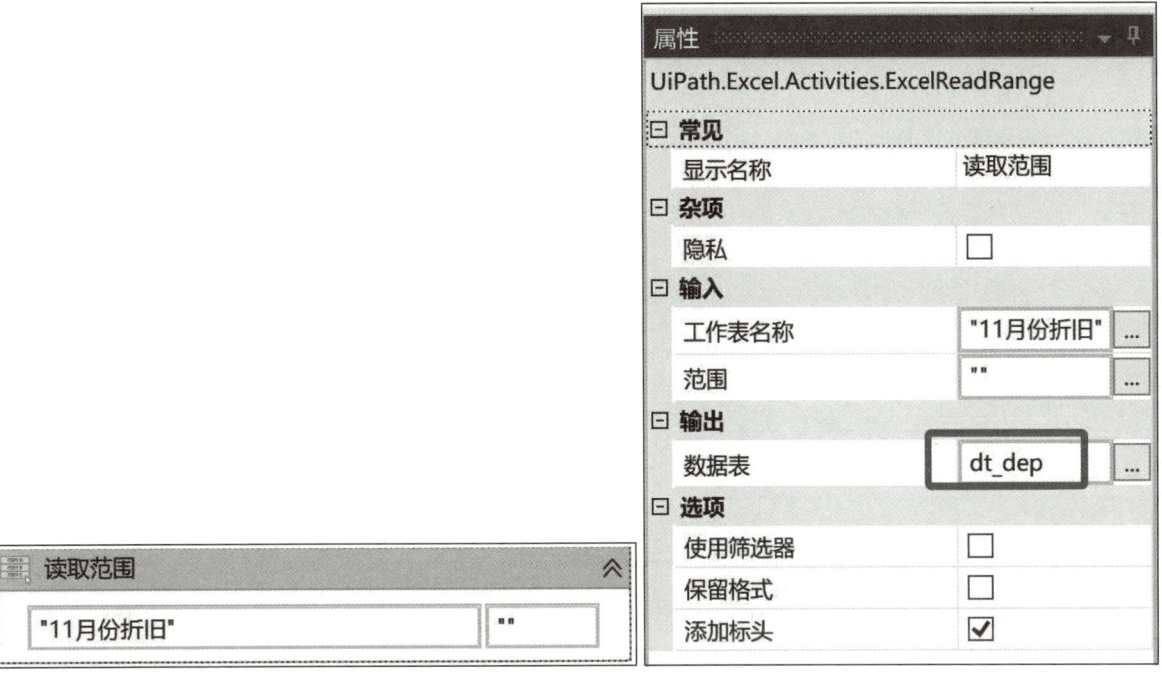

读入水电费表。添加【读取范围】活动,在左侧工作表名称处填入"水电费",范围选择默认值""。在属性面板的"输出–数据表"中创建变量 dt_bill。将读入的数据存入变量 dt_bill 中。变量范围改为归集与分配。

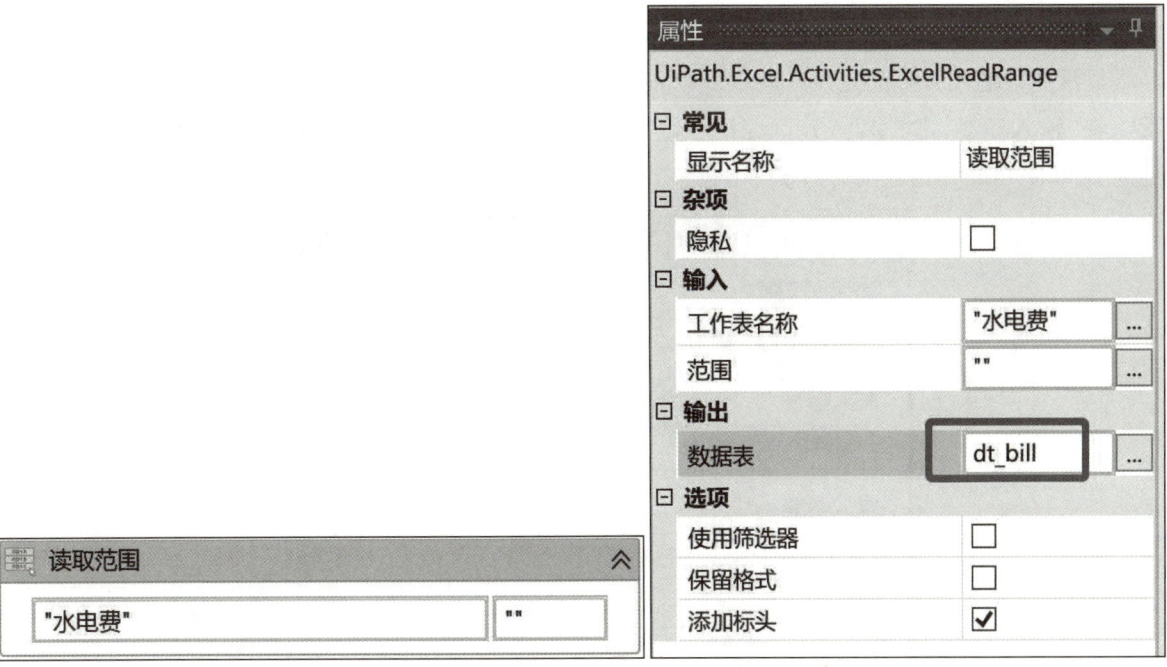

读入原材料表。添加【读取范围】活动,在左侧工作表名称处填入"原材料",范围选择默认值""。在属性面板的"输出–数据表"中创建变量 dt_material。将读入的数据存入变量 dt_material 中。变量范围改为归集与分配。

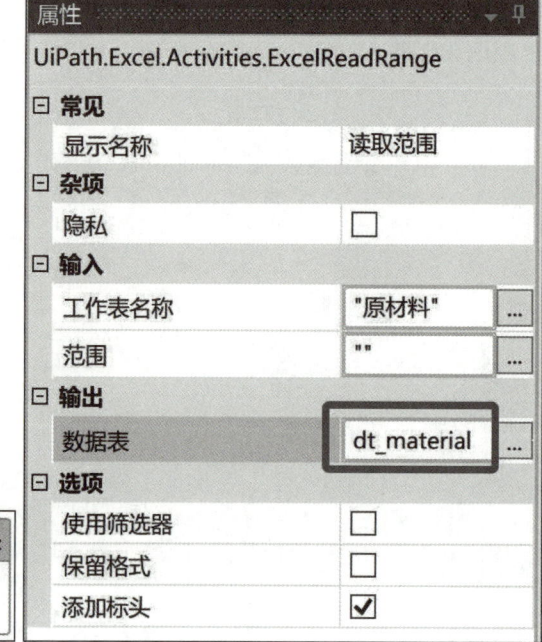

流程2：输入完工产量

添加【序列】活动，将序列名更改为"输入完工产量"。

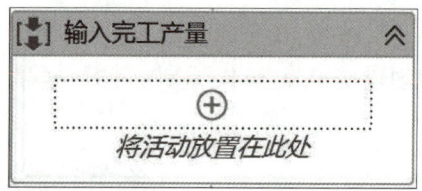

提示用户输入 A 产品完工产量。添加【输入对话框】活动。在"对话框标题"处填入"输入完工产量"，在"输入标签"处填入"A 产品完工产量"，在"已输入的值"处创建变量 A 产品完工产量，变量类型为 Double，变量作用范围为归集与分配。

提示用户输入 B 产品完工产量。添加【输入对话框】活动。在"对话框标题"处填入"输入完工产量",在"输入标签"处填入"B 产品完工产量",在"已输入的值"处创建变量 B 产品完工产量,变量类型为 Double,变量作用范围为归集与分配。

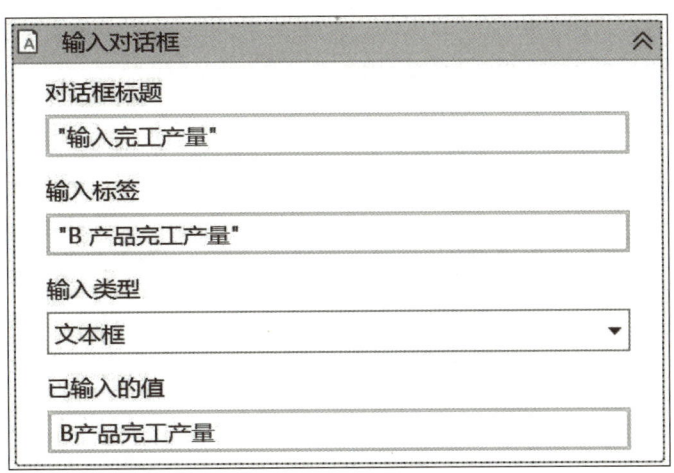

流程 3:对工资表、折旧表、水电费、原材料进行生产费用归集

添加【序列】活动,将序列名更改为"生产费用归集"。

在任务中,归集规则为:

项目、使用部门列数据中含"生产车间"字样归集为生产成本。

项目、使用部门列数据中含"研发"字样归集为研发费用。

项目、使用部门列数据中含"财务部""人力资源部"字样归集为管理费用。

项目、使用部门列数据中含"制造部门"字样归集为制造费用。

项目、使用部门列数据中含"销售部"字样归集为销售费用。

1. 归集直接人工成本

添加【分配】活动,将显示名称改为"直接人工成本归集",左侧创建变量直接人工成本,变量类型为 Double,变量作用范围为归集与分配,右侧输入表达式 dt_payroll. AsEnumerable( ). Where(function (row) row("项目"). ToString. Contains ("生产车间")). CopyToDataTable. AsEnumerable. Select(function(r) CDbl(r("应发工资"). ToString)). Sum( )。该表达式实现的功能为筛选出工资工作表中项目列中含"生产车间"字样的行,之后对筛选出来的行中应发工资列的数据求和。

其中 AsEnumerable( )将数据从 DataTable 类型转换为 IEnumerable 类型。Where(function(row) row("项目"). ToString. Contains ("生产车间")),完成对项目列中含"生产车间"字样的行的筛选。CopyToDataTable 将数据从 IEnumerable 类型转换成 DataTable 类型。Select(function(r) CDbl(r("应发工资"). ToString))完成将应发工资列数据的数据类型转换为浮点类型。Sum( )完成数据的求和。

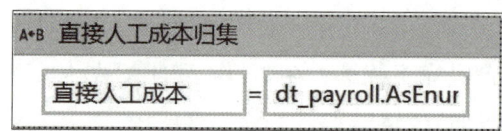

dt_payroll.AsEnumerable().Where(function(row) row("项目").ToString.Contains("生产车间")).CopyToDataTable.AsEnumerable.Select(function(r) CDbl(r("应发工资").ToString)).Sum()

2. 归集制造费用

本案例中制造费用由工资表制造费用、折旧表制造费用、水电费制造费用三项构成。

添加【序列】活动,将序列名更改为"制造费用归集"。

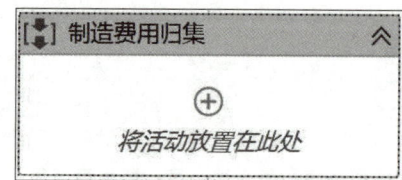

(1)计算工资表制造费用。

添加【分配】活动,左侧创建变量工资表制造费用,变量类型为Double,变量作用范围为归集与分配,右侧输入表达式 dt_payroll.AsEnumerable().Where(function(row) row("项目").ToString.Contains("制造部门")).CopyToDataTable.AsEnumerable.Select(function(r) CDbl(r("应发工资").ToString)).Sum()。该表达式实现的功能为筛选出工资工作表中项目列中含"制造部门"字样的行,之后对筛选出来的行中应发工资列的数据求和。

其中 AsEnumerable()将数据从 DataTable 类型转换为 IEnumerable 类型。Where(function(row) row("项目").ToString.Contains("制造部门")),完成对项目列中含"制造部门"字样的行的筛选。CopyToDataTable 将数据从 IEnumerable 类型转换成 DataTable 类型。Select(function(r) CDbl(r("应发工资").ToString))完成将应发工资列数据的数据类型转换为浮点类型。Sum()完成数据的求和。

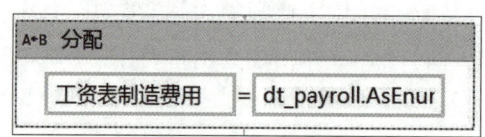

dt_payroll.AsEnumerable().Where(function(row) row("项目").ToString.Contains("制造部门")).CopyToDataTable.AsEnumerable.Select(function(r) CDbl(r("应发工资").ToString)).Sum()

(2)计算折旧表制造费用。

添加【分配】活动,左侧创建变量折旧表制造费用,变量类型为Double,变量作用范围为归集与分配,右侧输入表达式 dt_dep.AsEnumerable().Where(function(row) row("使用部门").ToString.Contains("制造部门")).CopyToDataTable.AsEnumerable.Select(function(r) CDbl(r("本月折旧").ToString)).Sum()。该表达式实现的功能为筛选出折旧工作表中使用部门列中含"制造部门"字样的行,之后对筛选出来的行中本月折旧列的数据求和。

其中 AsEnumerable()将数据从 DataTable 类型转换为 IEnumerable 类型。Where(function(row) row("使用部门").ToString.Contains("制造部门")),完成对项目列中含"制造部门"字样的行的筛选。CopyToDataTable 将数据从 IEnumerable 类型转换成 DataTable 类型。Select(function(r) CDbl(r("本月折旧").ToString))完成将本月折旧列数据的数据类型转换为浮点类型。Sum()完成数据的求和。

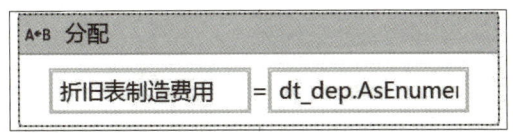

（3）计算水电费制造费用。

添加【分配】活动,左侧创建变量水电费制造费用,变量类型为 Double,变量作用范围为归集与分配。右侧输入表达式 dt_bill.AsEnumerable().Where(function(row) row("使用部门").ToString.Contains("制造部门")).CopyToDataTable.AsEnumerable.Select(function(r) CDbl(r("金额").ToString)).Sum()。该表达式实现的功能为筛选出水电费工作表中使用部门列中含"制造部门"字样的行,之后对筛选出来的行中金额列的数据求和。

其中 AsEnumerable()将数据从 DataTable 类型转换为 IEnumerable 类型。Where(function(row) row("使用部门").ToString.Contains("制造部门")),完成对项目列中含"制造部门"字样的行的筛选。CopyToDataTable 将数据从 IEnumerable 类型转换成 DataTable 类型。Select(function(r) CDbl(r("金额").ToString))完成将金额列数据的数据类型转换为浮点类型。Sum()完成数据的求和。

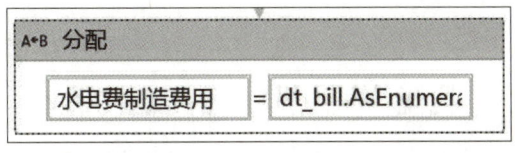

（4）汇总制造费用。

添加【分配】活动,左侧创建变量制造费用,变量类型为 Double,变量作用范围为归集与分配。右侧输入表达式:工资表制造费用+折旧表制造费用+水电费制造费用。

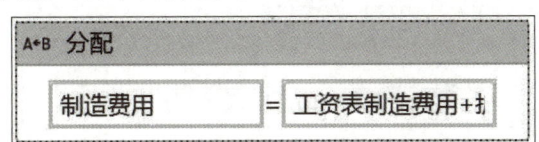

3. 归集直接材料成本

添加【序列】活动,将序列名更改为"直接材料成本归集"。

(1)筛选所需数据行。

将直接材料成本数据从原材料数据表中筛选出来。

添加【筛选数据表】活动。点击"筛选器向导",在"筛选器向导"中"输入数据表"处输入 dt_material,"在输出数据表"中创建变量 dt_m,变量作用范围为归集与分配。在"筛选行"选项卡下的"行筛选模式"中选择"保留",保留 0 列 = "合计"字样的行。

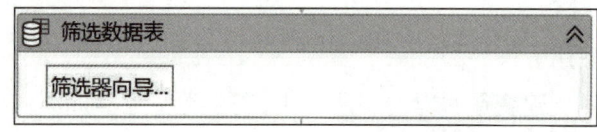

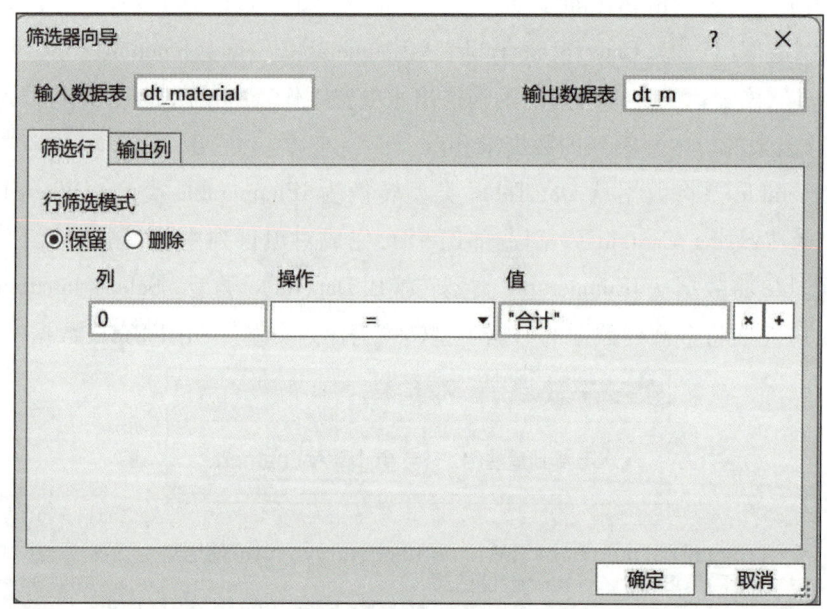

(2)提取直接材料成本数据。

添加【分配】活动,左侧创建变量直接材料成本,变量类型为 Double,变量作用范围为归集与分配。右侧输入表达式 CDbl(dt_m(0)(11).ToString)。直接材料成本数据位于 11 列,通过 dt_m(0)(11).ToString 进行提取,CDbl 将提取到的数据转换为 Double 类型。

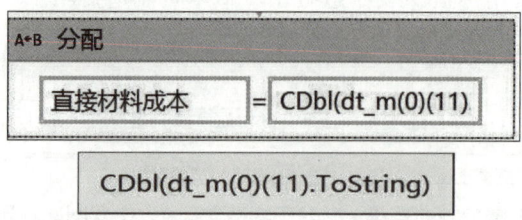

流程 4:对完工产品成本进行分配

添加【序列】活动,将序列名更改为"完工产品成本分配"。

1. 构建数据表

添加【构建数据表】活动。在属性面板中"输出－数据表"处填入 data,变量作用范围为归集与分配。点击"数据表",构建数据表如下。

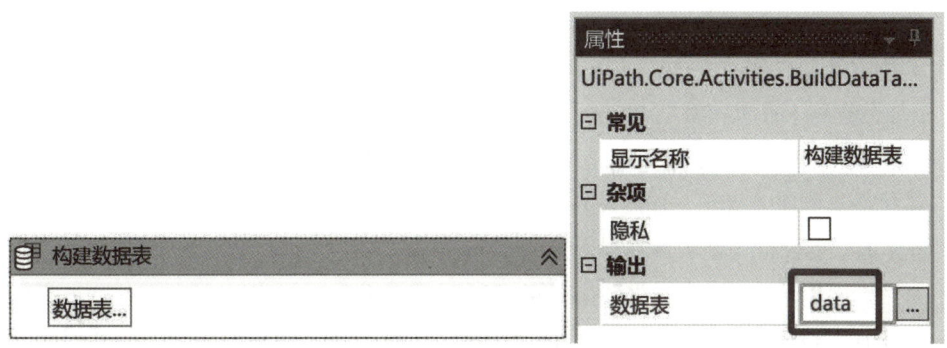

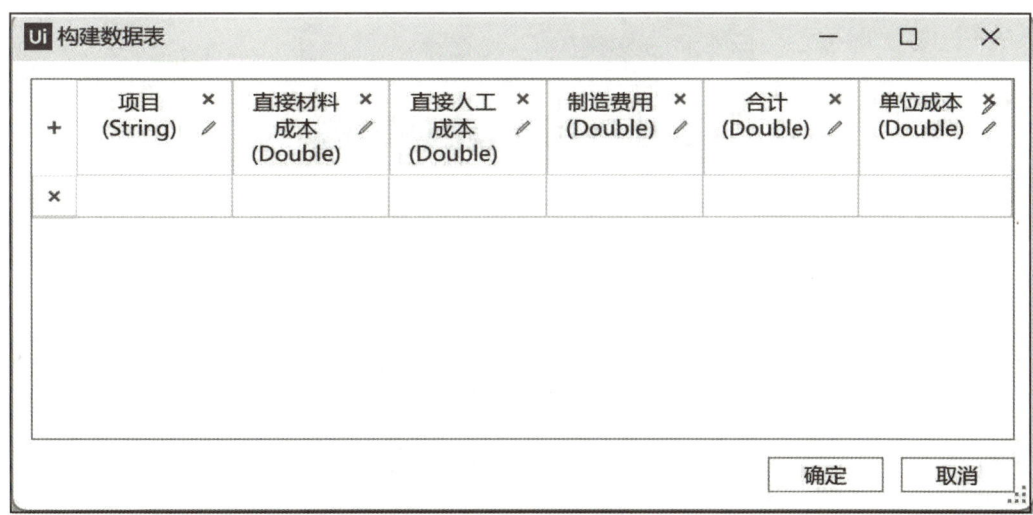

2. 填写计算数据

(1)填写产品总成本。

添加【添加数据行】活动。将"显示名称"改为填写产品总成本。在属性面板"输入－数据表"中填入 data,在"数组行"中填入表达式{"产品总成本",直接材料成本,直接人工成本,制造费用}。

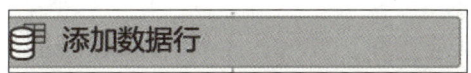

（2）填写 A 产品总成本。

添加【添加数据行】活动。将"显示名称"改为填写 A 产品成本。在属性面板中"输入 – 数据表"处填入 data，在"数组行"中填入表达式 {"A 产品成本"，CDbl(data(0)(1)) * A 产品完工产量/(A 产品完工产量 + B 产品完工产量)，CDbl(data(0)(2)) * A 产品完工产量/(A 产品完工产量 + B 产品完工产量)，CDbl(data(0)(3)) * A 产品完工产量/(A 产品完工产量 + B 产品完工产量)}。按比例分配法进行分配，例如 A 产品完工产量为 100，B 产品完工产量为 500，产品总成本中直接材料成本为 1000 元，则 A 产品直接材料成本为 $1000 \times 100/(100 + 500) = 166.67$（元）。

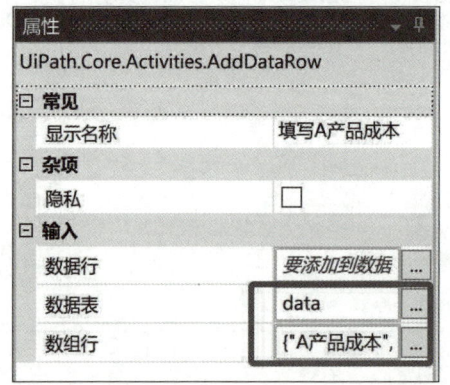

（3）填写 B 产品总成本。

添加【添加数据行】活动。将"显示名称"改为填写 B 产品成本。在属性面板中"输入 – 数据表"处填入 data，在"数组行"中填入表达式 {"B 产品成本"，CDbl(data(0)(1)) – CDbl(data(1)(1))，CDbl(data(0)(2)) – CDbl(data(1)(2))，CDbl(data(0)(3)) – CDbl(data(1)(3))}。采用倒挤法完成，如产品总成本中直接材料成本为 1000 元，A 产品直接材料成本为 400 元，则 B 产品直接材料成本为 1000 − 400 = 600(元)。

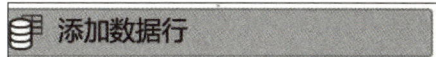

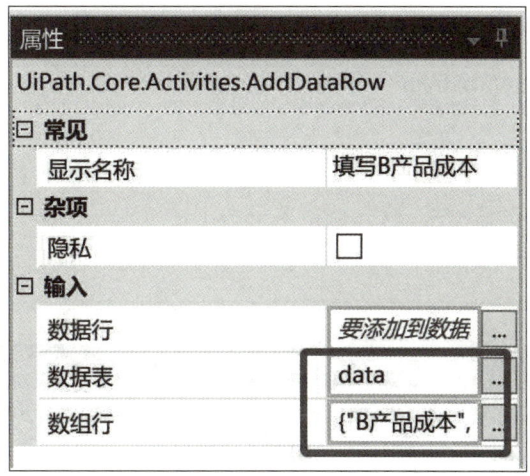

{"B产品成本",CDbl(data(0)(1))-CDbl(data(1)(1)),CDbl(data(0)(2))-CDbl(data(1)(2)),CDbl(data(0)(3))-CDbl(data(1)(3))}

(4)填写汇总行。

1)搭建循环体。

添加【对于每一个行】活动,遍历 data 数据表。

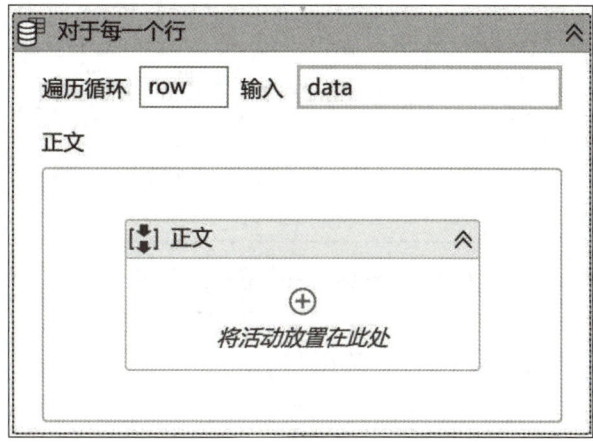

2)填写合计列。

添加【分配】活动,在左侧填入 row(4),在右侧填入 CDbl(row(1)) + CDbl(row(2)) + CDbl(row(3)),将直接材料成本、直接人工成本、制造费用三列汇总。

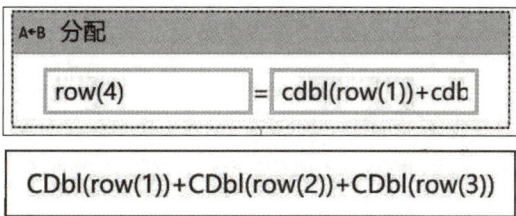

3）填写单位成本。

添加【切换】活动。在 Expression 中填入 row(0). ToString,根据项目列(第 0 列)数据进行路径选择,属性面板中 TypeArgument 选择 String 类型。

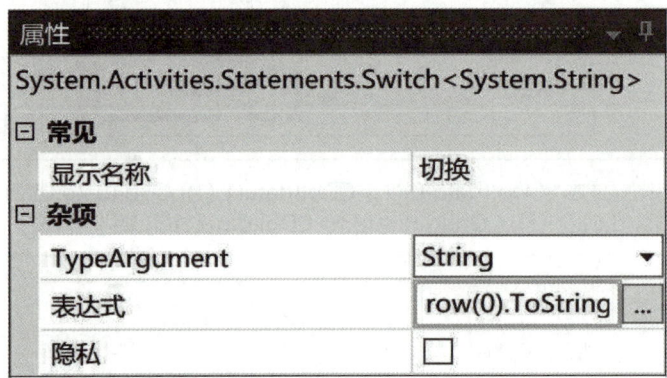

第一条路径中填入 A 产品成本。添加【分配】活动,在左侧填入 row(5),在右侧填入 CDbl(row(4))/A 产品完工产量。通过总计额/ A 产品完工产量,完成 A 产品单位成本的计算。

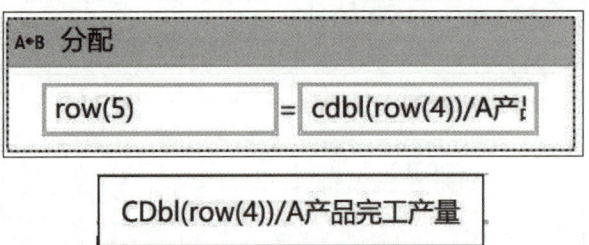

第二条路径中填入 B 产品成本。添加【分配】活动,在左侧填入 row(5),在右侧填入 CDbl(row(4))/B 产品完工产量。通过总计额/B 产品完工产量,完成 B 产品单位成本的计算。

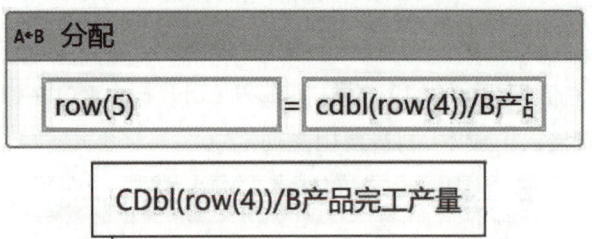

流程 5:将分配结果写入 Excel 文件中

添加【写入范围】活动,将 data 数据写入分配表 Excel 文件中的"产品成本"工作表中,从 A1 单元格处开始写入。

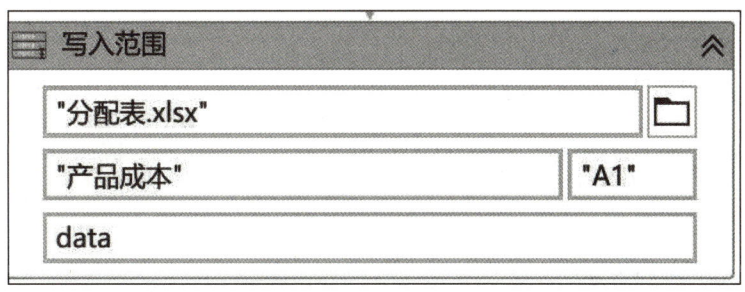

任务三　制造费用处理机器人

任务导入

在业务快速增长的情况下,ABC 公司面临制造费用管理困境,手动汇总烦琐,记账凭证填写易出错。为提升效率与准确性,公司决定实施 RPA 技术,针对根据制造费用自动填写记账凭证环节进行开发。

数据资料

制造费用业务 Excel 文件。

ABC公司5月制造费用报销业务数据表

日期	事项	金额	申请人	申请部门
2024年5月12日	检验费	1000	张文岳	生产1部
2024年5月13日	设计费	1000	张左己	生产1部
2024年5月17日	热（汽）费用	2000	王云坤	生产2部
2024年5月17日	维修工时费	1000	王珉	生产3部
2024年5月23日	维修工时费	600	王珉	生产3部
2024年5月26日	热（汽）费用	2000	王云坤	生产3部

会计核算虚拟平台网址:https://bank.yidureading.com/entry/entrystart。

会计核算虚拟平台用户名:admin。

会计核算虚拟平台密码:Rpa@2025。

任务分析与设计

整体步骤如下：

(1)完成费用处理模板的操作准备。

(2)读取制造费用业务 Excel 文件。

(3)登录会计核算虚拟平台。

(4)填写记账凭证。

(5)退出会计核算虚拟平台。

任务实施

(一) 操作准备

1. 打开 UiPath 软件,点击"流程"

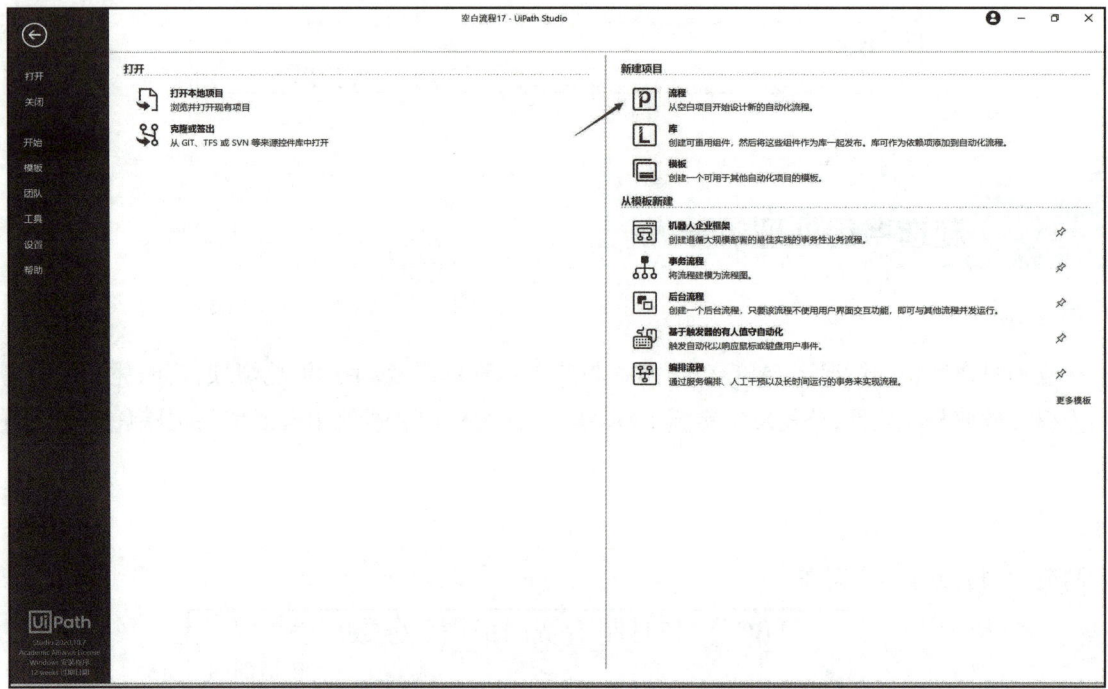

2. 设置好工程文件名称及位置

此案例中工程名称为"制造费用处理"。

3. 等待加载完毕，进入编辑界面封面

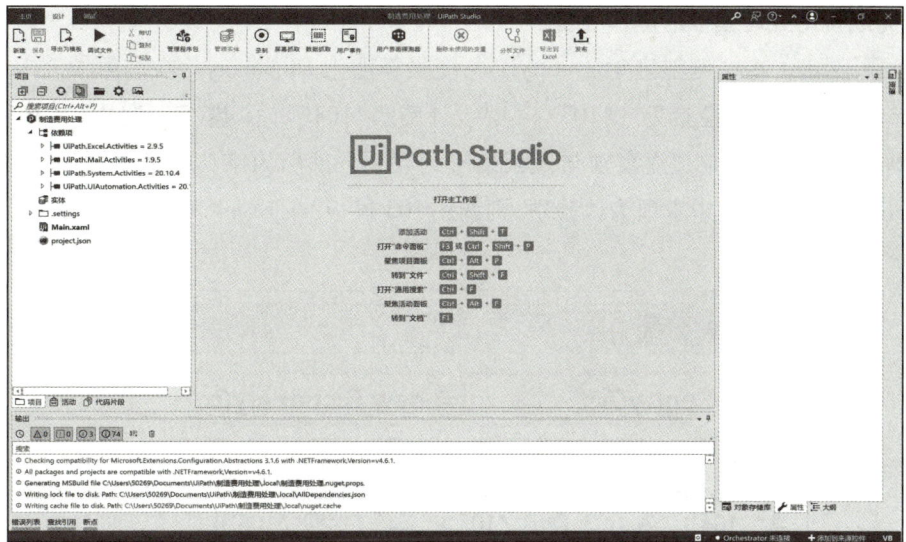

4. 添加新序列

因为整体流程不太复杂，直接双击 Main.xaml，在主流程中创建工作流程。

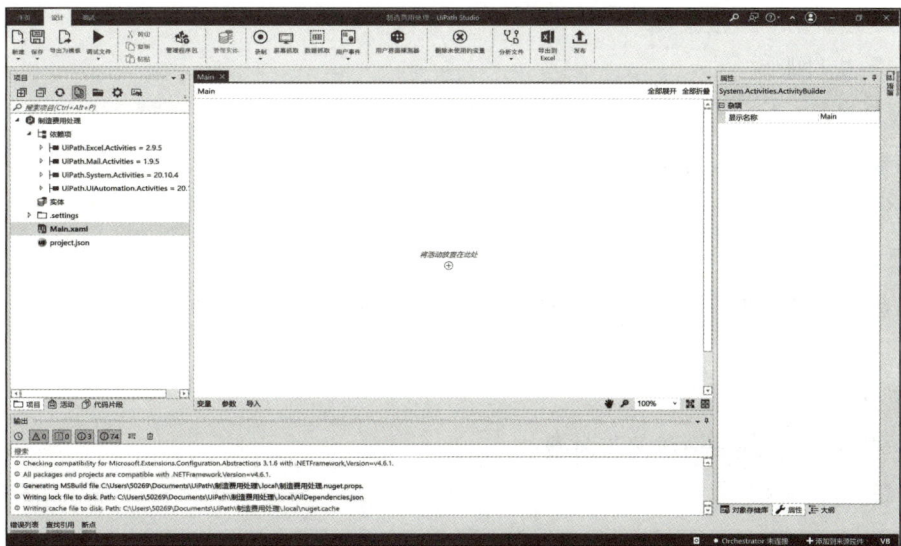

5. 确保谷歌浏览器 UiPath 插件处于可工作状态

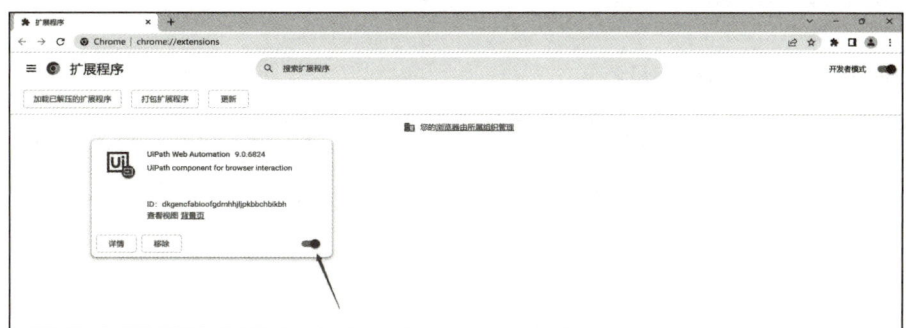

(二)流程制作

流程1:完成费用处理模板的操作准备

添加【分配】活动。在左侧创建变量 entryDict,变量类型为 Dictionary。在右侧填入 new Dictionary(of String,String) From {{"检验费","103"},{"设计费","104"},{"热(汽)费用","105"},{"维修工时费","106"}}。通过字典建立事项与模板编号的联系。部门为字典中的键,模板为字典中键对应的值。例如,在 Excel 表格中事项为检验费,则调用 103 模板,在 Excel 表格中事项为设计费,则调用 104 模板。

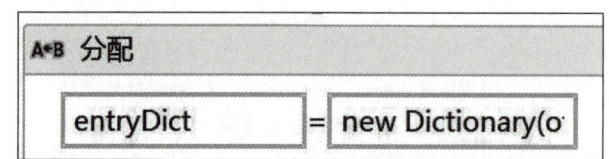

会计核算虚拟平台中已录入的模板如下:

103 模板分录:

  借:制造费用——检验费

   贷:应付账款

104 模板分录:

  借:制造费用——设计费

   贷:应付账款

105 模板分录:

  借:辅助生产成本——热(汽)费用

   贷:应付账款

106 模板分录:

  借:辅助生产成本——维修工时费

   贷:应付账款

> 说明:此处为简单起见,在会计核算虚拟平台记账凭证中直接填入明细科目,所以模板中直接生成含明细科目的分录。

提示:如何设置为字典类型变量?

步骤1:在变量表中,点击"变量类型"中默认类型 String,再点击"浏览类型"。

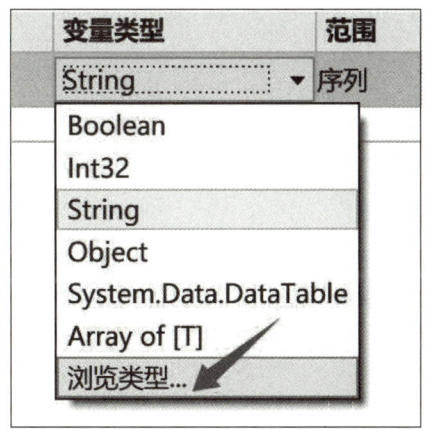

步骤2：在"浏览并选择.NET类型"弹出窗口中输入dictionary，在下方出现的搜索结果中选择System. Collections. Generic 下的 Dictionary < TKey, TValue >。

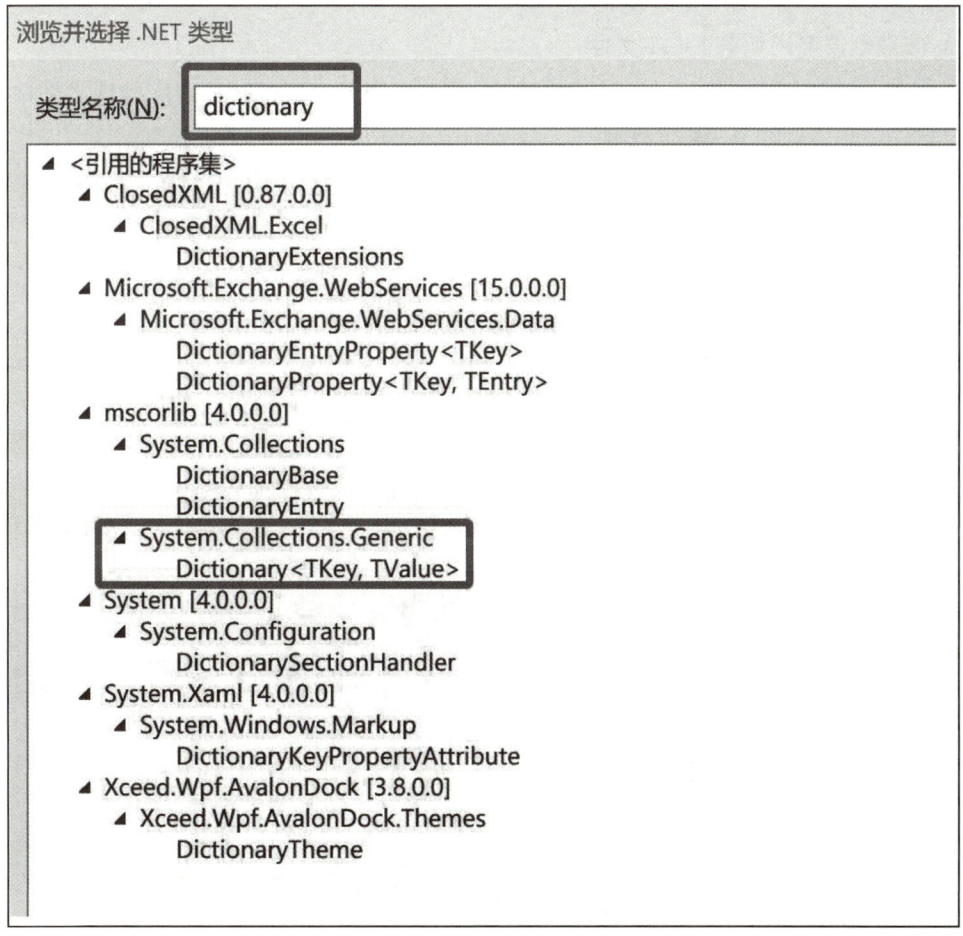

步骤3：出现的字典键和值类型均选择为String类型，点击"确定"。之后可以看到变量类型显示为 Dictionary < String, String >，表明设置成功。

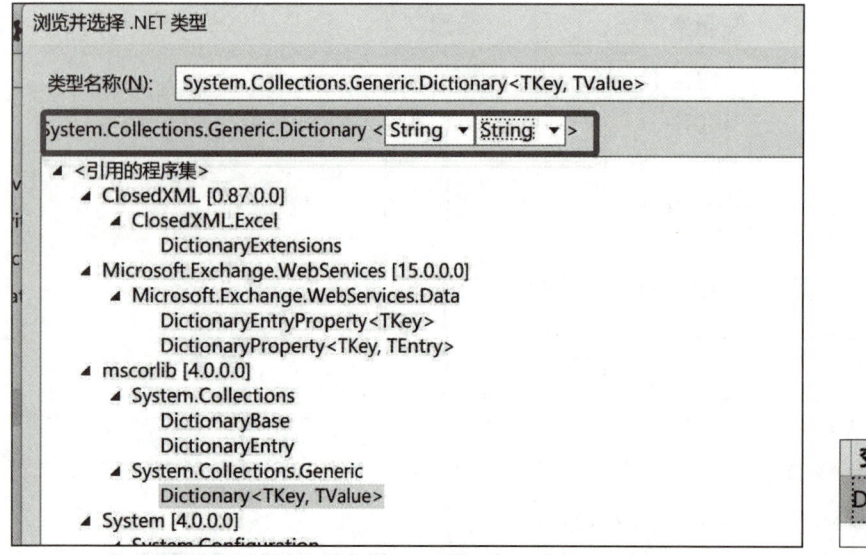

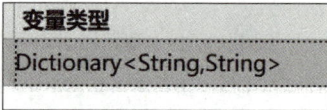
变量类型
Dictionary<String,String>

流程 2：读取制造费用业务 Excel 文件

读入工作簿。添加【Excel 应用程序范围】活动，点击右侧图标处将制造费用处理文件选入。

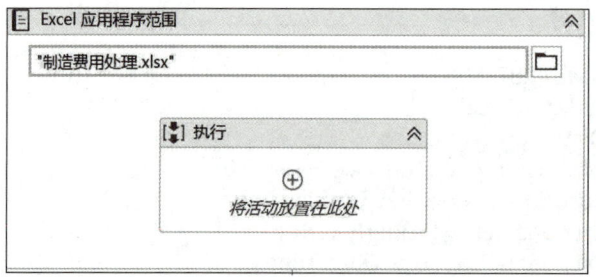

读入工作表及数据。添加【读取范围】活动，在左侧工作表名称处填入"制造费用"，范围选择默认值""。在属性面板"输出 – 数据表"中创建变量 dt。将读入的数据存入变量 dt 中。

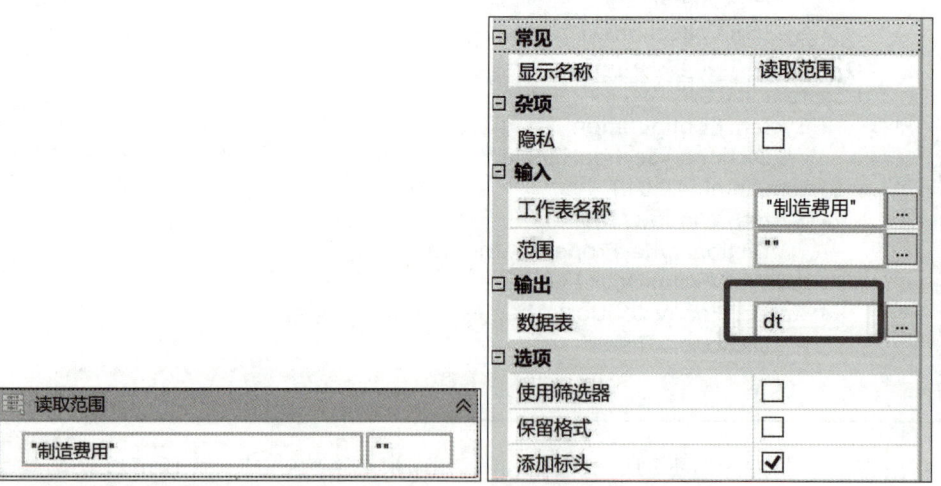

删除首行。Excel 表格中首行为 ABC 公司 5 月制造费用数据表，该行信息在后续的处理中无用，数据行从第二行开始，因此删除该行。添加【删除数据行】活动。在属性面板"输入 – 数据表"中填入变量 dt，在"行索引"中填入 0。

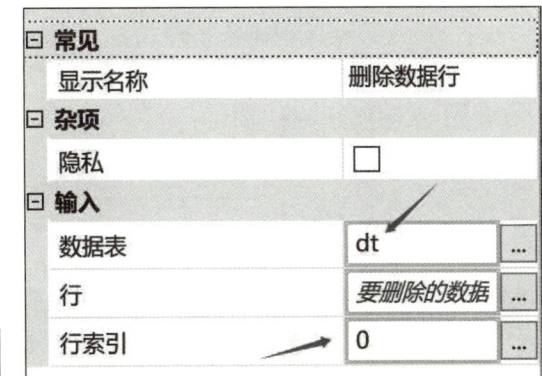

流程3：登录会计核算虚拟平台

添加【打开浏览器】活动，在URL处填入会计核算虚拟平台网址"https://bank.yidureading.com/entry/entrystart"。

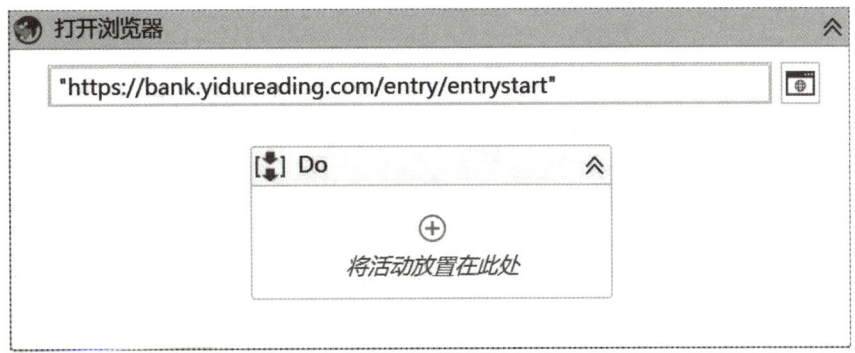

在其属性面板中，浏览器类型选择Chrome，设置使用谷歌浏览器打开。

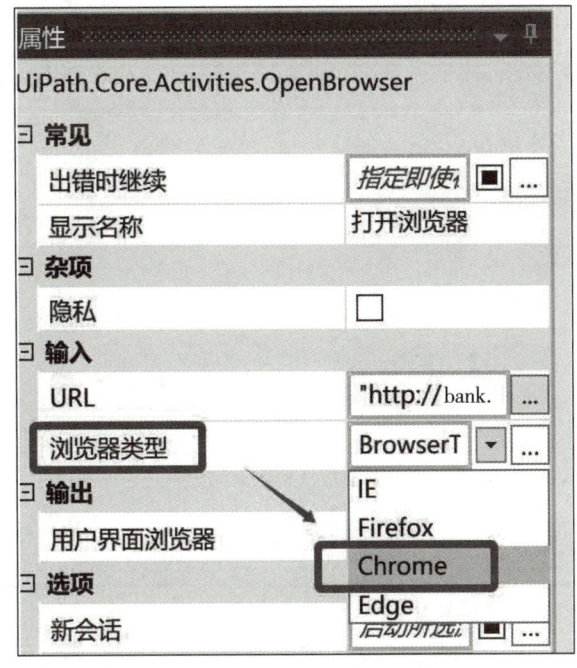

添加【设置文本】活动，通过"指出浏览器中的元素"功能拾取会计核算虚拟平台中的用户名输入框，并设置输入文本为"admin"，完成用户名的自动输入。

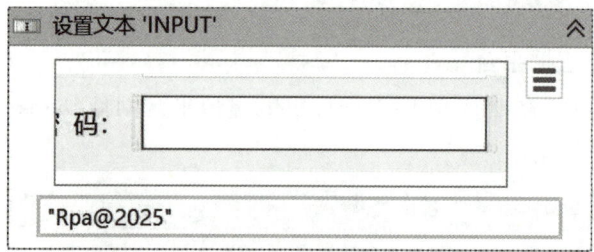

添加【设置文本】活动,通过"指出浏览器中的元素"功能拾取会计核算虚拟平台中的密码输入框,并设置输入文本为"Rpa@2025",完成密码的自动输入。

添加【单击】活动,通过"指出浏览器中的元素"功能拾取会计核算虚拟平台中的"登录"按钮。

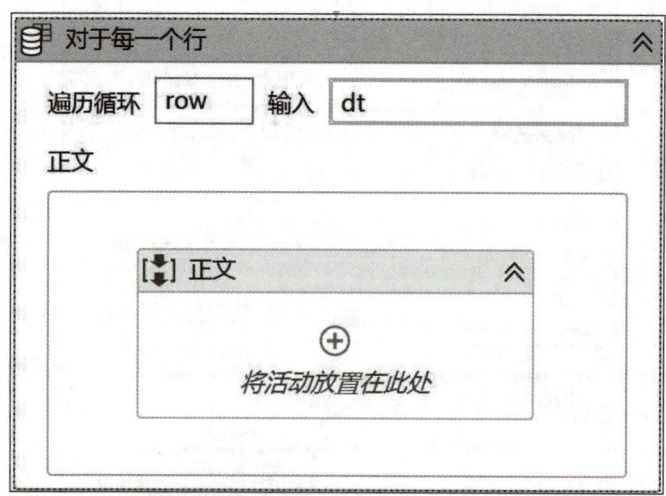

流程4:填写记账凭证

1. 构建记账凭证录入循环体

添加【对于每一个行】活动,右侧输入变量dt,完成对制造费用数据的逐行读取。

2. 点击进入模板选择,完成分录账户信息填写

添加【单击】活动,通过"指出浏览器中的元素"功能拾取"模板"按钮。

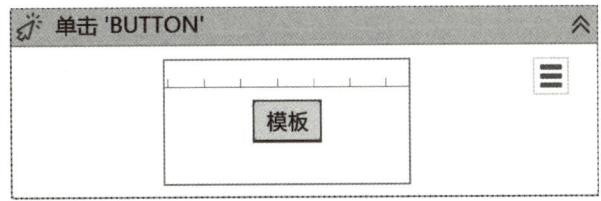

添加【设置文本】活动,通过"指出浏览器中的元素"功能拾取编号输入框。设置输入值为 entryDict(row(1).ToString),完成模板编号的自动填写。输入值中 row(1).ToString 将获取事项,entryDict 为字典类型变量,通过事项获取相应的模板编号。例如事项为"检验费",则通过字典的键可以获取其相应的值模板 103。

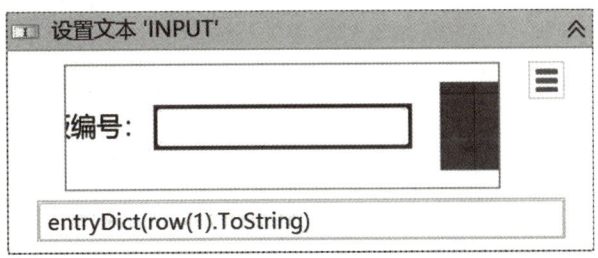

模板号码输入完毕后,点击"确定",让平台将模板中的分录填入记账凭证中。添加【单击】活动,通过"指出浏览器中的元素"功能拾取"确认"按钮。

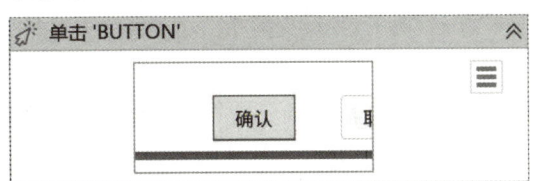

3. 填写记账凭证剩余信息

(1)填写日期信息。

添加【输入信息】活动,通过"指出浏览器中的元素"功能拾取日期输入框。设置输入值为 DateTime.Parse(row(0).ToString).ToString("yyyy-MM-dd") + "[k(enter)]"。该表达式中 row(0).ToString 将获取日期值,DateTime.Parse()将完成字符串向日期类型的转换。ToString("yyyy-MM-dd")完成日期格式"年-月-日"的设置。"[k(enter)]"表示在输入信息后回车。由于在输入新的日期信息前,已存在当前日期,在输入时需要将其清空,在该属性面板中"选项-空字段"处完成勾选。

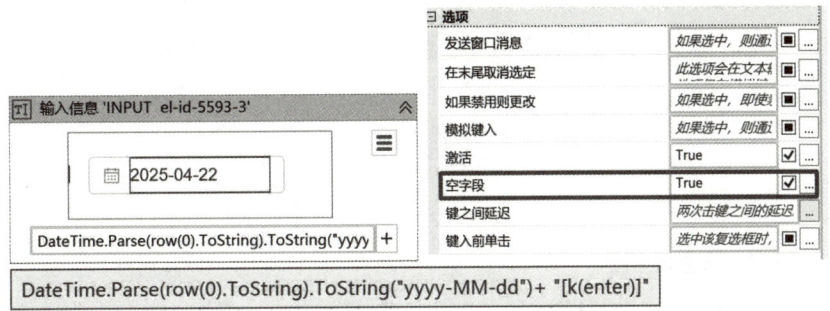

(2)填写金额信息。

添加【单击】活动,通过"指出浏览器中的元素"功能拾取借方金额某一栏。

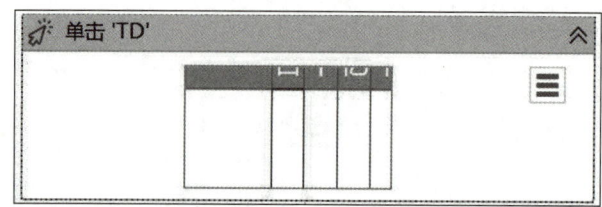

添加【输入信息】活动,通过"指出浏览器中的元素"功能拾取借方金额输入框,设置输入值为 row(2). ToString。

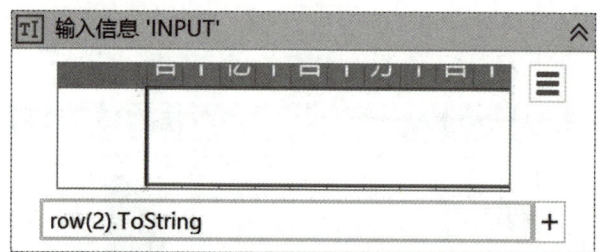

添加【单击】活动,通过"指出浏览器中的元素"功能拾取贷方金额某一栏。

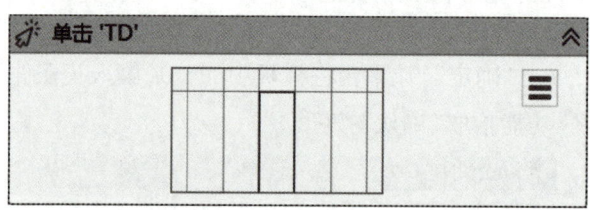

添加【输入信息】活动,通过"指出浏览器中的元素"功能拾取贷方金额输入框,设置输入值为 row(2). ToString。

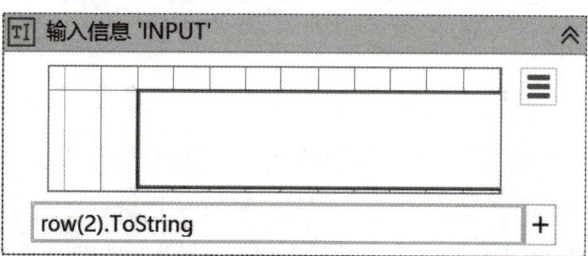

4. 保存分录

添加【单击】活动,通过"指出浏览器中的元素"功能拾取"保存并新增"按钮。

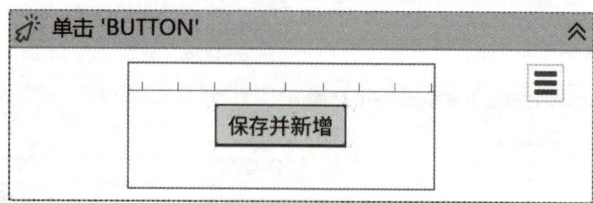

流程5:退出会计核算虚拟平台

在流程4循环体后添加【单击】活动,通过"指出浏览器中的元素"功能在平台上拾取"退出记账"按钮。

拓展阅读

成本管理是指企业在生产和经营过程中对各项成本核算、成本分析、成本决策和成本控制等一系列科学管理行为的总称。成本管理通常由成本规划、成本计算、成本控制和业绩评价四项内容组成。以下是关于成本管理的一些核心概念和策略：

1. 成本规划

成本规划是根据企业的竞争战略和所处的经济环境进行的。它主要包括对产品成本进行事先估算，确定目标成本，规定成本限额，并通过成本预算和分析等方法，对实际成本与标准成本之间的差异进行分析，以便采取措施，保证成本计划的实现。

2. 成本计算

成本计算是成本管理的基础。成本计算需要对生产经营过程中发生的各种费用，按照一定的成本对象进行归集和分配，以便确定各对象的总成本和单位成本。

3. 成本控制

成本控制是成本管理的关键环节。成本控制是利用成本会计提供的信息，通过经常性的成本与标准成本、预算成本、最大成本等的比较，对成本形成的全过程进行监督，并及时纠正发生的偏差，使各项费用和消耗保持在预定标准之内。

4. 业绩评价

业绩评价是对成本控制效果的评估。通过比较实际成本与标准成本的差异，可以对成本控制的业绩进行评价，以便找出问题，改进管理。

在实施成本管理时，企业需要遵循以下原则：

1. 融合性原则

成本管理应以企业业务模式为基础，将成本管理嵌入业务的各领域、各层次、各环节，实现成本管理责任到人、控制到位、考核严格、目标落实。

2. 适应性原则

成本管理应与企业生产经营特点和目标相适应，尤其要与企业发展战略或竞争战略相适应。

3. 重要性原则

成本管理应重点关注对成本具有重大影响的项目，而对成本具有较小影响的项目可以适当简化处理。

项目五
销售业务机器人开发

教学目标

知识目标：

1. 掌握客户信用调查业务的一般流程。
2. 掌握开票业务的一般流程。
3. 掌握应收账款统计业务的一般流程。
4. 熟悉应收会计岗位的相关业务常识。

能力目标：

1. 掌握 RPA 财务机器人开发需求分析与流程梳理。
2. 掌握 RPA 财务机器人的流程设计思路。
3. 掌握页面元素获取及 VBA 代码的调用方法。
4. 能熟练完成客户信用调查机器人的开发与调试。
5. 能熟练完成开票机器人的开发与调试。
6. 能熟练完成应收账款统计机器人的开发与调试。

素养目标：

1. 具备良好的思考和分析问题的能力。
2. 具备良好的 IT 思维能力。
3. 具备良好的创新思维能力。
4. 具备良好的风险控制意识。
5. 具备良好的劳动质量与效率提升意识。

项目五 销售业务机器人开发 | 05

项目导览

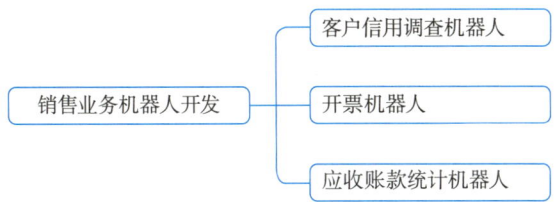

任务一 客户信用调查机器人

任务导入

企业在销售过程中,获取并整理客户信息是至关重要的环节。其中,通过天眼查网站(https://www.tianyancha.com/)查询企业基本信息是一种高效且权威的方式。传统做法下,企业需逐一访问天眼查,手动输入企业名称进行搜索,然后仔细浏览并摘录所需信息,如企业法人、注册资本、成立时间、经营范围等,并整理至相应的表格或系统中。这一过程在面对大量客户时尤为耗时费力,不仅效率低下,还可能因人工操作的疏忽导致信息错漏,进而影响销售决策的准确性与客户管理的有效性。

为实现查询工作的全面自动化,大幅提升信息获取效率,同时减少人为错误,确保销售团队能够基于准确、及时的企业信息做出更加明智的业务决策,有效加强客户关系管理与市场拓展能力,现设计一款针对企业客户信息查询需求的RPA(机器人流程自动化)解决方案。该方案能够自动批量处理企业名称列表,通过天眼查网站快速、准确地查询并提取每家企业的基本信息,随后自动填充至预设的表格中。

任务说明

(1)本案例中所需获取的信息见下表。

A	B	C	D	E	F
公司	法定代表人	注册资本	成立日期	地址	统一社会信用代码
新道科技股份有限公司					
厦门科云信息科技有限公司					
雅戈尔集团股份有限公司					

(2)为简便起见,本案例使用网址为:https://www.tianyancha.com/search?key=%E6%96%B0%E9%81%93。

任务分析与设计

整体步骤如下:

(1)打开天眼查网站。

(2)打开Excel文件。

(3)配置循环体。

(4)对指定企业信息进行查询与抓取。

（5）将抓取到的信息写入 Excel 表格。

程序主干流程图如下：

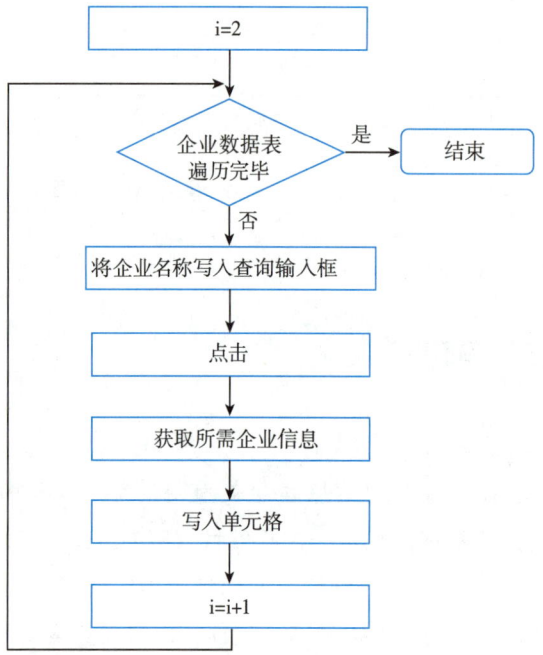

任务实施

（一）操作准备

1. 打开 UiPath 软件，点击"流程"，创建新流程

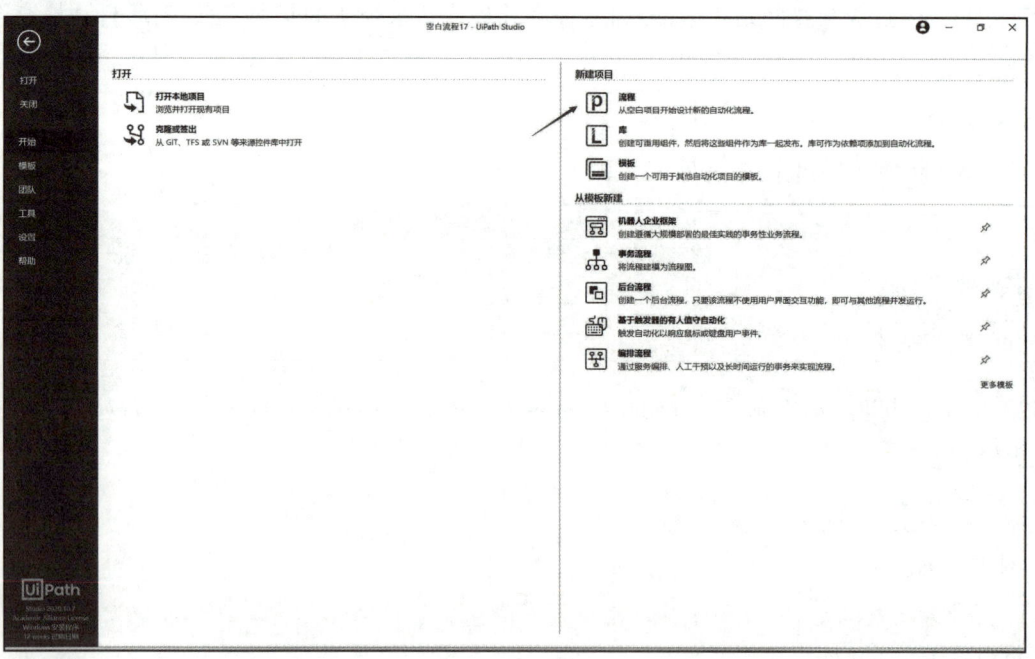

2. 设置好工程文件名称及位置

此案例中工程名称为"天眼企业信息查询"。

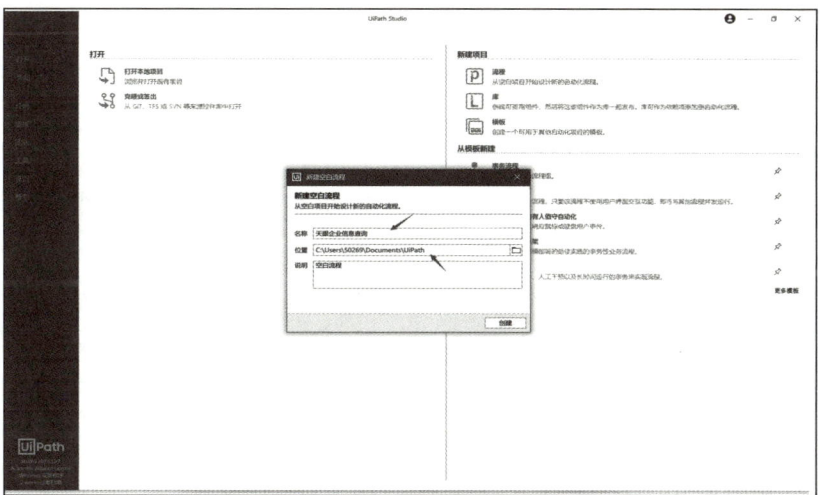

3. 等待加载完毕，进入编辑界面封面

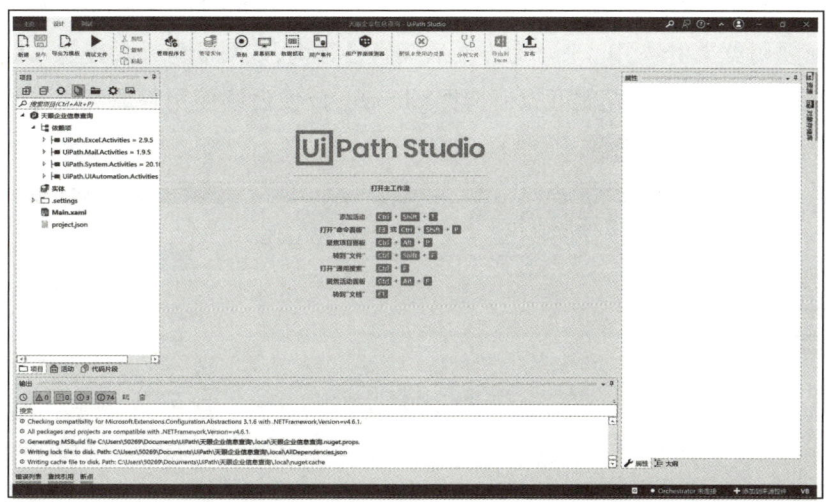

4. 添加新序列

因为整体流程不太复杂，直接双击 Main. xaml，在主流程中创建工作流程。

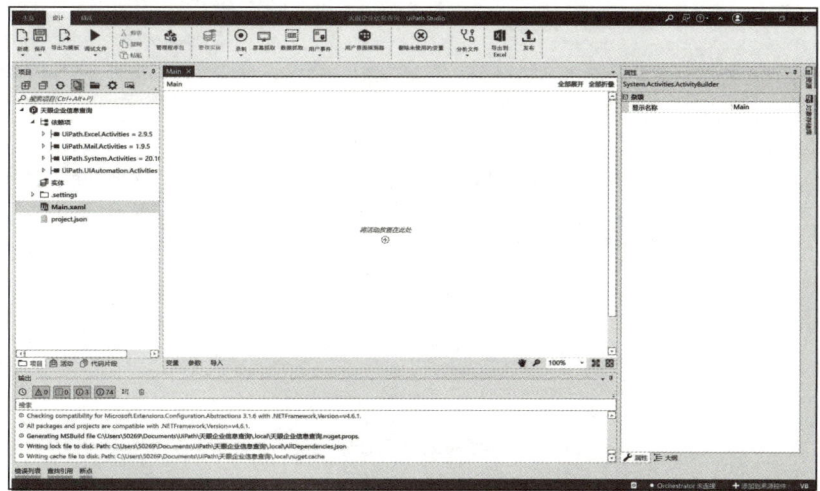

5. 确保谷歌浏览器 UiPath 插件处于可工作状态

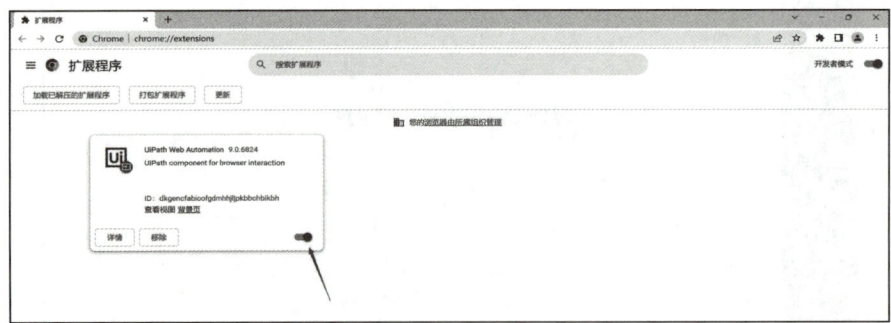

(二) 流程制作

流程 1:打开天眼查网站

点击下图①处,切换至"活动"。在②处输入"打开浏览器"。将出现的【打开浏览器】活动拖拽至中间面板处。在③处输入网址 https://www.tianyancha.com/search?key=%E6%96%B0%E9%81%93,输入的网址需要用英文引号引起来。为方便后续直接查询,该网址为天眼查输入框中输入"新道"两字后的查询网页。在④处点击左侧下拉框选择 Chrome,以便后续使用谷歌浏览器进行操作。单击中间面板空白处⑤,将属性面板隐藏。

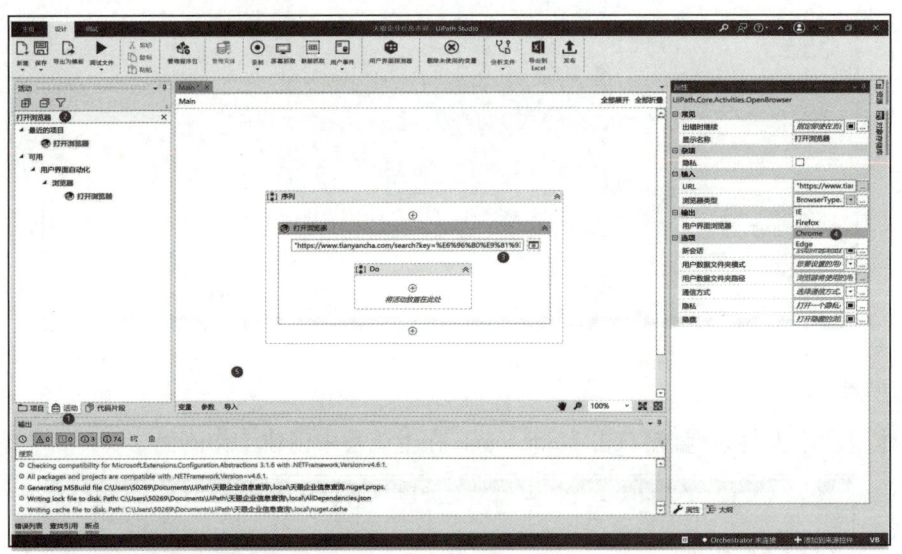

流程 2:打开 Excel 文件

读入工作簿。添加【Excel 应用程序范围】活动,点击右侧图标处将企业 Excel 文件选入。

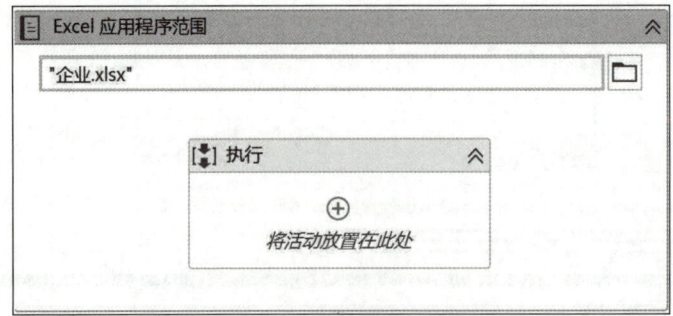

读入工作表及数据。添加【读取范围】活动,在左侧工作表名称处填入"Sheet1",范围选择默认值""。在属性面板"输出-数据表"中创建变量 dt,将读入的数据存入变量 dt 中,注意要勾选"添加标头"。

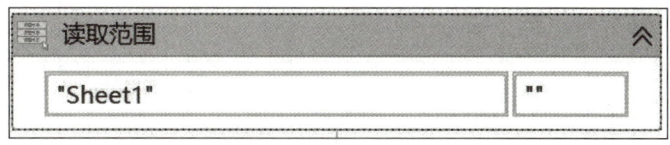

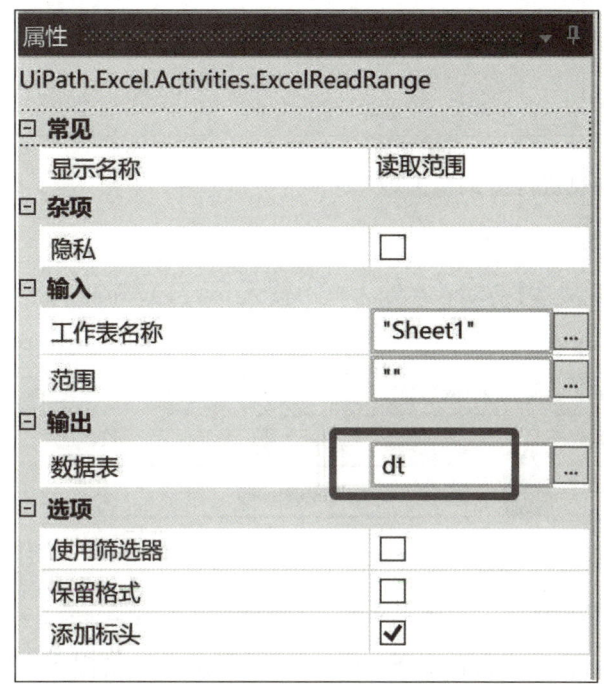

> 注意:此处有两个【读取范围】,因为本例中 Excel 工作簿已读入,所以此处选择【应用程序集成】下的【读取范围】。

流程3:配置循环体

1. 设置写入位置初始值

添加【分配】活动,设置 i=2,i 为 Int32 类型变量。后续写入流程从 Excel 文件中第 2 行开始。

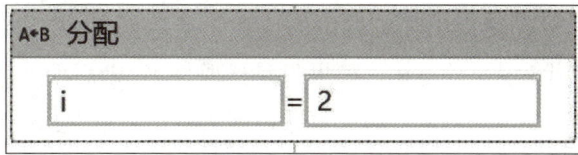

2. 构建循环体

添加【对于每一个行】活动,输入企业数据表 dt 变量,搭建查询、抓取、写入数据的循环框架。

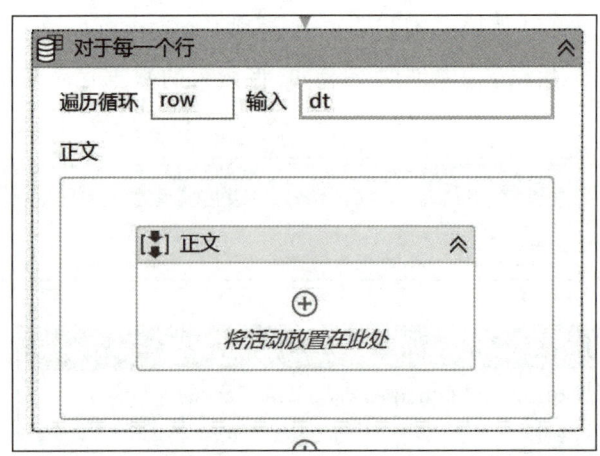

流程4：对指定企业信息进行查询与抓取

1. 将企业名称写入查询输入框

在循环体中添加【设置文本】活动。在输入框中输入 row(1).ToString。点击"指出浏览器中的元素"，拾取网页中企业名称输入框。

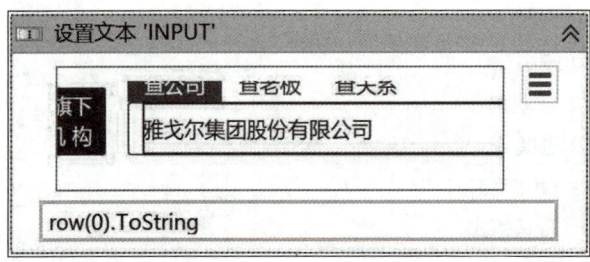

添加【单击】活动。点击"指出浏览器中的元素"，拾取网页中"天眼一下"按钮。

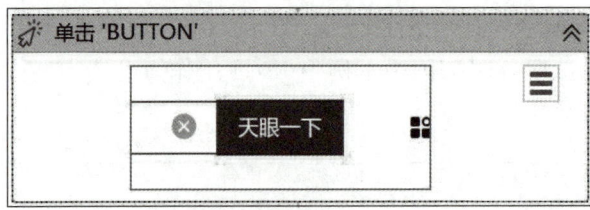

2. 抓取企业信息

（1）抓取法定代表人姓名信息。

添加【获取文本】活动。点击"指出浏览器中的元素"，拾取网页中"法定代表人：×××"处。此处拾取范围需扩大到"法定代表人：×××"，如果只是拾取姓名，则后面 UiPath 对于网页中拾取位置不好判断。拾取到"法定代表人：×××"，后续再通过函数将信息中"法定代表人："删除即可。

在该活动属性面板中创建变量 name，将抓取到的信息存入变量。

（2）抓取注册资本信息。

添加【获取文本】活动。点击"指出浏览器中的元素"，拾取网页中"注册资本：×××万人民币"处。此处拾取范围需扩大到"注册资本：×××万人民币"，如果只是拾取金额，则后面 UiPath 对于网页中拾取位置不好判断。拾取到"注册资本：×××万人民币"，后续再通过函数将信息中"注册资本："删除即可。

在该活动属性面板中创建变量 capital，将抓取到的信息存入变量。

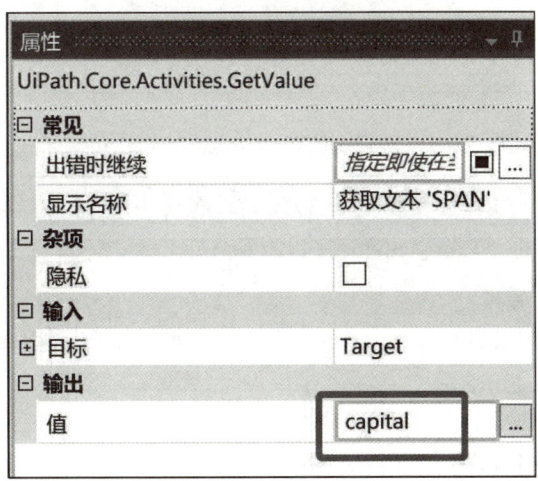

（3）抓取成立日期信息。

添加【获取文本】活动。点击"指出浏览器中的元素"，拾取网页中"成立日期：×××"处。此处拾取范围需扩大到"成立日期：×××"，如果只是拾取日期，则后面 UiPath 对于网页中拾取位置不好判断。拾取到"成立日期：×××"，后续再通过函数将信息中"成立日期："删除即可。

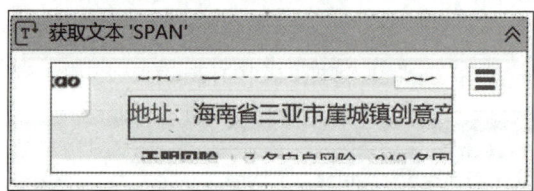

在该活动属性面板中创建变量 riqi，将抓取到的信息存入变量。

(4) 抓取地址信息。

添加【获取文本】活动。点击"指出浏览器中的元素"，拾取网页中"地址：×××"处。此处拾取范围需扩大到"地址：×××"，如果只是拾取地址，则后面 UiPath 对于网页中拾取位置不好判断。拾取到"地址：×××"，后续再通过函数将信息中"地址："删除即可。

在该活动属性面板中创建变量 add，将抓取到的信息存入变量。

(5)抓取统一社会信用代码信息。

添加【获取文本】活动。点击"指出浏览器中的元素",拾取网页中"统一社会信用代码:×××"处。此处拾取范围需扩大到"统一社会信用代码:×××",如果只是拾取统一社会信用代码,则后面 UiPath 对于网页中拾取位置不好判断。拾取到"统一社会信用代码:×××",后续再通过函数将信息中"统一社会信用代码:"删除即可。

在该活动属性面板中创建变量 code,将抓取到的信息存入变量。

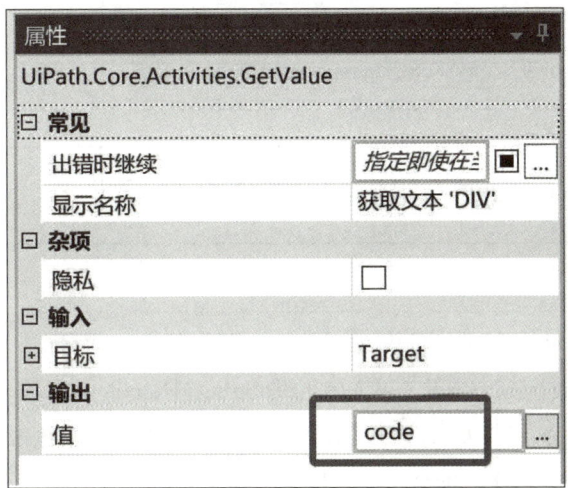

流程 5:将抓取到的信息写入 Excel 表格

1. 写入法定代表人姓名信息

添加【写入单元格】活动。在下图①处填入"Sheet1",在②处填入"B"+i.ToString,在③处填入 split(name,":")(1).ToString。split(name,": ")(1).ToString 中 split 函数将获取到的"法定代表人:×××"字符串根据":"进行拆分,(1)表示拆分后取第 1 部分字符串,例如抓取到的字符串为"法定代表人:张三",通过 split 函数将字符串拆分为"法定代表人"和"张三"两部分,通过(1)获取到"张三"字符串。"B"+i.ToString 表示将法定代表人姓名写入 B 列相应单元格,如本次循环 i 为 3,则写入 B3 单元格。

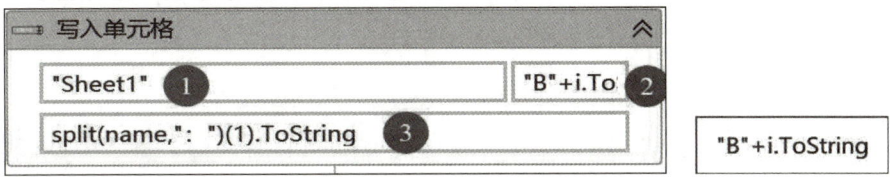

注意:此处函数 split(name,":")中:为中文冒号。

2. 写入注册资本信息

添加【写入单元格】活动。在下图①处填入"Sheet1",在②处填入"C" + i. ToString,在③处填入 split(capital,":")(1).ToString.replace("人民币","")。split(capital,":")(1).ToString.replace("人民币","")中 split 函数将获取到的"注册资本：×××万人民币"字符串根据"："进行拆分,(1)表示拆分后取第 1 部分字符串,replace 函数将前面获取到的字符串中人民币替换为空,即删除"人民币"字符串,例如抓取到的字符串为"注册资本：1000 万人民币",通过 split 函数将字符串拆分为"注册资本"和"1000 万人民币"两部分,通过(1)获取到"1000 万人民币"字符串,通过 replace 函数将获取到"1000 万"字符串。"C" + i. ToString 表示将注册资本金额写入 C 列相应单元格中,如本次循环 i 为 3,则写入 C3 单元格。

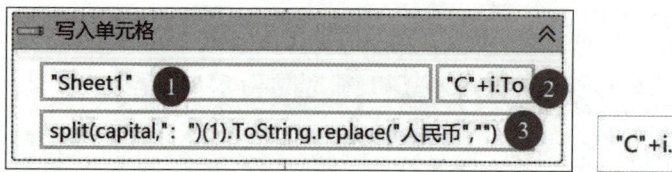

注意:此处函数 split(capital,":")中:为中文冒号。

3. 写入成立日期信息

添加【写入单元格】活动。在下图①处填入"Sheet1",在②处填入"D" + i. ToString,在③处填入 split(riqi,":")(1).ToString。split(riqi,":")(1).ToString 中 split 函数将获取到的"成立日期：×××"字符串根据"："进行拆分,(1)表示拆分后取第 1 部分字符串,例如抓取到的字符串为"日期:2011－04－30",通过 split 函数将字符串拆分为"日期"和"2011－04－30"两部分,通过(1)获取到"2011－04－30"字符串。"D" + i. ToString 表示将日期写入 D 列相应单元格中,如本次循环 i 为 3,则写入 D3 单元格。

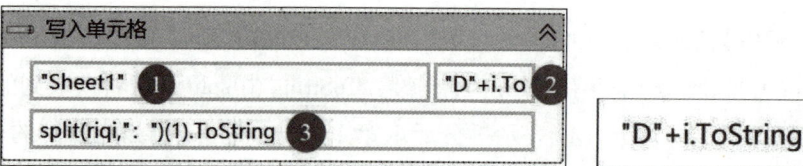

注意:此处函数 split(riqi,":")中:为中文冒号。

4. 写入地址信息

添加【写入单元格】活动。在下图①处填入"Sheet1",在②处填入"E" + i. ToString,在③处填入 split(add,":")(1).ToString。split(add,":")(1).ToString 中 split 函数将获取到的"地址：×××"字符串根据"："进行拆分,(1)表示拆分后取第 1 部分字符串,例如抓取到的字符串为"地址:海南省三亚市崖城镇创意产业园内",通过 split 函数将字符串拆分为"地址"和"海南省三亚市崖城镇创意产业园内"两部分,通过(1)获取到"海南省三亚市崖城镇创意产业园内"字符串。"E" + i. ToString 表示将地址写入 E 列相应单元格中,如本次循环 i 为 3,则写入 E3 单元格。

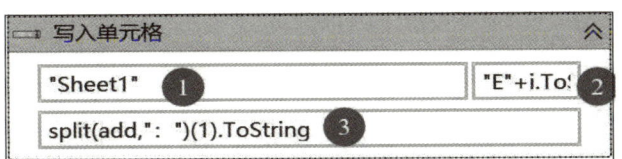

注意:此处函数 split(add,":")中:为中文冒号。

5. 写入统一社会信用代码信息

添加【写入单元格】活动。在下图①处填入"Sheet1",在②处填入"F"+i.ToString,在③处填入 split(code,":")(1).ToString。split(code,":")(1).ToString 中 split 函数将获取到的"统一社会信用代码:×××"字符串根据":"进行拆分,(1)表示拆分后取第 1 部分字符串,例如抓取到的字符串为 "统一社会信用代码:123456",通过 split 函数将字符串拆分为"统一社会信用代码"和"123456",通过 (1)获取到"123456"字符串。"F"+i.ToString 表示将统一社会信用代码写入 F 列相应单元格中,如本次循环 i 为 3,则写入 F3 单元格。

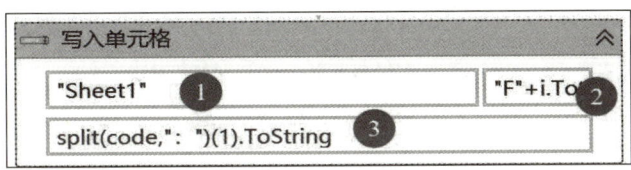

注意:此处函数 split(code,":")中:为中文冒号。

6. 递增写入单元格地址

添加【分配】活动,设置 i=i+1,使上述写入单元格活动中的地址随循环递增。

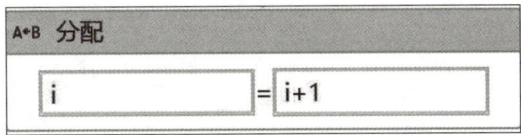

练一练

请描述字符串处理函数 split 及 replace 的用法。

项目实训

任务导入

通过 UiPath 制作一个从天眼查首页完成企业信息查询的机器人。

网站网址：https://www.tianyancha.com/。

任务报告

序号	步骤	实训成果		疑难点
1	绘制流程图			
2	流程开发	实现步骤	结果	

任务评价

序号	技能评分	佐证	是否达标
1	打开天眼查网站	能够运用【打开浏览器】活动打开网站	
2	数据获取	能够运用【数据获取】活动	
3	Excel 文件操作	能够运用【Excel 应用程序范围】活动、【读取范围】活动打开 Excel 文件；运用【写入单元格】活动写入数据	
4	基础控制语句操作	能够运用【对于每一个行】活动；运用变量控制写入单元格位置	
5	字符串处理操作	能够运用字符串处理函数完成基础数据清理工作	
6	关闭选项卡	能够运用【关闭选项卡】活动	

序号	素质评分	佐证	是否达标
1	流程思维能力	能够完成流程图的绘制	
2	程序开发能力	能够完成程序开发	
3	协同创新能力	能够和团队成员头脑风暴，协同完成任务	

任务二 开票机器人

任务导入

ABC 公司财务部门在日常运营中，面临着发票填开的繁重任务。这一过程不仅需要手动输入大量的发票信息，如发票抬头、纳税人识别号、商品名称、数量、单价、金额等，还需要严格核对每一项数据的准确性，以确保发票的合规性和有效性。传统的人工填开发票方式不仅效率低下，还容易因人为疏忽导致数据录入错误、发票信息不全或格式不规范等问题，给公司带来潜在的财务风险和税务合规问题。为了提升发票填开的效率和准确性，降低财务风险，ABC 公司设计了一款专门用于自动化处理发票填开业务的 RPA（机器人流程自动化）财务机器人。

数据资料

开票系统虚拟平台网址:https://bank.yidureading.com/invoice/invoicestart。

开票系统虚拟平台用户名:admin。

开票系统虚拟平台密码:Rpa@2025。

任务分析与设计

整体步骤如下:

(1)登录开票系统。

(2)打开发票 Excel 文件。

(3)填写发票信息。

(4)退出开票系统。

任务实施

(一)操作准备

1. 打开 UiPath 软件,点击"流程"

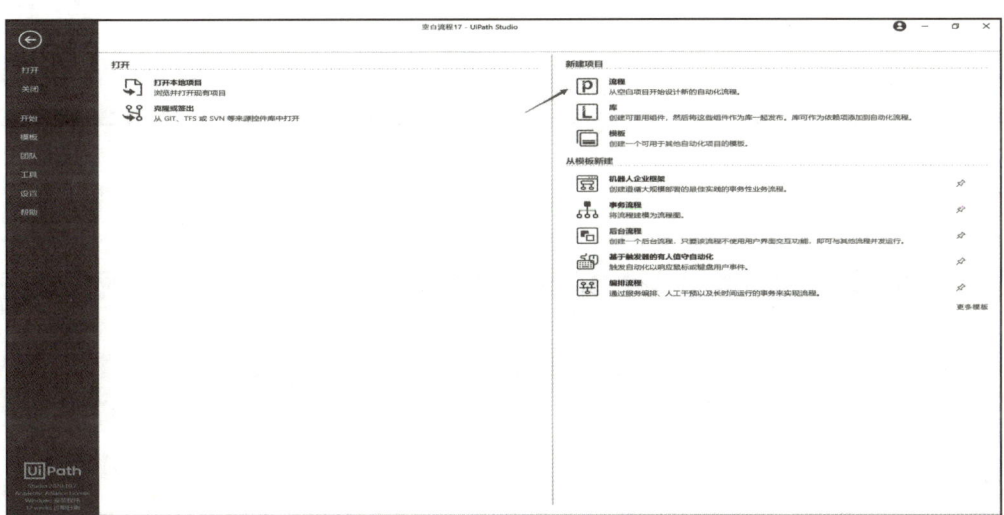

2. 设置好工程文件名称及位置

此案例中工程名称为"发票填开"。

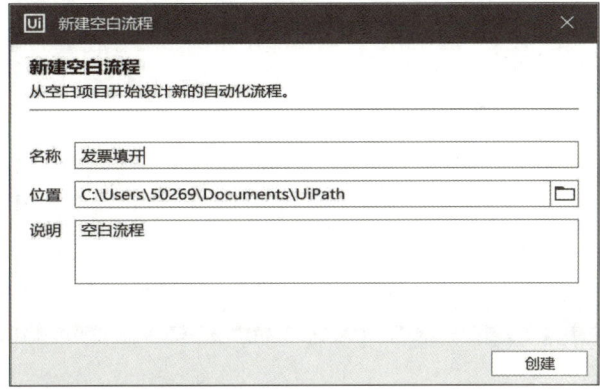

3. 等待加载完毕，进入编辑界面封面

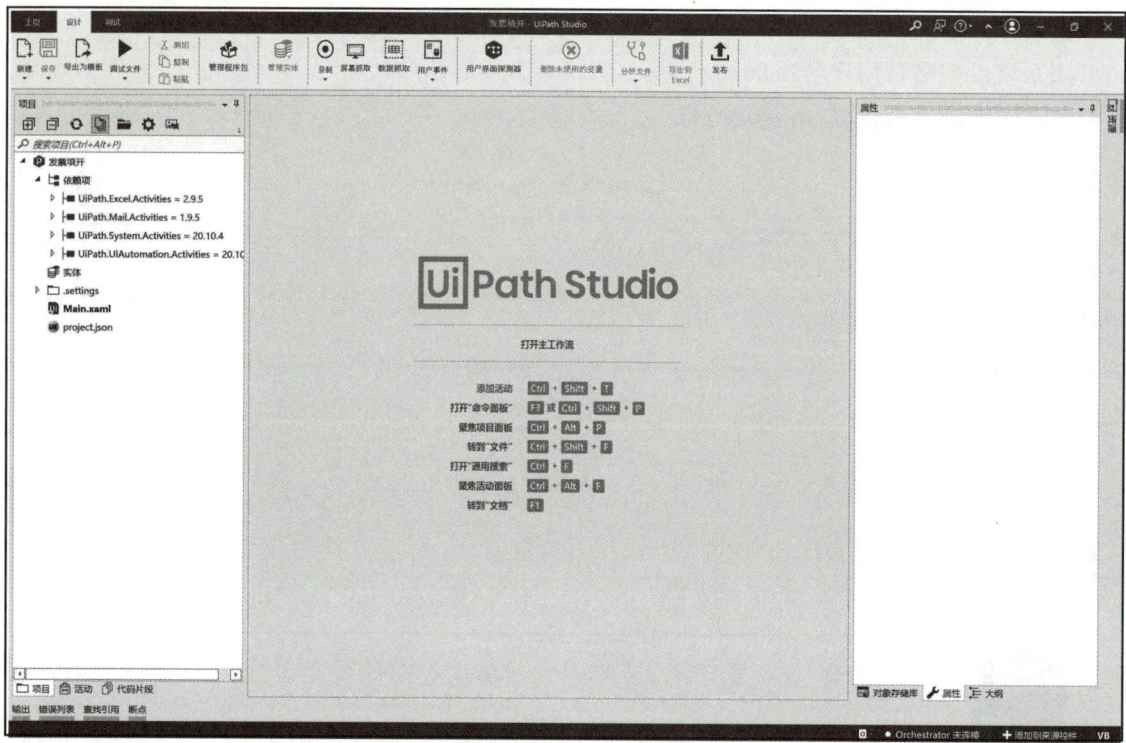

4. 添加新序列

因为整体流程不太复杂，直接双击 Main.xaml，在主流程中创建工作流程。

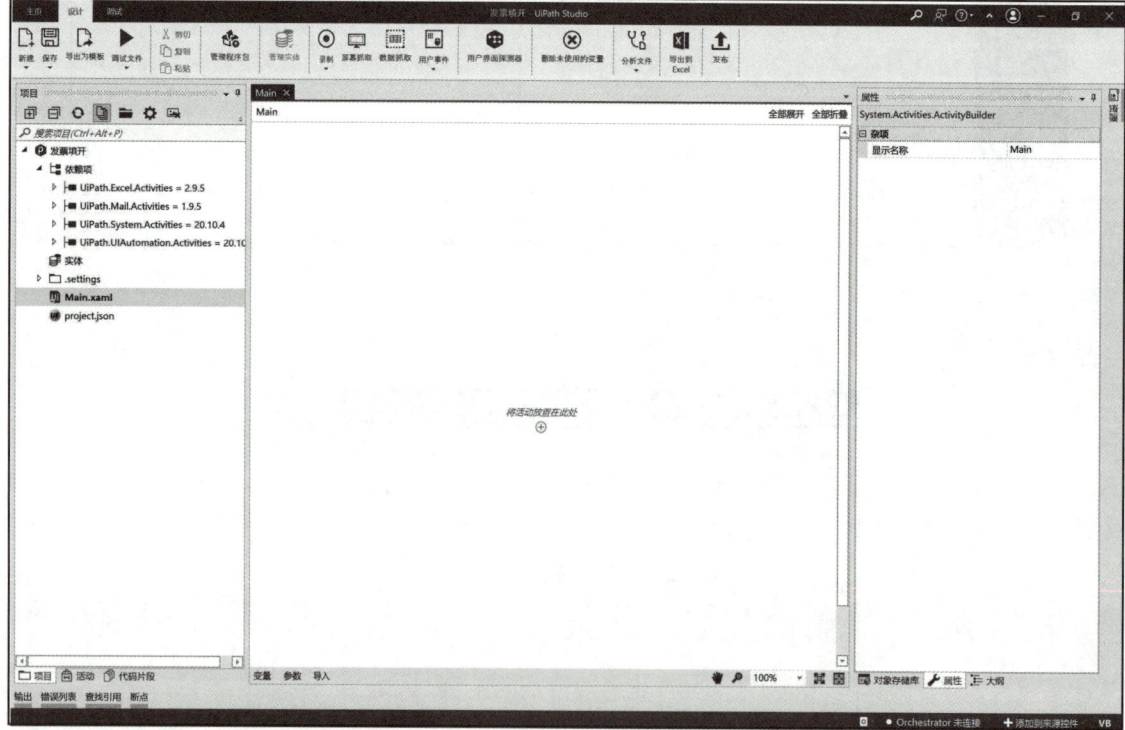

5. 确保谷歌浏览器 UiPath 插件处于可工作状态

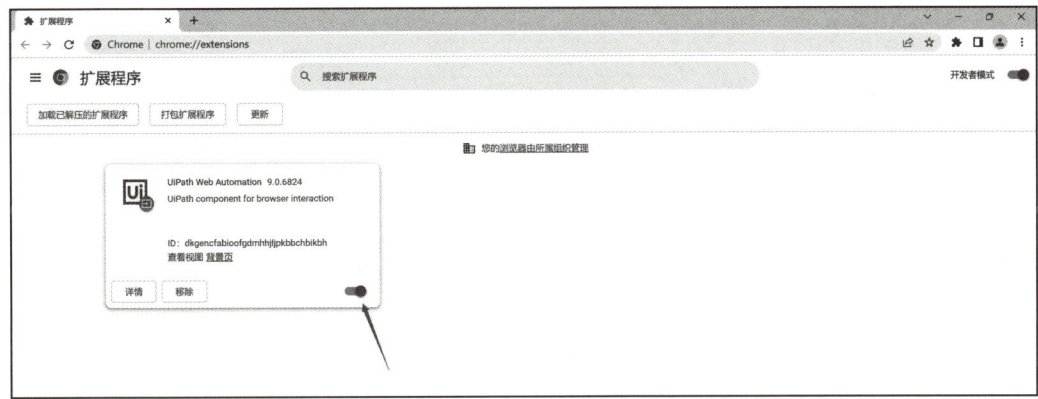

(二)流程制作

添加【序列】活动,将序列名更改为"发票填开"。

流程 1:登录开票系统

添加【序列】活动,将序列名更改为"登录"。

在"登录"序列中添加【打开浏览器】活动,在 URL 输入框中输入" https://bank.yidureading.com/invoice/invoicestart ",注意此处引号为英文引号。在其属性面板中,浏览器类型选择 Chrome,设置使用谷歌浏览器打开。

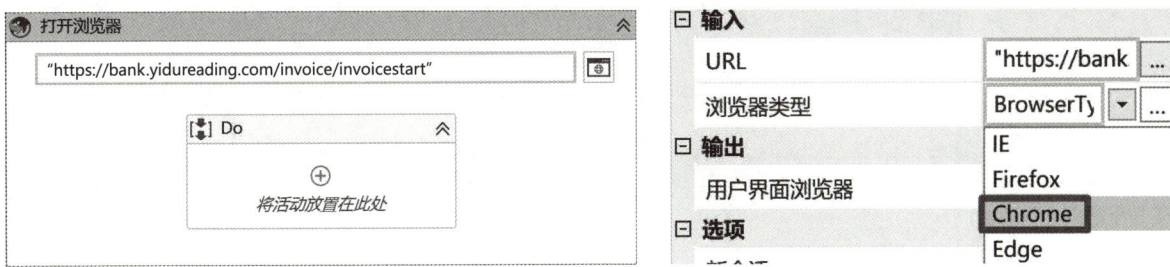

添加【最大化窗口】活动,使打开的浏览器窗口最大化,方便后续 RPA 程序能获取到所需控制的元素。

添加【设置文本】活动,通过"指出浏览器中的元素"功能拾取开票虚拟平台中的用户名输入框,

并设置输入文本为"admin",完成用户名的自动输入。

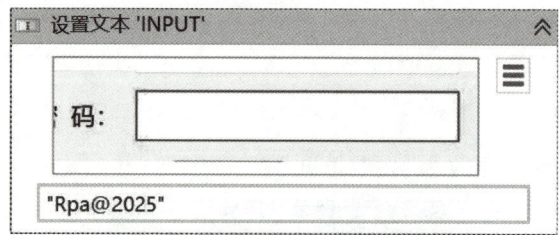

添加【设置文本】活动,通过"指出浏览器中的元素"功能拾取开票虚拟平台中的密码输入框,并设置输入文本为"Rpa@2025",完成密码的自动输入。

添加【单击】活动,通过"指出浏览器中的元素"功能拾取开票虚拟平台中的"登录"按钮。

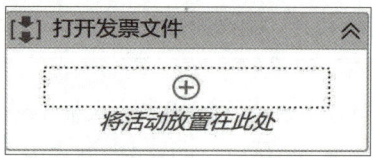

流程2:打开发票Excel文件

添加【序列】活动,将序列名更改为"打开发票文件"。

添加【Excel应用程序范围】活动,通过单击右侧文件夹图标,选择开票清单Excel文件。

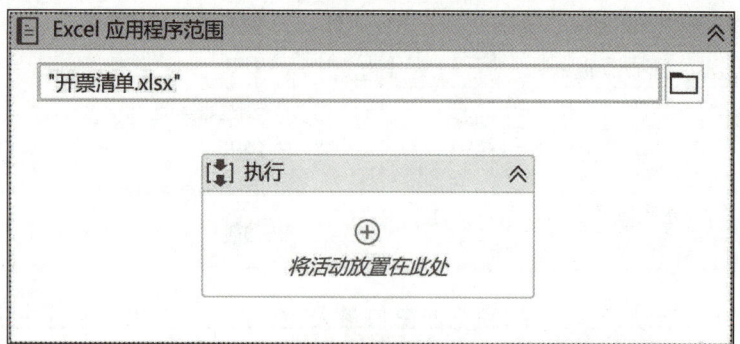

添加【读取范围】活动,在该活动中设置工作表名称为Sheet1,读取的范围为""。

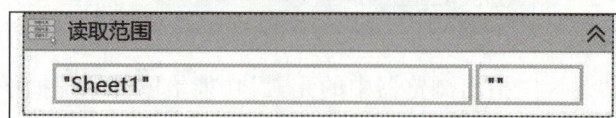

在其属性面板"输出 – 数据表"中创建变量 dt，变量范围为发票填开，数据类型为 DataTable。

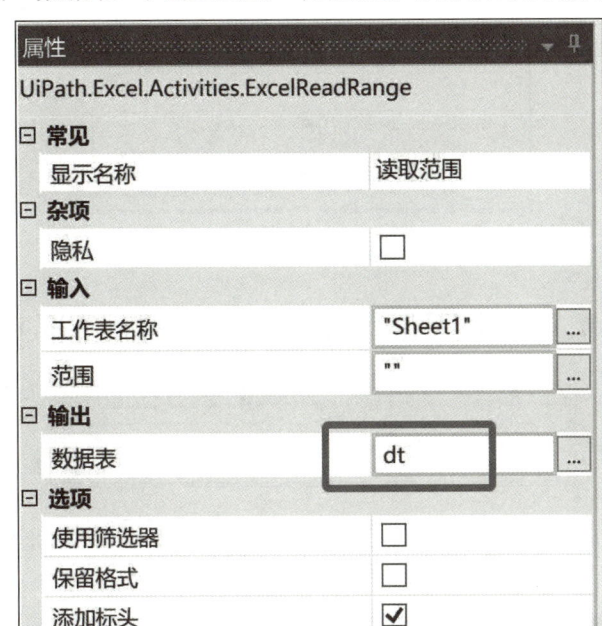

流程 3：填写发票信息

整体流程如下：

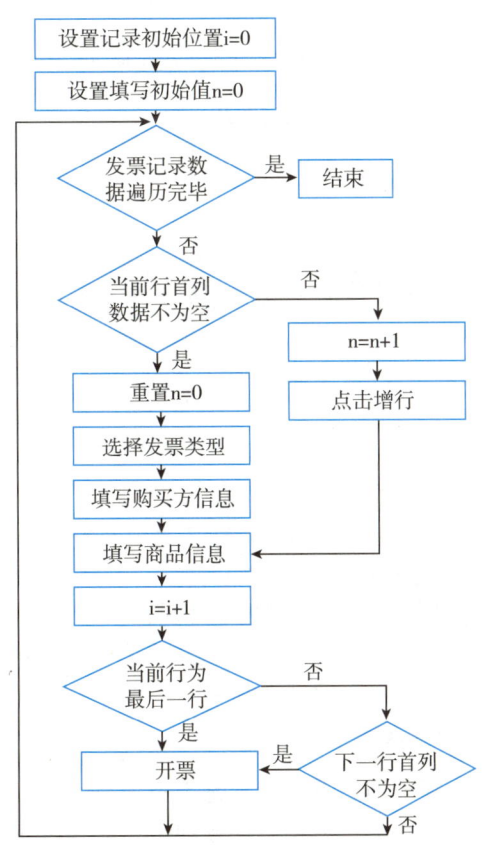

添加【序列】活动,将显示名称更改为"填写发票信息"。

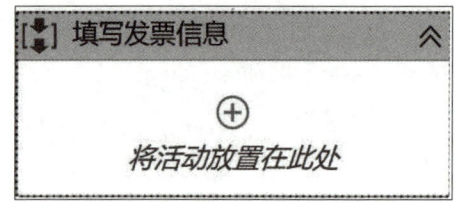

1. 设置初始值

设置发票记录初始位置,添加【分配】活动,创建变量 i,变量类型 Int32,初始值设置为 0。

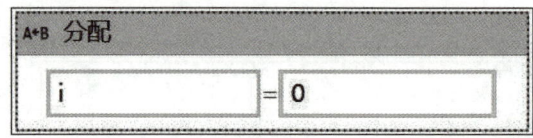

设置发票填开网页中的初始填写位置。添加【分配】活动,创建变量 n,变量类型 Int32,初始值设置为 0。

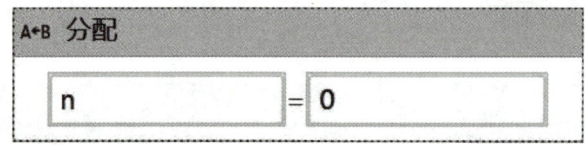

2. 搭建循环体

完成每条发票记录的填写。添加【对于每一个行】活动,在"输入"处创建变量 dt。

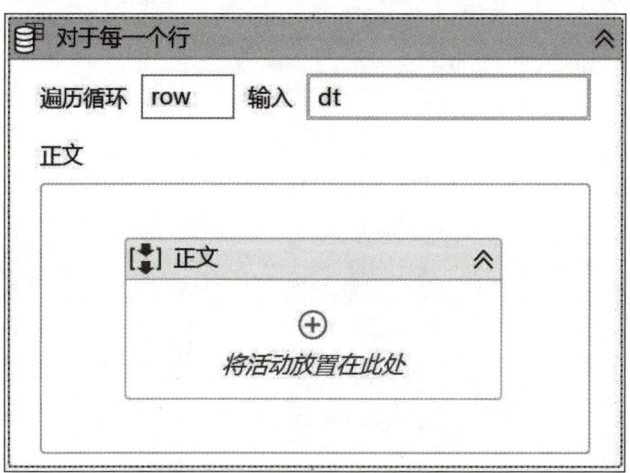

此处流程处理比较复杂,使用流程图来完成。添加【流程图】活动,双击进入【流程图】编辑界面。

在【流程图】活动中,完成以下步骤:

(1)添加【流程决策】活动,判断当前行首列数据是否不为空。

将属性面板中"条件"设置为 row(0).ToString < > " "。

 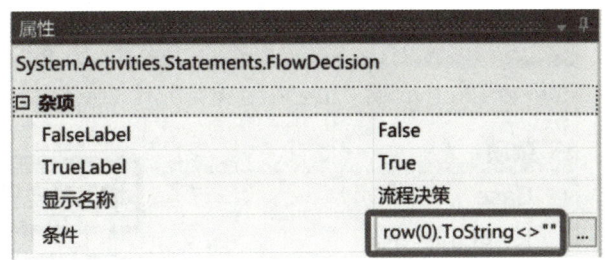

（2）如果不为空，则执行如下步骤：

① 初始值重置。添加【分配】活动，将发票填开网页中的初始填写位置 n 重置为 0。

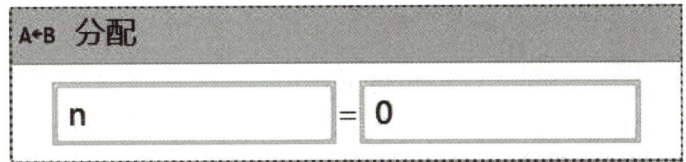

② 发票类型选择。添加【流程切换】活动，根据不同发票类型，进入不同的填写界面。传入的参数值即发票类型在 Excel 表格中是字符串类型，所以在其属性面板中将 TypeArgument 处改为 String 类型。

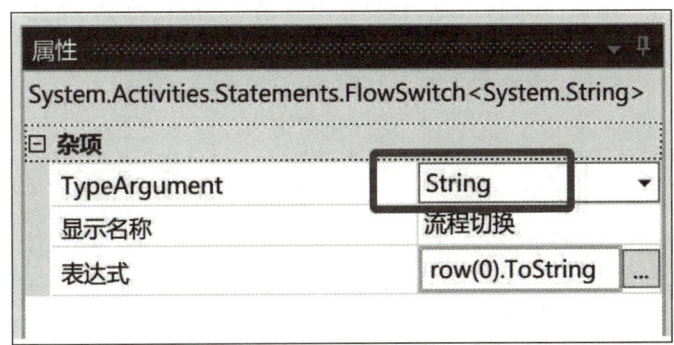

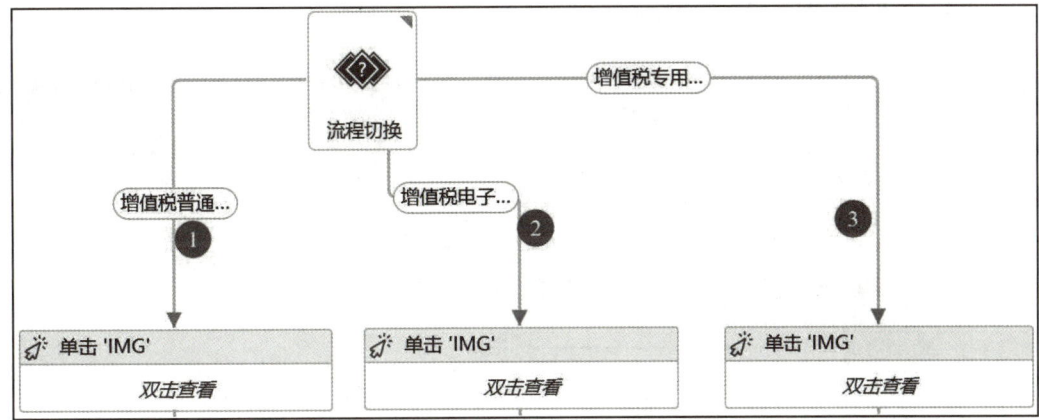

上图①处后续将单击增值税普通发票界面，②处后续将单击增值税电子普通发票界面，③处后续将单击增值税专用发票界面。以增值税电子普通发票路线为例，设置如下：

路线判断。点击增值税电子普通发票路线，在其属性面板中 Case 处填入"增值税电子普通发票"。前面已设置传入的参数值为字符串类型，此处无须加英文双引号。

进入不同发票填开处理页面。添加【单击】活动,通过"指出浏览器中的元素"功能拾取开票虚拟平台中的"开具电子普票"按钮。

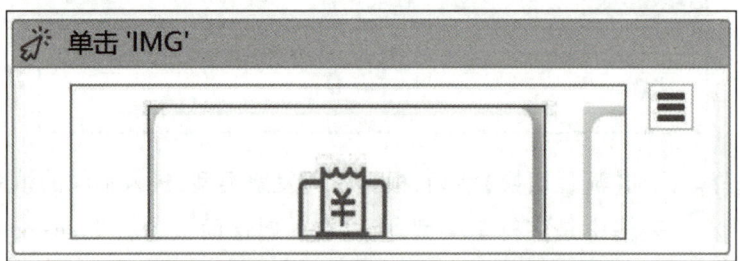

③ 填写购买方信息。添加【序列】活动,将显示名称改为"填写购买方信息"。

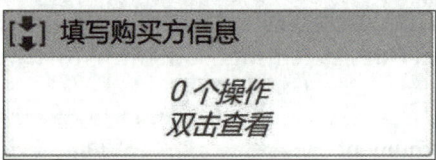

具体填写内容设置如下表所示。

操作	活动	设置
填写名称	设置文本 'INPUT' 称： row(1).ToString	添加【设置文本】活动,选取页面中名称输入框,填入 row(1).ToString
填写纳税人识别号	设置文本 'INPUT' 别号： row(2).ToString	添加【设置文本】活动,选取页面中纳税人识别号输入框,填入 row(2).ToString

操作	活动	设置
填写地址、电话	设置文本 'INPUT' 电话: row(3).ToString	添加【设置文本】活动,选取页面中地址、电话输入框,填入 row(3).ToString
填写开户行及账号	设置文本 'INPUT' 账号: row(4).ToString	添加【设置文本】活动,选取页面中开户行及账号输入框,填入 row(4).ToString

④ 填写商品信息。添加【序列】活动,将显示名称改为"填写商品信息"。

具体填写内容设置如下表所示。

操作	活动	设置
填写货物或应税劳务名称	设置文本 'INPUT goods_0' row(5).ToString	添加【设置文本】活动,选取页面中货物或应税劳务名称输入框,填入 row(5).ToString 在编辑选取器中,设置改为: < html app = 'chrome.exe' title = '管理系统' /> < webctrl id = 'goods_{{n}}' tag = 'INPUT' />
填写规格型号	设置文本 'INPUT spec_0' row(6).ToString	添加【设置文本】活动,选取页面中规格型号输入框,填入 row(6).ToString 在编辑选取器中,设置改为: < html app = 'chrome.exe' title = '管理系统' /> < webctrl id = 'spec_{{n}}' tag = 'INPUT' />
填写单位	设置文本 'INPUT unit_0' row(7).ToString	添加【设置文本】活动,选取页面中单位输入框,填入 row(7).ToString 在编辑选取器中,设置改为: < html app = 'chrome.exe' title = '管理系统' /> < webctrl id = 'unit_{{n}}' tag = 'INPUT' />

续表

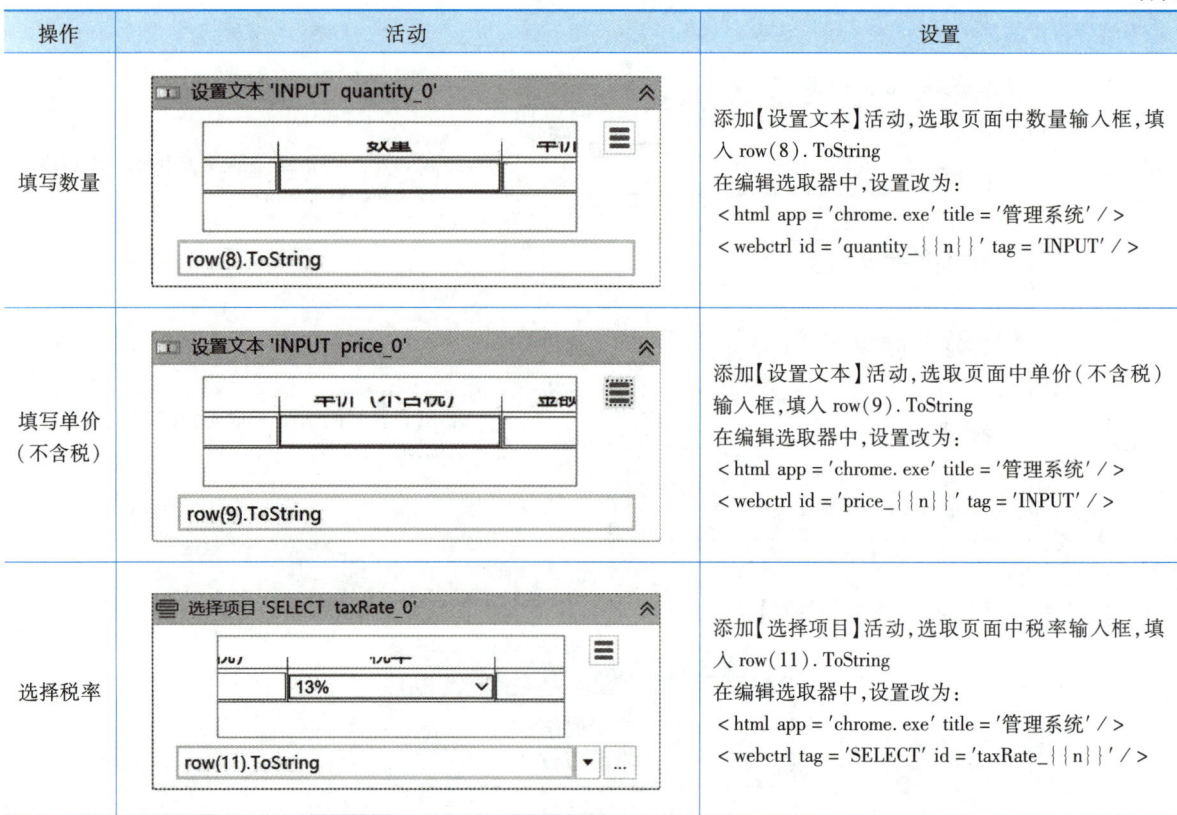

操作	活动	设置
填写数量	设置文本 'INPUT quantity_0' row(8).ToString	添加【设置文本】活动,选取页面中数量输入框,填入 row(8).ToString 在编辑选取器中,设置改为: < html app = 'chrome.exe' title = '管理系统' / > < webctrl id = 'quantity_{{n}}' tag = 'INPUT' / >
填写单价 (不含税)	设置文本 'INPUT price_0' row(9).ToString	添加【设置文本】活动,选取页面中单价(不含税)输入框,填入 row(9).ToString 在编辑选取器中,设置改为: < html app = 'chrome.exe' title = '管理系统' / > < webctrl id = 'price_{{n}}' tag = 'INPUT' / >
选择税率	选择项目 'SELECT taxRate_0' 13% row(11).ToString	添加【选择项目】活动,选取页面中税率输入框,填入 row(11).ToString 在编辑选取器中,设置改为: < html app = 'chrome.exe' title = '管理系统' / > < webctrl tag = 'SELECT' id = 'taxRate_{{n}}' / >

⑤ 侦测当前及下一行情况。如果当前行为最后一行,则点击打印输出。如果下一行首列信息不为空,则点击打印输入。其他情况继续完成信息输入。

整体步骤在 UiPath【流程图】中设置如下:

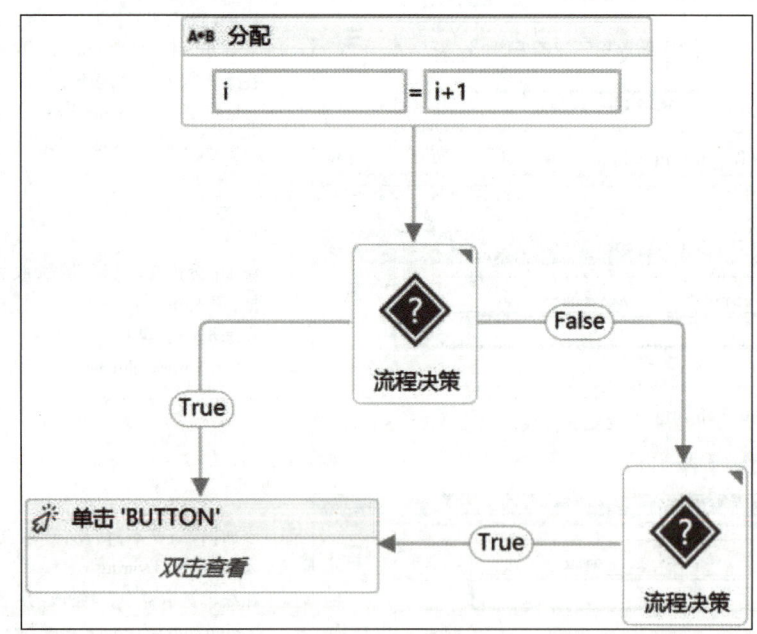

具体活动设置如下:

将发票记录位置递增。添加【分配】活动,设置 $i = i + 1$。

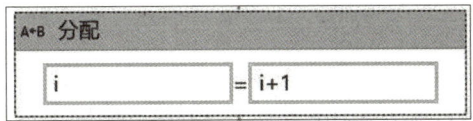

判断当前行是否为最后一行。添加【流程决策】活动,将属性面板中"条件"处设置为 i = dt. Rows. Count。dt. Rows. Count 可以取得数据表总行数。

判断下一行首列信息是否为空。添加【流程决策】活动,将属性面板中"条件"处设置为 dt(i)(0). ToString < > ""。

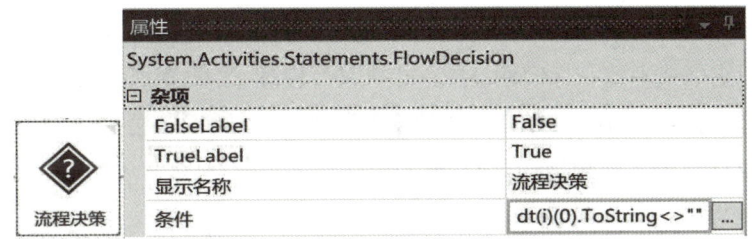

开票。添加【单击】活动,通过"指出浏览器中的元素"功能拾取开票虚拟平台中的"开具"按钮。

(3)如果为空,则执行如下步骤:

① 网页中的初始填写位置递增。

添加【分配】活动,设置 n = n + 1。

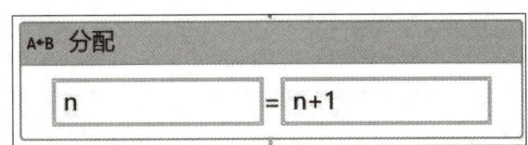

② 点击网页中"增行"按钮。

添加【单击】活动,通过"指出浏览器中的元素"功能拾取开票虚拟平台中的"增行"按钮。

③继续填写商品信息,将上一步添加联接线至填写商品信息序列。

流程4:退出开票系统

添加【单击】活动,通过"指出浏览器中的元素"功能拾取开票虚拟平台中的"退出开票"按钮。

项目实训

任务导入

XYZ公司仓储部门在日常运营中,承担着物料开单的重任。这一过程涉及手动录入大量的物料信息,包括物料编码、名称、规格、单位、出入库数量等。同时还需要仔细核对每一项数据,以确保物料单据的准确性和可追溯性。传统的手工开单方式不仅耗时费力,还容易因为人为因素造成数据录入错误、物料信息遗漏或格式不统一等问题,给公司的库存管理、采购计划及财务核算带来诸多困扰和潜在风险。为了优化物料开单流程,提高工作效率和数据准确性,XYZ公司研发了一套针对仓储系统物料开单业务的RPA(机器人流程自动化)仓储机器人。

数据资料

仓储系统虚拟平台网址:https://bank.yidureading.com/warehouse/warehousestart。

仓储系统虚拟平台密码:Rpa@2025。

任务报告

序号	步骤	实训成果		疑难点
1	绘制流程图			
2	流程开发	实现步骤	结果	

任务评价

序号	技能评分	佐证	是否达标
1	打开仓储平台网页	能够运用【打开浏览器】活动打开网站	
2	数据填写	能够综合运用【设置文本】活动及【选择项目】活动完成数据的填写;能够使用变量完成填写位置的控制	
3	Excel 文件操作	能够运用【Excel 应用程序范围】活动及【读取范围】活动打开 Excel 文件	
4	基础控制语句操作	能够运用【对于每一个行】活动	

序号	素质评分	佐证	是否达标
1	流程思维能力	能够完成流程图的绘制	
2	程序开发能力	能够完成程序开发	
3	协同创新能力	能够和团队成员头脑风暴,协同完成任务	

任务三 应收账款统计机器人

任务导入

A公司财务部门在处理应收账款时,面临着一项烦琐且易出错的任务:需要定期统计分析各企业客户的应收账款情况,包括每家企业的应收账款最长拖欠日期、应收账款总额,以及对应的销售日期等关键信息。传统的人工操作方式涉及大量Excel数据的复制粘贴,不仅耗时耗力,还容易因人为因素导致数据错误、遗漏或误发询证函,进而影响公司的财务健康与客户关系管理。

为了提升效率、减少错误并优化资源利用,我们为A公司量身定制了一款RPA(机器人流程自动化)财务机器人,专门用于自动化处理应收账款的统计分析与图表生成工作。

数据资料

本项目中共有两个表格。

(1)应收账款明细表。记载各应收账款的详细情况,包括销售日期、拖欠天数、欠款金额以及客户名称。

销售日期	拖欠天数	欠款金额	客户名称
2023/1/10	142	637626.00	A公司
2023/1/15	137	627083.00	B公司
2023/2/3	118	720946.00	C公司
2023/2/10	111	322809.00	B公司
2023/3/6	87	112328.00	A公司
2023/3/12	81	409356.00	C公司
2023/4/12	50	409356.00	C公司

(2)客户名单表。记载各客户的详细情况,包括客户名称、客户地址以及统一社会信用代码。

客户名称	客户地址	统一社会信用代码
A公司	A市开元路	91****141
B公司	B市中山路	71****142
C公司	C市中心中路	69****143

任务分析与设计

整体步骤如下:

(1)读取应收账款明细表及客户名单表。

(2)根据客户名单表对应收账款情况进行统计。

(3)将应收账款情况写入工作表并绘图输出。

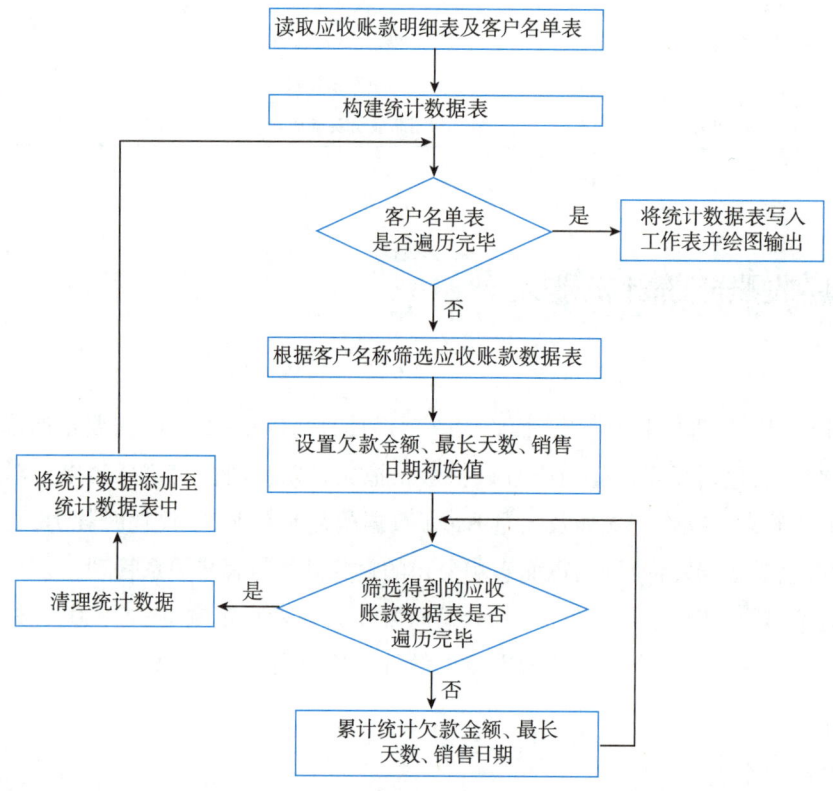

任务实施

（一）操作准备

1. 打开 UiPath 软件，点击"流程"

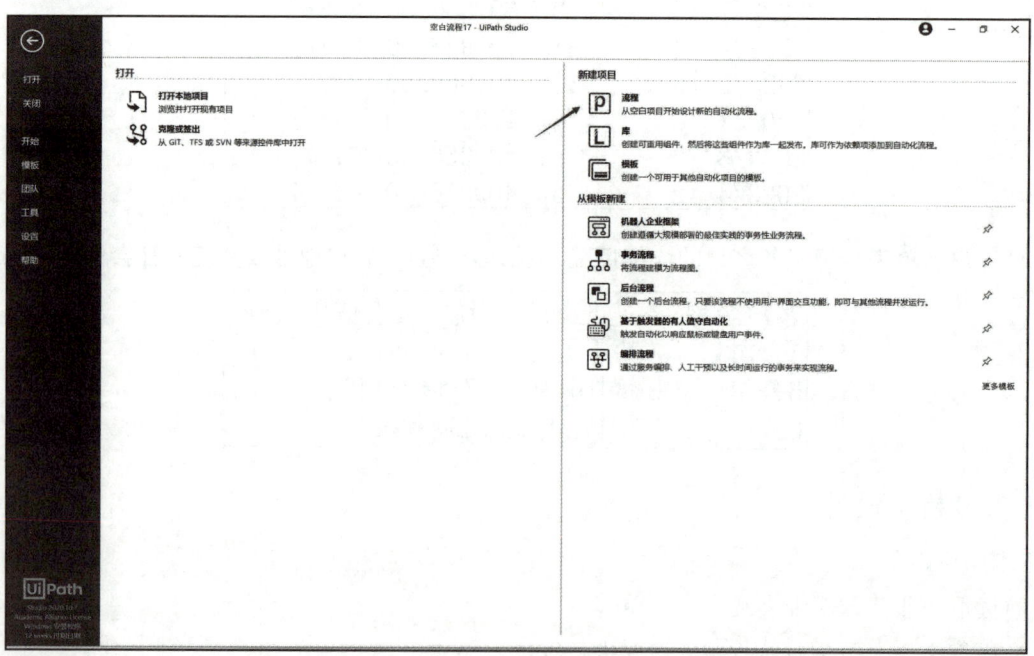

2. 设置好工程文件名称及位置

此案例中工程名称为"应收账款统计"。

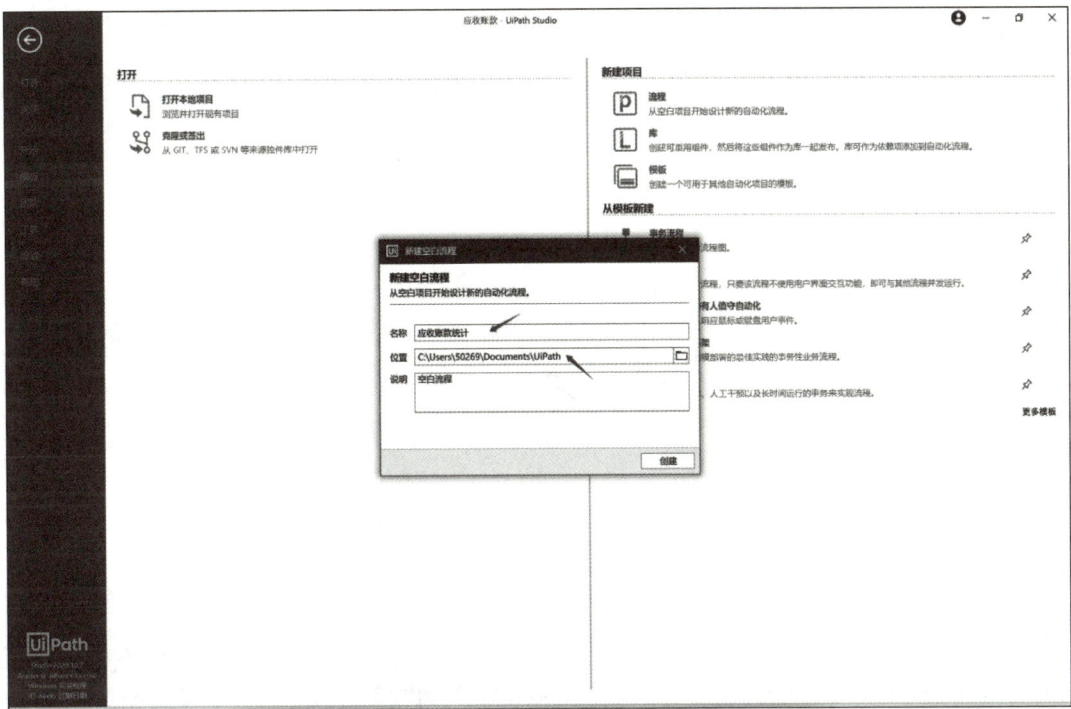

3. 等待加载完毕,进入编辑界面封面

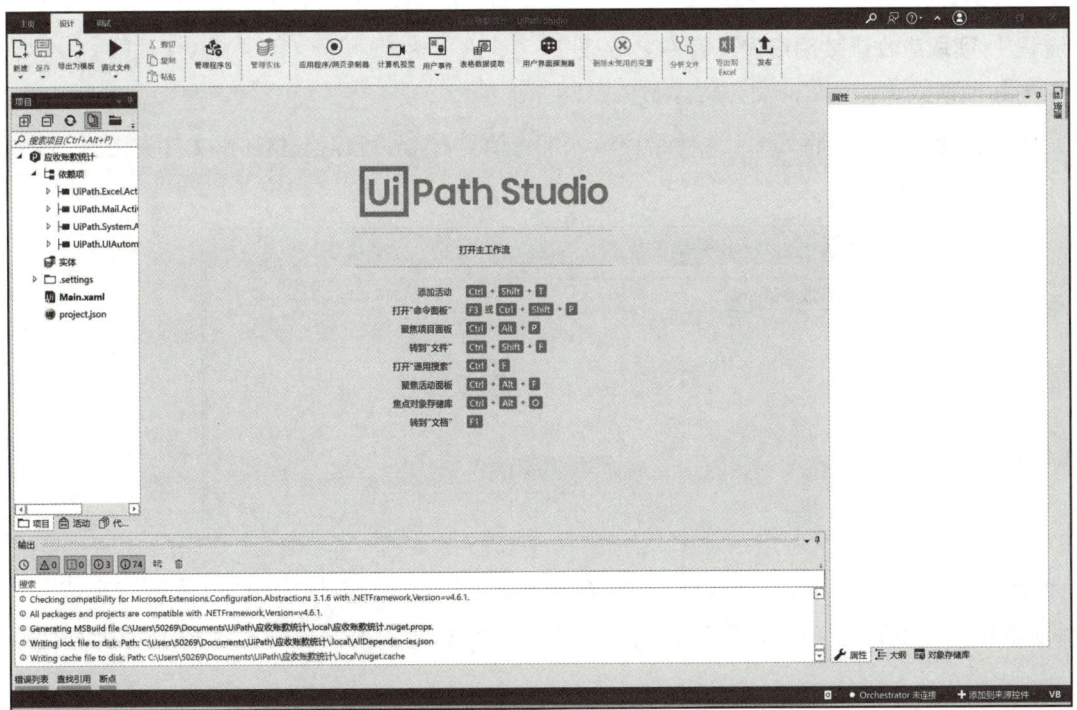

4. 添加新序列

因为整体流程不太复杂,直接双击 Main. xaml,在主流程中创建工作流程。

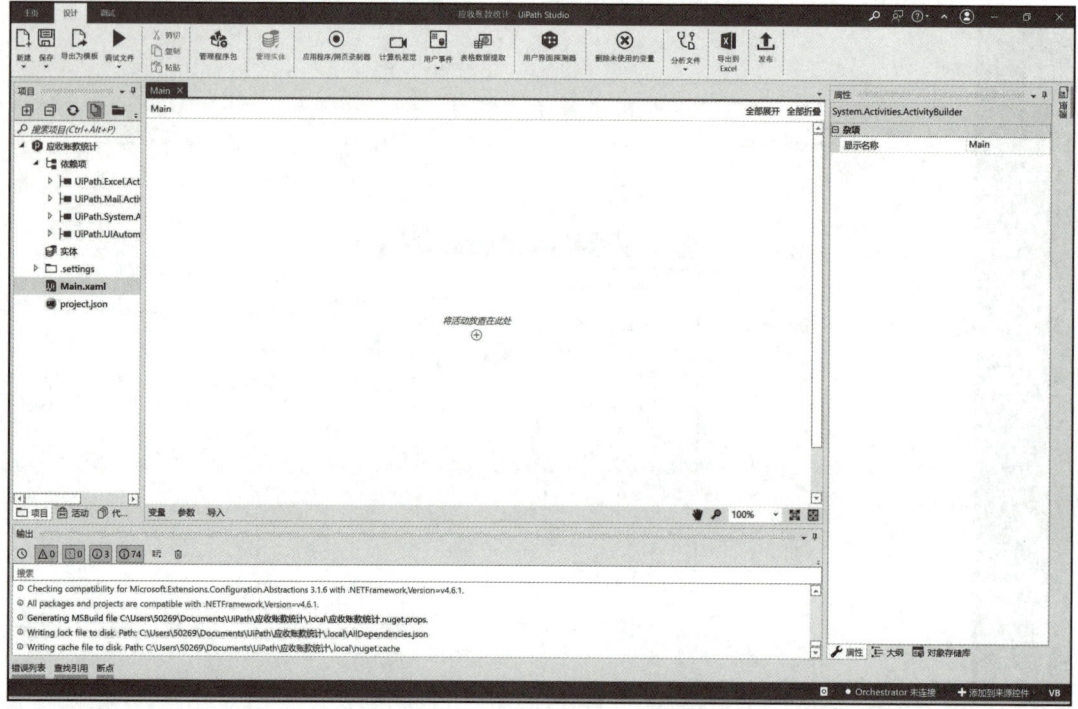

(二)流程制作

流程 1：读取应收账款明细表及客户名单表

添加新的活动名称：Excel 应用程序范围。

完成工作簿的选择。将 Excel 文件路径填入工作簿路径处,可以点击右侧文件夹图标,将应收账款文件选入得到文件路径。

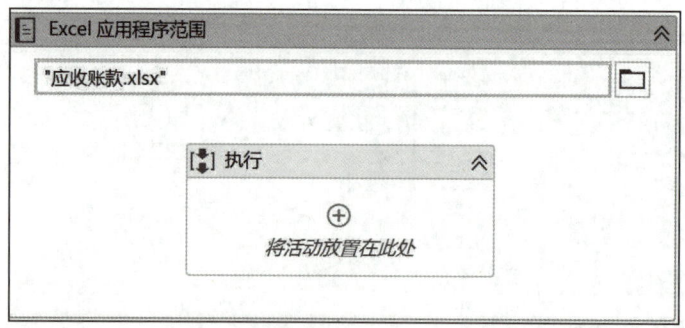

选择工作表及数据范围。添加【读取范围】活动,因为工作表名称为"应收账款",所以【读取范围】活动中左侧需要填入"应收账款",右侧可以选择范围,因为需要读入所有数据,所以此处使用默认值""。

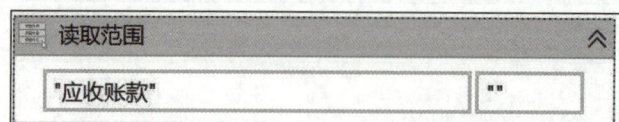

选中【读取范围】活动,在右侧属性中创建变量 dt1,表示将应收账款工作表中的所有数据存入 dt1 变量中。

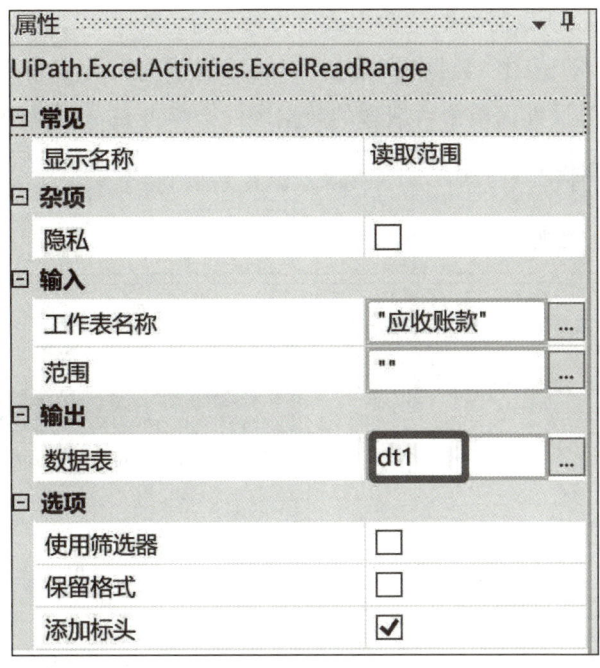

再次选择工作表及数据范围。添加【读取范围】活动,因为工作表名称为"客户名单",所以【读取范围】活动中左侧需要填入"客户名单",右侧可以选择范围,因为需要读入所有数据,所以此处使用默认值""。

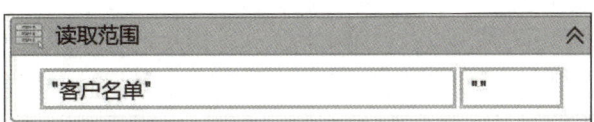

选中【读取范围】活动,在右侧属性中创建变量 dt2,表示将客户名单工作表中的所有数据存入 dt2 变量中。

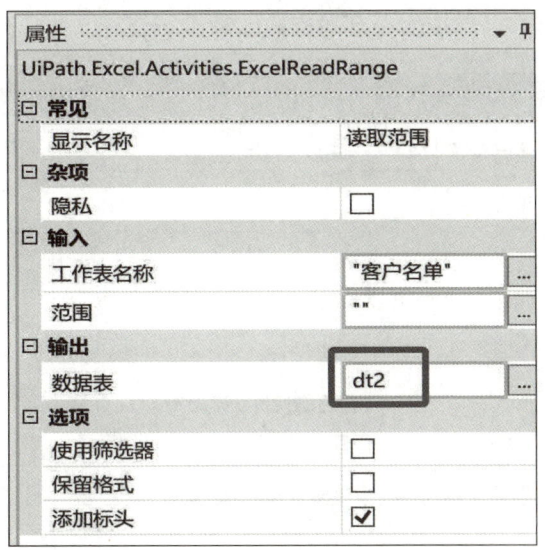

流程2：根据客户名单表对应收账款情况进行统计

后续要对每家企业的应收账款最长拖欠日期、应收账款总额，以及对应的销售日期信息进行统计，这些信息不能直接提取，所以需要构建数据表以方便统计。

添加【构建数据表】活动，点击"数据表"按钮，对统计的数据表设置表头名称及数据类型。选中【构建数据表】活动，在右侧属性面板中将新建的数据表框架存入 temp 变量中。

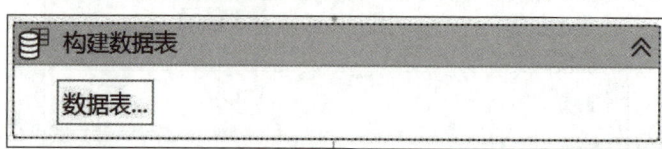

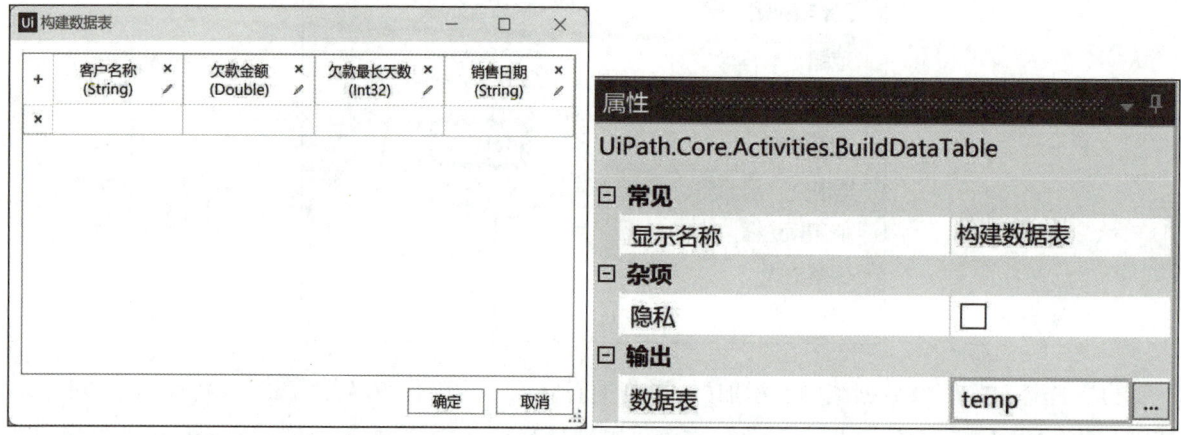

新构建的数据有四列，列名及数据类型分别如下表所示。

列名	数据类型
客户名称	String
欠款金额	Double
欠款最长天数	Int32
销售日期	String

按照客户名单表中的客户名单依次循环对应收账款进行统计。

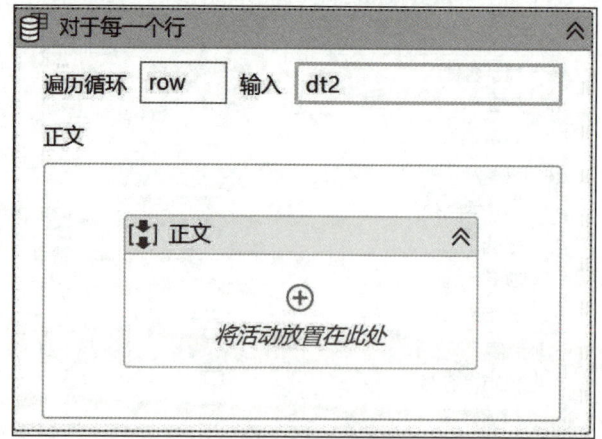

按客户名单表中的客户名称对应收账款工作表中客户名称列进行筛选。如当前客户名称为 A 公司,则对应收账款工作表中客户名称列值为 A 公司的行进行筛选。添加【筛选数据表】活动,点击"筛选器向导"进行设置。"筛选行"选项卡中"行筛选模式"选择"保留",保留第 3 列(从 0 开始编号),在值中填入 row("客户名称").ToString。将行筛选结果存入 dt3 变量中。

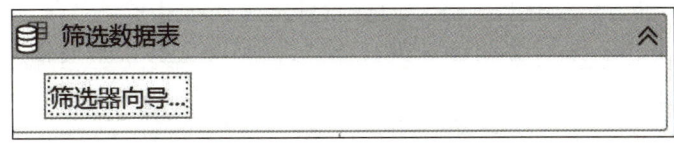

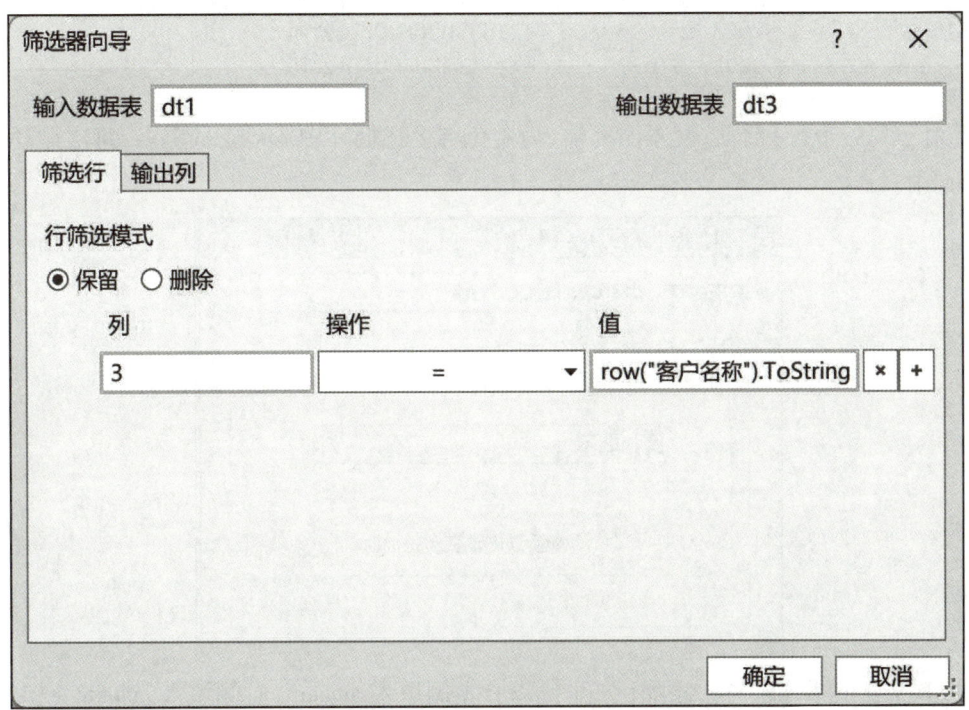

对筛选出来的结果进行统计。设置统计的初始变量和初始值如下表所示。

变量名	变量类型	初始值	用途
days	Int32	0	用于统计欠款最长天数
amount	Double	0	用于统计欠款金额
saledate	String	""	用于统计销售日期

使用【多重分配】活动完成上述变量的创建与放置。

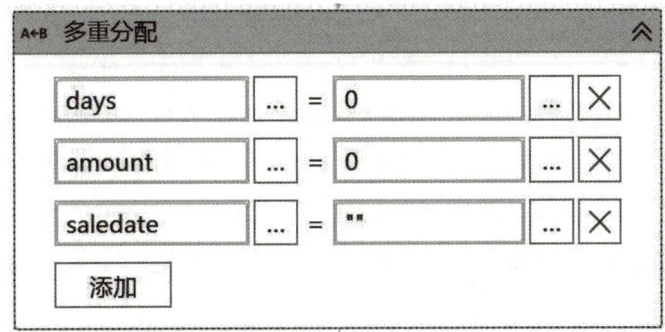

名称	变量类型	范围	默认值
days	Int32	正文	输入 VB 表达式
amount	Double	正文	输入 VB 表达式
saledate	String	正文	输入 VB 表达式

因为筛选出来的结果为 0 至多个，需要设置循环体对上述统计量进行统计。例如针对 A 公司筛选出的结果为下表，需要进一步对欠款金额进行加总，对拖欠天数求最大值，对销售日期信息进行合并。

添加【对于每一个行】活动，设置循环体，为避免与上述循环中 row 变量重名，每次循环的行存入变量 dt3row 中。

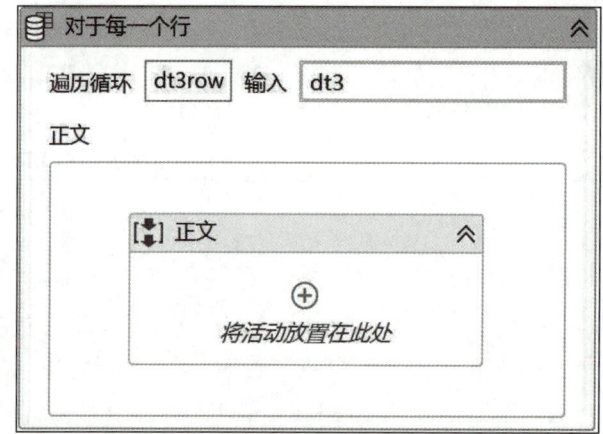

完成欠款金额的累加汇总。添加【分配】活动，左侧填入 amount，右侧填入 amount + CDbl (dt3row ("欠款金额"). ToString)，其中 dt3row ("欠款金额"). ToString 实现欠款金额的提取，CDbl 函数实现字符串向小数的转换。

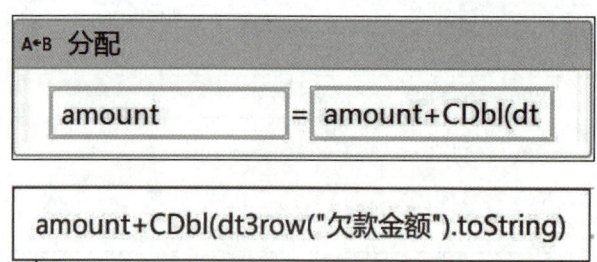

完成欠款最长天数的汇总。添加【IF 条件】活动，在 Condition 处填入 CDbl (dt3row ("拖欠天数")) > days，在 Then 处添加【分配】活动，其中左侧填入 days，右侧填入 CInt (dt3row ("拖欠天数"))。其中 CInt 函数实现字符串向整数的转换。整个活动的含义为：如果当前的拖欠天数大于之前存入 days 变量中的拖欠天数（days 循环前的初始值为 0），则更新 days 变量中的拖欠天数。例如之前存入 days 变量中的拖欠天数为 30，而当前的拖欠天数为 50，则更新拖欠天数为 50，说明目前最长的拖欠天数为 50。

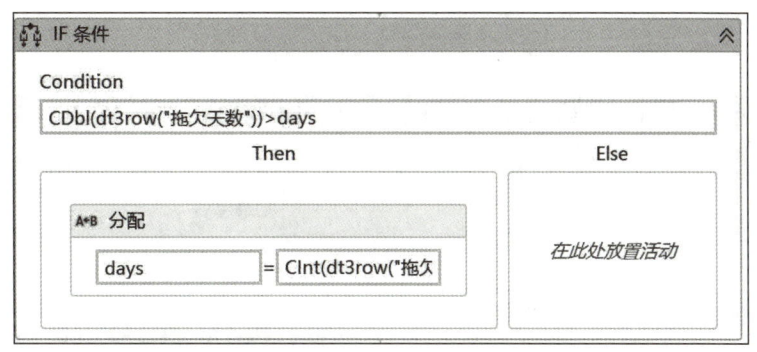

完成销售日期的汇总。添加【分配】活动，左侧填入 saledate，右侧填入 saledate + DateTime. Parse(dt3row("销售日期"). ToString). ToString("yyyy – MM – dd") + ","。其中 dt3row("销售日期"). ToString 实现销售日期的提取，DateTime. Parse 函数实现字符串向日期的转换，ToString("yyyy – MM – dd")函数实现将日期格式转换为年 – 月 – 日格式，","表示每个日期以逗号相互间隔。

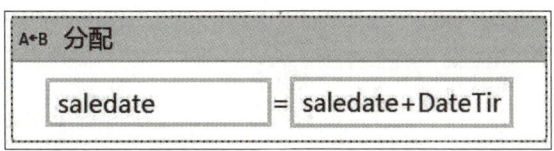

循环结束后完成数据的清理以及循环结果的保存。首先完成数据的清理。因为销售日期合并后显示为"2023 – 01 – 10,2023 – 03 – 06,"最后一个逗号为多余符号，需要删除，使用【分配】活动完成数据的清理。在【分配】活动中左侧填入 saledate，右侧填入 saledate. Substring(0，saledate. Length – 1)。其中，Substring 函数完成对所取得日期字符串的截取，截取范围从 0 至日期字符串长度减 1。

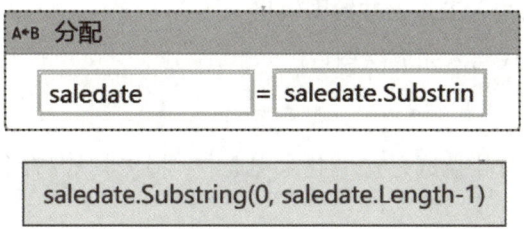

其次完成循环结果的保存。添加【添加数据行】活动，在右侧属性面板"输入 – 数据表"处填入 temp，在"数组行"处填入{row(0). ToString，amount，days，saledate}。表示将得到的客户名称、欠款金额、欠款最长天数以及销售日期存入 temp 数据表中。注意各元素之间用英文逗号间隔，数据用{ }包裹。

将结果写入 Sheet1 工作表中。在最外层【对于每一个行】后添加【写入范围】活动。在该活动工作表处填入 temp，其他分别使用默认值"Sheet1"以及"A1"，在属性面板中勾选"添加标头"。

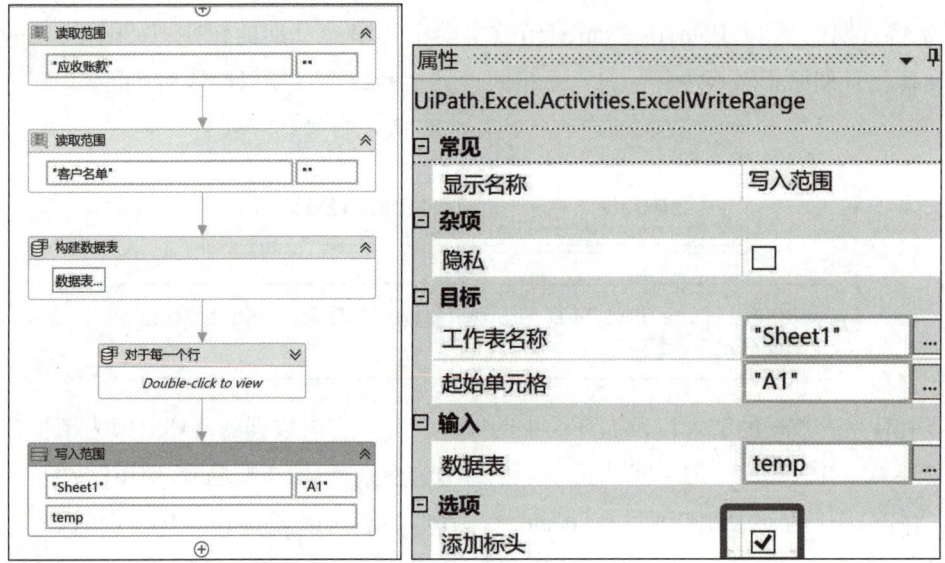

流程3：将应收账款情况写入工作表并绘图输出

可调用 Excel 中的 VBA 代码来完成绘图输出。

1. 新建文本文件,写好 VBA 代码

VBA 代码可先在 Excel 程序中调试完成,再拷入文本中。将文本文件命名为 code.txt。VBA 代码如下：

sub t( )

    ActiveSheet. Shapes. AddChart2(201, xlColumnClustered). Select

    ActiveChart. SetSourceData Source：= Range("Sheet1！＄A＄1：＄B＄4")

    ActiveSheet. Shapes. AddChart2(332, xlLineMarkers). Select

    ActiveChart. SetSourceData Source：= Range("Sheet1！＄A＄1：＄A＄4,Sheet1！＄C＄1：＄C＄4")

end sub

2. 打开 Excel 中使用宏的权限

以 Excel 2021 版为例,点击【文件 – 选项 – 信任中心】,点击【信任中心设置】。

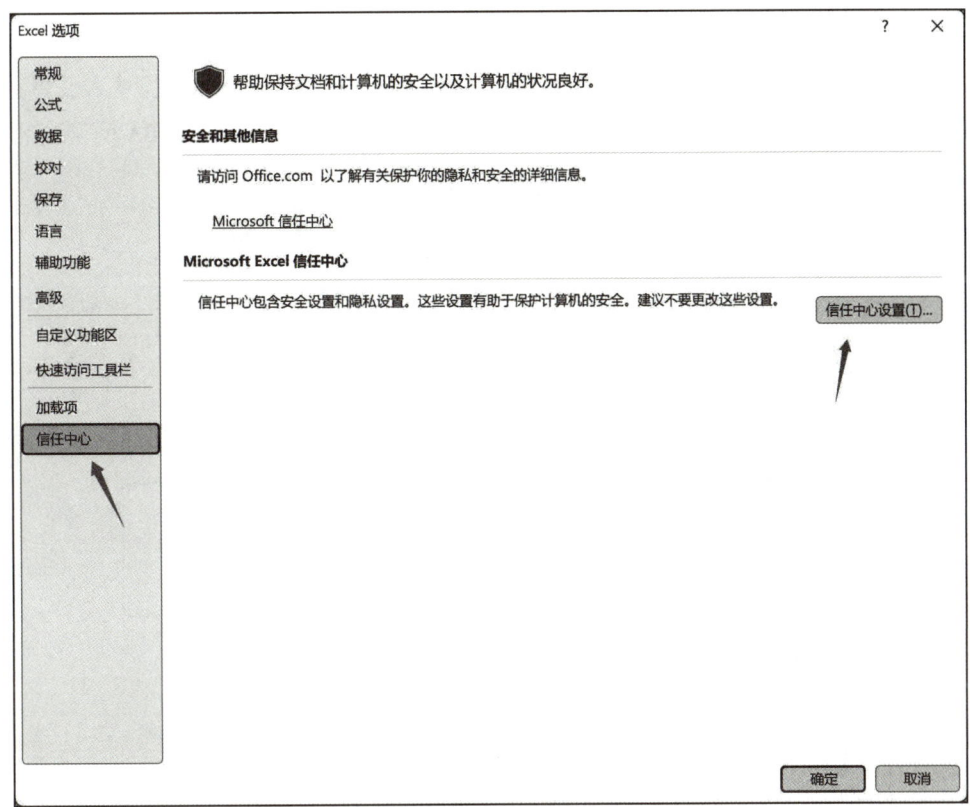

在信任中心中,点击【宏设置】,勾选"启用 VBA 宏时启用 Excel4.0 宏""启用 VBA 宏(不推荐:可能运行危险代码)"以及"信任对 VBA 工程对象模型的访问"。

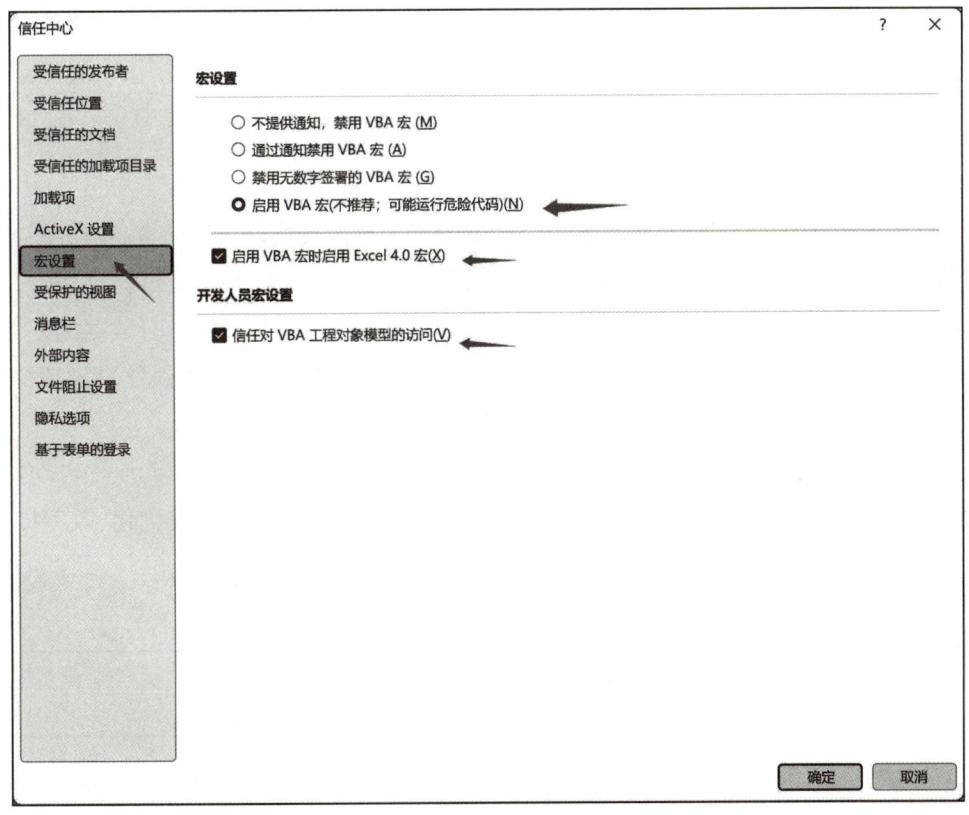

3. 调用 VBA

在 UiPath 中添加【调用应用程序视觉化 Basic】活动。将 VBA 代码文件路径填入文件路径处，可以点击右侧文件夹图标将 code.txt 文件选入得到文件路径。方法名称处填入 VBA 的函数名"t"。

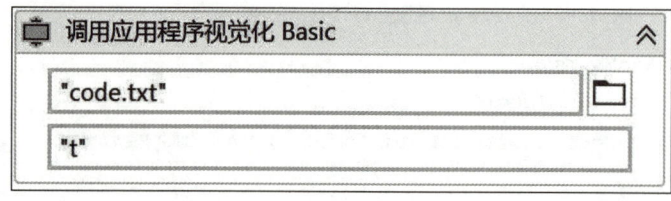

运行程序可以得到如下效果：

数据汇总效果：

客户名称	欠款金额	欠款最长天数	销售日期
A公司	749954	142	2023-01-10, 2023-03-06
B公司	949892	137	2023-01-15, 2023-02-10
C公司	1539658	118	2023-02-03, 2023-03-12, 2023-04-12

绘图输出效果：

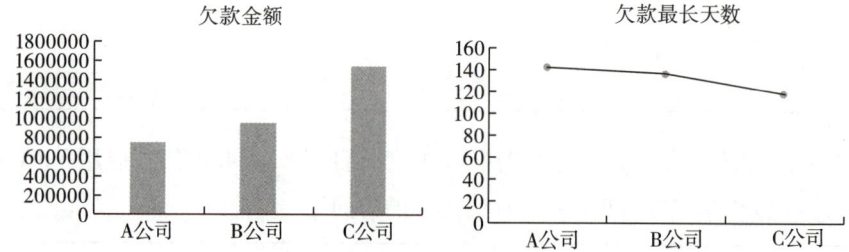

项目实训

任务导入

A 公司财务部门在日常运营中，面临着应付账款管理的重大挑战。具体而言，定期统计分析并管理来自众多企业客户的应付账款信息，如最长拖欠日期、应付账款总额及相应销售日期等，是一项既烦琐又高度依赖人工的任务。传统方式下，员工需手动在多个 Excel 表格间进行数据的复制、粘贴与核对，这一过程不仅效率低下，还极易因人为失误（如数据错输、遗漏或询证函误发）引发财务风险，损害公司信誉及客户关系。

为应对上述挑战，我们精心设计了一款针对 A 公司财务需求的 RPA（机器人流程自动化）解决方案，旨在通过智能机器人自动化处理应付账款的统计分析生成流程，实现流程优化、效率提升与错误率降低。

任务报告

序号	步骤	实训成果		疑难点
1	绘制流程图			
2	流程开发	实现步骤	结果	

任务评价

序号	技能评分	佐证	是否达标
1	打开 Excel 文件	能够运用【Excel 应用程序范围】活动打开 Excel 文件,使用【读取范围】活动读取指定 Excel 区域	
2	循环体设计	能够运用【对于每一个行】活动	
3	对数据完成筛选	能够运用【筛选数据表】活动	
4	对数据进行统计	能够综合运用【分配】活动及【IF 条件】活动	
5	使用函数完成数据转换	能够运用 CInt、CDbl、DateTime.Parse、ToString、SubString 等函数	
6	对结果进行填写	能够运用【写入范围】活动	
7	调用 VBA 代码完成图表绘制	能够运用【调用应用程序视觉化 Basic】活动	

序号	素质评分	佐证	是否达标
1	流程思维能力	能够完成流程图的绘制	
2	程序开发能力	能够完成程序开发	
3	协同创新能力	能够和团队成员头脑风暴,协同完成任务	

项目六

资金收付业务机器人开发

教学目标

知识目标：

1. 掌握收款查询业务的一般流程。
2. 掌握网银付款业务的一般流程。
3. 掌握银企对账业务的一般流程。
4. 熟悉出纳岗位的相关业务常识。

能力目标：

1. 掌握 RPA 财务机器人开发需求分析与流程梳理。
2. 掌握 RPA 财务机器人的流程设计思路。
3. 掌握页面元素获取及数据表活动的灵活使用。
4. 能熟练完成收款查询机器人的开发与调试。
5. 能熟练完成网银付款机器人的开发与调试。
6. 能熟练完成银企对账机器人的开发与调试。

素养目标：

1. 具备良好的思考和分析问题的能力。
2. 具备良好的 IT 思维能力。
3. 具备良好的创新思维能力。
4. 具备良好的劳动流程规范及安全意识。

项目六 资金收付业务机器人开发

项目导览

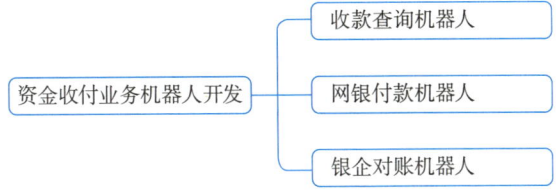

资金收付业务机器人开发
- 收款查询机器人
- 网银付款机器人
- 银企对账机器人

任务一 收款查询机器人

任务导入

ABC 公司由于业务规模庞大，每天都会有大量的收款业务需要进行查询和确认。传统方法下，这项任务由财务人员手动完成，他们需要登录银行的网上银行系统，逐笔核对款项是否到账，然后将查询结果通过邮件发送给相关的业务员。这一过程不仅耗时耗力，还容易因为人为错误导致信息不准确或遗漏，影响企业的资金管理和业务运营效率。为了解决这个问题，ABC 公司决定引入 RPA 技术，开发一款收款查询机器人，以自动化替代人工完成收款查询和结果通知的工作。查询结果将以 E-mail 形式进行发送。

数据资料

1. 电子邮件格式

主题：×××企业到款额。

正文：RPA 自动发送×××企业到款额，表格在附件中。

附件：××企业.xlsx。

2. 业务情况 Excel 表

业务员	对方单位名称	电子邮件
张三	东方五金生产有限公司	
李四	临江三维科技有限公司	
王五	万通科技有限公司	

3. 虚拟平台

网银虚拟平台网址：https://bank.yidureading.com/bankquery/bankquerystart。

网银虚拟平台用户名：admin。

网银虚拟平台密码：Rpa@2025。

任务分析与设计

整体步骤如下：

(1) 登录网银业务虚拟仿真平台。

(2) 读取业务情况 Excel 表。

255

（3）循环查询、抓取、保存并通过 E-mail 发送到账信息。

（4）退出查询平台，显示完成提示。

任务实施

（一）操作准备

1. 打开 UiPath 软件，点击"流程"

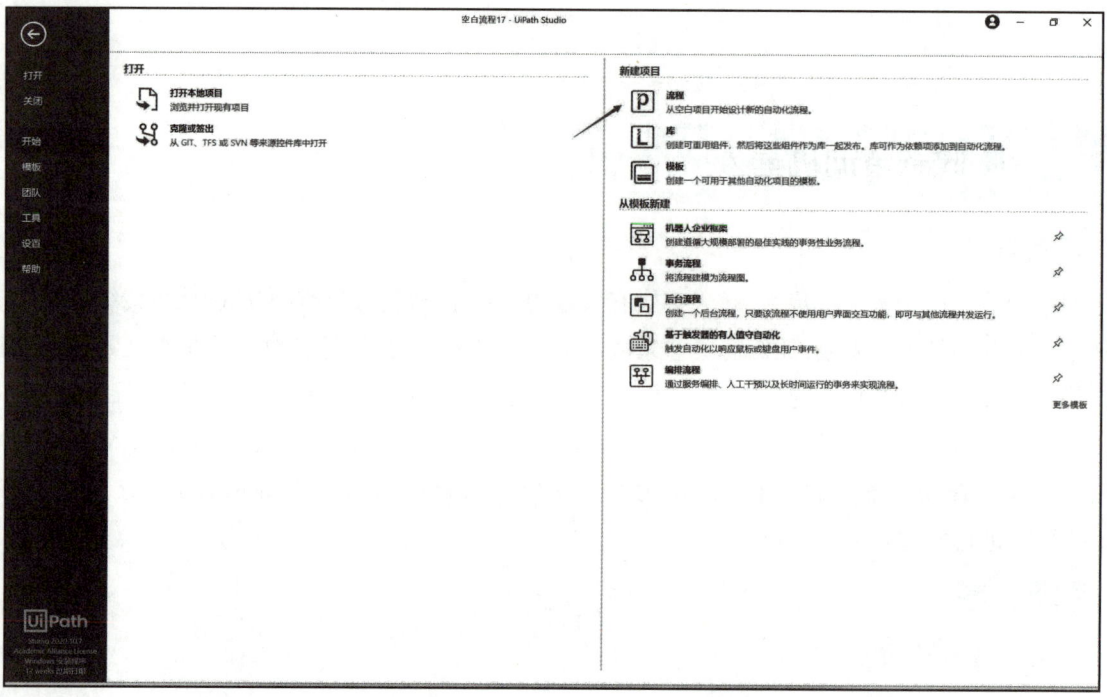

2. 设置好工程文件名称及位置

此案例中工程名称为"收款查询"。

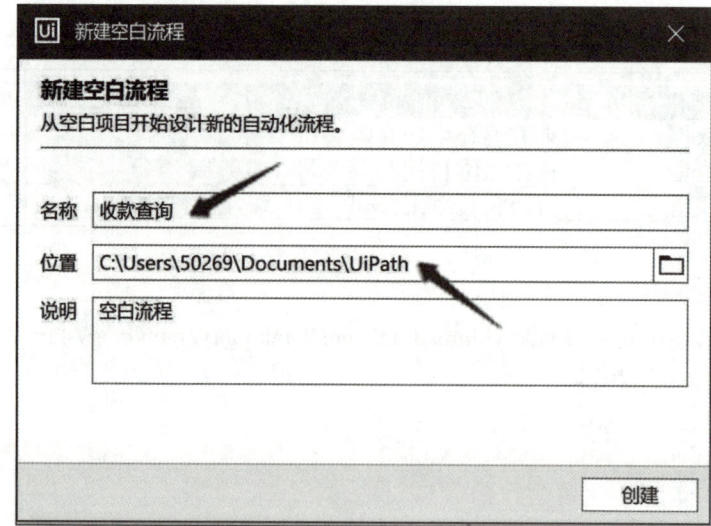

3. 等待加载完毕，进入编辑界面封面

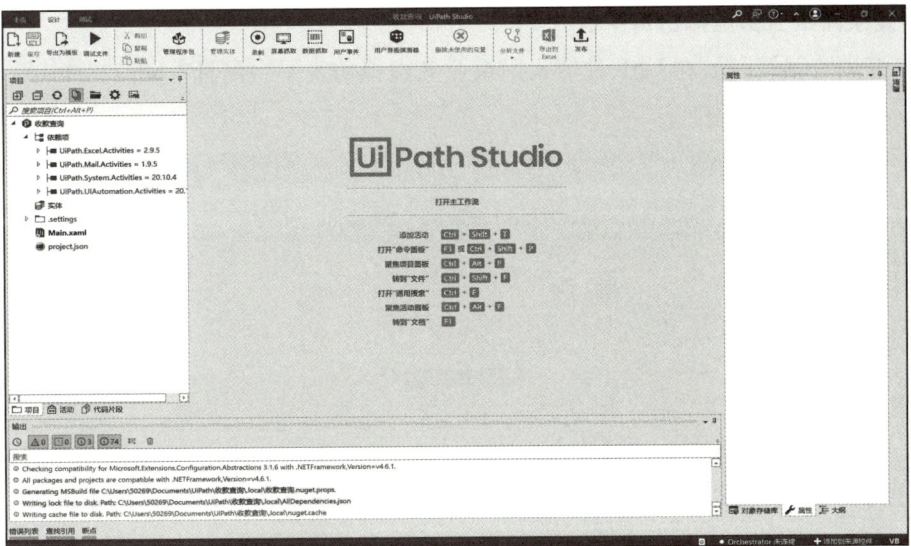

4. 添加新序列

因为整体流程不太复杂，直接双击 Main.xaml，在主流程中创建工作流程。

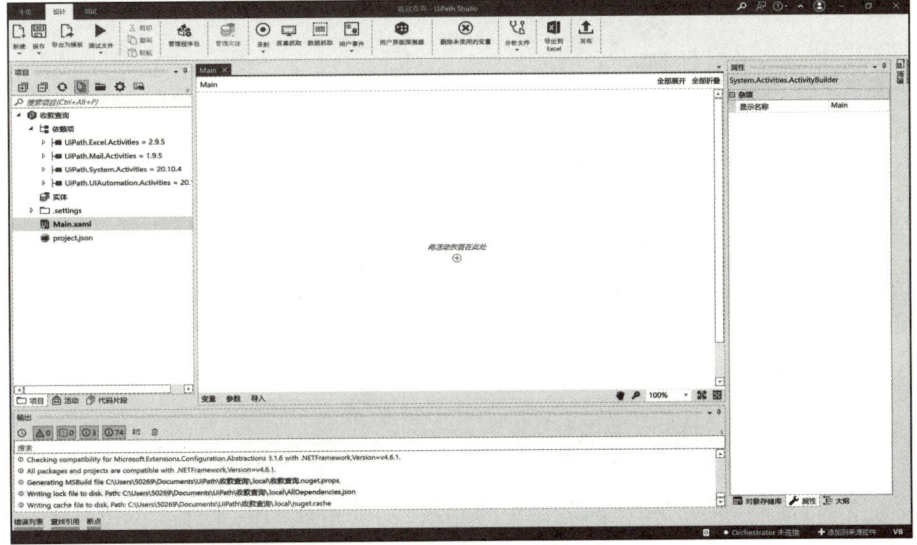

5. 确保谷歌浏览器 UiPath 插件处于可工作状态

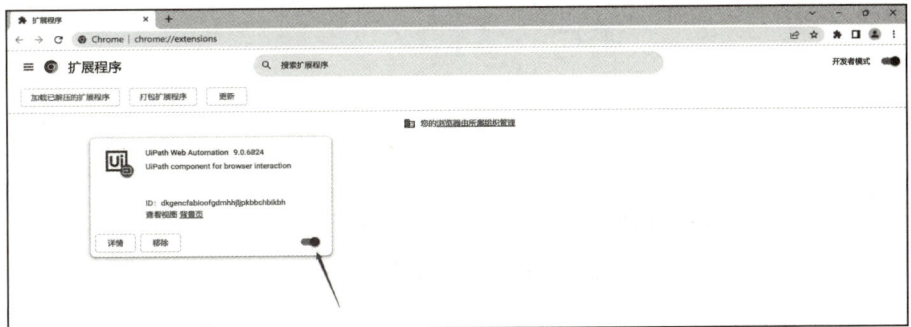

(二)流程制作

流程 1：登录网银业务虚拟仿真平台

添加【打开浏览器】活动,在 URL 处填入网银业务虚拟仿真平台网址" https：//bank. yidureading. com/bankquery/bankquerystart"。

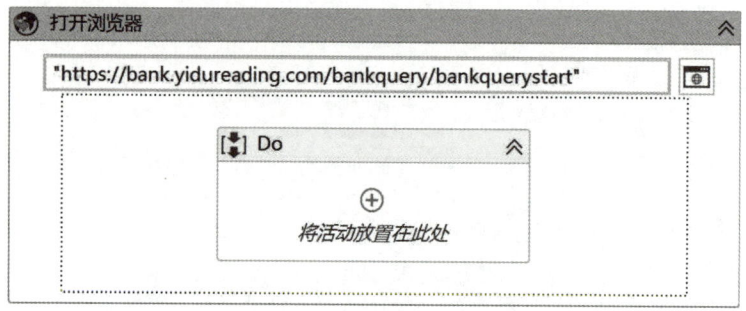

在其属性面板中,浏览器类型选择 Chrome,设置使用谷歌浏览器打开。

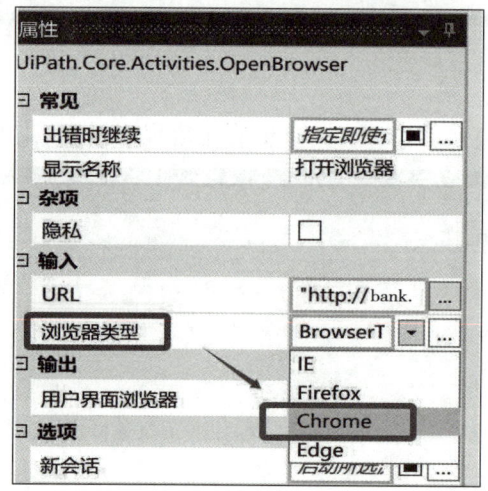

添加【最大化窗口】活动,将打开的浏览器页面最大化,方便后续 UiPath 正确选择页面元素。

添加【设置文本】活动,通过"指出浏览器中的元素"功能拾取网银业务虚拟仿真平台中的用户名输入框,并设置输入文本为"admin",完成用户名的自动输入。

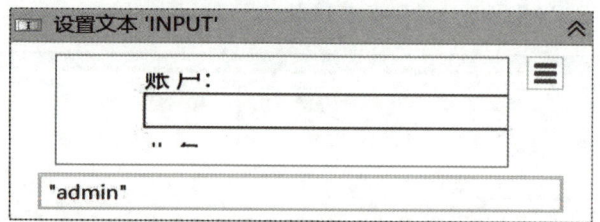

添加【设置文本】活动,通过"指出浏览器中的元素"功能拾取网银业务虚拟仿真平台中的密码输入框,并设置输入文本为"Rpa@2025",完成密码的自动输入。

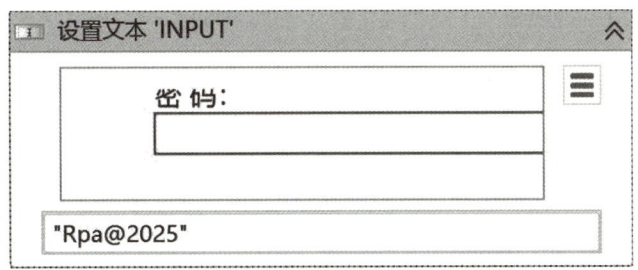

添加【单击】活动,通过"指出浏览器中的元素"功能拾取网银业务虚拟仿真平台中的"登录"按钮。

流程 2：读取业务情况 Excel 表

读入工作簿。添加【Excel 应用程序范围】活动,点击右侧图标处将收款查询用表 Excel 文件选入。

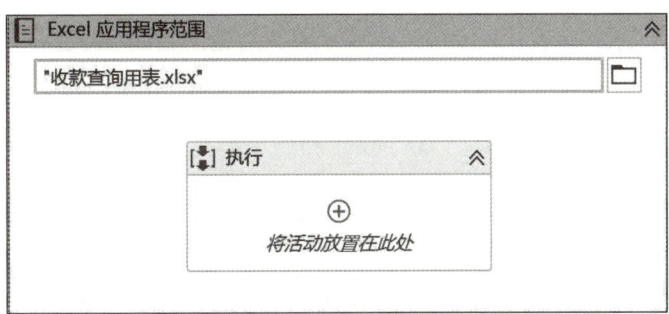

读入工作表及数据。添加【读取范围】活动,在左侧工作表名称处填入"业务情况",范围选择默认值""。在属性面板中"数据表"创建变量 dt,将读入的数据存入变量 dt 中。

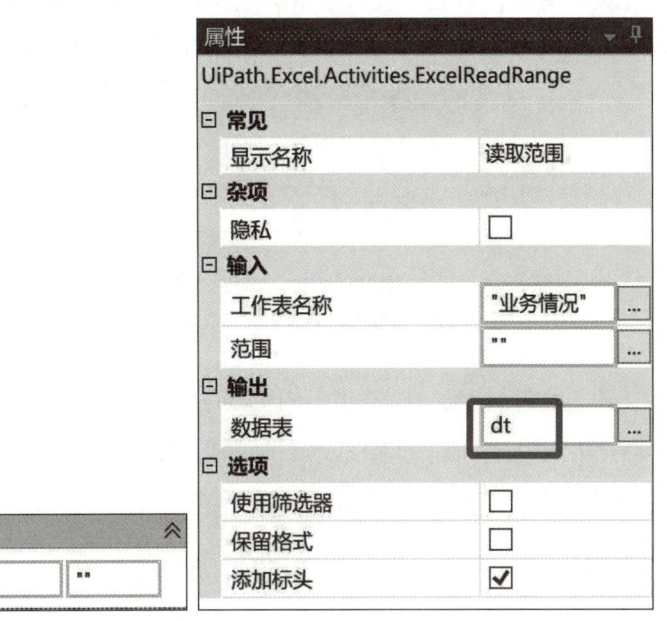

流程3：循环查询、抓取、保存并通过 E-mail 发送到账信息

1. 构建循环体

添加【对于每一个行】活动，其中右侧输入变量 dt，完成对数据表的逐行读取。

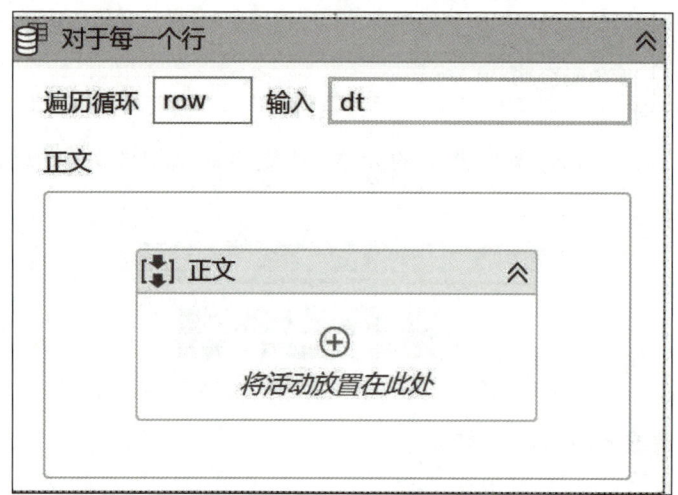

2. 设置循环内容

（1）查询到账信息。

根据平台的设定，输入业务员对接公司名称、起止时间信息，完成对接公司到账情况的查询。平台中如未输入起止时间，将查询该企业所有时间段到账信息。此处设定时间段为 2024－01－01 至 2024－12－31。

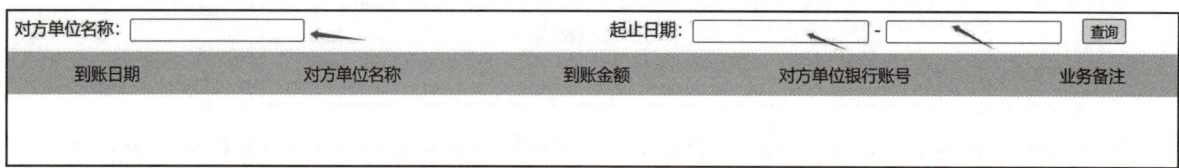

添加【设置文本】活动。通过"指出浏览器中的元素"功能拾取到账信息页面中对方单位名称输入框，设置输入值为 row(1).ToString，完成对方单位名称的自动填写。

添加【输入信息】活动，点击"指出浏览器中的元素"，拾取虚拟平台中开始日期输入框，设置输入值为"2024－01－01"。由于在输入开始日期信息前，输入框中存在其他信息，在输入时需要将其清空，在该属性面板中"选项－空字段"处完成勾选。

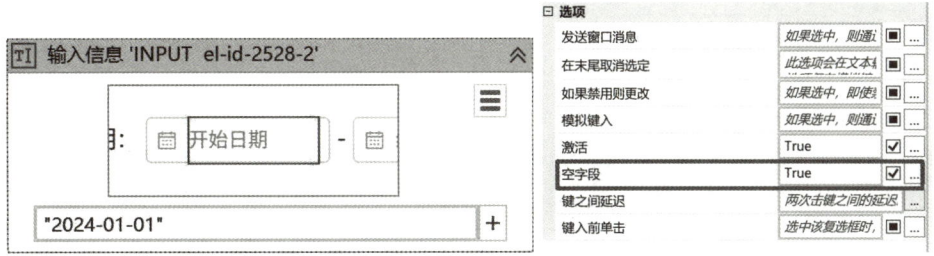

由于此处 UiPath 网页要通过 id 属性值来定位,而在该网页中 id 属性值是随机产生的,如本次 id 为 el-id-2528-2,在下次运行时将无法再获取到该 id 属性值所在的网页,所以需要通过其他方法来定位。在用户界面探测器中取消勾选 id,同时勾选 css-selector。

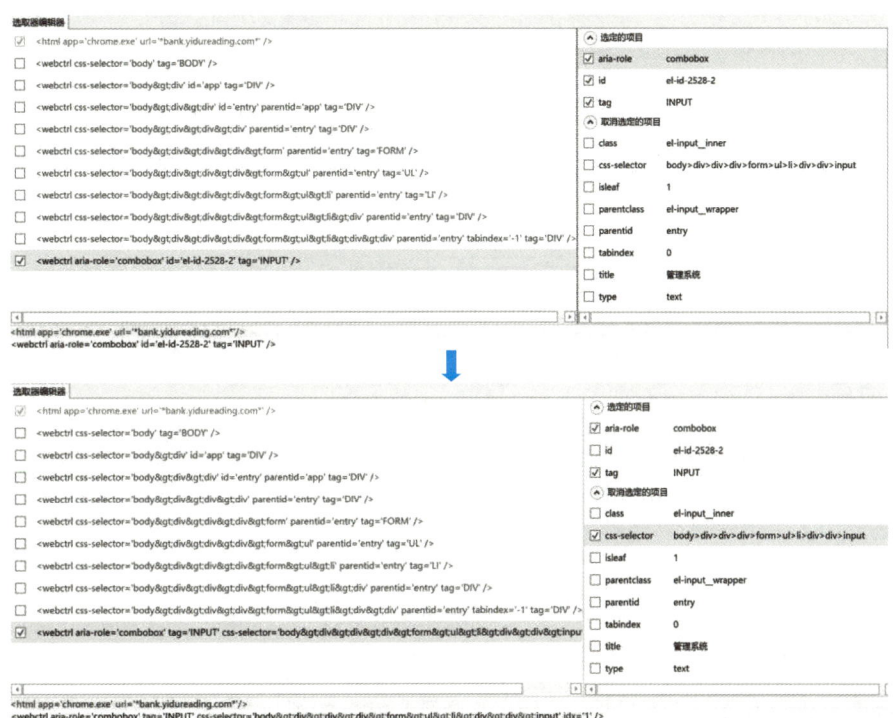

添加【输入信息】活动,点击"指出浏览器的元素",拾取虚拟平台中结束日期输入框,设置输入值为"2024-12-31"。由于在输入结束日期信息前,输入框中存在其他信息,在输入时需要将其清空,在该属性面板中"选项-空字段"处完成勾选。

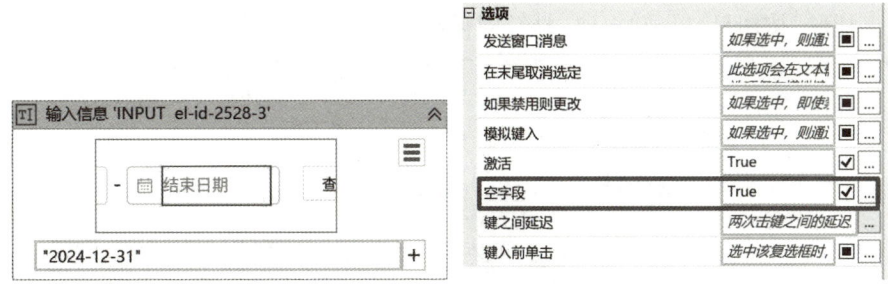

由于此处 UiPath 网页要通过 id 属性值来定位,而在该网页中 id 属性值是随机产生的,如本次 id 为 el-id-2528-3,在下次运行时将无法再获取到该 id 属性值所在的网页,所以需要通过其他方法来定位。在用户界面探测器中取消勾选 id,同时勾选 css-selector。

添加【单击】活动。通过"指出浏览器中的元素"功能拾取到账信息页面中"查询"按钮,完成"查询"按钮的自动点击。

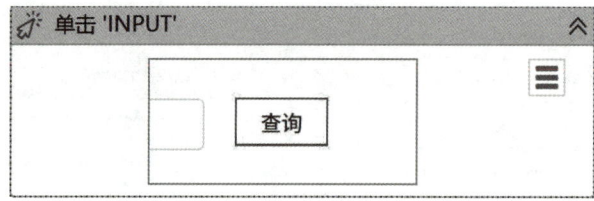

(2)抓取到账信息。

使用 UiPath 功能区中的"数据抓取"按钮,完成到账信息的抓取。

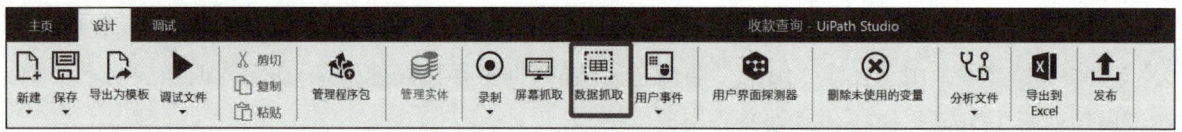

点击"数据抓取"按钮后,出现"提取向导"对话框,点击"下一步"。

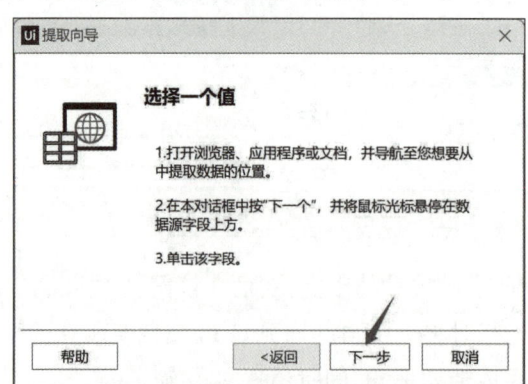

在出现的选择框内,选择查询得到表格中任意一个数据,在弹出的"提取表"对话框中选择"是"。

到账日期	对方单位名称	到账金额	对方单位银行账号	业务备注
2024/05/10	东方五金生产有限公司	10000	34897898097	产品销售
2024/06/10	东方五金生产有限公司	20000	34897898097	产品销售

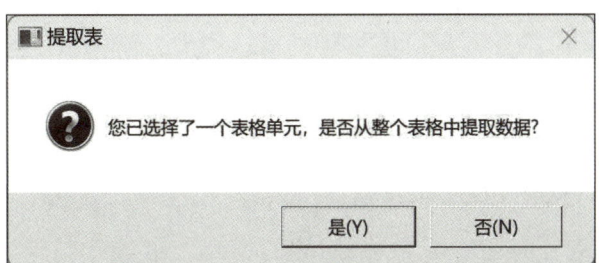

在出现的"提取向导"对话框中会出现整个表格的数据,点击"完成",即完成对整个到账信息表格的抓取。

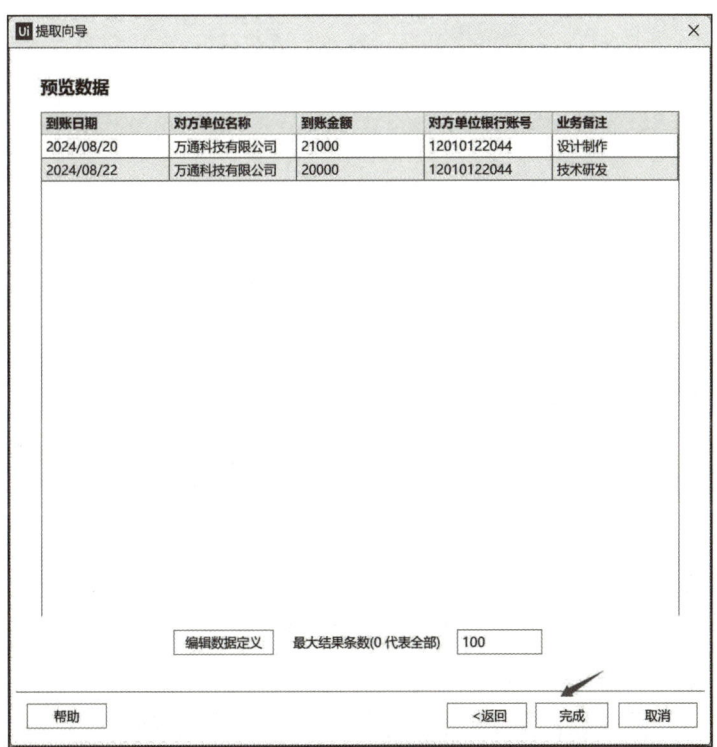

本案例中数据比较简单,没有出现分页的情况。在出现的"指出下一个链接"对话框中,选择"否"。

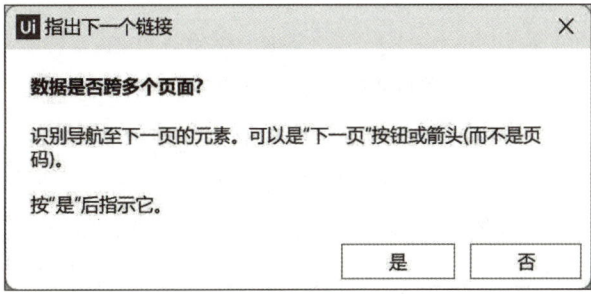

完成上述步骤后,UiPath 编辑区会出现"数据抓取"序列。此处我们也可以观察到功能区"数据抓取"按钮实现的功能是由【附加浏览器】及【提取结构化数据'TABLE'】两个活动组合完成的。

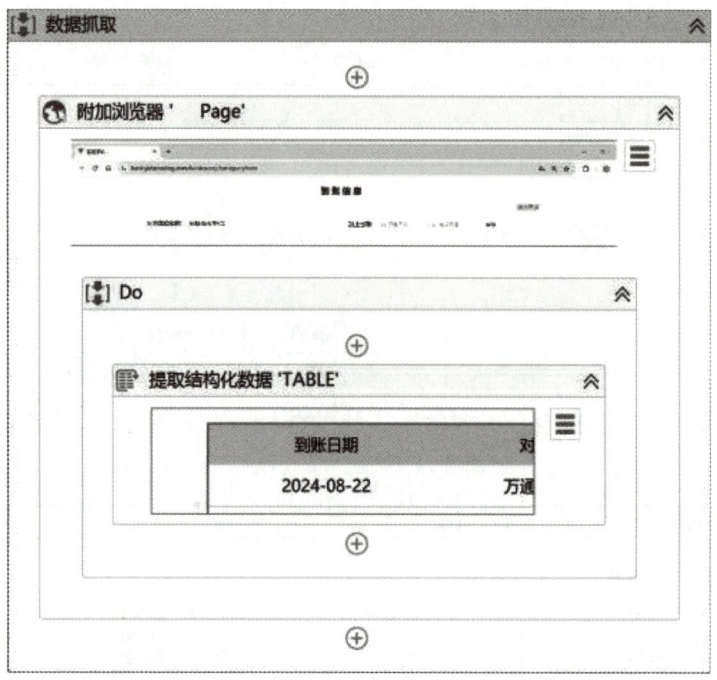

点击其中的【提取结构化数据'TABLE'】活动,在属性面板中可以看到系统创建了一个默认的变量 ExtractDataTable,变量数据类型为 DataTable。本案例中不改变此变量名。抓取到的数据将保存至系统默认变量 ExtractDataTable 中。

(3)保存到账信息。

①创建保存文件夹。

以对方单位名称创建保存文件夹。添加【创建文件夹】活动,文件夹名称填入 row(1).ToString,row(1).ToString 可以得到对方单位名称。

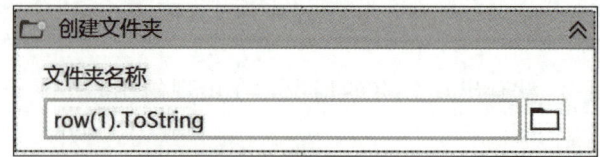

②保存文件。

将抓取到的到账信息存入上一步创建的文件夹中。添加【写入范围】活动。在下图①处填入". \" + row(1).ToString + " \" + row(1).ToString + ".xlsx"。其中". \" 表示当前程序文件所在目录,row(1).ToString 将获取对方单位名称。如果 row(1).ToString 的值为 H 企业,则①处填入的值为". \ H 企业 \H 企业.xlsx"。在②处填入默认的"Sheet1",③处填入 ExtractDataTable,④处填入默认的"A1"。结合在一起,以对方单位为 H 企业为例,表示在当前程序文件所在目录下的 H 企业目录下创建 H 企业

.xlsx 文件,在其 Sheet1 工作表的 A1 单元格开始写入变量 ExtractDataTable 中的到账信息。在属性面板中勾选"添加标头"。

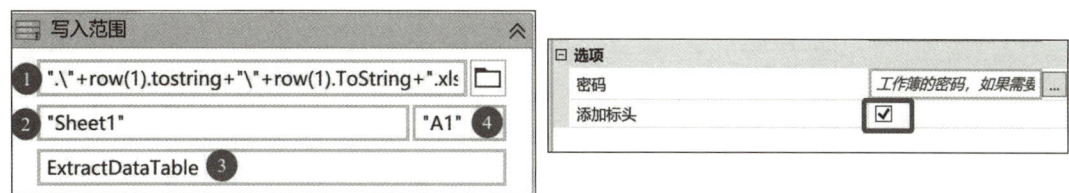

注意:只有在【写入范围】活动属性面板中"添加标头"处打钩,才可以将标题写入 Excel 表格中。

(4)发送到账信息。

①设置好附件所在文件路径。

本案例中将发送(3)中保存好的到账信息 Excel 文件。添加【分配】活动,在左侧设置变量 arrfiles,变量类型为字符串数组变量 String[ ],右侧输入值 Directory.GetFiles(".\" + row(1).ToString)。其中".\"表示当前目录,row(1).ToString 将获取对方单位名称,Directory.GetFiles( )将获取指定文件夹下的文件。以对方单位名称为 H 企业为例,表示得到当前程序运行目录下 H 企业目录下的所有文件路径。

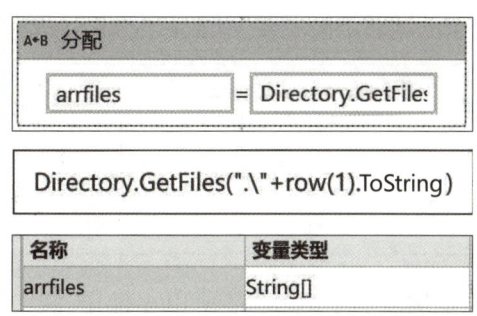

②发送邮件。

添加【发送 SMTP 邮件消息】活动,在下图①处填入电子邮件的接收人,值为 row(2).ToString,row(2).ToString 中存放业务员的电子邮箱地址。在②处填入主题,值为 row(1).ToString + "到账信息",row(1).ToString 为对方单位名称,以对方单位名称为 H 企业为例,运行结果为 H 企业到账信息。在③处填入正文,值为"RPA 自动发送" + row(1).ToString + "到账信息,表格在附件中。",row(1).ToString 为对方单位名称,以对方单位名称为 H 企业为例,运行结果为 RPA 自动发送 H 企业到账信息,表格在附件中。

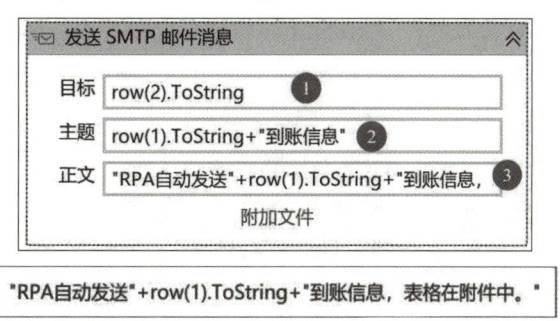

在其属性面板中,"主机"设置 QQ 邮箱的 SMTP 服务器地址为"smtp.qq.com",端口可设置为 465。

"登录"设置密码为之前申请的授权码,电子邮件为发送者的 E-mail 地址。

附件集合设置为变量 arrfiles。

流程 4:退出查询平台,显示完成提示

添加【单击】活动,通过"指出浏览器中的元素"功能拾取到账信息页面中"退出查询"按钮。

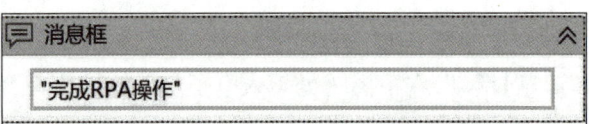

添加【消息框】活动,在消息框输入框中填入"完成 RPA 操作"。

运行程序将得到对方单位名称文件夹,在业务员电子邮箱中将得到对方单位到款信息的邮件。

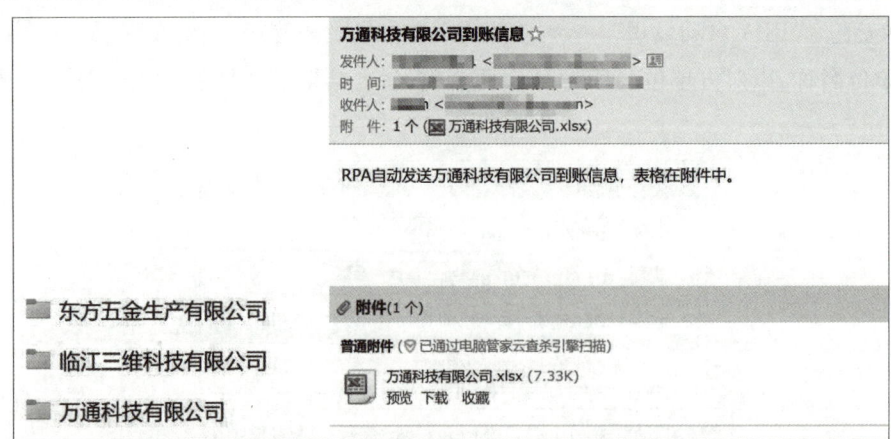

任务二 网银付款机器人

任务导入

畅丰集团下有两家子公司,根据集团财务制度要求,子公司的网银付款操作由集团财务部门每日统一进行。其子公司在全国各地有许多供应商,月支付量大,且支付出错率也较高,容易导致最后输出的财务报表不正确。针对这样的支付结算痛点,集团决定开发 RPA 网银付款机器人以代替人工完成此项工作。

数据资料

1. 子公司信息

名称及付款账号:××××××。

付款人名称	付款账号	人员权限	操作
福马建设有限公司	621301	000001 制单员	仅制单
宇跃建设有限公司	621302	000001 制单员	仅制单

密码:Rpa@2025。

2. 网银网址

https://bank.yidureading.com/bank/bankstart。

3. 付款信息

以福马建设有限公司为例:

收款人名称	收款人账号	收款人银行	金额	用途
振华商贸有限公司	6282255	中国工商银行	5200.32	材料款
金建运输有限公司	6258267	中国建设银行	6325.19	运费
兴祥建设有限公司	6257027	中国建设银行	6428.36	材料款
华锦广告有限公司	6235349	中国农业银行	1488.12	广告款
正元商贸有限公司	6259739	中国工商银行	6234.64	往来款

任务分析与设计

整体步骤如下:

(1)读取付款清单 Excel 文件。

(2)循环读取子公司账号信息。

(3)用子公司账号信息登录网银。

(4)循环填写每一家子公司付款信息。

(5)退出网银。

流程图如下:

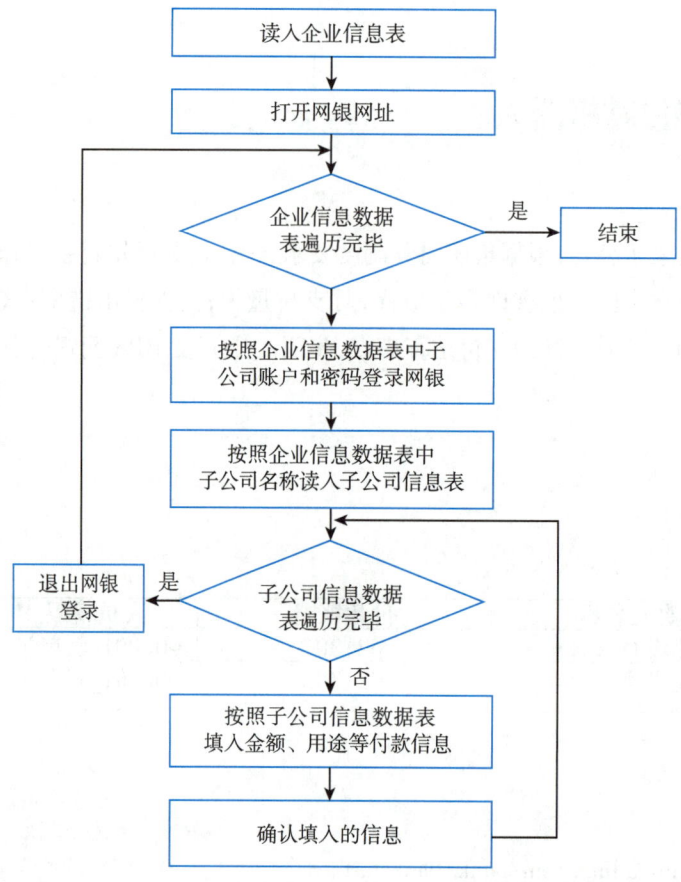

任务实施

(一)操作准备

1. 打开 UiPath 软件,点击"流程"

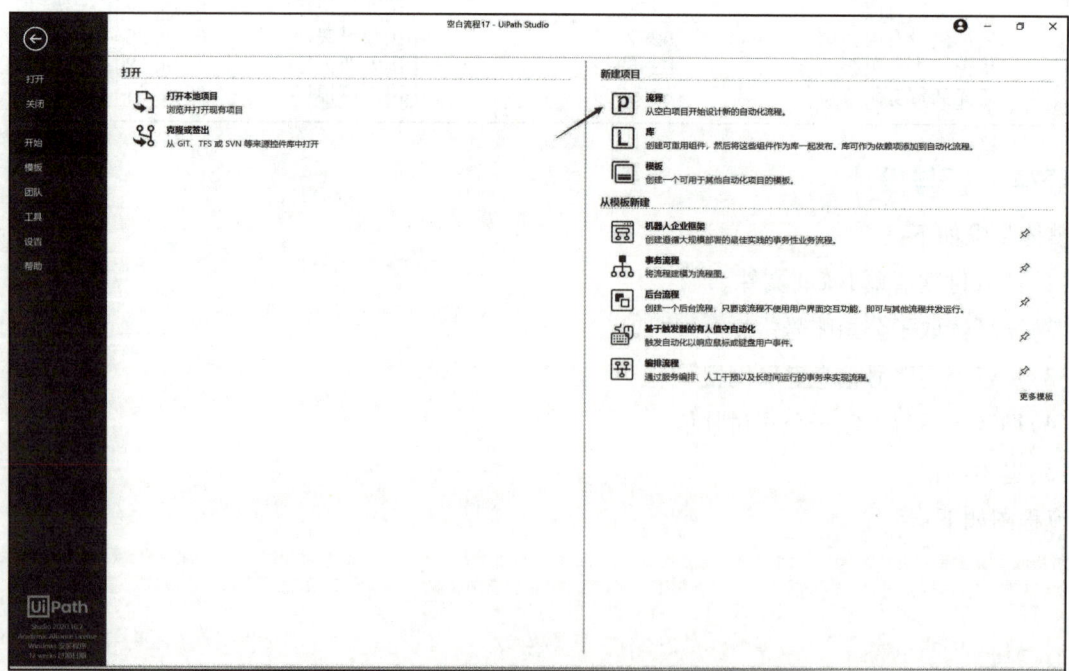

2. 设置好工程文件名称及位置

此案例中工程名称为"多企业网银付款"。

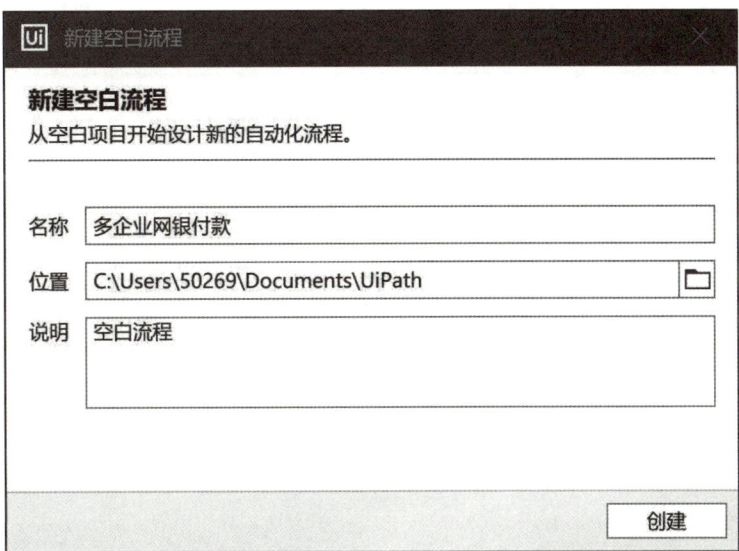

3. 等待加载完毕,进入编辑界面封面

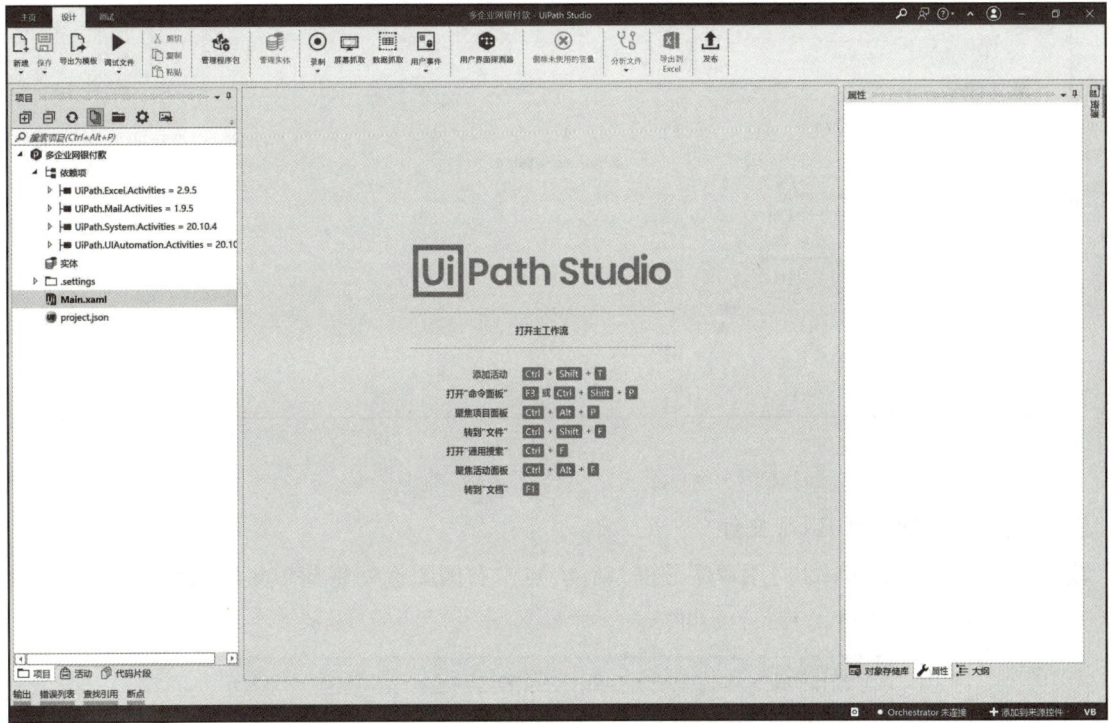

4. 添加新序列

因为整体流程不太复杂,直接双击 Main.xaml,在主流程中创建工作流程。

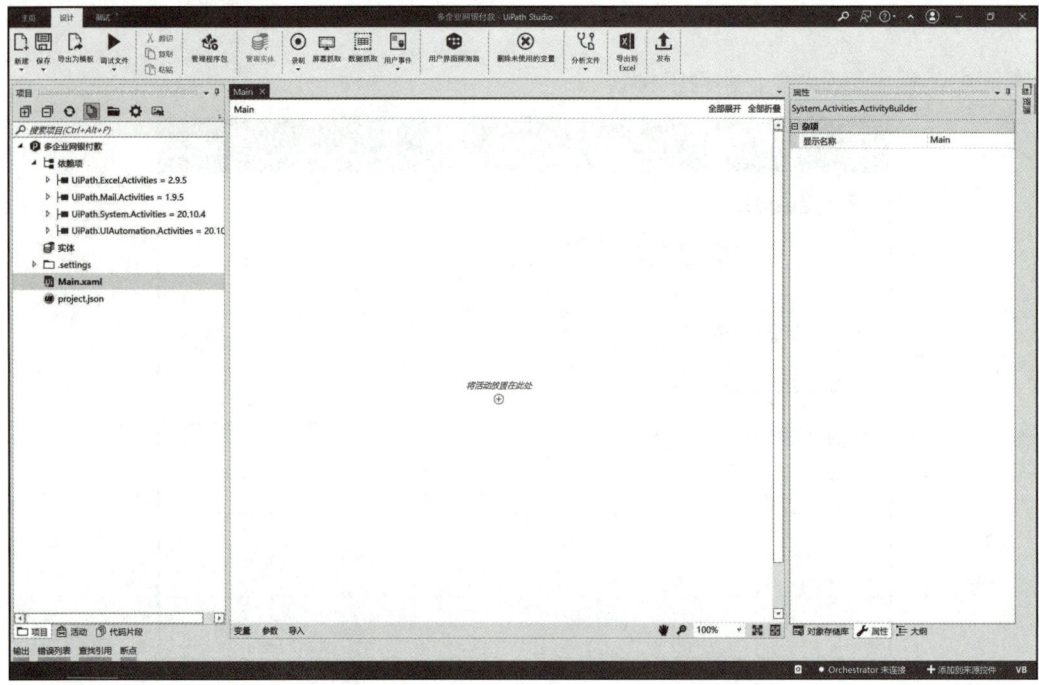

5. 确保谷歌浏览器 UiPath 插件处于可工作状态

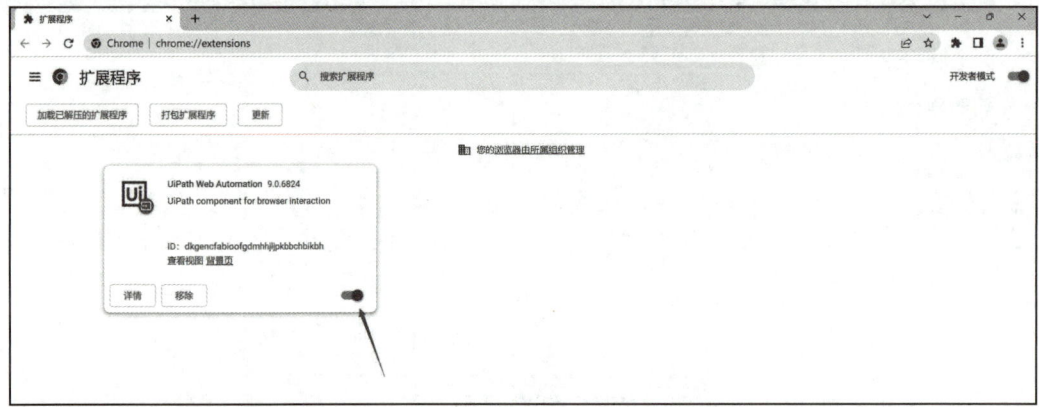

(二)流程制作

流程 1：读取付款清单 Excel 文件

读入工作簿。添加【Excel 应用程序范围】活动,点击右侧图标处将畅丰集团付款清单 Excel 文件选入。将显示名称改为"读入 Excel 文件"。

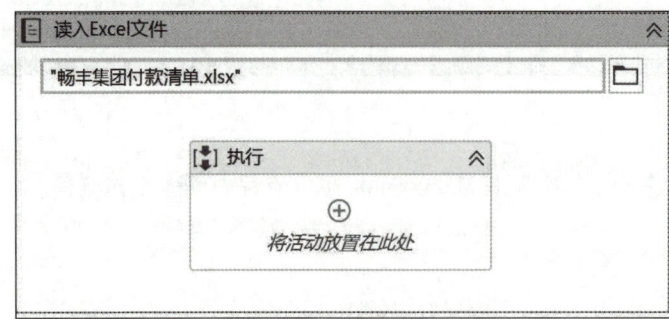

读入工作表及数据。添加【读取范围】活动,在左侧工作表名称处填入"企业信息",范围选择默认值""。在属性面板中"数据表"创建变量 dt,将读入的数据存入变量 dt 中。

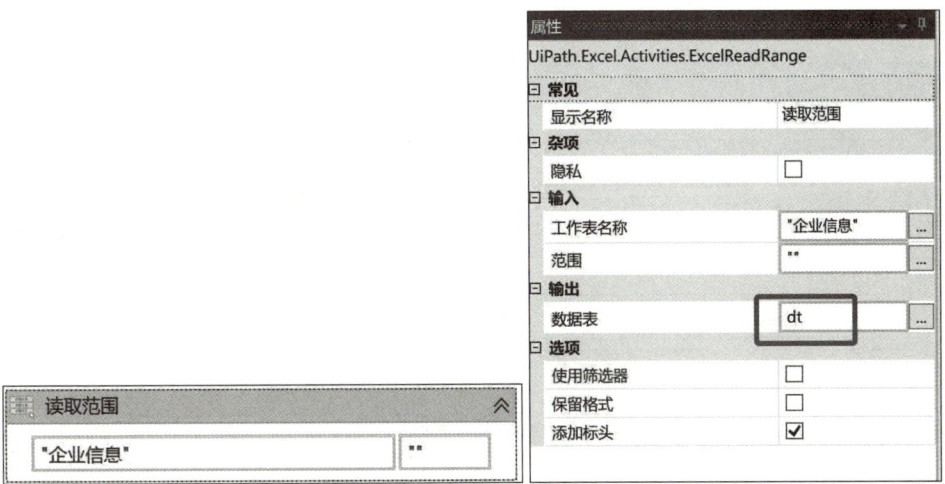

流程 2:循环读取子公司账号信息

打开网银网址。在 URL 输入框中输入"https://bank.yidureading.com/bank/bankstart",注意此处引号为英文引号。

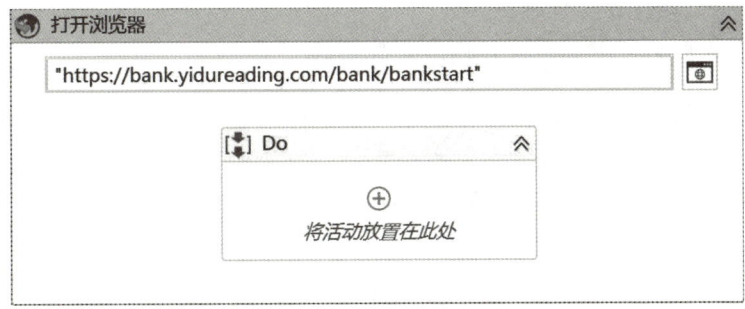

在其属性面板中,浏览器类型选择 Chrome,设置使用谷歌浏览器打开。

设置循环体。添加【对于每一个行】活动,其中右侧设置变量 dt,完成对企业信息数据表的逐行读取。

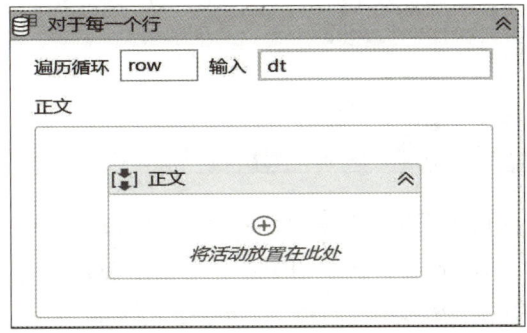

流程3：用子公司账号信息登录网银

使用畅丰集团付款清单 Excel 文件，将子公司账户及密码信息填入网银，角色选择 000001 制单员，点击登录。具体步骤如下表所示。

操作	活动	设置
填写子公司账户	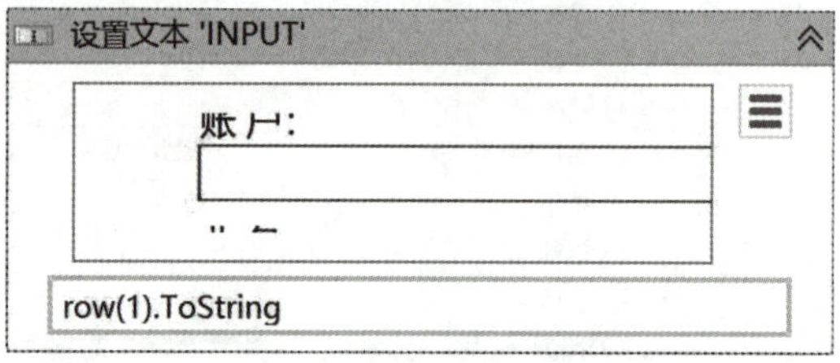 设置文本 'INPUT' 账户： row(1).ToString	添加【设置文本】活动，选取页面中账户输入框，填入 row(1).ToString
选择业务名称	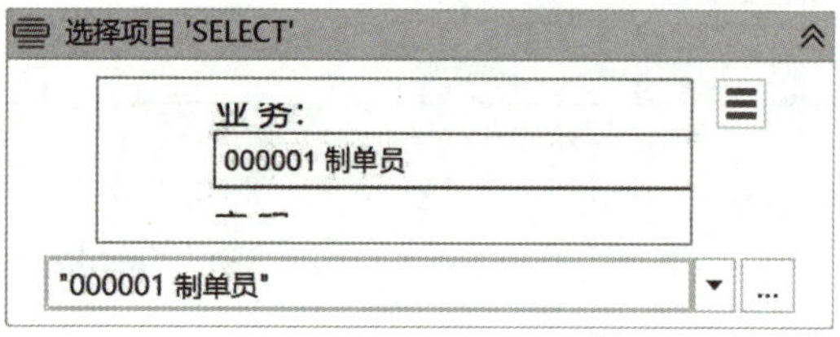 选择项目 'SELECT' 业务：000001 制单员 "000001 制单员"	添加【选择项目】活动，选取页面中业务选择框，填入"000001 制单员"
填写密码	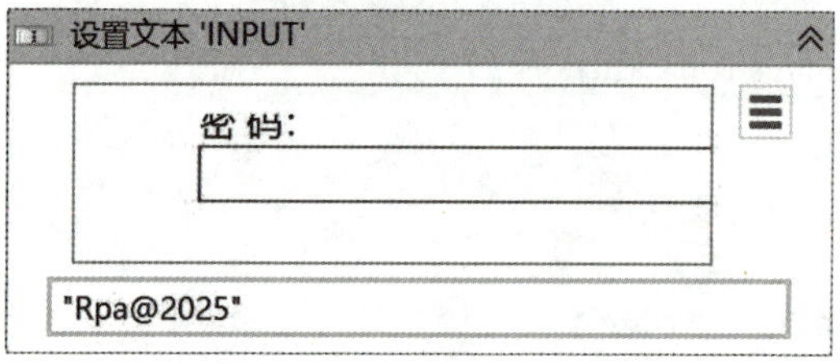 设置文本 'INPUT' 密码： "Rpa@2025"	添加【设置文本】活动，选取页面中密码输入框，填入"Rpa@2025"
单击登录	 单击 'IMG' 登录	添加【单击】活动，选取页面中"登录"按钮

流程4：循环填写每一家子公司付款信息

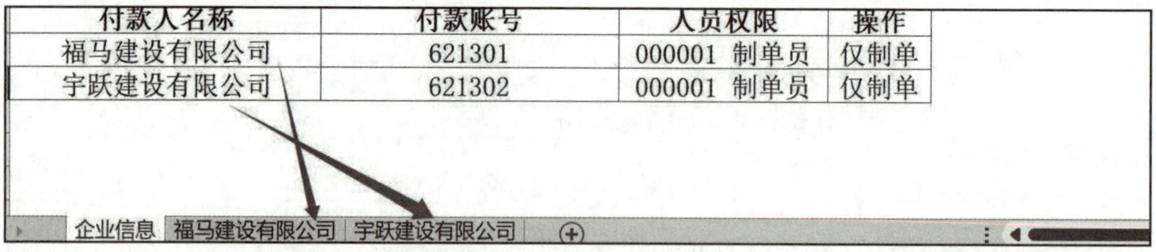

付款人名称	付款账号	人员权限	操作
福马建设有限公司	621301	000001 制单员	仅制单
宇跃建设有限公司	621302	000001 制单员	仅制单

企业信息 | 福马建设有限公司 | 宇跃建设有限公司 | ⊕

在 Excel 表格中，由于企业信息表格的付款人名称与两家子公司的工作表名称一致，因此，我们可以利用这个规律，使用 row(0).ToString 来获取相应子公司工作表名，并利用工作表名读取子公司付款数据信息。添加【读取范围】活动，点击属性面板，创建变量 dt_sub。

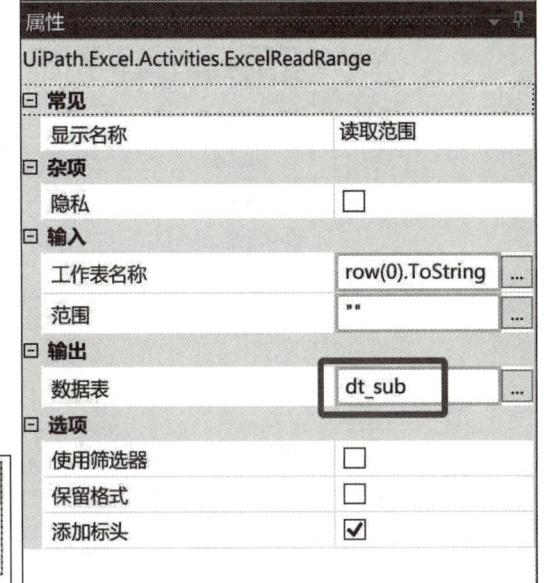

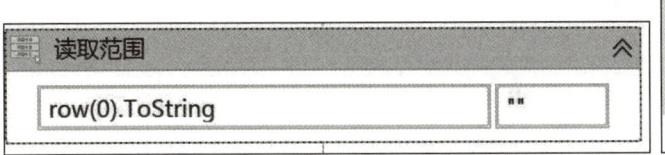

得到子公司付款信息后,搭建循环体来填写每条付款记录。添加【对于每一个行】活动,在"输入"填写框填入变量 dt_sub。

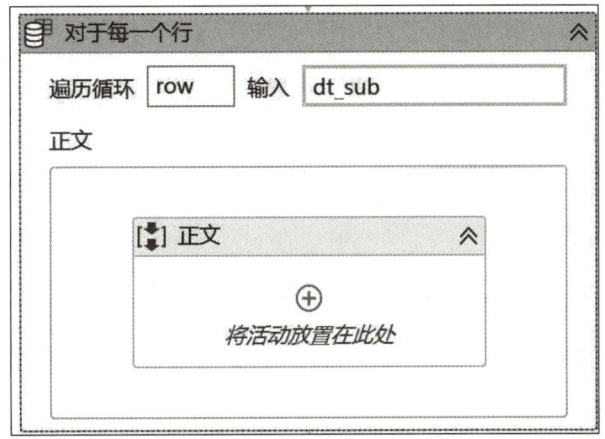

填写付款信息,整体步骤为:

(1)在菜单条中依次选取"转账业务 – 转账制单 – 单笔付款"。

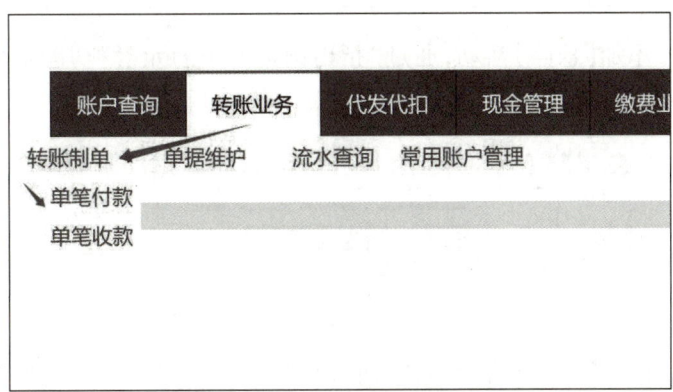

（2）填写支付信息。

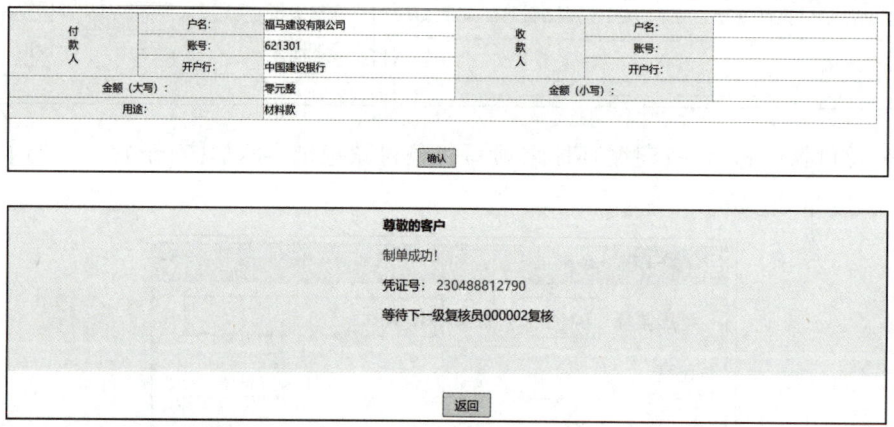

（3）进行信息的确认，然后点击"返回"。

UiPath 中具体操作步骤设置如下：

①点击转账业务。添加【单击】活动，通过"指出浏览器中的元素"功能拾取页面中"转账业务"按钮。

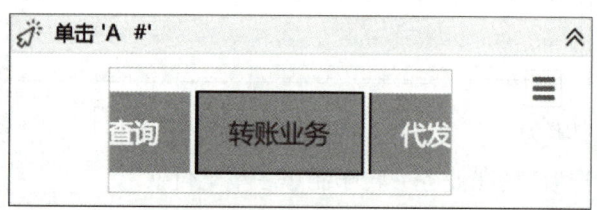

②选择转账制单。添加【悬停】活动，通过"指出浏览器中的元素"功能拾取页面中"转账制单"按钮。

③单击单笔付款。添加【单击】活动，通过"指出浏览器中的元素"功能拾取页面中"单笔付款"按钮。

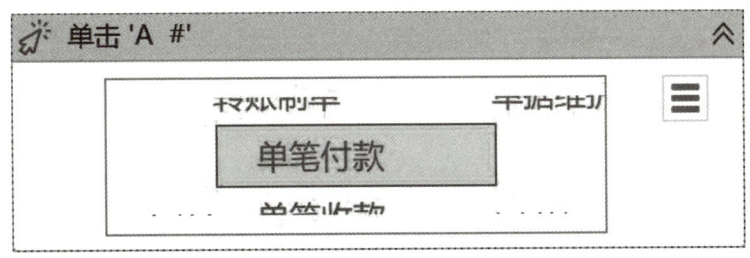

注意:此处"单笔付款"按钮拾取方法为:先按 F2 键使 UiPath 暂时失去对浏览器的控制,移动鼠标至"单笔付款"按钮处,等待 UiPath 恢复对浏览器的控制后立即拾取该按钮。

④填写收款人名称。添加【设置文本】活动,通过"指出浏览器中的元素"功能拾取页面中收款人名称输入框,填入 row(0). ToString。

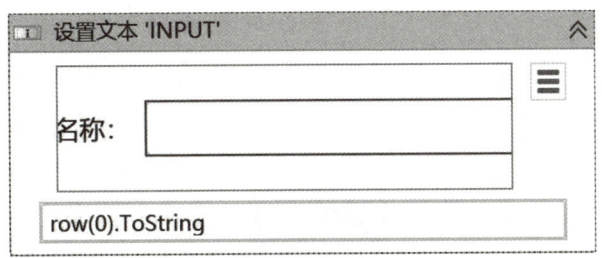

⑤填写收款人账号。添加【设置文本】活动,通过"指出浏览器中的元素"功能拾取页面中收款人账号输入框,填入 row(1). ToString。

⑥填写收款人银行。添加【设置文本】活动,通过"指出浏览器中的元素"功能拾取页面中收款人银行输入框,填入 row(2). ToString。

⑦填写金额。添加【设置文本】活动,通过"指出浏览器中的元素"功能拾取页面中金额输入框,填入 row(3). ToString。

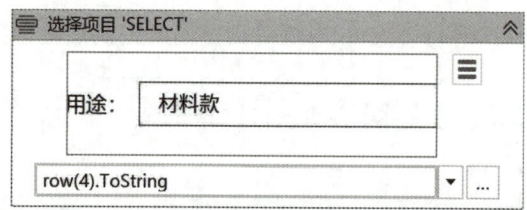

⑧选择用途。添加【选择项目】活动,通过"指出浏览器中的元素"功能选取页面中用途下拉框,填入 row(4).ToString。

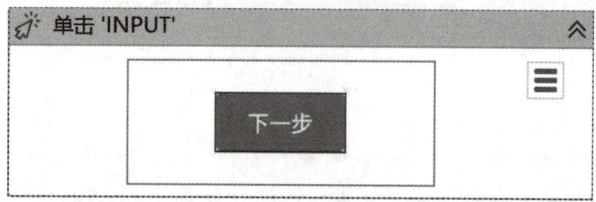

⑨点击下一步。添加【单击】活动,通过"指出浏览器中的元素"功能选取页面中"下一步"按钮。

⑩点击确认。添加【单击】活动,通过"指出浏览器中的元素"功能选取页面中"确认"按钮。

⑪点击返回。添加【单击】活动,通过"指出浏览器中的元素"功能选取页面中"返回"按钮。

流程5:退出网银

添加【单击】活动,通过"指出浏览器中的元素"功能选取页面中"退出网银"按钮。

项目实训

任务导入

通过 UiPath 制作一个单个企业网银付款业务机器人。

任务报告

序号	步骤	实训成果		疑难点
1	绘制流程图			
2	流程开发	实现步骤	结果	

任务评价

序号	技能评分	佐证	是否达标
1	打开网银网站	能够运用【打开浏览器】活动打开网站	
2	数据填写	能够综合运用【设置文本】活动及【选择项目】活动完成数据的填写	
3	Excel 文件操作	能够运用【Excel 应用程序范围】活动及【读取范围】活动打开 Excel 文件	
4	基础控制语句操作	能够运用【对于每一个行】活动	

序号	素质评分	佐证	是否达标
1	流程思维能力	能够完成流程图的绘制	
2	程序开发能力	能够完成程序开发	
3	协同创新能力	能够和团队成员头脑风暴,协同完成任务	

任务三　银企对账机器人

任务导入

A 集团公司财务人员需于月末对子公司的银行存款进行对账,编制银行存款余额调节表,由于银行存款交易量大,人工对账不仅工作量大、效率低下,还存在对账错误的风险。针对这样的工作痛点,该企业希望开发 RPA 银企对账机器人以代替人工完成此项工作。

任务分析与设计

整体步骤如下:

(1)数据准备——选择企业数据文件。

(2)打开 Excel 文件。

(3)筛选银行存款对账单。

(4)筛选银行存款日记账。

(5)核对不符数据。

(6)填写银行存款余额调节表。

程序主干部分流程图如下:

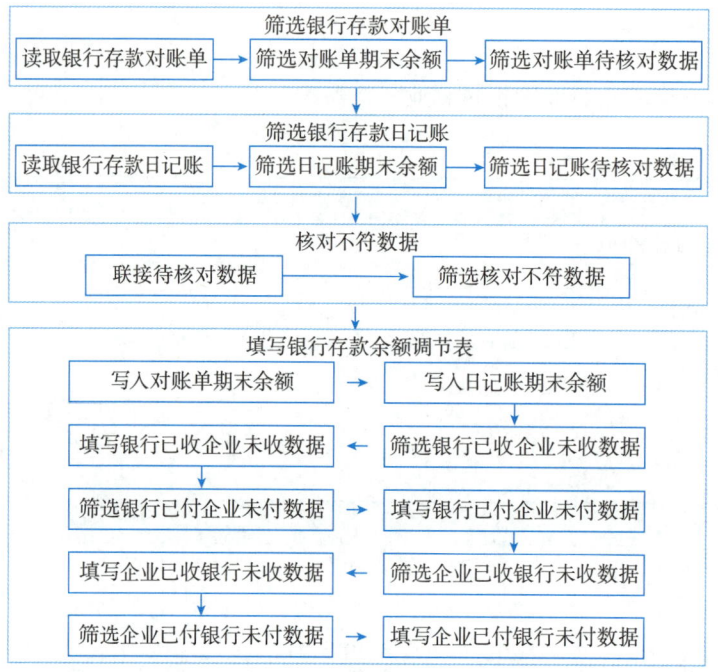

任务实施

(一)操作准备

1. 打开 UiPath 软件,点击"流程"

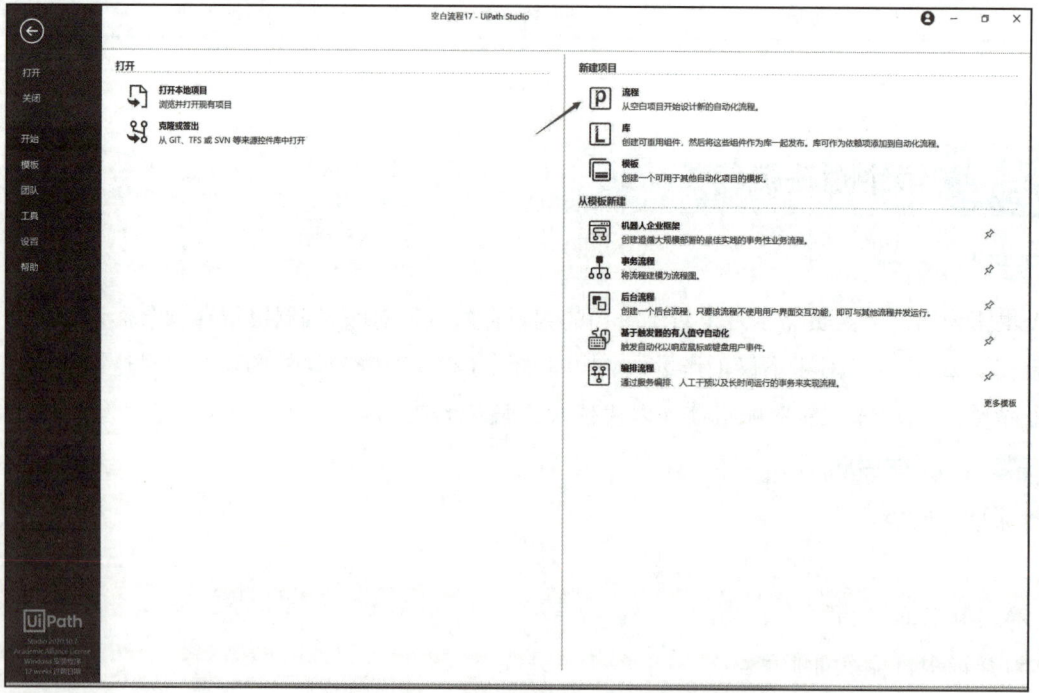

2. 设置好工程文件名称及位置

此案例中工程名称为"银企对账"。

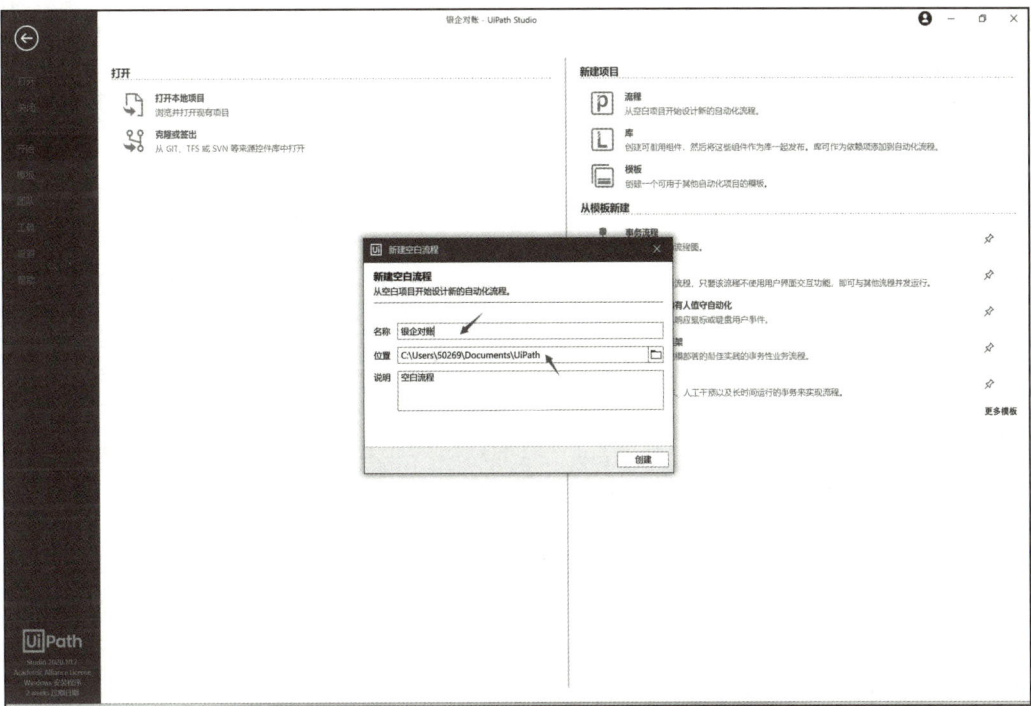

3. 等待加载完毕,进入编辑界面封面

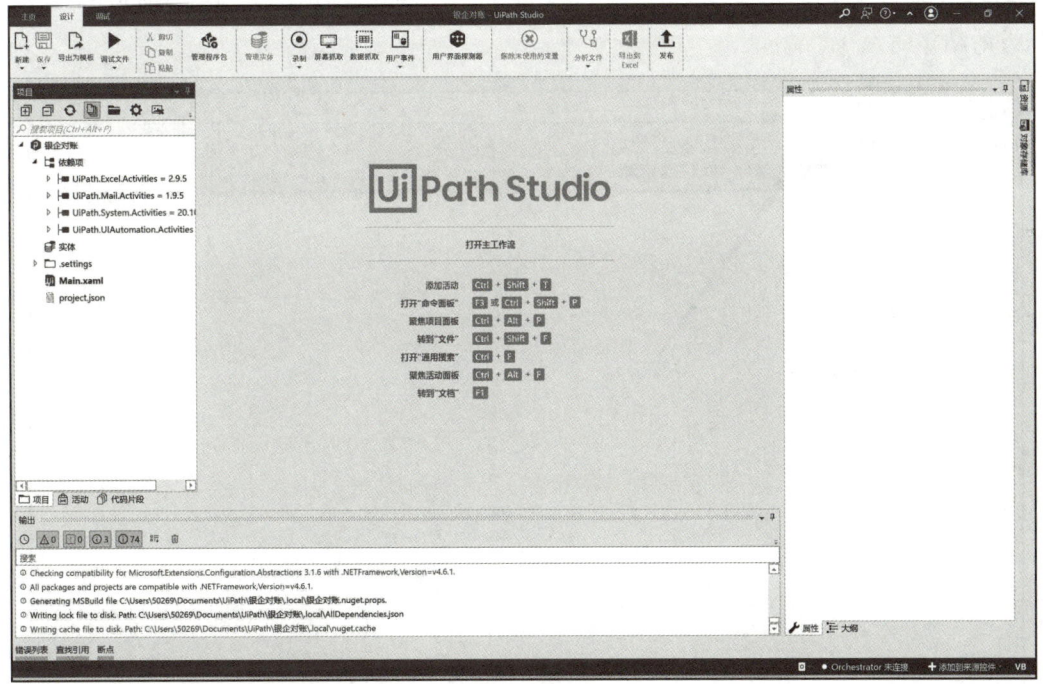

4. 添加新序列

因为整体流程不太复杂,直接双击 Main.xaml,在主流程中创建工作流程。

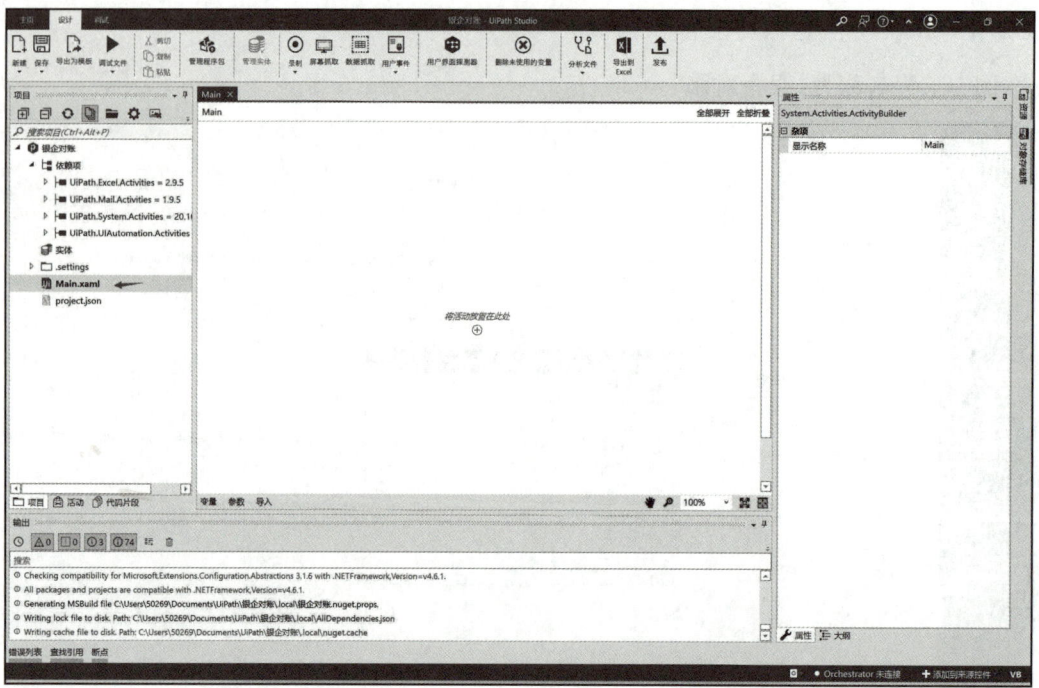

(二)流程制作

流程1:数据准备——选择企业数据文件

1. 提示需要选择文件夹

因为涉及几家子公司的数据,提示用户要选择文件夹。单击下图⊕处,输入"消息框",双击选择【消息框】活动。

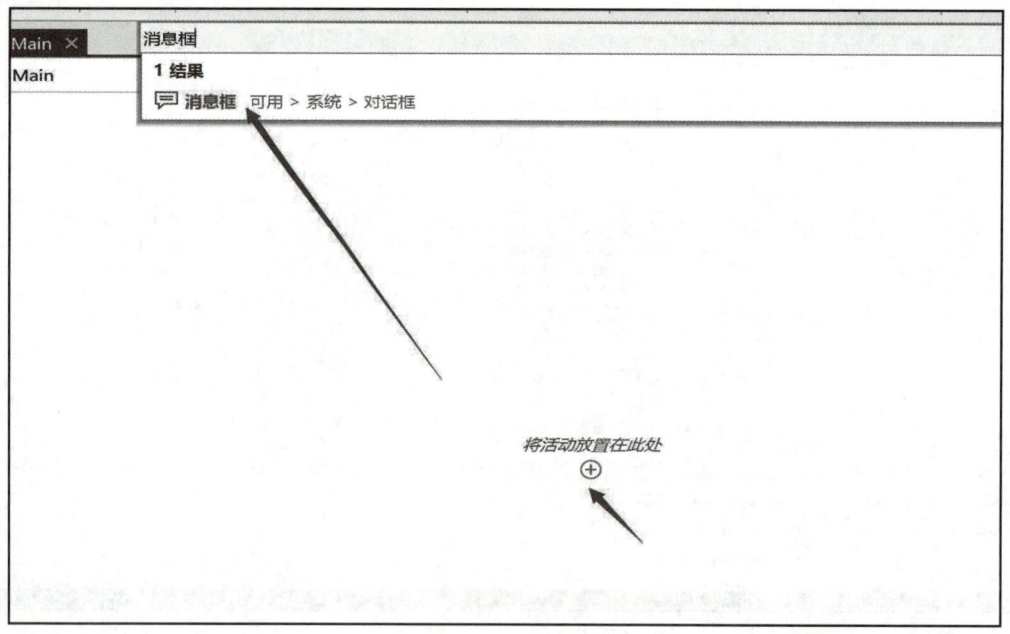

在"消息框"输入框中输入"请选择需要对账的文件夹"。

2. 选择文件夹

单击下图⊕处,输入"选择文件夹",双击选择【选择文件夹】活动。

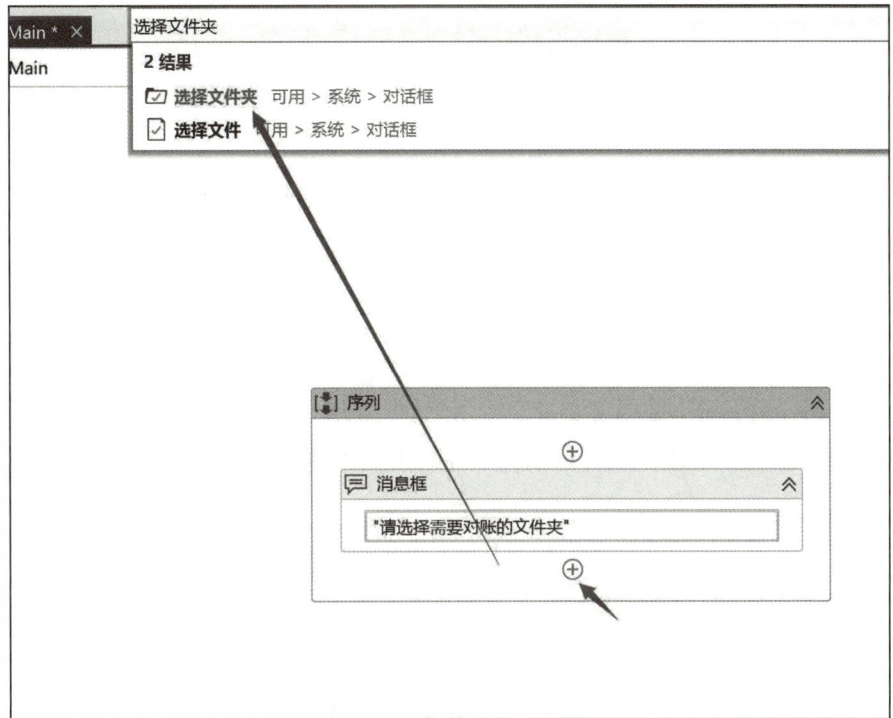

点击添加的【选择文件夹】活动,在其属性面板中创建变量 folder,将用户选择的文件夹路径存入该变量中。

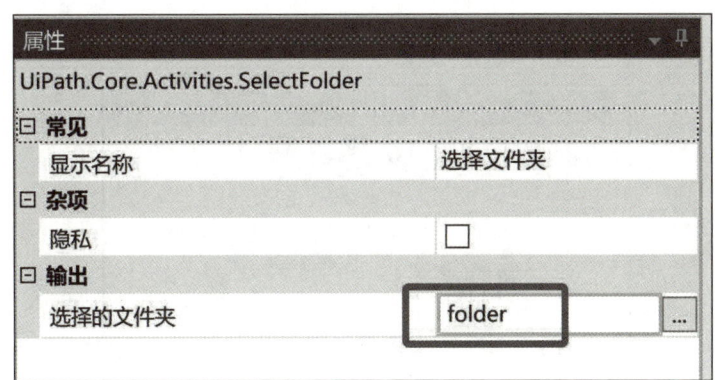

3. 读入文件夹中的文件

单击下图⊕处,输入"分配",双击选择【分配】活动。

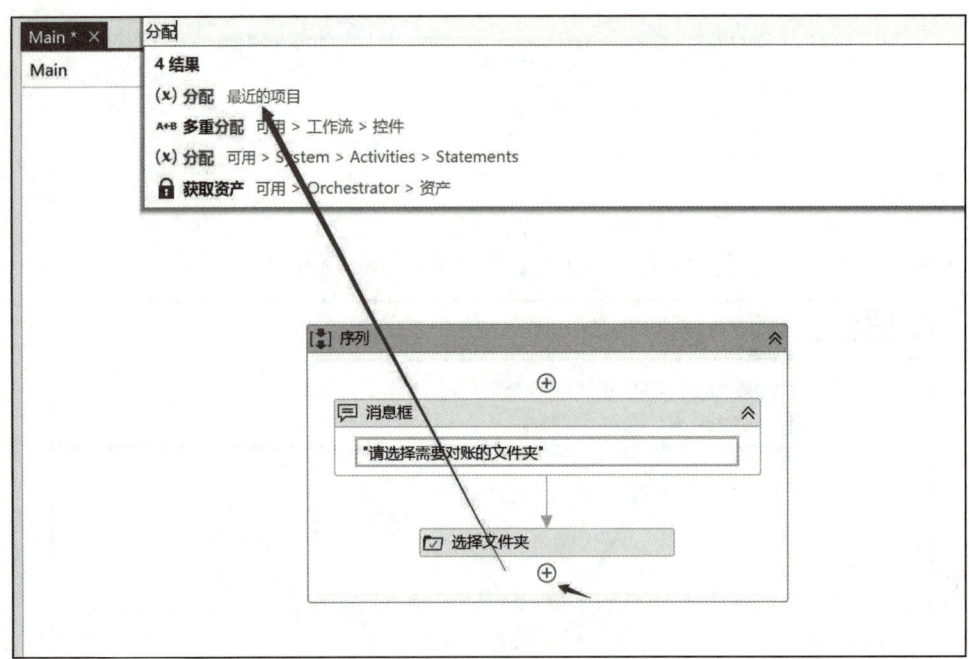

在【分配】活动中,在下图①处创建变量 files,由于文件夹中包含多个文件,所以要对 files 的变量类型进行设置,设置为字符串数组变量 string[ ]。在②处输入 Directory.GetFiles(folder)以获取文件夹中的文件路径。

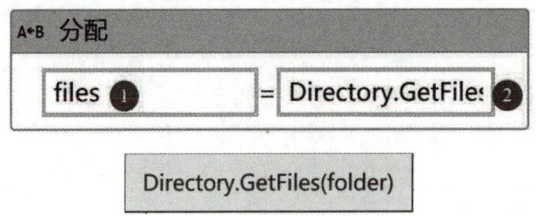

流程 2:打开 Excel 文件

(1)构建循环体。

添加【遍历循环】活动,在下图①处输入变量 files。

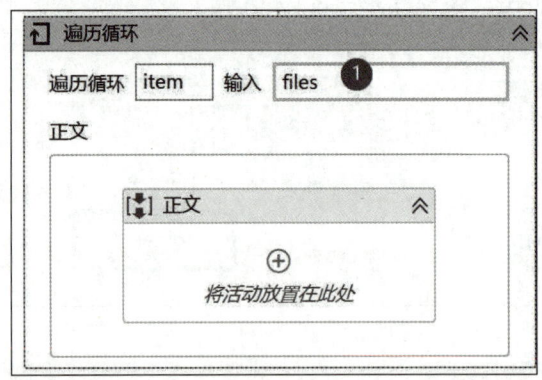

点击【遍历循环】活动,在其属性面板中 TypeArgument 处将数据类型改为 String。

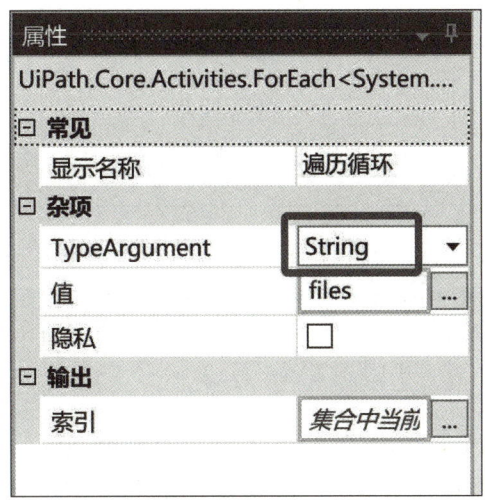

（2）读取子公司 Excel 文件。

添加【Excel 应用程序范围】活动，在下图①处输入 item。

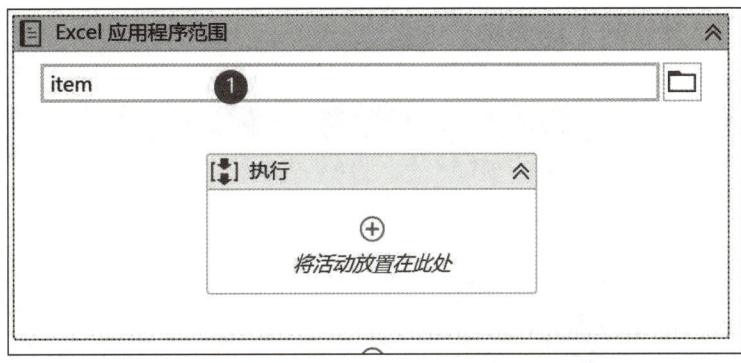

流程3：筛选银行存款对账单

点击下图⊕处，输入"序列"，双击【序列】活动。将所有相关操作放于一个序列中，集中管理。

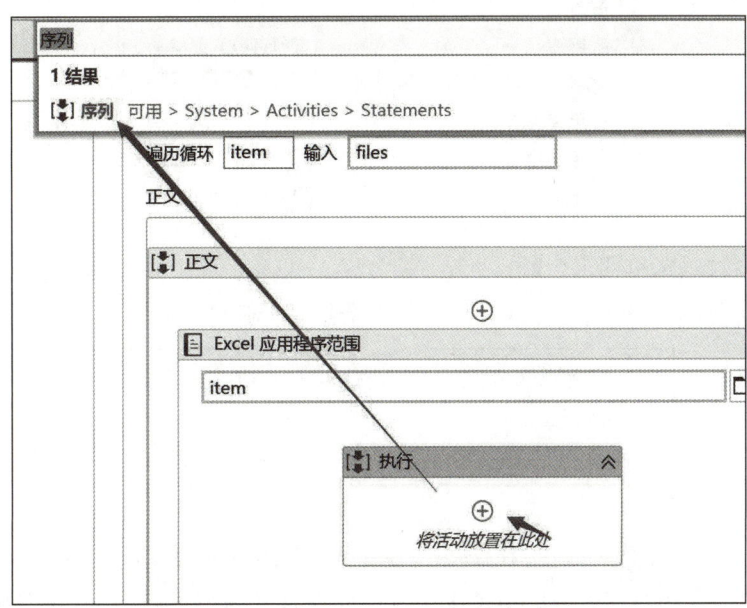

为方便后续管理，可以选中该活动后，双击该序列名称，将名称更改为"筛选银行存款对账单"。

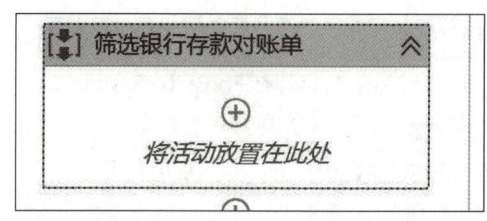

"筛选银行存款对账单"序列中主要的任务有:读取银行存款对账单;筛选银行存款对账单期末余额,方便后续对银行存款余额调节表中的银行对账单余额进行填写;筛选银行存款对账单待核对数据。

(1)读取银行存款对账单。

添加【读取范围】活动。因为工作表名称为银行存款对账单,所以,在该活动左侧填写"银行存款对账单",右侧使用默认值"",读入所有数据。注意其中的引号为英文引号。在属性面板中创建变量银行存款对账单。

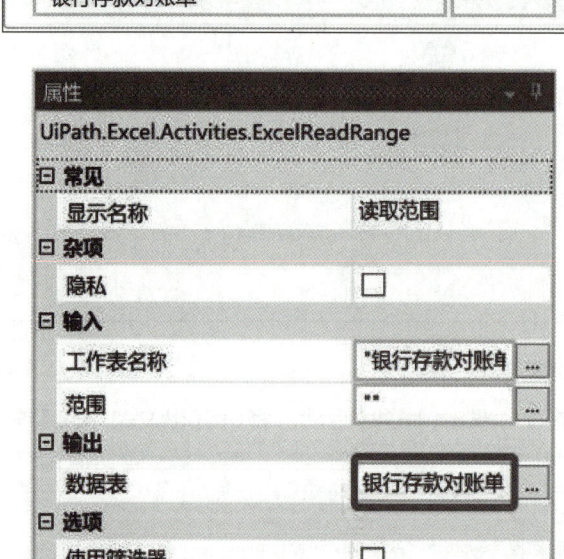

(2)筛选银行存款对账单期末余额。

使用【筛选数据表】活动对银行存款对账单期末余额进行筛选。

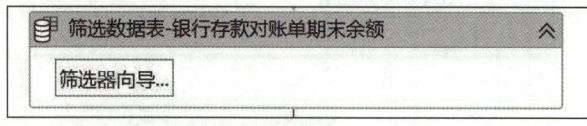

筛选器向导设置如下:

在下图①处填写银行存款对账单,在②处选择保留,在③处填写3 = "本月合计",注意引号为英文引号,在④处创建变量银行存款对账单期末余额。此处含义为:将银行存款对账单数据表中摘要列(第3列)值为"本月合计"的数据行筛选出来,存入银行存款对账单期末余额变量中。

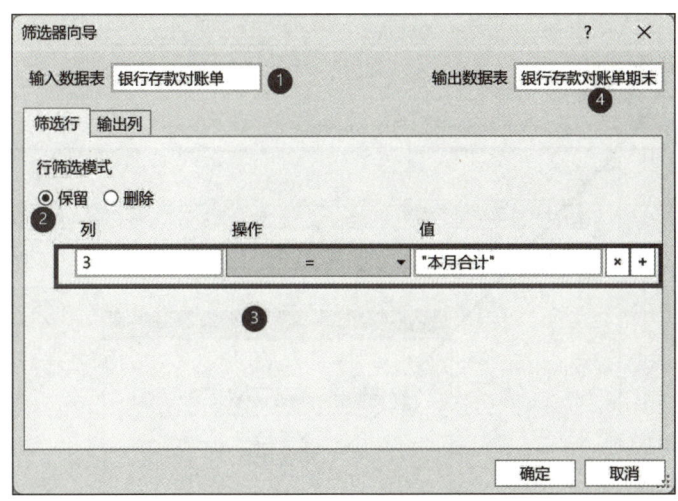

(3)筛选银行存款对账单待核对数据。

使用【筛选数据表】活动对银行存款对账单核对数据进行清理并存储。清理的内容为:删除第3列中的值为"期初余额"或"本月合计"的数据行。

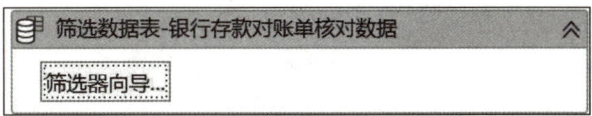

筛选器向导设置如下:

在下图①处输入银行存款对账单,在②处选择删除,在③处第一行填写3 = "期初余额",第二行选择Or、填写3 = "本月合计",在④处创建变量银行存款对账单待核对数据。此处含义为:删除银行存款对账单数据表中摘要列(第3列)值为"期初余额"或"本月合计"的数据行,将清理好的数据存入银行存款对账单待核对数据变量中。注意其中的引号为英文引号。

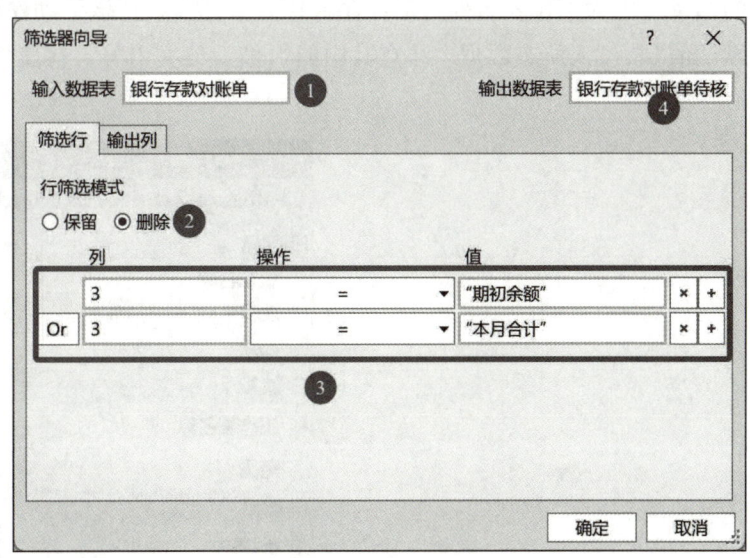

流程4:筛选银行存款日记账

点击下图⊕处,输入"序列",双击【序列】活动。将所有操作放于一个序列中,集中管理。

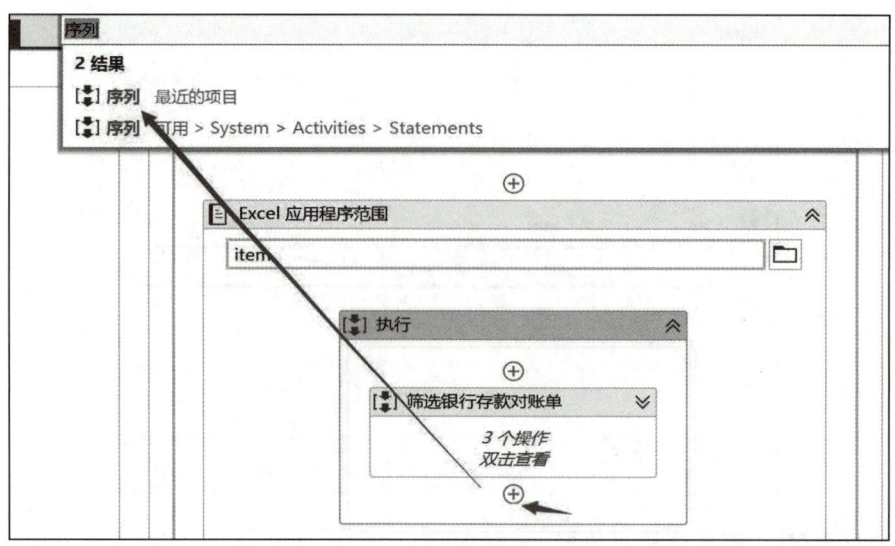

为方便后续管理,可以选中该活动后,双击该序列名称,将名称更改为"筛选银行存款日记账"。

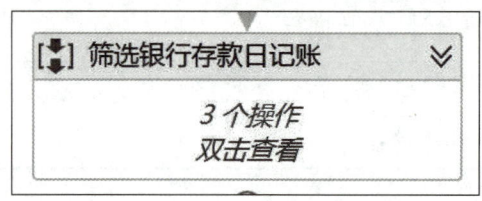

筛选银行存款日记账的主要任务有:读取银行存款日记账;筛选银行存款日记账期末余额,方便后续对银行存款余额调节表中的企业银行存款日记账余额进行填写;筛选银行存款日记账待核对数据。

(1)读取银行存款日记账。

添加【读取范围】活动。因为工作表名称为银行存款日记账,所以,在该活动左侧填写"银行存款日记账",右侧使用默认值"",读入所有数据。注意其中的引号为英文引号。在属性面板中创建变量银行存款日记账。

（2）筛选银行存款日记账期末余额。

使用【筛选数据表】活动对银行存款日记账期末余额进行筛选。

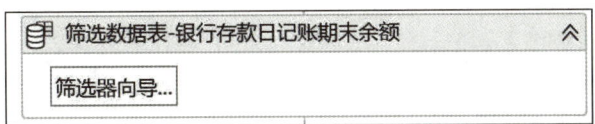

筛选器向导设置如下：

在下图①处填写银行存款日记账，在②处选择保留，在③处填写 2 = "本月合计"，在④处创建变量银行存款日记账期末余额。此处含义为：将银行存款日记账数据表中第 2 列（摘要列）值为"本月合计"的数据行筛选出来，存入银行存款日记账期末余额变量中。注意其中的引号为英文引号。

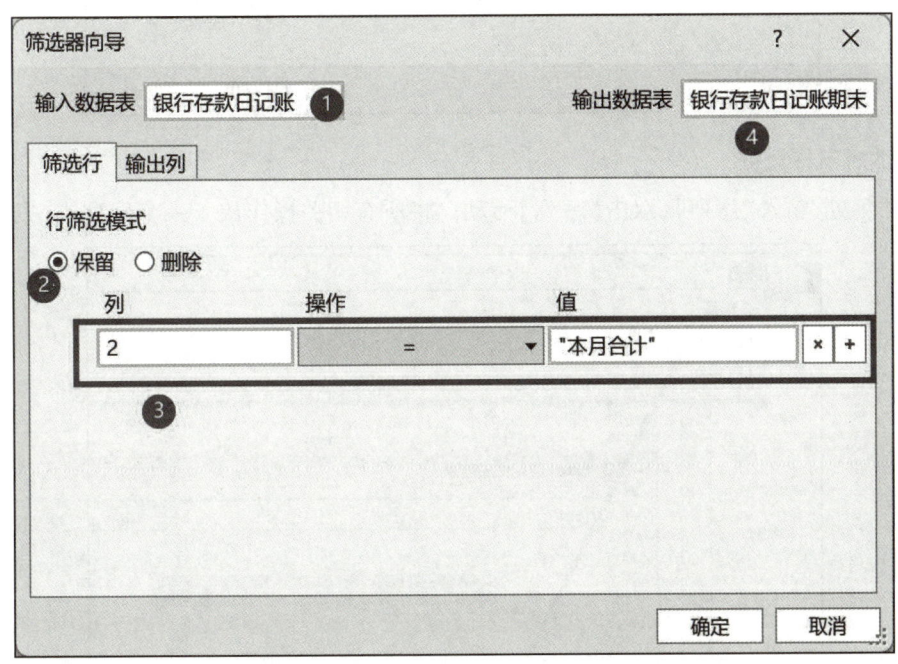

（3）筛选银行存款日记账待核对数据。

使用【筛选数据表】活动对银行存款日记账核对数据进行清理并存储。清理的内容为：删除第 2 列中的值为"期初余额""本日合计"或"本月合计"的数据行。

筛选器向导设置如下：

在下图①处输入银行存款日记账，在②处选择删除，在③处第一行填写 2 = "期初余额"，第二行选择 Or、填写 2 = "本日合计"，第三行分别选择 Or =、填写 2 = "本月合计"，在④处创建变量银行存款日记账待核对数据。此处含义为：删除银行存款日记账数据表中摘要列（第 2 列）值为"期初余额""本日合计"或"本月合计"的数据行，将清理好的数据存入银行存款日记账待核对数据变量中。注意其中的引号为英文引号。

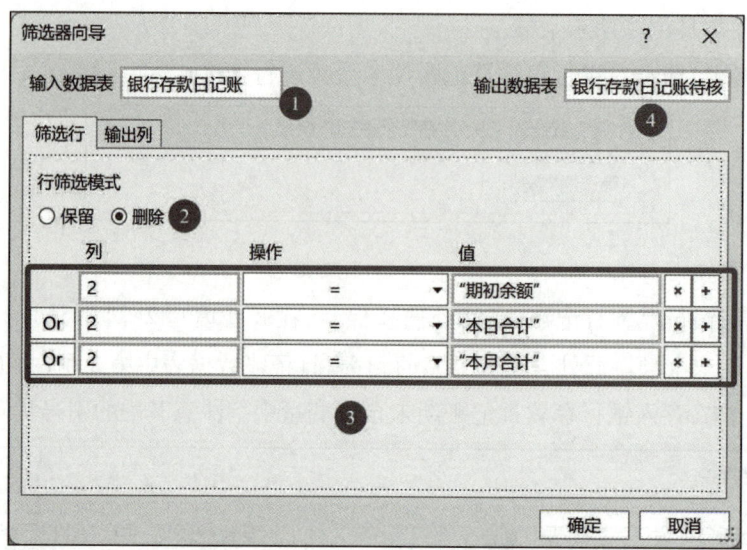

流程5:核对不符数据

点击下图⊕处,输入"序列",双击【序列】活动。将所有相关操作放于一个序列中,集中管理。

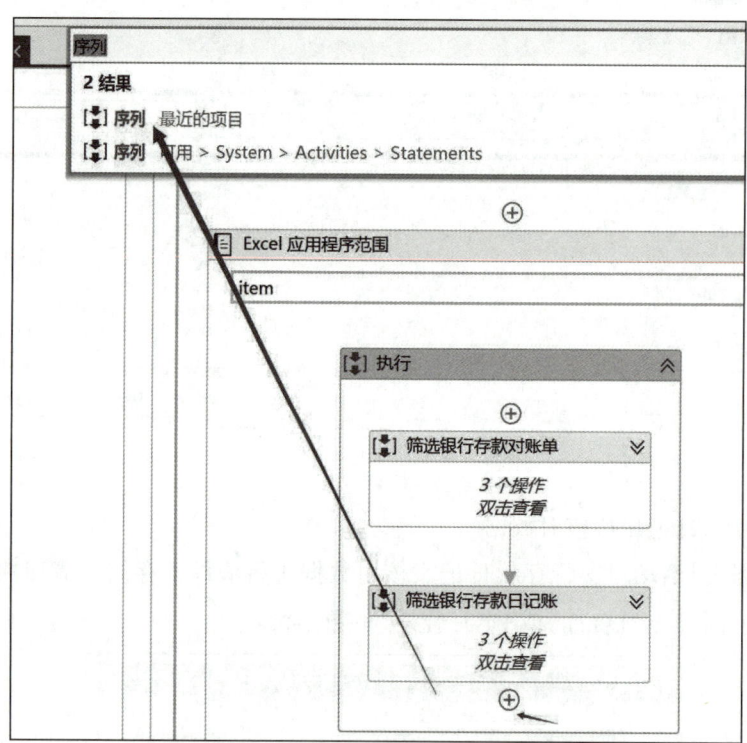

为方便后续管理,可以选中该活动后,双击该序列名称,将名称更改为"核对不符数据"。

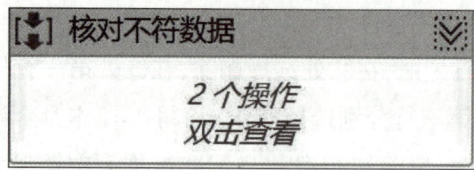

核对不符数据主要的任务有:对银行存款对账单和银行存款日记账待核对数据进行全联接;对全联接后的数据进行筛选,筛选银行存款余额调节表所需数据。

(1)联接待核对数据。

使用【联接数据表】活动实现此步需求。

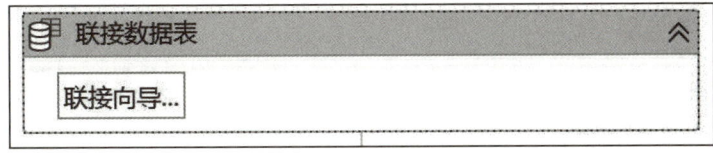

联接向导设置如下：

在下图①处和②处分别填入要处理的数据表，即银行存款对账单待核对数据和银行存款日记账待核对数据，在③处联接类型选择 Full(全联接)，在④处第一行填入 4 = 4，第二行填入 5 = 3，在⑤处创建变量合并数据。此步骤含义为：以银行存款对账单待核对数据中的借方发生额(数据表 1 第 4 列)和银行存款日记账待核对数据中的贷方发生额(数据表 2 第 4 列)，以及银行存款对账单待核对数据中的贷方发生额(数据表 1 第 5 列)和银行存款日记账待核对数据中的借方发生额(数据表 2 第 3 列)为基础，对两个数据表进行全联接，将联接结果存入变量合并数据中。

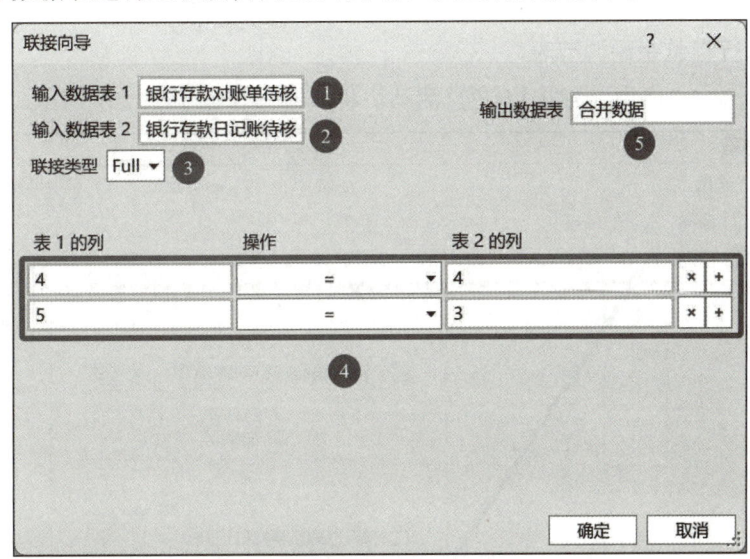

(2)筛选核对不符数据。

使用【筛选数据表】活动实现此步需求。

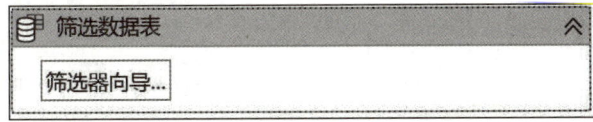

筛选器向导设置如下：

在下图①处填写合并数据，在②处选择删除，在③处第一行写 0 Is Not Empty，第二行选择 And、填写 8 Is Not Empty，在④处创建变量最终数据。此处含义为：筛选出银行存款余额调节表中所需数据。0 和 8 列为数据表中的日期列，删除这两列均不为空的数据行，保留其中一列为空的数据行。其中一列为空的行，后续将填入银行存款余额调节表中。

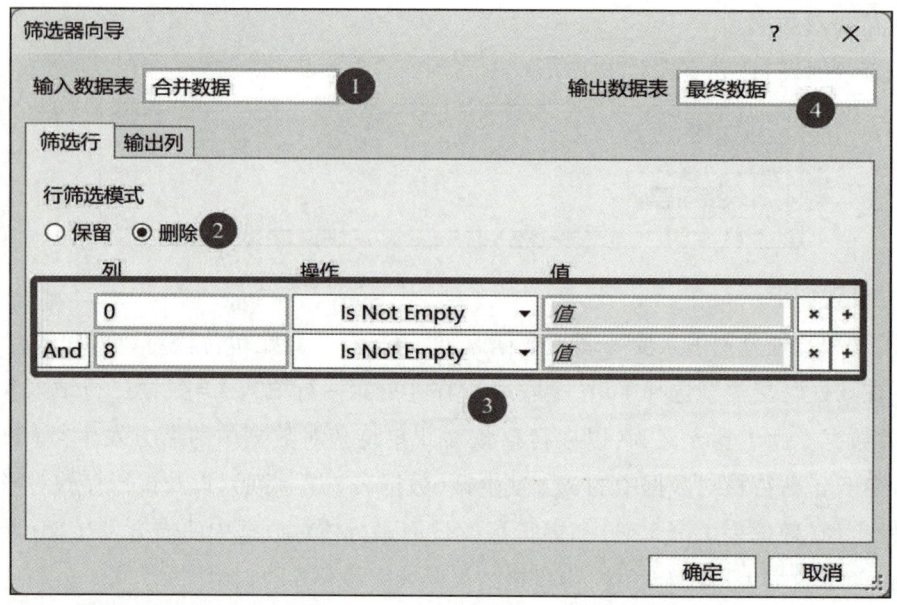

流程6:填写银行存款余额调节表

点击下图⊕处,输入"序列",双击【序列】活动。将所有操作放于一个序列中,集中管理。

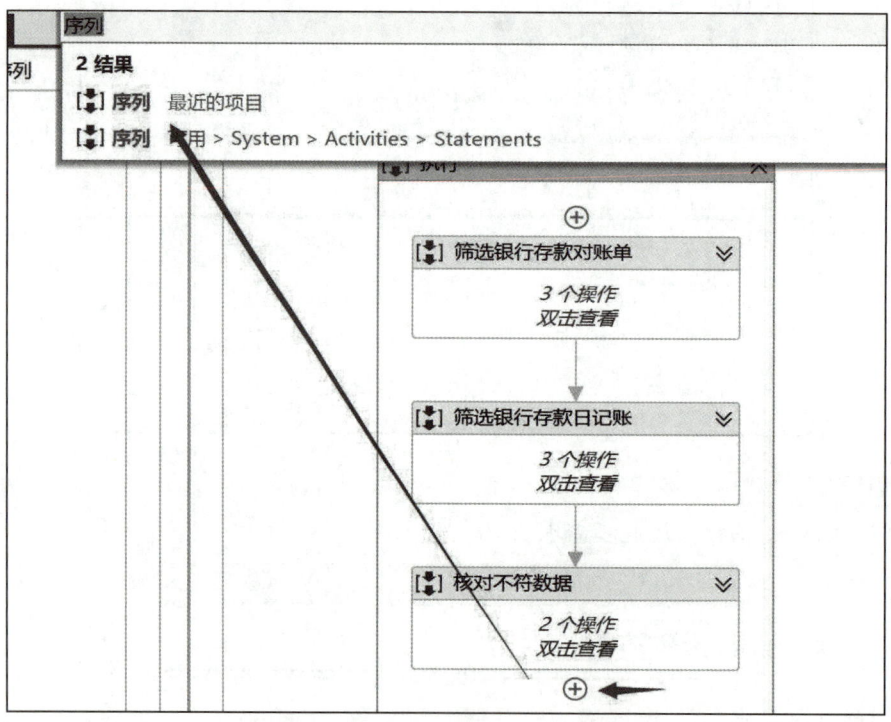

为方便后续管理,可以选中该活动后,双击该序列名称,将名称更改为"填写银行存款余额调节表"。

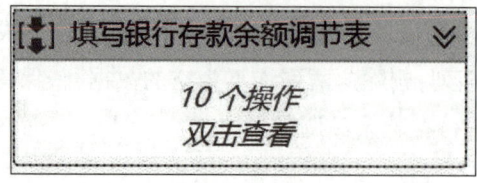

填写银行存款余额调节表的主要任务有:将之前银行存款对账单余额和银行存款日记账余额写入银行存款余额调节表中的银行存款对账单余额和银行存款日记账余额处;填写银行已付企业未付数据;填写银行已收企业未收数据;填写企业已收银行未收数据;填写企业已付银行未付数据。

(1)将银行存款对账单余额和银行存款日记账余额写入银行存款余额调节表中的银行存款对账单余额和银行存款日记账余额处。

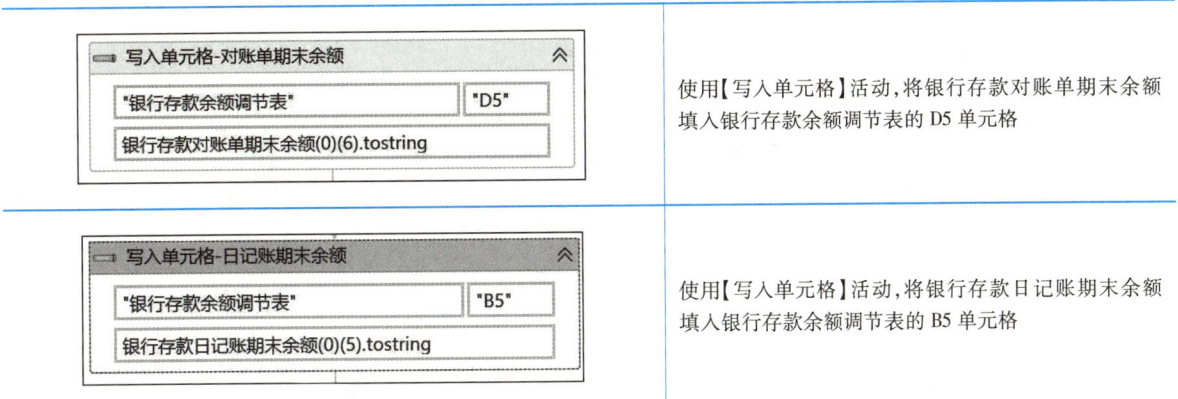

(2)填写银行已付企业未付数据。

第一步:筛选数据。使用【筛选数据表】活动。

筛选器向导设置如下:

在下图①处填写最终数据,②处选择保留,③处填写 4＞0,④处创建变量银行已付企业未付。将银行已付企业未付的数据从最终数据中筛选出来,存入银行已付企业未付变量中。

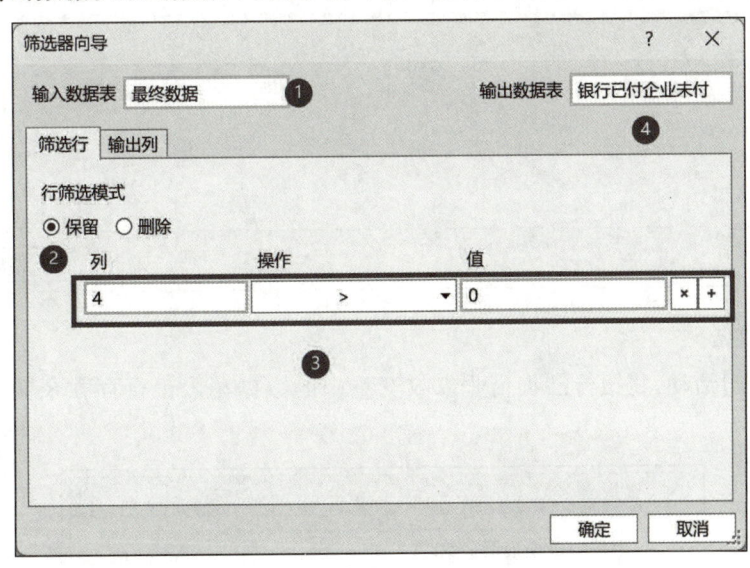

第二步:写入数据。

使用【写入范围】活动,将银行已付企业未付变量中的数据写入银行存款余额调节表 A23 单元格开始的区域。

(3) 填写银行已收企业未收数据。

第一步：筛选数据。使用【筛选数据表】活动。

筛选器向导设置如下：

在下图①处填写最终数据，②处选择保留，③处填写 5 > 0，④处创建变量银行已收企业未收。将银行已收企业未收的数据从最终数据中筛选出来，存入银行已收企业未收变量中。

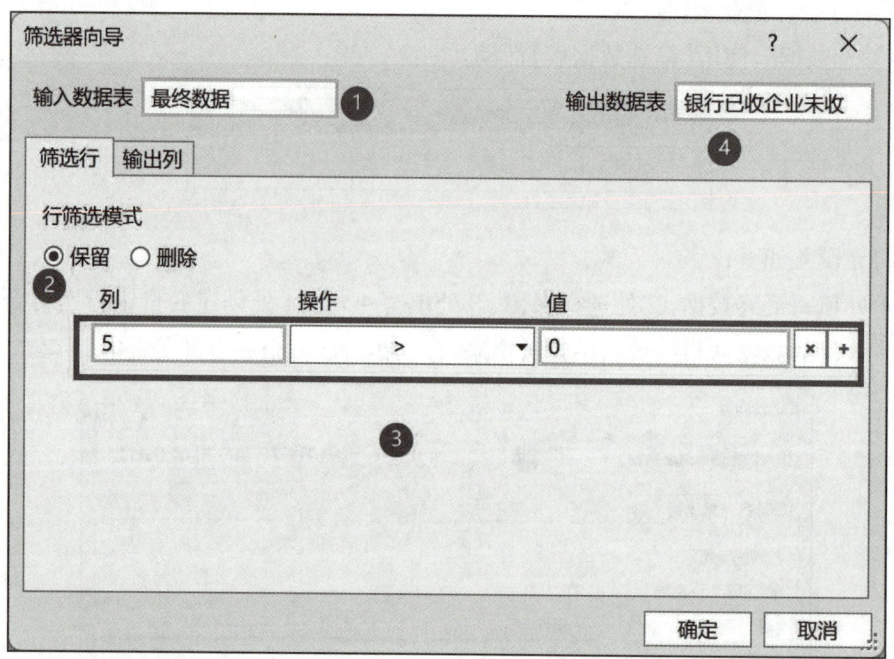

第二步：写入数据。

使用【写入范围】活动，将银行已收企业未收变量中的数据写入银行存款余额调节表 A7 单元格开始的区域。

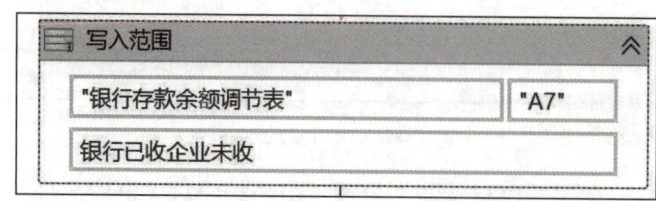

(4)填写企业已收银行未收数据。

第一步:筛选数据。使用【筛选数据表】活动。

筛选器向导设置如下:

在下图①处填写最终数据,②处选择保留,③处填写 11 > 0,④处创建变量企业已收银行未收。将企业已收银行未收的数据从最终数据中筛选出来,存入企业已收银行未收变量中。

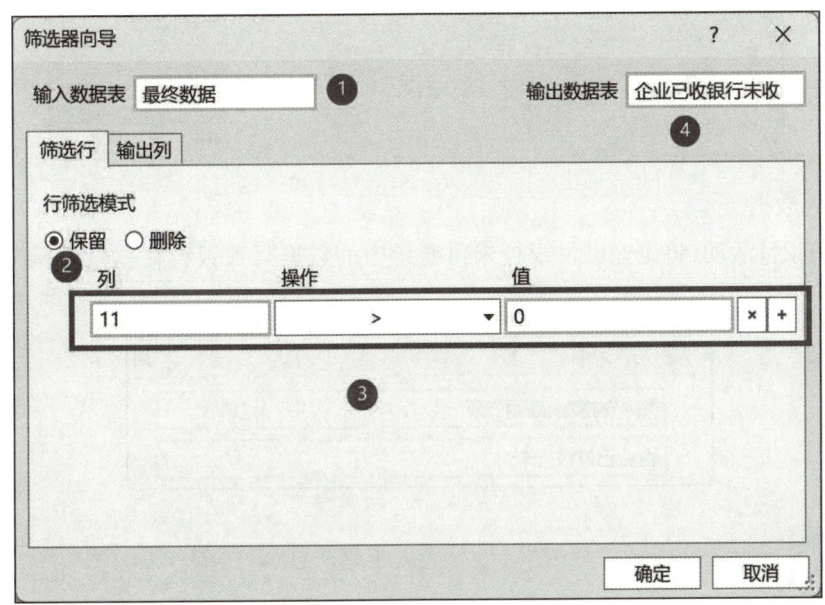

第二步:写入数据。

使用【写入范围】活动,将企业已收银行未收变量中的数据写入银行存款余额调节表 C7 单元格开始的区域。

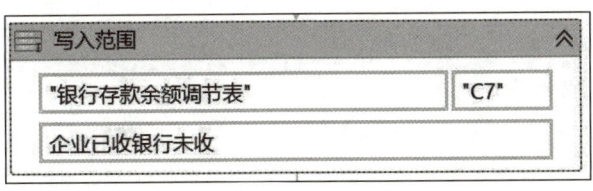

(5)填写企业已付银行未付数据。

第一步:筛选数据。使用【筛选数据表】活动。

筛选器向导设置如下:

在下图①处填写最终数据,②处选择保留,③处填写 12 > 0,④处创建变量企业已付银行未付。将企业已付银行未付的数据从最终数据中筛选出来,存入企业已付银行未付变量中。

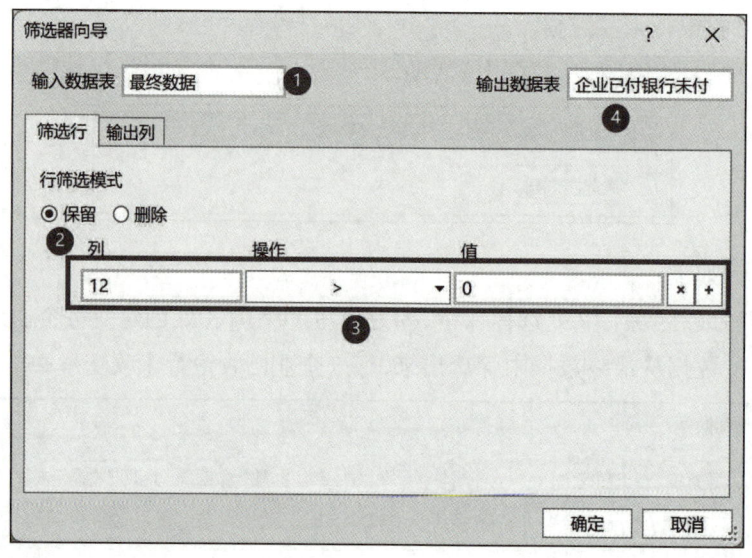

第二步：写入数据。

使用【写入范围】活动，将企业已付银行未付变量中的数据写入银行存款余额调节表 C23 单元格开始的区域。

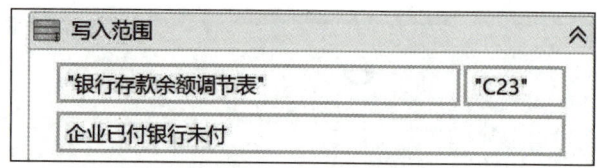

项目实训

任务导入

通过 UiPath 制作单个企业银企对账业务机器人。

任务报告

序号	步骤	实训成果		疑难点
1	绘制流程图			
2	流程开发	实现步骤	结果	

任务评价

序号	技能评分	佐证	是否达标
1	能结合实际业务，厘清银企对账机器人的流程设计思路	能够运用工具绘制银企对账流程图	
2	能使用【筛选数据表】活动完成对数据的筛选	能够综合运用【筛选数据表】等活动完成数据的筛选	

续表

序号	技能评分	佐证	是否达标
3	能使用【联接数据表】和【筛选数据表】相结合的方式完成对于两组数据的核对	能够运用【联接数据表】活动及【筛选数据表】活动完成两组数据的核对	
4	Excel 文件操作	能够运用【Excel 应用程序范围】活动及【读取范围】活动打开 Excel 文件	
5	基础控制语句操作	能够运用【对于每一个行】活动	

序号	素质评分	佐证	是否达标
1	流程思维能力	能够完成流程图的绘制	
2	程序开发能力	能够完成程序开发	
3	协同创新能力	能够和团队成员头脑风暴，协同完成任务	

项目七

综合业务机器人开发

教学目标

知识目标：

1. 掌握差旅费报销业务的一般知识。
2. 掌握投资信息查询业务的一般知识。
3. 掌握询证函制作业务的一般知识。
4. 了解工资条 E-mail 发送业务的一般知识。

能力目标：

1. 能够完成差旅费报销机器人的开发。
2. 能够完成投资信息查询机器人的开发。
3. 能够完成询证函制作机器人的开发。
4. 能够完成工资条 E-mail 发送机器人的开发。

素养目标：

1. 具备良好的思考和分析问题的能力。
2. 具备良好的 IT 思维能力。
3. 具备良好的创新思维能力。
4. 体会从不同的角度实现劳动价值，培育学习的内在驱动力。

项目七 综合业务机器人开发

项目导览

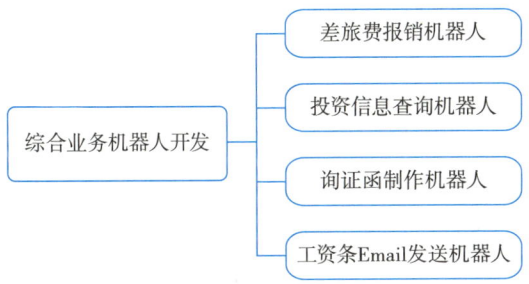

任务一　差旅费报销机器人

任务导入

在业务迅猛扩张的背景下,XYZ 公司遭遇了差旅费用报销流程复杂、效率低下的问题。报销的人工操作不仅耗时费力,而且后续费用分类的准确性难以保障,严重影响了财务管理的效率和精准度。为了从根本上解决这一问题,XYZ 公司决定开发差旅费报销机器人,改进报销流程,实现报销的自动化与智能化。现对差旅费自动生成凭证这一环节进行 RPA 开发。

数据资料

差旅费报销业务 Excel 文件如下图所示。

日期	报销事项	金额	申请人	申请部门
2024年5月12日	市场调研	1000	张文岳	销售部
2024年5月12日	市场调研	1000	韩长赋	销售部
2024年5月13日	市场调研	1000	张左己	销售部
2024年5月17日	参加培训	2000	陈光林	人力资源部
2024年5月17日	参加培训	2000	王云坤	人力资源部

XYZ公司12月差旅费用报销业务数据表

会计核算虚拟平台网址:https://bank.yidureading.com/entry/entrystart。

会计核算虚拟平台用户名:admin。

会计核算虚拟平台密码:Rpa@2025。

任务分析与设计

整体步骤如下:

(1)完成报销分录模板制作。

(2)读取差旅费报销业务 Excel 文件。

(3)登录会计核算虚拟平台。

(4)填写会计记账凭证。

(5)退出会计核算虚拟平台。

任务实施

(一)操作准备

1. 打开 UiPath 软件,点击"流程"

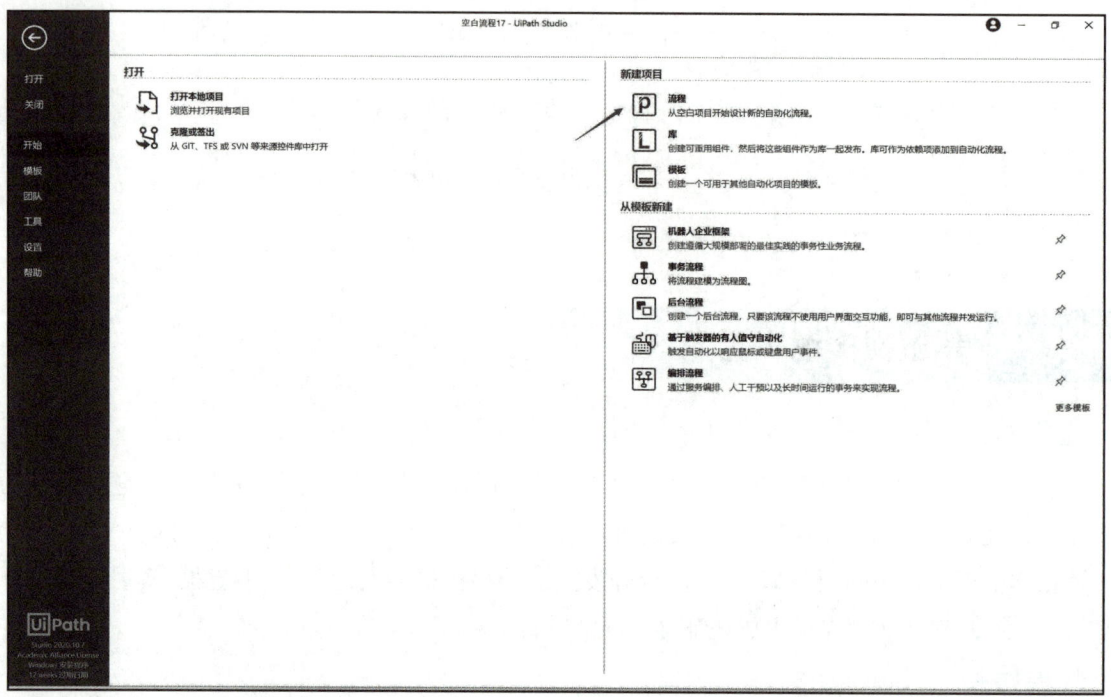

2. 设置好工程文件名称及位置

此案例中工程名称为"差旅费报销"。

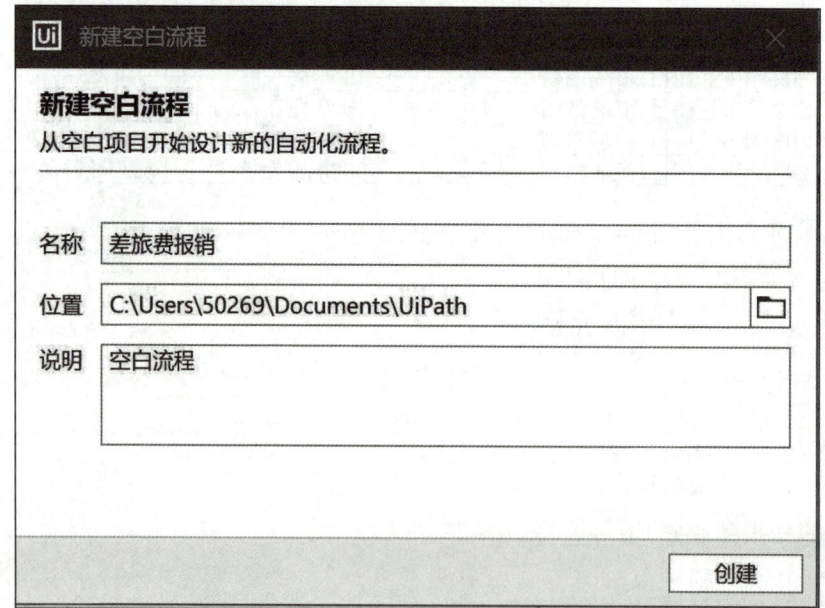

3. 等待加载完毕，进入编辑界面封面

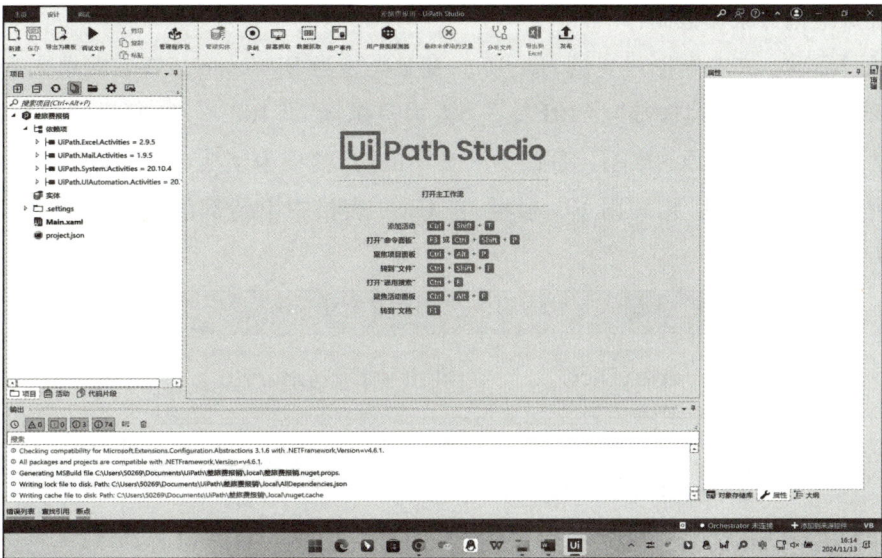

4. 添加新序列

因为整体流程不太复杂，直接双击 Main.xaml，在主流程中创建工作流程。

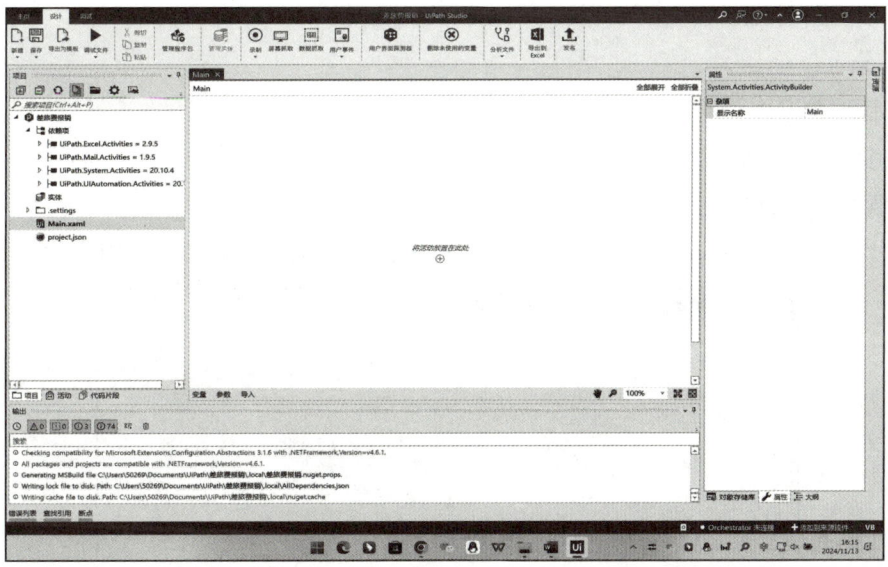

5. 确保谷歌浏览器 UiPath 插件处于可工作状态

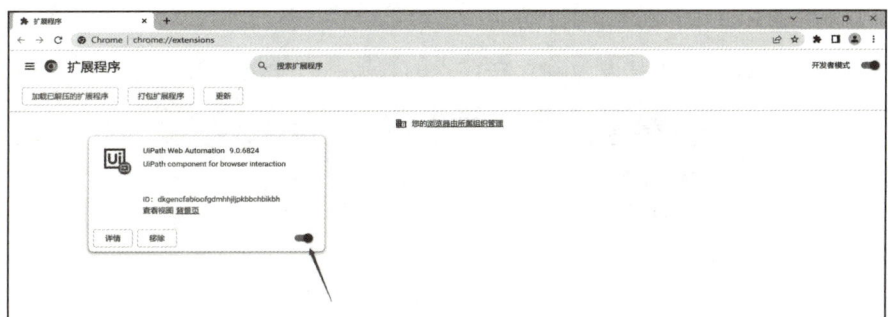

(二)流程制作

流程1:完成报销分录模板制作

添加【分配】活动。在左侧创建变量entryDict,变量类型为Dictionary。在右侧填入new Dictionary(of String,String) From {{"销售部","101"},{"人力资源部","102"},{"行政办公室","102"}}。通过字典建立部门与模板编号的联系。部门为字典中的键,模板为字典中键对应的值。例如,在Excel表格中申请部门为销售部,则调用101模板;在Excel表格中申请部门为人力资源部或行政办公室,则调用102模板。

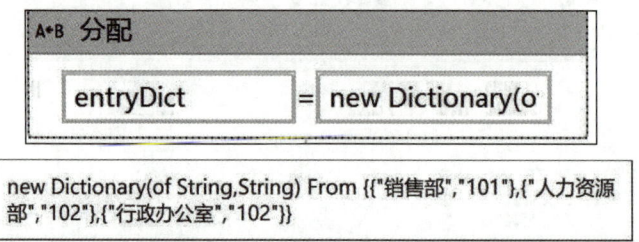

会计核算虚拟平台中已录入的模板如下:

101模板分录:

    借:销售费用

        贷:银行存款

102模板分录:

    借:管理费用

        贷:银行存款

流程2:读取差旅费报销业务Excel文件

读入工作簿。添加【Excel应用程序范围】活动,点击右侧图标处将差旅费文件选入。

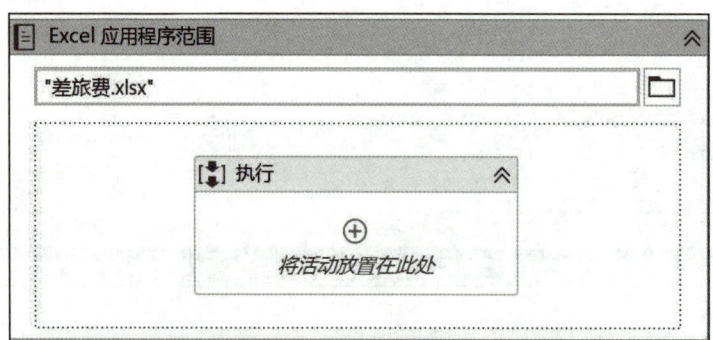

读入工作表及数据。添加【读取范围】活动,在左侧工作表名称处填入"差旅费",范围选择默认值""。在属性面板中"数据表"创建变量dt。将读入的数据存入变量dt中。

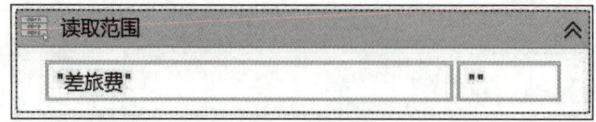

删除首行。Excel 表格中首行为"XYZ 公司 12 月差旅费用报销业务数据表",该行信息在后续的处理中无用,数据行从第二行开始,因此删除该行。添加【删除数据行】活动。在属性面板中"数据表"填入变量 dt,在"行索引"填入 0。

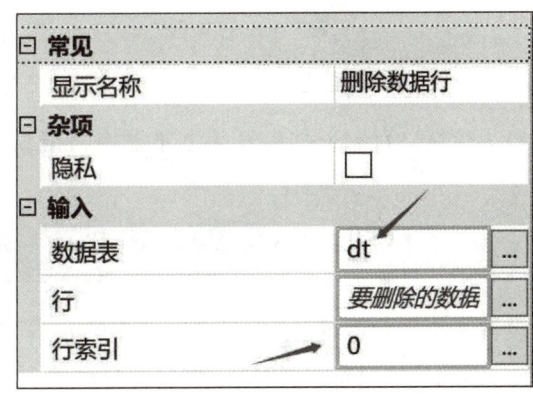

流程 3:登录会计核算虚拟平台

添加【打开浏览器】活动,在 URL 处填入会计核算虚拟平台网址" https://bank.yidureading.com/entry/entrystart"。注意此处引号为英文引号。

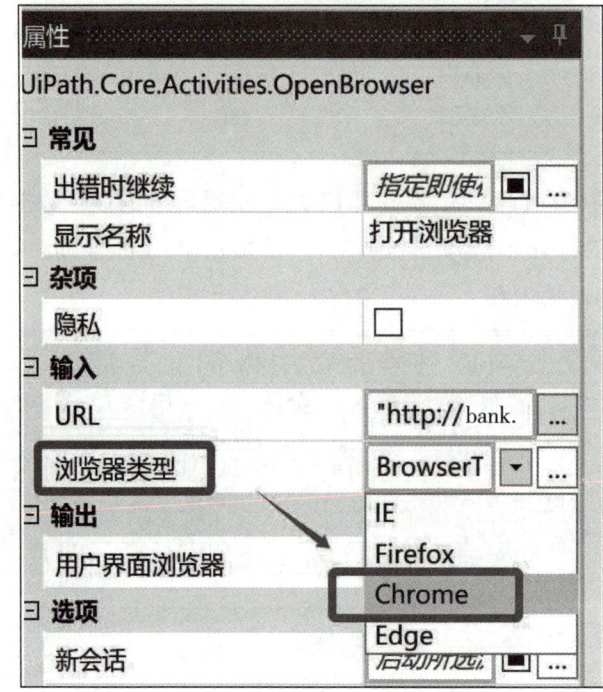

在其属性面板中,浏览器类型选择 Chrome,设置使用谷歌浏览器打开。

添加【最大化窗口】活动,使打开的浏览器窗口最大化,方便后续 RPA 程序能获取到所需控制的元素。

添加【设置文本】活动,通过"指出浏览器中的元素"功能拾取会计核算虚拟平台中的用户名输入框,并设置输入文本为"admin",完成用户名的自动输入。

添加【设置文本】活动,通过"指出浏览器中的元素"功能拾取会计核算虚拟平台中的密码输入框,并设置输入文本为"Rpa@2025",完成密码的自动输入。

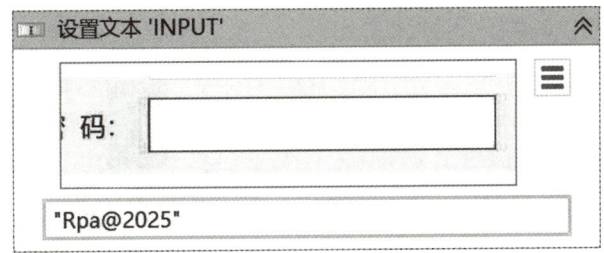

添加【单击】活动,通过"指出浏览器中的元素"功能拾取会计核算虚拟平台中的"登录"按钮。

流程 4:填写会计记账凭证

1. 构建输入会计报销凭证循环体

添加【对于每一个行】活动,其中右侧输入变量 dt,对差旅费报销数据逐行读取。

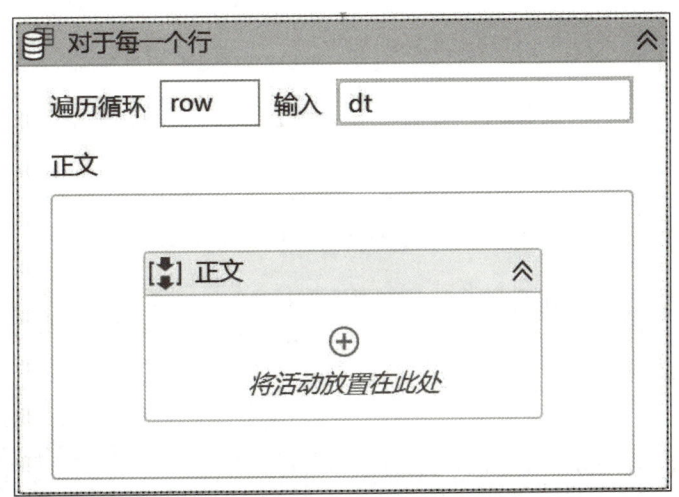

2. 点击进入模板选择,完成分录账户信息填写

添加【单击】活动,通过"指出浏览器中的元素"功能拾取"模板"按钮。

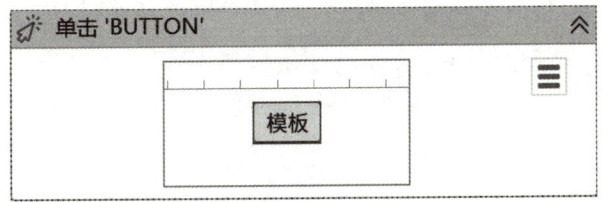

添加【设置文本】活动,通过"指出浏览器中的元素"功能拾取编号输入框,设置输入值为 entryDict(row(4).ToString),完成模板编号的自动填写。输入值中 row(4).ToString 将获取申请部门,entryDict 为字典类型变量,通过申请部门获取相应的模板编号。例如申请部门为销售部,则通过字典的键可以获取其相应的值模板 101。

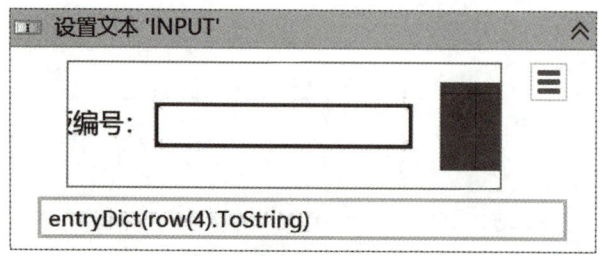

模板号码输入完毕后,点击"确定",让平台将模板中的分录填入记账凭证中。添加【单击】活动,通过"指出浏览器中的元素"功能拾取"确认"按钮。

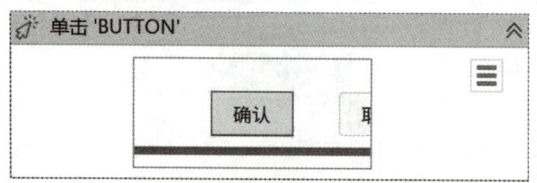

完成输入信息部分后,RPA 将在记账凭证界面自动填入分录中的账户信息。

3. 填写记账凭证剩余信息

(1)填写日期信息。

添加【输入信息】活动,通过"指出浏览器中的元素"功能拾取日期输入框。设置输入值为 DateTime.Parse(row(0).ToString).ToString("yyyy - MM - dd") + "[k(enter)]"。其中 row(0).ToString 将获取日期值,DateTime.Parse()将完成字符串向日期类型转换,ToString("yyyy - MM - dd")完成日期格式"年 - 月 - 日"的设置,"[k(enter)]"表示在输入信息后回车。由于在输入新的日期信息前,已存在当前日期,在输入时需要将其清空,在该属性面板中"选项 - 空字段"处完成勾选。

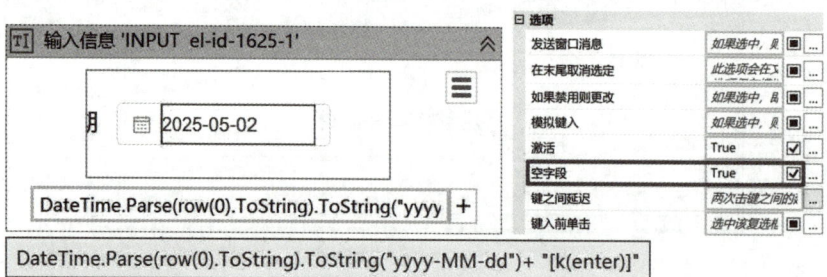

(2)填写金额信息。

添加【单击】活动,通过"指出浏览器中的元素"功能拾取借方金额某一栏。

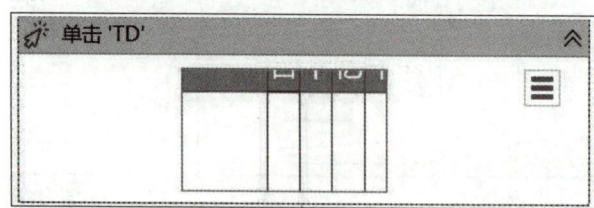

添加【输入信息】活动,通过"指出浏览器中的元素"功能拾取借方金额输入框,设置输入值为 row(2).ToString。

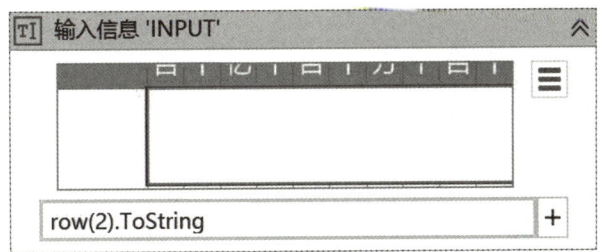

添加【单击】活动,通过"指出浏览器中的元素"功能拾取贷方金额某一栏。

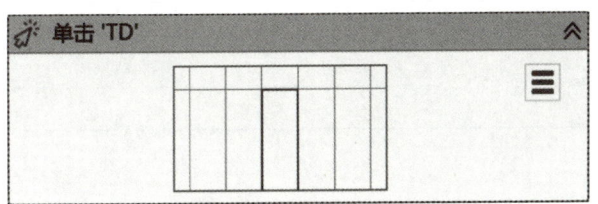

添加【输入信息】活动,通过"指出浏览器中的元素"功能拾取贷方金额输入框,设置输入值为 row(2).ToString。

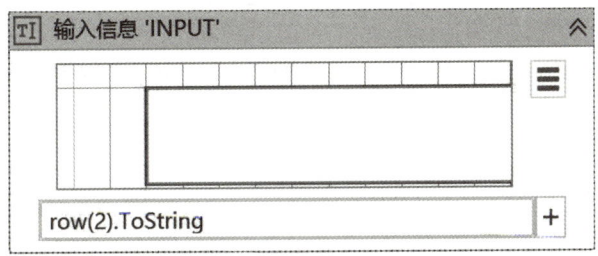

4. 保存分录

添加【单击】活动,通过"指出浏览器中的元素"功能拾取"保存并新增"按钮。

流程 5：退出会计核算虚拟平台

循环填写记账凭证完毕后,退出记账平台。添加【单击】活动,通过"指出浏览器中的元素"功能拾取"退出记账"按钮。

项目实训

任务导入

根据差旅费报销 RPA 程序,想一想其他费用报销如何设计一款 RPA 程序。

任务报告

序号	步骤	实训成果		疑难点
1	绘制流程图			
2	流程开发	实现步骤	结果	

任务评价

序号	技能评分	佐证	是否达标
1	完成费用报销对应模板的设计	能够运用字典数据类型	
2	登录会计核算虚拟平台	能够运用【打开浏览器】活动打开网站	
3	完成凭证录入	能够运用【设置文本】活动操作字典类型数据	

序号	素质评分	佐证	是否达标
1	流程思维能力	能够完成流程图的绘制	
2	程序开发能力	能够完成程序开发	
3	协同创新能力	能够和团队成员头脑风暴,协同完成任务	

任务二 投资信息查询机器人

任务导入

随着投资市场的日益繁荣,投资者需要实时掌握股票价格及企业的财务状况,以便做出精准的投资决策。然而,手动查询大量股票信息不仅耗时费力,还容易因信息滞后或遗漏而导致投资失误。为提升投资信息查询的效率和准确性,我们决定采用 RPA(机器人流程自动化)技术,构建投资信息查询机器人。该机器人将自动访问东方财富网,快速查询并获取指定股票的最新价格信息,为投资者提供是否值得投资的参考依据,从而更加科学、高效地做出投资决策,把握市场机遇,降低投资风险。

数据资料

所需查询股票如下图所示。

序号	证券代码	股票名称	买入价格	实时价格
1	000001	平安银行	18.11	
2	000333	美的集团	72.11	
3	600031	三一重工	22.07	

股票价格信息查询网站：https://www.eastmoney.com/。

任务分析与设计

整体步骤如下：

(1) 打开东方财富网站。

(2) 打开 Excel 文件。

(3) 配置循环体。

(4) 对指定股票价格信息进行查询与抓取。

(5) 保存所获取的股票价格。

程序主干流程图如下：

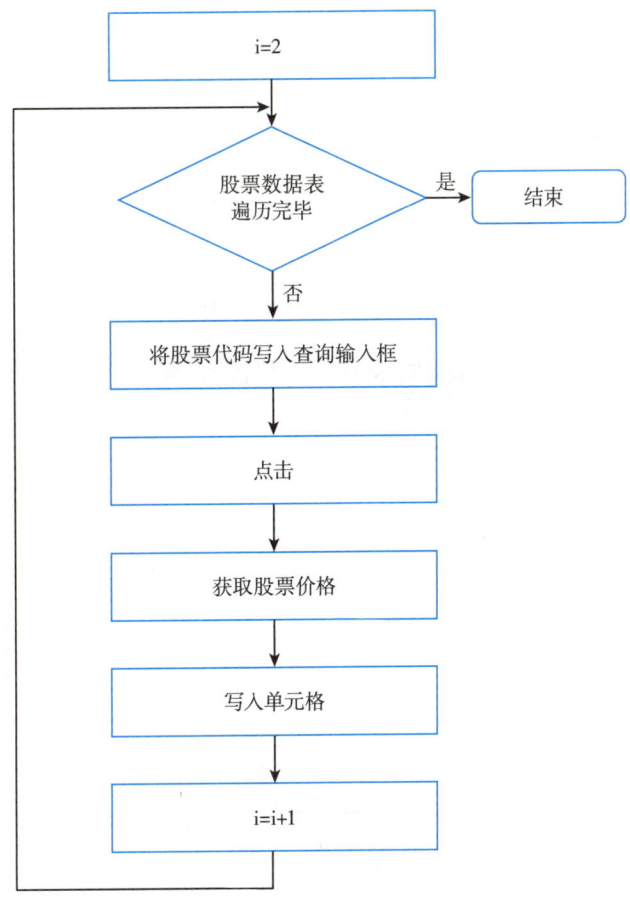

任务实施

（一）操作准备

1. 打开 UiPath 软件，点击"流程"，创建新流程

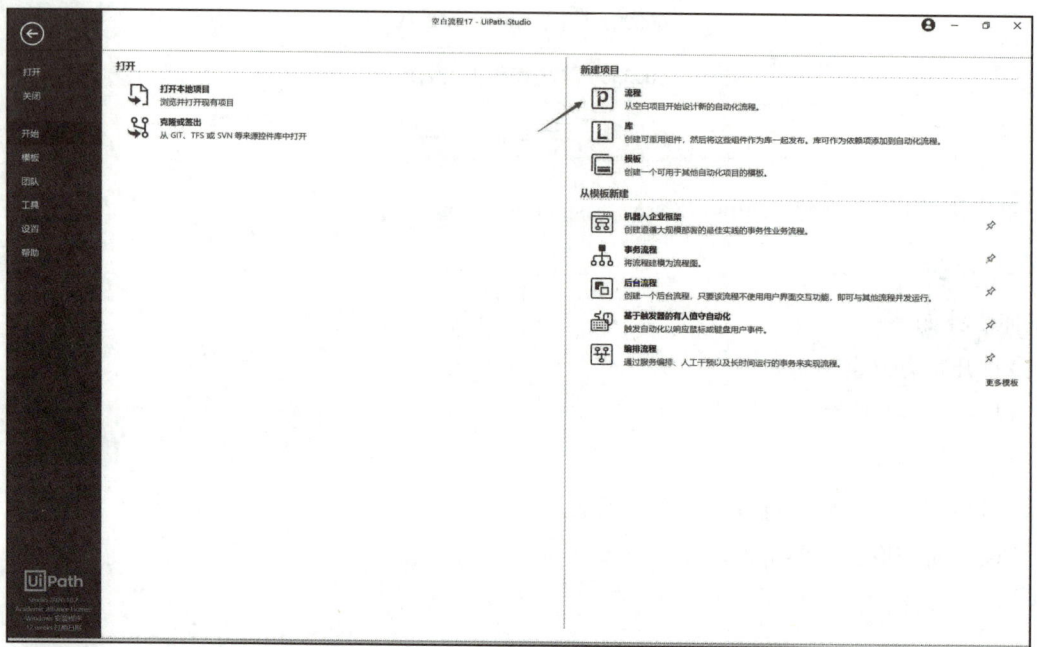

2. 设置好工程文件名称及位置

此案例中工程名称为"股价信息查询"。

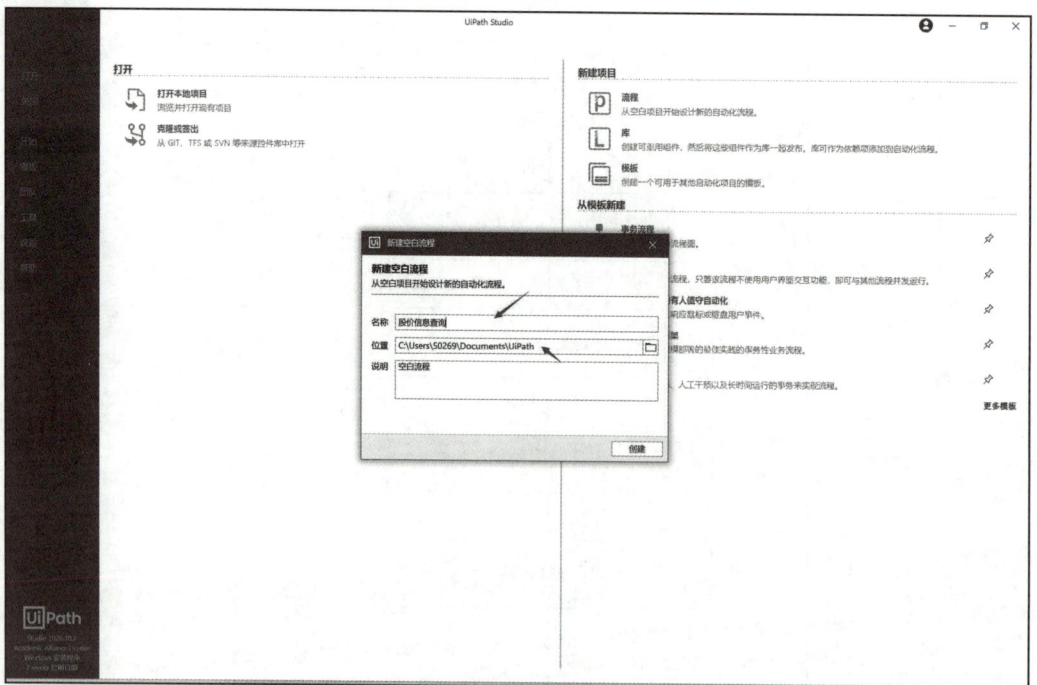

3. 等待加载完毕，进入编辑界面封面

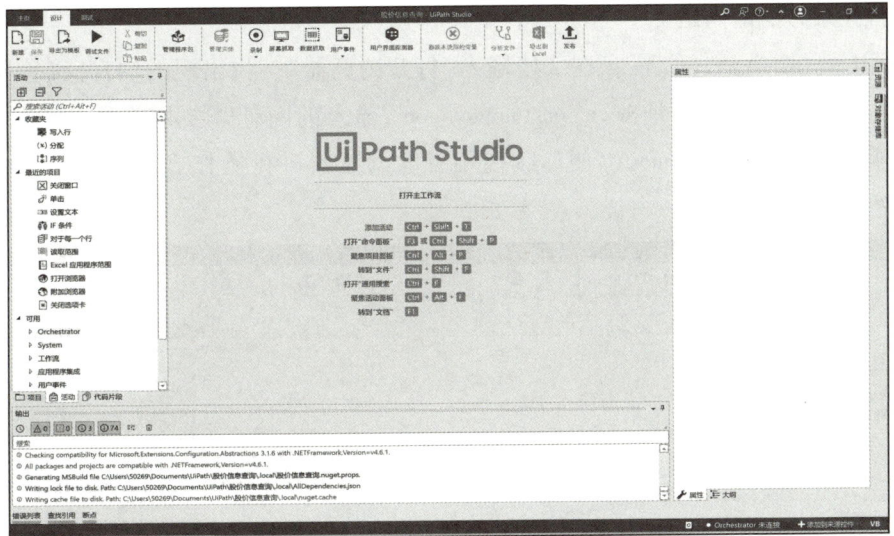

4. 添加新序列

因为整体流程不太复杂，直接双击 Main.xaml，在主流程中创建工作流程。

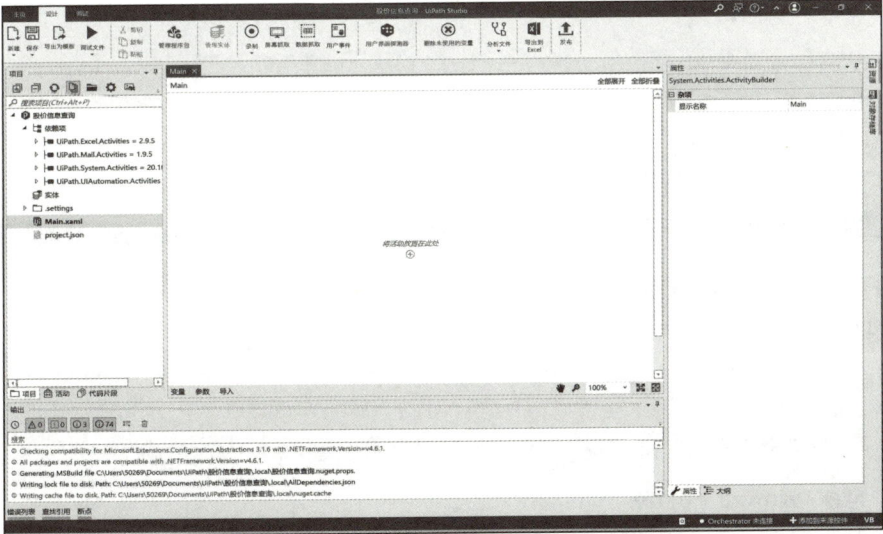

5. 确保谷歌浏览器 UiPath 插件处于可工作状态

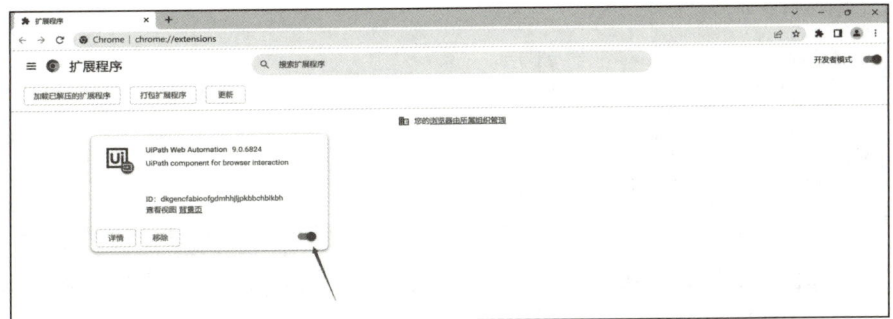

(二)流程制作

流程1:打开东方财富网站

点击下图①处,切换至"活动"。在②处输入"打开浏览器"。将出现的【打开浏览器】活动拖拽至中间面板处。在③处输入网址 www.eastmoney.com,输入的网址需要用英文的引号引起来。在④处点击左侧下拉框选择 Chrome,以便后续使用谷歌浏览器进行操作。单击中间面板空白⑤处,将属性面板隐藏。

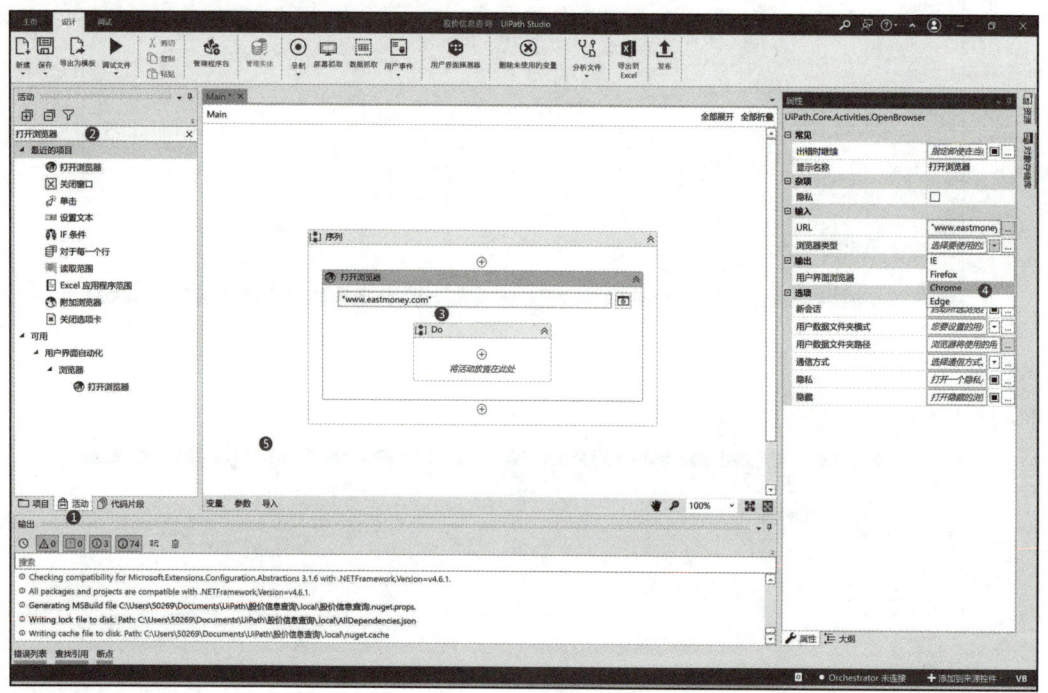

流程2:打开 Excel 文件

点击下图⊕处,输入"Excel",双击出现的【Excel 应用程序范围】活动。

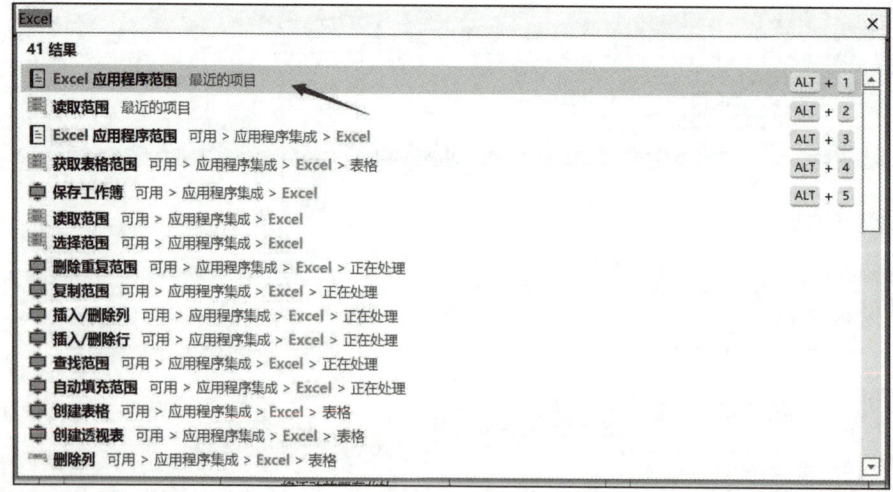

单击下图箭头处,将股票价格 Excel 表格选入。点击⊕,输入"读取范围",双击出现的【读取范围】活动来读取 Excel 数据范围。

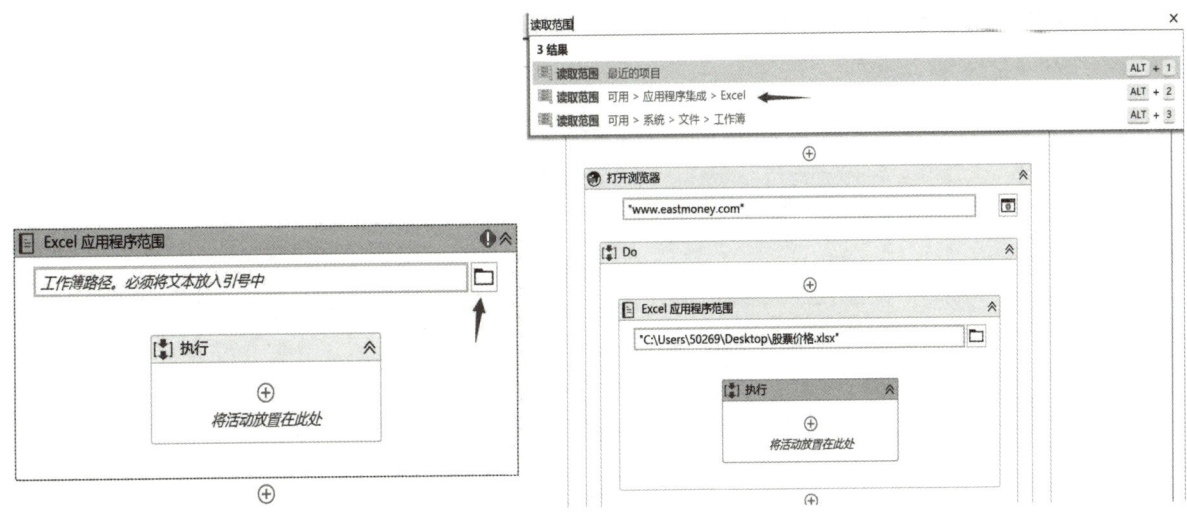

注意：此处有两个【读取范围】，因为本例中 Excel 工作簿已读入，所以此处选择【应用程序集成】下的【读取范围】。

将读入的数据存入变量中，在属性窗口中"输出 – 数据表"处输入变量名，变量名自拟，此处变量名设置为 dt。

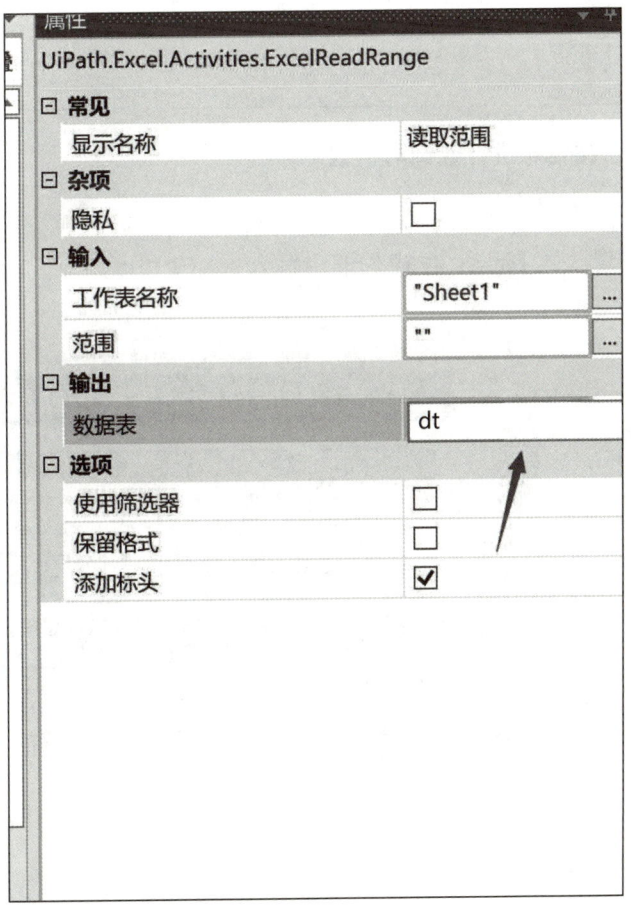

流程3：配置循环体

1. 设置写入位置初始值

添加【分配】活动，设置 i=2，i 为 Int32 类型变量。后续写入流程从 Excel 文件中第二行开始。

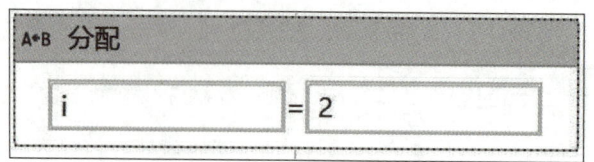

2. 构建循环体

添加【对于每一个行】活动，输入企业数据表 dt 变量，搭建查询、抓取、写入数据的循环框架。

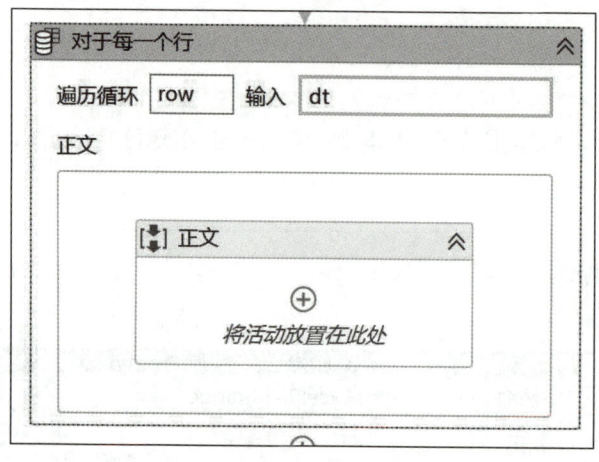

流程4：对指定股票价格信息进行查询与抓取

1. 将股票代码写入输入框

在循环体中添加【设置文本】活动，在输入框中输入 row(1).tostring。点击"指出浏览器中的元素"，拾取网页中股票代码输入框。

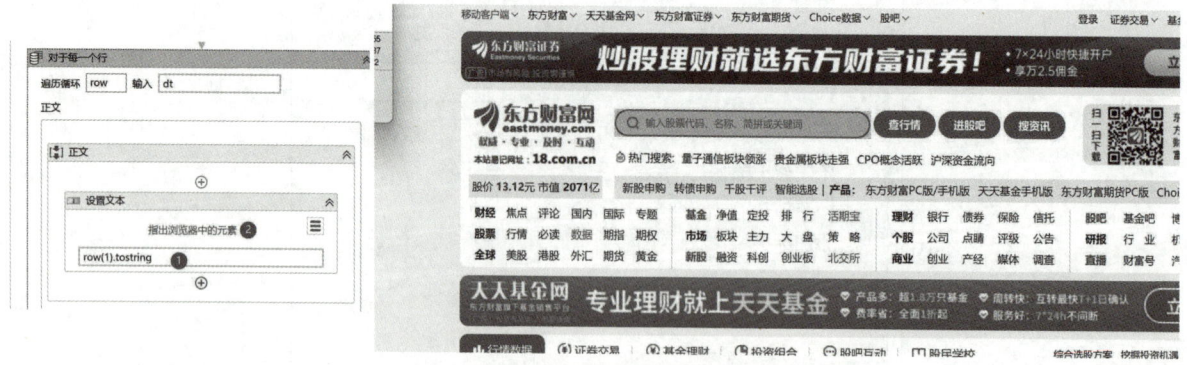

添加【单击】活动，点击"指出浏览器中的元素"，拾取网页中"行情"按钮。

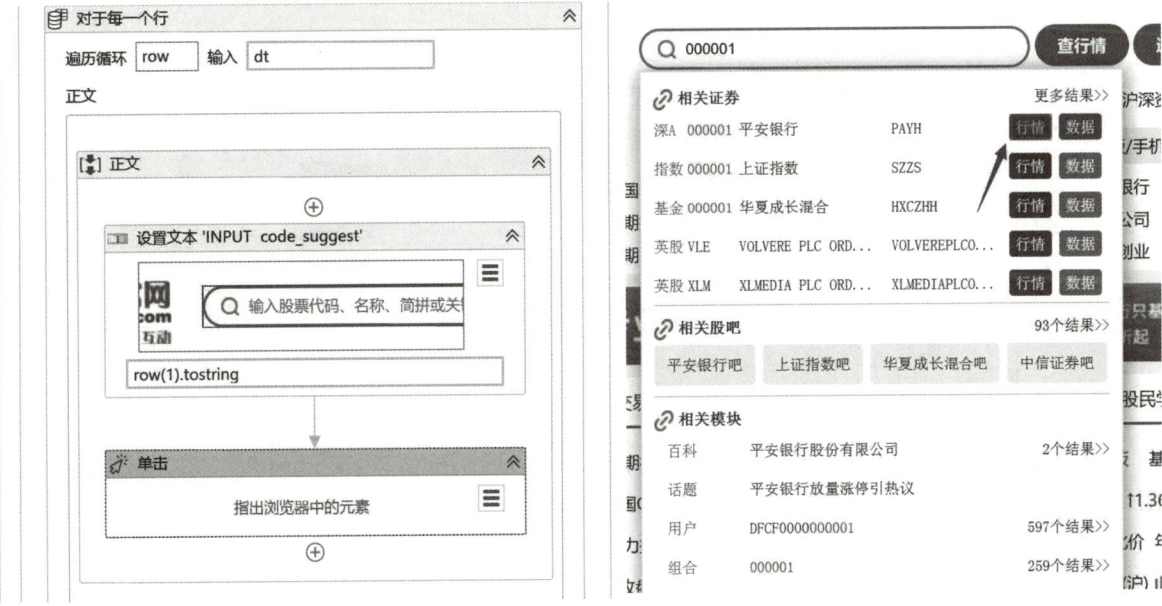

2. 抓取股票价格

（1）打开股票价格信息网页。

页面	网址
首页	https://www.eastmoney.com/
股票价格信息页面	https://quote.eastmoney.com/sz000001.html

对首页和股票价格信息网页进行对比，发现这两个网页不同。为了能在不同页面中完成切换，需要用到【附加浏览器】活动。

添加【附加浏览器】活动，点击"指出浏览器中的浏览器"，选中新打开的股票价格信息页面。

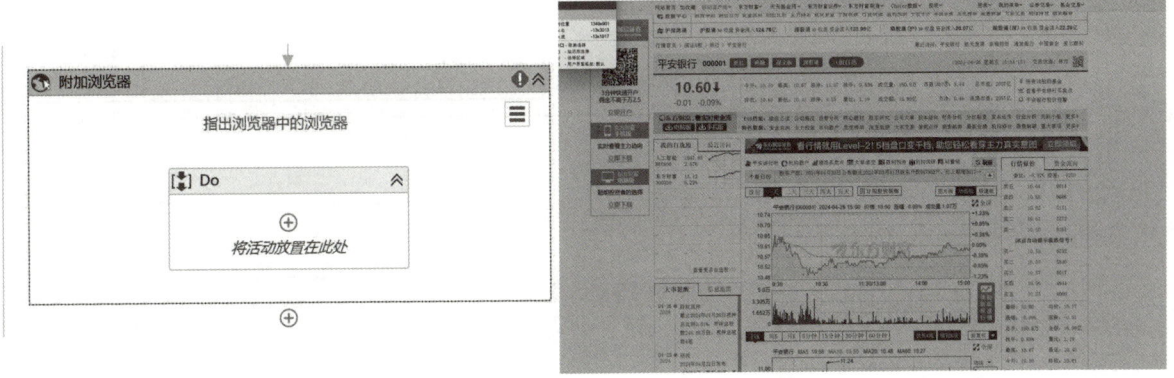

点击【附加浏览器】活动中①处，选择②处的"在用户界面探测器中打开"进行设置。

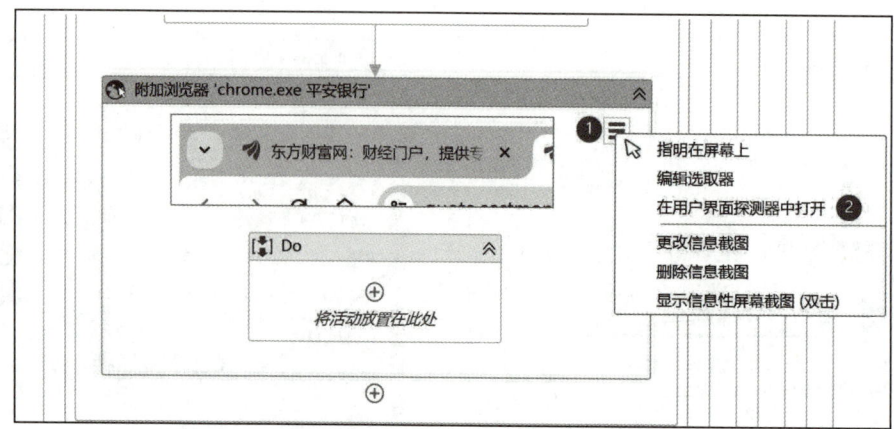

发现属性 title = '平安银行 10.60 −0.01(−0.09%)股票价格_行情_走势图—东方财富网',该值为个性化信息。如保留该个性化信息,则 UiPath 只能打开 title 为该值的网页,而不能打开 title 为其他值的股票价格信息网页,因此会失去循环的意义。

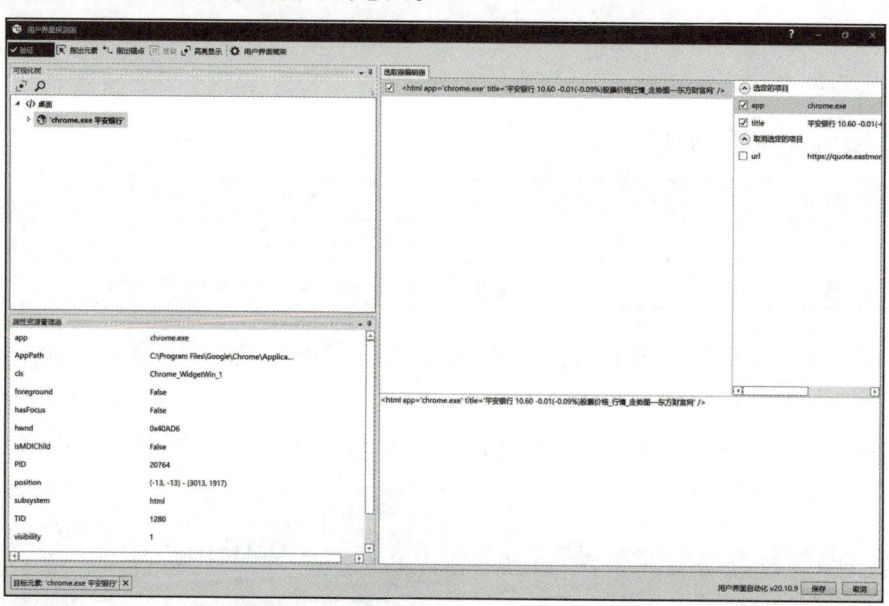

用 * 去除平安银行的个性化信息,点击"保存"。

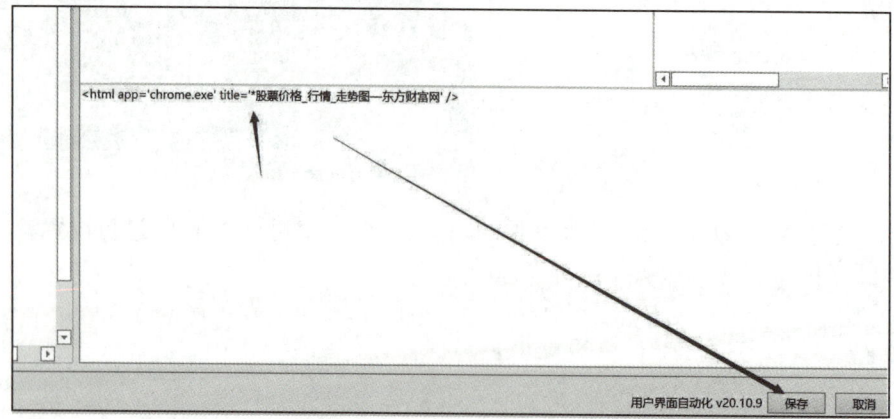

（2）将新打开股票价格信息网页存入变量。

为避免打开多个页面后 UiPath 可能会产生页面判断错误,故需保持浏览器中只有一个股票价格信息的页面打开。可以将所打开的股票价格查询页面存入变量中,信息处理完毕后可通过该变量来关闭该查询网页。点击【附加浏览器】活动中①处,在该活动属性面板中②处创建变量 t。

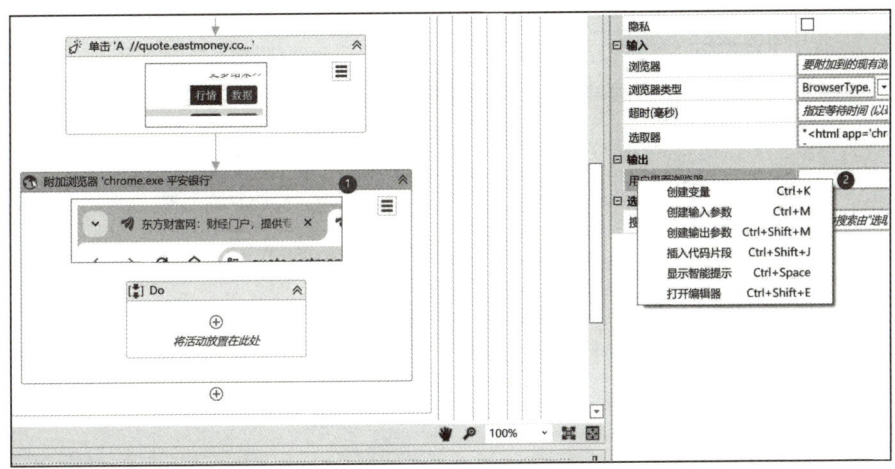

（3）抓取股票价格存入变量。

添加【获取文本】活动,点击"指出浏览器中的元素",在股票价格信息页面拾取价格。

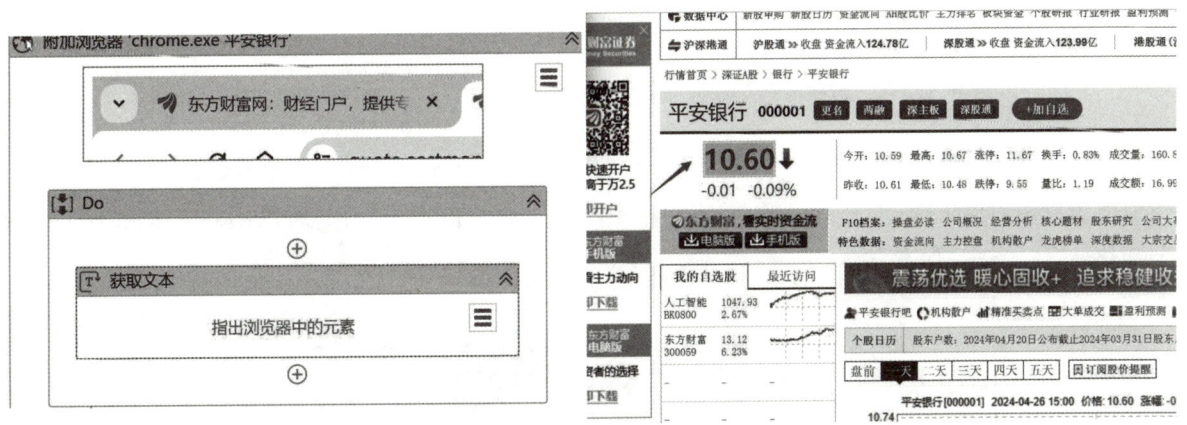

点击【获取文本】活动①处,选择②处的"在用户界面探测器中打开"进行设置。

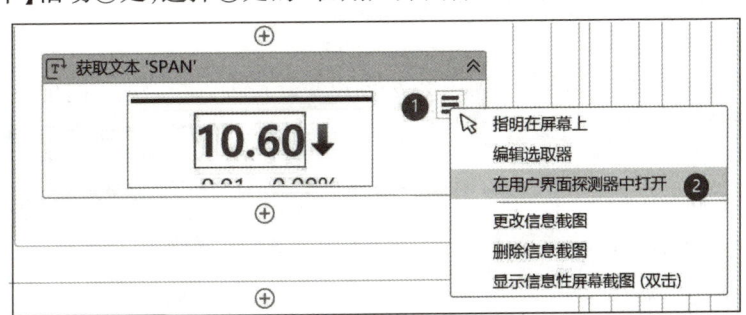

发现属性 aaname = '10.60',该值为个性化信息。如保留该个性化信息,则 UiPath 只能打开 aaname 为该值的网页,而不能打开 aaname 为其他值的股票价格信息网页,因此会失去循环的意义。

用选择其他相关属性来定位网页中的股票价格处。删除 aaname 属性前方的勾选符号,增加勾选 class = 'price_down blinkgreen'。点击"保存"。

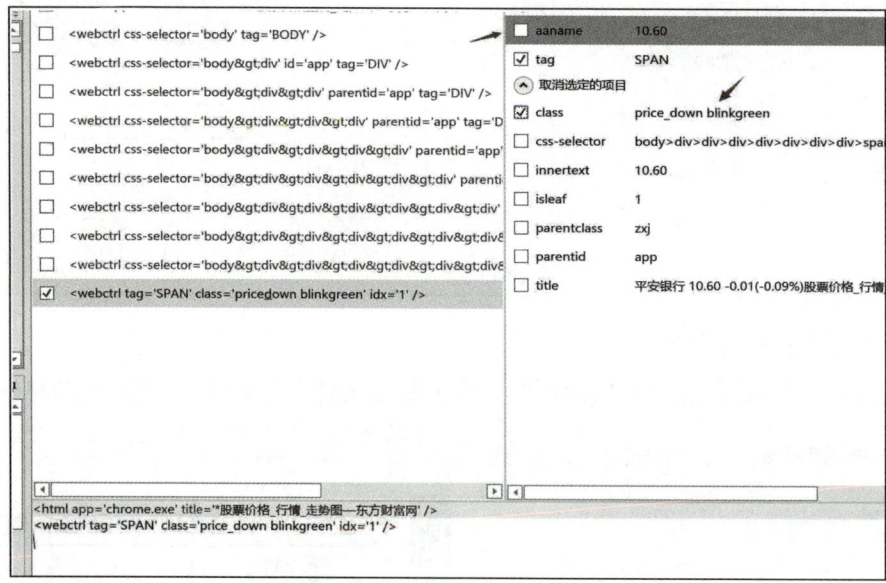

由于价格可能下降、上升或持平,在该网站中网页中属性值均不一样,所以用 * 来去除不同价格个性化信息。点击"保存"。

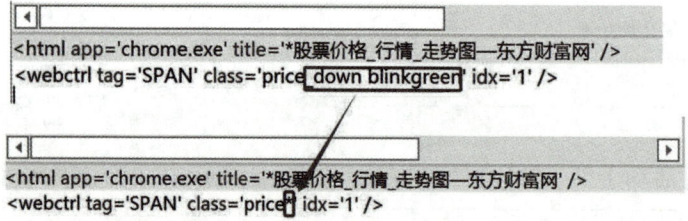

点击【获取文本】活动①处,在其属性面板中②处创建变量 price。将获取到的价格存入变量 price 中。

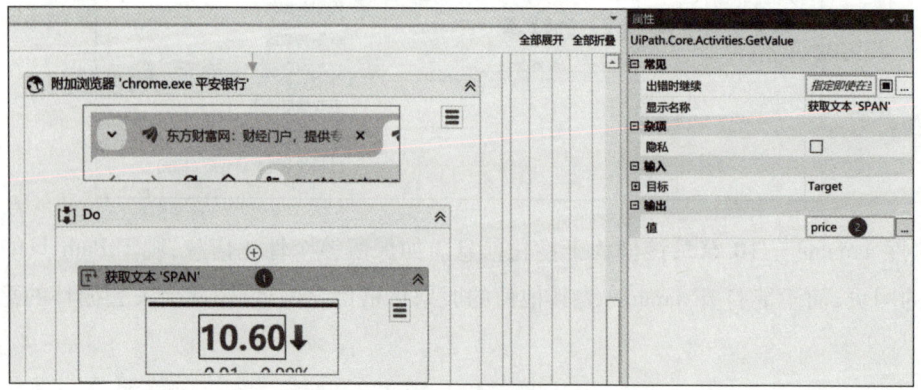

(4)将新打开的股票价格信息网页关闭。

为避免打开多个页面后 UiPath 可能会产生的页面判断错误,将该次打开的股票价格查询页面选项卡关闭。添加【关闭选项卡】活动,在其属性面板中输入之前设置的变量 t。

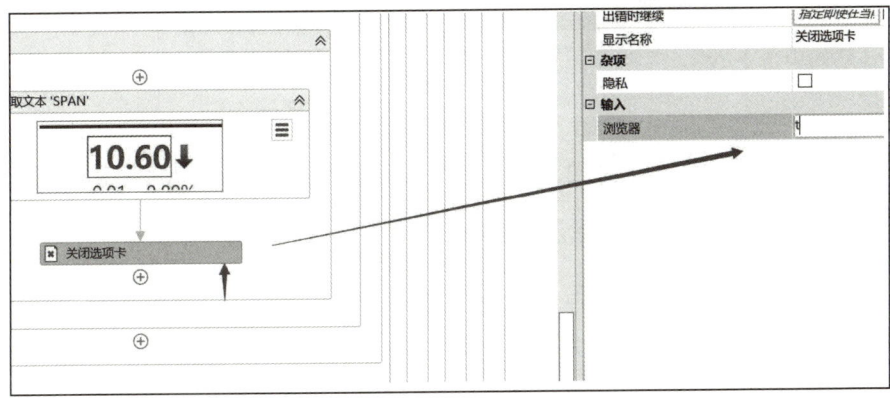

注意:

该部分主要问题解决方案:

(1)存在不同网页网址问题解决方案。

① 使用【附加浏览器】活动;

② 用 * 去除股票页面中的标题信息个性化部分。

(2)UiPath 页面判断错误问题解决方案。

① 在【附加浏览器】活动中设置变量;

② 使用【关闭选项卡】活动关闭变量所代表的页面;

③ 改用其他页面标签属性对价格信息进行定位,并用 * 去除个性化部分。

流程 5:保存所获取的股票价格

1. 写入股票价格

添加【写入单元格】活动,在其属性面板中①处设置需要输入单元格的变量 price,在②处设置写入单元格的表达式"e" + i.ToString。如本次循环 i 为 3,则写入 e3 单元格。

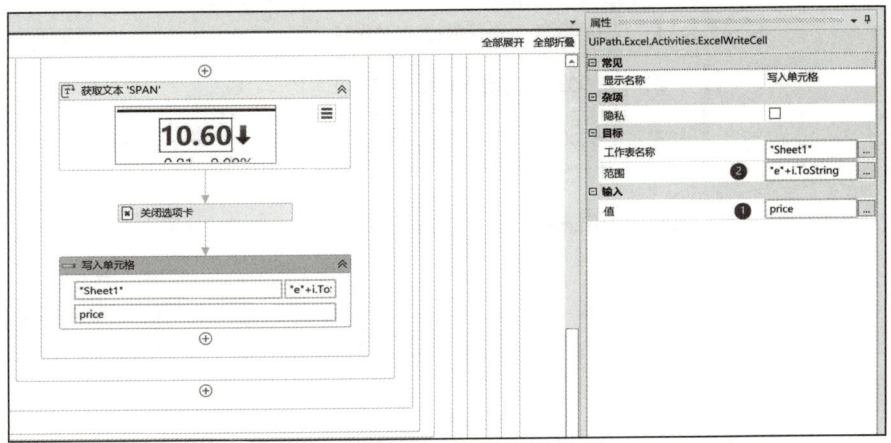

2. 递增写入单元格地址

添加【分配】活动,设置 i = i + 1,使上述写入单元格活动中的地址随循环递增。

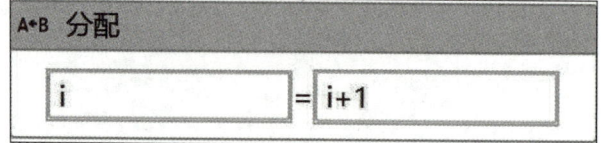

练一练

请描述在 A1 ~ A10 单元格中逐个写入信息的方法。

_____

_____

_____

_____

_____

项目实训

任务导入

随着投资市场的日益繁荣,投资者需要实时掌握股票价格及企业的财务状况,以便做出精准的投资决策。然而,手动查询大量股票信息不仅耗时费力,还容易因信息滞后或遗漏而导致投资失误。为提升投资信息查询的效率和准确性,我们决定采用 RPA(机器人流程自动化)技术,构建投资信息查询机器人。该机器人将自动访问新浪股票网站,快速查询并获取指定股票的最新价格信息,为投资者提供是否值得投资的参考依据,从而更加科学、高效地做出投资决策,把握市场机遇,降低投资风险。

数据资料

所需查询股票如下图所示。

序号	证券代码	股票名称	买入价格	实时价格
1	000001	平安银行	18.11	
2	000333	美的集团	72.11	
3	600031	三一重工	22.07	

股票价格信息查询网站:https://finance.sina.com.cn/stock/。

任务报告

序号	步骤	实训成果		疑难点
1	绘制流程图			
2	流程开发	实现步骤	结果	

任务评价

序号	技能评分	佐证	是否达标
1	打开网站	能够运用【打开浏览器】活动打开网站	
2	网址切换	能够运用【附加浏览器】活动	
3	数据获取	能够运用【数据获取】活动;能够运用*功能获取不同的数据	
4	Excel 文件操作	能够运用【Excel 应用程序范围】活动;能够运用【写入单元格】活动写入数据;能够运用【读取范围】活动打开 Excel 文件	
5	基础控制语句操作	能够运用【对于每一个行】活动;变量使用	
6	关闭选项卡	能够运用【关闭选项卡】活动	

序号	素质评分	佐证	是否达标
1	流程思维能力	能够完成流程图的绘制	
2	程序开发能力	能够完成程序开发	
3	协同创新能力	能够和团队成员头脑风暴,协同完成任务	

任务三　询证函制作机器人

任务导入

A 市 ABC 会计师事务所作为专业的审计服务机构,经常需要为各类企业客户提供审计服务。在审计过程中,编制并填写询证函是一项重要且烦琐的任务。传统方式下,审计人员需要从企业的财务报表或会计系统中提取相关数据,然后手工填写到询证函模板中。这一过程不仅耗时费力,而且容易因人为疏忽导致数据错误,进而影响审计结果的准确性。为了提升审计效率、减少人为错误,ABC 会计师事务所设计并开发了一个 RPA 财务机器人,专门用于自动化编制与填写询证函。该机器人能够自动从 Excel 文件中提取相关数据,并根据询证函模板的格式要求,准确无误地填写相关信息。

数据资料

1. 询证函模板

询 证 函

××公司：

本公司聘请的A市ABC会计师事务所对我公司2023年财务报表进行审计，按照中国注册会计师审计准则的要求，应当询证本公司与贵公司的往来账项等事项。下列信息出自本公司记录，如与贵公司记录相符，请在本函下端"信息证明无误"处签章证明；如有不符，请在"信息不符"处列明不符项目及具体内容；如存在与本公司有关的未列入本函的其他重要信息，也请在"信息不符"处列出其详细资料。回函请直接寄至A市ABC会计师事务所。

回函地址：A市中心大街1号　　　　邮编：　　　　电话：
传真：　　　　　　　　　　　　　　联系人：张三

本公司与贵公司的往来账项列示如下：
截止日期：　年　月　日

贵公司欠我公司	￥××元整

本函仅为复核账目之用，并非催款结账，若款项在上述日期之后已经付清，仍请及时函复为盼。

（盖章）
年　月　日

结论：

1、信息证明无误	2、信息不符，请列明不符项目及具体内容。
（盖章） 年　月　日 经办人：	（盖章） 年　月　日 经办人：

2. 查询数据文件

	A	B	C	D	E	F	G	H
1	科目编码	企业名称	期初余额	借方	贷方	方向	期末余额	截止日期
2	11220001	顺昌工业有限公司	2000000	789657	0	借	2789657	2024-8-20
3	11220002	顺泰工业有限公司	200000	0	0	借	200000	2024-8-20
4	11220003	天山工业有限公司	19832	2232	2213	借	19851	2024-8-20

任务分析与设计

整体步骤如下：

（1）打开应收账款余额明细表。

（2）打开询证函模板。

（3）将应收账款余额明细表数据循环写入询证函模板并生成询证函文件。

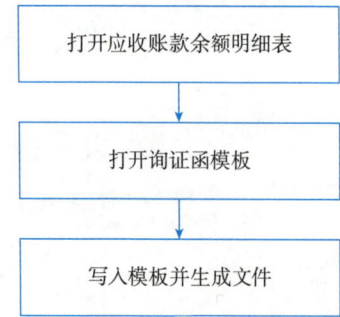

任务实施

(一)操作准备

1. 打开 UiPath 软件,点击"流程",创建新流程

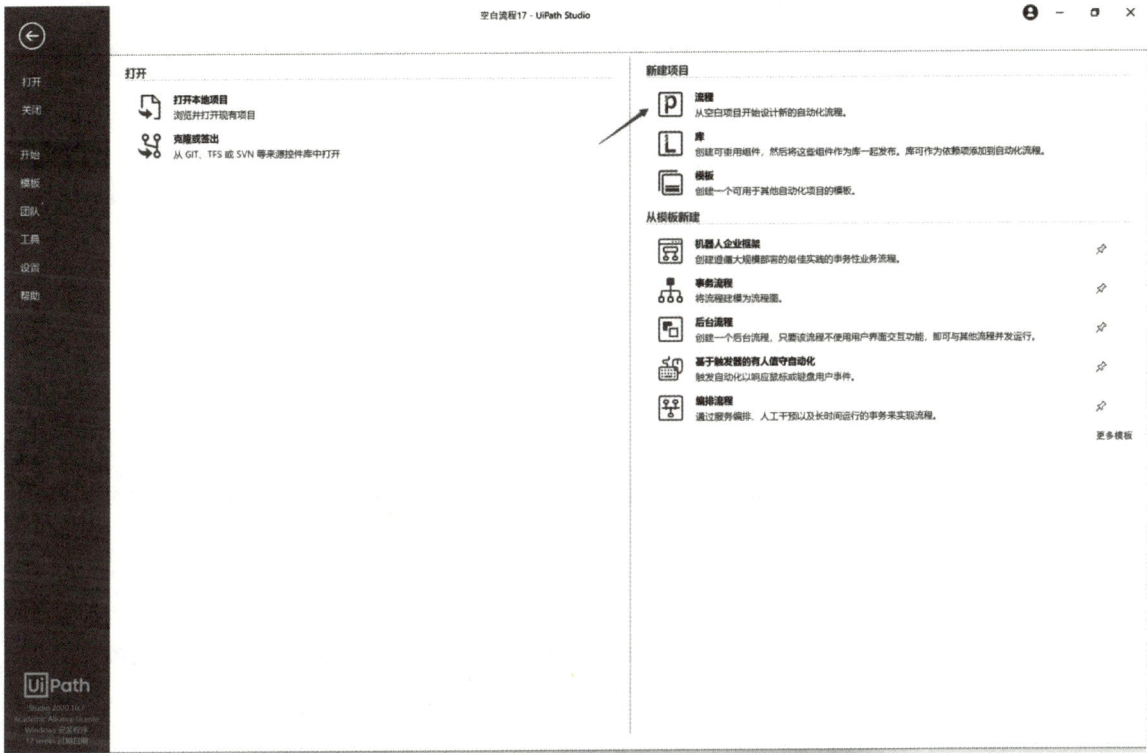

2. 设置好工程文件名称及位置

此案例中工程名称为"询证函"。

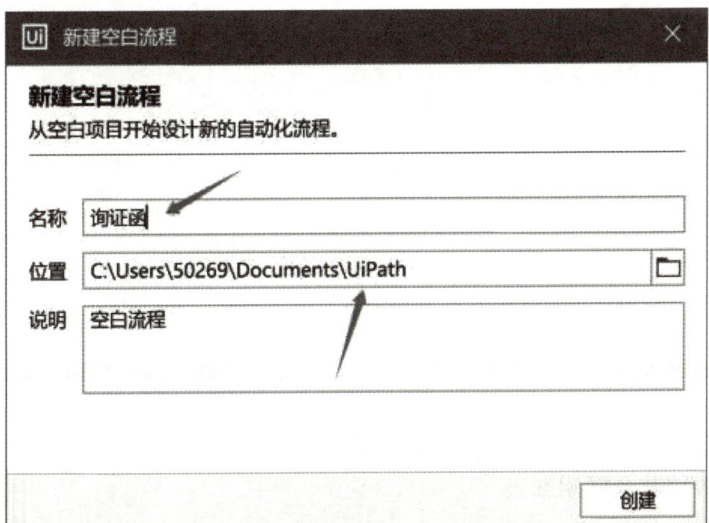

3. 等待加载完毕,进入编辑界面封面

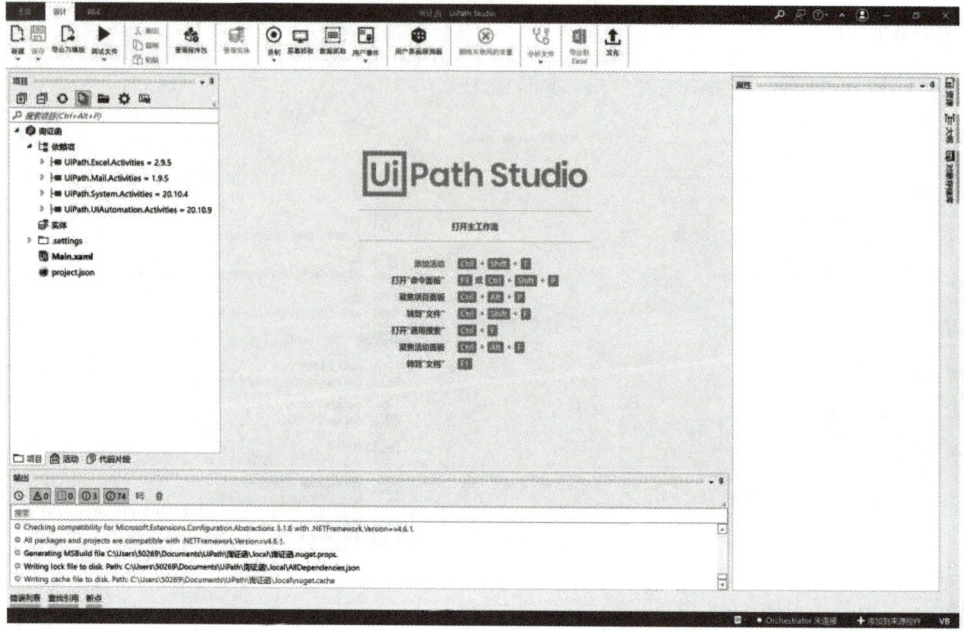

4. 添加新序列

因为整体流程不太复杂,直接双击 Main.xaml,在主流程中创建工作流程。

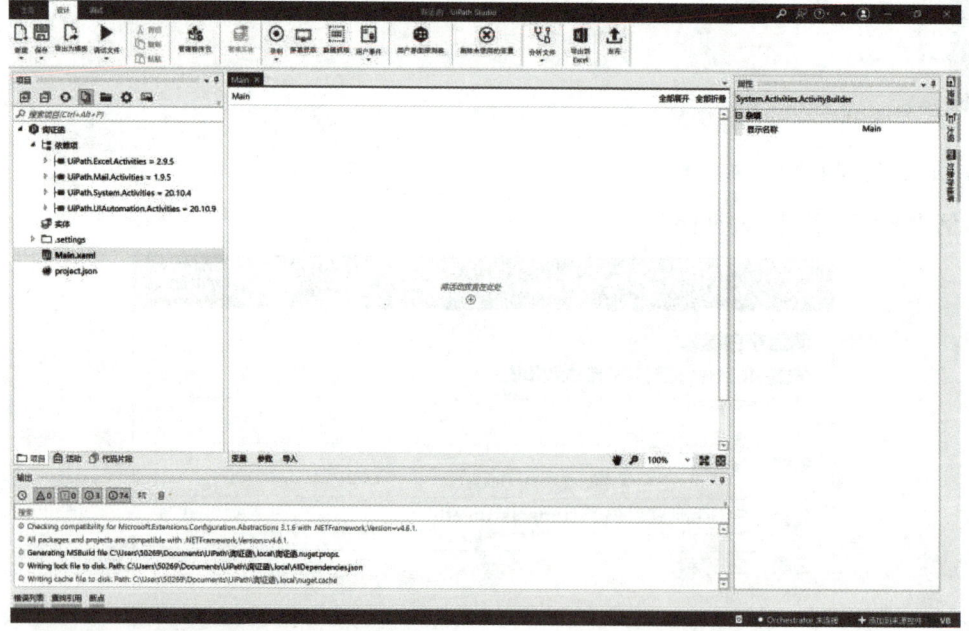

(二)流程制作

流程1:打开应收账款余额明细表

添加【Excel 应用程序范围】活动。

完成工作簿的选择。将 Excel 文件路径填入工作簿路径处,可以点击右侧文件夹图标,将"应收账款余额明细表.xlsx"文件选入得到文件路径。

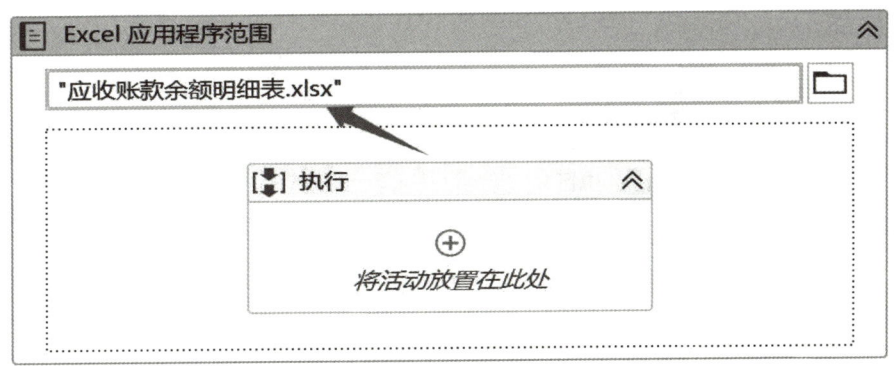

选择工作表及数据范围。添加【读取范围】活动,因为工作表名称为"余额表",所以【读取范围】活动中左侧需要填入"余额表",右侧可以选择范围,因为需要读入所有数据,所以此处使用默认值""。

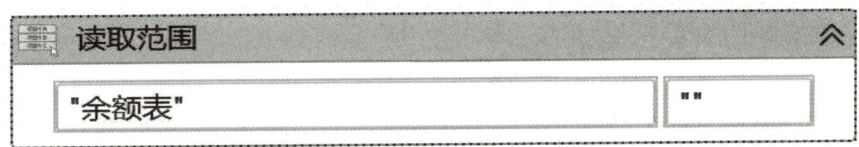

选中【读取范围】活动,在右侧属性面板中创建变量 dt1,表示将余额表中的所有数据存入 dt1 变量中。

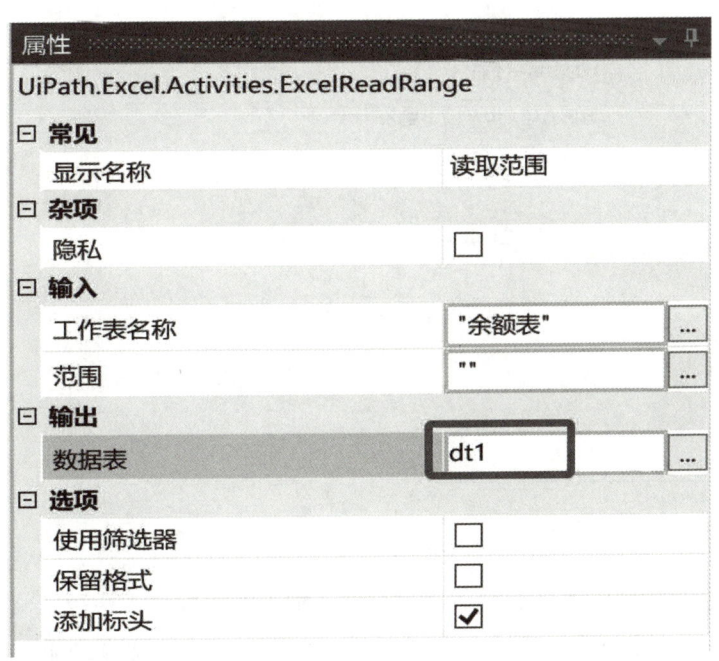

流程 2:打开询证函模板

添加【Excel 应用程序范围】活动。

完成工作簿的选择。将 Excel 文件路径填入工作簿路径处,可以点击右侧文件夹图标,将"询证函模板.xlsx"文件选入得到文件路径。

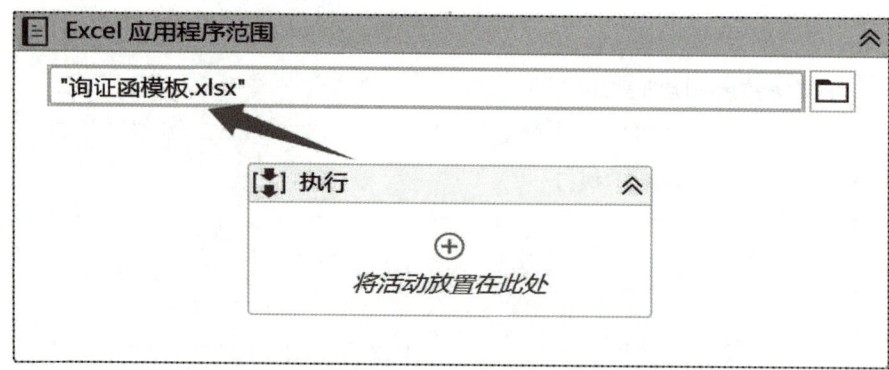

流程3：将应收账款余额明细表数据循环写入询证函模板并生成询证函文件

1. 构建循环体

在流程2中的【Excel应用程序范围】活动"执行"内添加【对于每一个行】活动完成循环操作。因为是要将应收账款余额明细表中的数据填入模板中，所以在"输入"处填入存储应收账款余额明细表的变量dt1。

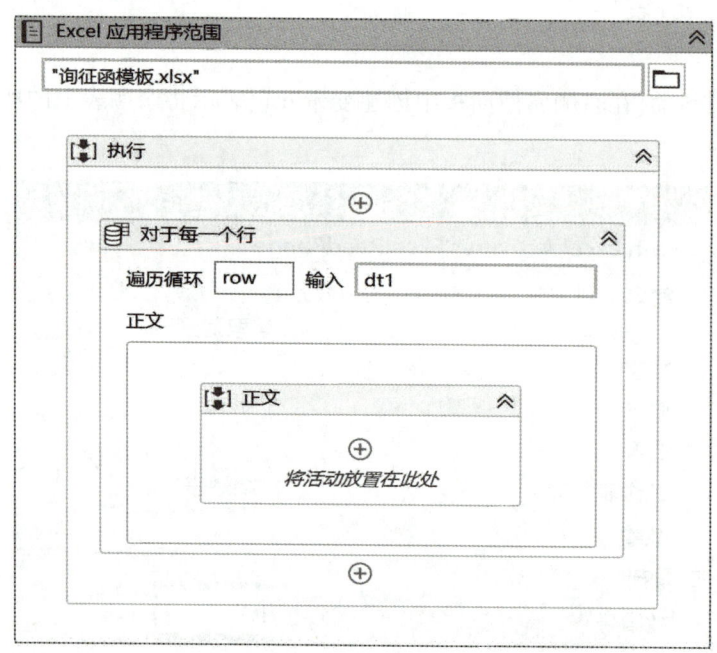

2. 创建循环内容

该循环要完成的任务分别为：①将应收账款余额明细表的数据填入模板；②将填写好的文件另存为一个文件进行存储。在UiPath当前版本下需要将两个步骤颠倒完成这两个任务，即需要先根据模板文件创建模板的复本文件，再将数据填入新创建的模板复本文件中。

（1）根据模板文件创建复本文件。

添加【复制文件】活动，在每次执行循环时将询证函模板文件复制一份，将文件另存为企业名称+科目编码。在【复制文件】活动中"来源文件夹"处填写"询证函模板.xlsx"，在"目标文件夹"处填写row(1).ToString + row(0).ToString + ".xlsx"，其中row(1).ToString对应企业名称，row(0).ToString对应科目编码。勾选"覆盖"，覆盖原先创建的复本文件。

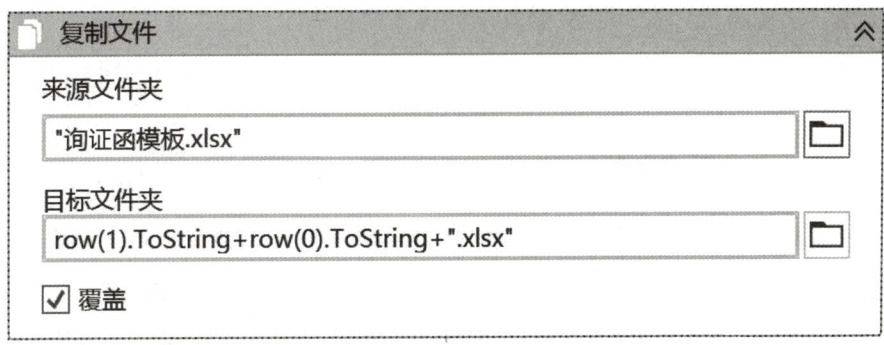

（2）将应收账款余额明细表的数据填入新创建的模板复本文件。

将企业名称填入模板复本文件中。添加【写入单元格】活动,该活动在"可用-系统-文件-工作簿"下。在下图④处指定填写的内容。模板中企业名称格式为"××公司:"。写入的内容包含企业名称和冒号。填入 row(1).ToString +":",其中 row(1).ToString 将获取企业名称,再使用加号与字符串":"合并最终得到模板中企业名称填写格式。②处和③处指定填写的工作表和单元格位置,分别填写"Sheet1"和"A3"。①处为模板复本文件所在的地址,此处使用上面步骤中创建的地址。

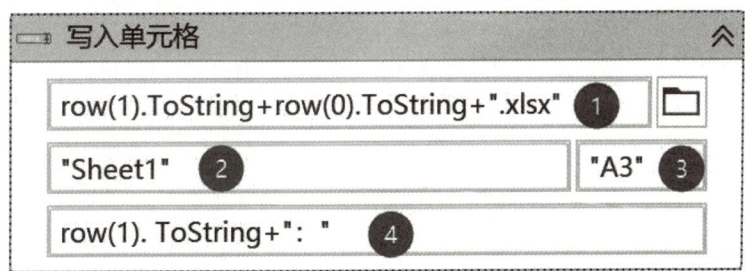

将截止日期信息填入模板复本文件中。添加【写入单元格】活动,该活动在"可用-系统-文件-工作簿"下。在下图④处指定填写的内容,模板中截止日期格式为" 年 月 日"。填入 DateTime.Parse(row(7).ToString).ToString("yyyy 年 MM 月 dd 日")。其中 row(7).ToString 将获取截止日期信息,DateTime.Parse 将日期从字符串转换为日期格式,ToString("yyyy 年 MM 月 dd 日")完成日期格式的设置。②处和③处指定填写的工作表和单元格位置,分别填写"Sheet1"和"B10"。①处为模板复本文件所在的地址,此处使用上面步骤中创建的地址。

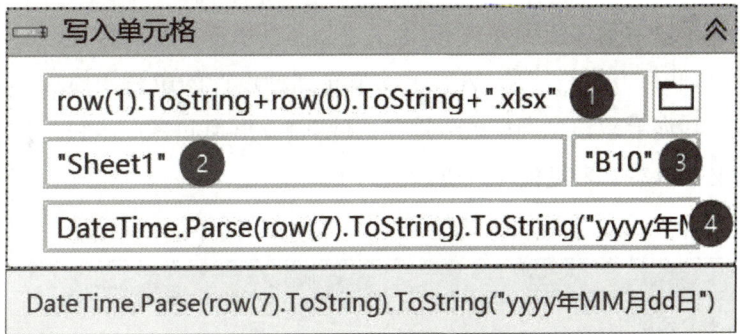

将余额信息填入模板复本文件中。添加【写入单元格】活动,该活动在"可用-系统-文件-工作簿"下。在下图④处指定填写的内容,模板中企业名称格式为"¥××元整"。写入的内容包含人民币符号、余额和"元整"字样。填入"¥"+ row(6).ToString +"元整",其中 row(6).ToString 将获取余额信息，再使用加号与字符串"￥"及"元整"合并最终得到模板中余额信息填写格式。②处和③处指定填写的工作表和单元格位置，分别填写"Sheet1"和"D11"。①处为模板复本文件所在的地址，此处使用上面步骤中创建的地址。

运行程序后，可以看到文件夹下出现三个文件。打开文件可以看到数据已经填入。

项目实训

任务导入

A企业作为一家行业领先的服务提供商，每年需要向客户发送个性化的邀请函，邀请他们参加年度峰会、新品发布会等重要活动。传统方式下，这一过程高度依赖人工操作，涉及从Excel客户数据库中提取客户姓名、地址、联系方式等信息，然后手动填充到预设计的邀请函模板中。这种方式不仅耗时耗力，还容易因人为错误导致信息不准确或遗漏，影响企业形象和客户体验。为了解决上述问题，A企业决定引入RPA财务机器人来优化客户邀请函的生成流程。

任务报告

序号	步骤	实训成果		疑难点
1	绘制流程图			
2	流程开发	实现步骤	结果	

拓展阅读

一、询证函的定义

询证函是注册会计师(审计师)在审计过程中,为获取可靠审计证据,以书面形式直接向第三方(被询证者)发送的、要求其确认或回复某一特定事项真实性和完整性的函件。其核心是通过第三方独立确认,验证被审计单位会计记录或声明的可靠性,是审计程序中"函证"程序的关键载体。

二、询证函的作用

(一)获取独立证据

通过第三方直接回复,避免依赖被审计单位内部证据,降低管理层舞弊或错误的影响,提高审计证据的可靠性。

(二)验证账户余额与交易

直接确认资产(如应收账款、银行存款)、负债(如应付账款)、收入或费用等关键科目,确保财务报表列报真实、准确。

(三)识别潜在风险

回函中的差异或异常情况(如金额不符、信息缺失)可能揭示错报、舞弊或内部控制缺陷,为审计提供进一步调查线索。

(四)符合审计准则要求

根据《中国注册会计师审计准则第1312号——函证》,针对银行存款、应收账款等重要科目,除非有充分证据表明函证无效,否则必须实施函证程序。

三、询证函的核心要点

(一)函证内容的设计

1. 常规函证对象及内容

(1)银行存款与借款。
账户余额、抵押/质押、担保、未到期理财产品等(需覆盖所有银行账户,包括已注销账户)。
(2)应收账款/应付账款。
交易金额、账龄、结算条款、争议事项等,重点关注关联方及重大余额。
(3)存货与固定资产。
存放于第三方的存货(如委托加工、寄售)、抵押资产的权属证明。
(4)或有事项。
未决诉讼、未披露担保、重大合同条款(如租赁、特许权协议)。
(5)其他特殊项目。
投资(如股权、债券)、保险合同、客户或供应商的交易细节(如收入确认时点)。

2. 内容设计原则

（1）明确性。

问题需具体、无歧义（如"截至××日期,贵公司欠我公司的货款余额为××元,请确认是否一致"）。

（2）完整性。

涵盖可能影响财务报表的全部相关信息,避免遗漏关键细节（如利息、违约金）。

（3）可验证性。

要求被询证者直接回复"确认""不符"或提供具体数据,而非模糊表述。

（二）函证程序的注意事项

1. 函证对象的选择

（1）针对性。

优先选择金额重大、风险较高（如关联方、新客户）或异常交易的对象。

（2）独立性。

确保被询证者与被审计单位无密切关联,避免回函被操纵（如通过关联公司伪造回函）。

2. 函证方式的选择

（1）积极式函证。

要求被询证者无论是否同意均需回复,适用于重大账户或高风险领域（如应收账款）。

（2）消极式函证。

仅在不同意时回复,需同时满足"重大错报风险低、预期回函率高、涉及大量小额同质账户"等条件（如小额应付账款）。

3. 函证过程的控制

（1）亲自发送与接收。

审计师需直接控制函证的发送（如使用事务所邮箱、直接邮寄并记录快递单号）和接收（避免通过被审计单位转交）。

（2）地址验证。

核对被询证者地址（通过官方网站、工商登记信息等）,防止使用被审计单位提供的虚假地址。

（3）防伪措施。

对重要函证（如银行函证）可要求被询证者通过指定方式（如加密邮箱、电话回函）验证身份。

4. 回函差异的处理

（1）调查原因。

对"不符"回函,需区分会计处理差异（如未达账项）、错误或舞弊（如虚构交易）,要求被审计单位解释并提供证据（如对账单、合同）。

（2）替代程序。

若未收到回函（尤其是积极式函证）,需实施替代程序（如检查销售合同、发货单、期后收款记录）,但替代程序不能完全替代函证的可靠性。

5. 特殊情况的处理

(1) 管理层阻挠函证。

若管理层禁止函证,需评估合理性并考虑是否涉及重大错报风险,必要时发表非无保留意见。

(2) 电子回函的可靠性。

通过安全平台(如银行函证中心)或加密渠道接收电子回函,避免使用非官方邮箱或传真。

(3) 被询证者不予回复。

多次跟进后仍无回应,需结合其他证据判断风险,必要时扩大函证范围或实施更严格的审计程序。

6. 时间与频率

(1) 时间点。

通常以资产负债表日(如 12 月 31 日)为截止日,或选择接近该日期的时间点,确保覆盖审计期间的关键交易。

(2) 中期函证。

对波动较大的科目(如存货),可在期中实施函证并补充期末截止测试。

任务评价

序号	技能评分	佐证	是否达标
1	打开 Excel 文件	能够运用【Excel 应用程序范围】活动打开 Excel 文件,能够运用【读取范围】活动读取指定 Excel 区域	
2	循环体设计	能够运用【对于每一个行】活动	
3	数据填写	能够运用【复制文件】活动; 能够运用【写入单元格】活动	

序号	素质评分	佐证	是否达标
1	流程思维能力	能够完成流程图的绘制	
2	程序开发能力	能够完成程序开发	
3	协同创新能力	能够和团队成员头脑风暴,协同完成任务	

任务四 工资条 E-mail 发送机器人

任务导入

工资条作为员工薪酬的详细记录,不仅反映了公司的薪酬管理水平,也是员工对自己薪资构成享有知情权和监督权的重要途径。在 A 公司,随着业务规模的不断扩大、员工数量的增加,每月的工资条发送工作变得尤为烦琐。

传统方式下,财务部门需要手动从复杂的 Excel 薪酬数据中提取每位员工的薪资信息,并逐一制作工资条,再通过电子邮件或打印形式分发给员工。这一流程不仅耗时耗力,还极易因人为操作失误导致工资条错发、漏发或数据错误,进而影响到员工的满意度和公司的运营效率。

为了优化这一流程,提高工资条发放的准确性和效率,A 公司决定引入 RPA(机器人流程自动化)技术,开发专用的财务机器人来自动化处理工资条发送工作。

数据资料

本项目中共有三个表格,分别如下:

(1)工资明细表。

记载各个员工的基本工资、加班费、个人住房公积金等信息。

A	B	C	D	E	F	G	H	I	J	K	L	M	N
工号	职位	姓名	出勤天数	基本工资	加班费	奖金	岗位津贴	应付工资	个人社保费合计	个人住房公积金	税前工资	应交个税	实发工资
AB001	总经理	张三	22	15000.00		2300.00	1000.00	18300.00	178.50	240.00	17881.50	1038.15	16843.35
AB002	副总经理	李四	22	10000		1200	1000	12200	178.5	240	11781.5	143.45	11638.05
AB003	行政主管	李丽	22	8500		900		9400	178.5	240	8981.5	77.45	8904.05
AB004	销售主管	李七	22	12000.00		2300.00		14300.00	178.50	240.00	13881.50	206.45	13675.05
AB005	销售专员	王梅	22	4500.00		1600.00		6100.00	178.50	240.00	5681.50	0.00	5681.50
AB006	研发专员	丁四	22	5100.00		200.00		5300.00	178.50	240.00	4881.50	0.00	4881.50
AB007	普工	张巩	22	4800.00	1050.00			5850.00	178.50	240.00	5431.50	0.00	5431.50

(2)员工信息表。

记载各个员工的工号、姓名、E-mail 地址。

A	B	C
工号	姓名	Email
AB001	张三	123@qq.com
AB002	李四	456@163.com
AB003	李丽	124@qq.com
AB004	李七	456@164.com
AB005	王梅	125@qq.com
AB006	丁四	456@165.com
AB007	张巩	126@qq.com

表格中 C 列 E-mail 地址在调程序时可改成真实的 E-mail 地址。

(3)工资条模板。

将工资条发送给员工时的工资条模板。

2024年1月份工资条

工号	姓名	出勤天数	基本工资	加班费	奖金	岗位津贴	应付工资	个人社保费合计	个人住房公积金	税前工资	应交个税	实发工资

注:工资保密,请尽快核对您的工资,如有问题请联系行政助理唐棠!

任务分析与设计

整体步骤如下:

(1)按模板生成工资条截图。

(2)通过 E-mail 发送工资条截图。

流程图如下:

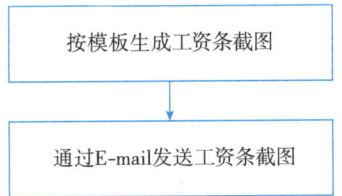

任务实施

(一)操作准备

1. 打开 UiPath 软件,点击"流程",创建新流程

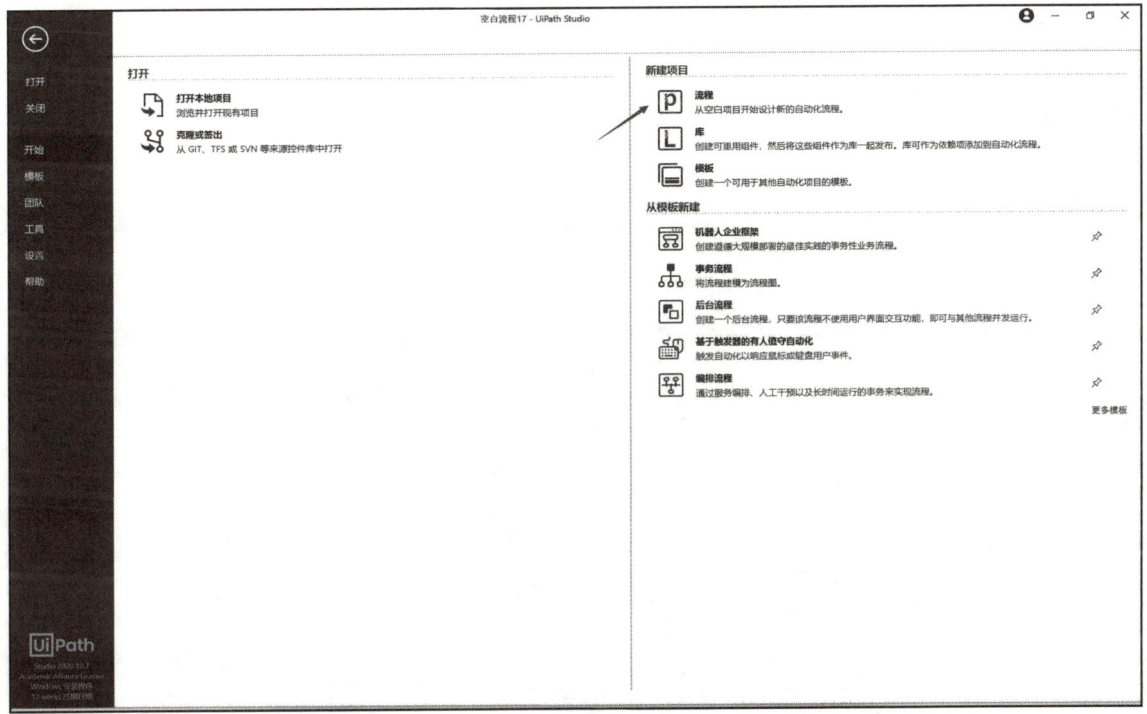

2. 设置好工程文件名称及位置

此案例中工程名称为"工资条发送"。

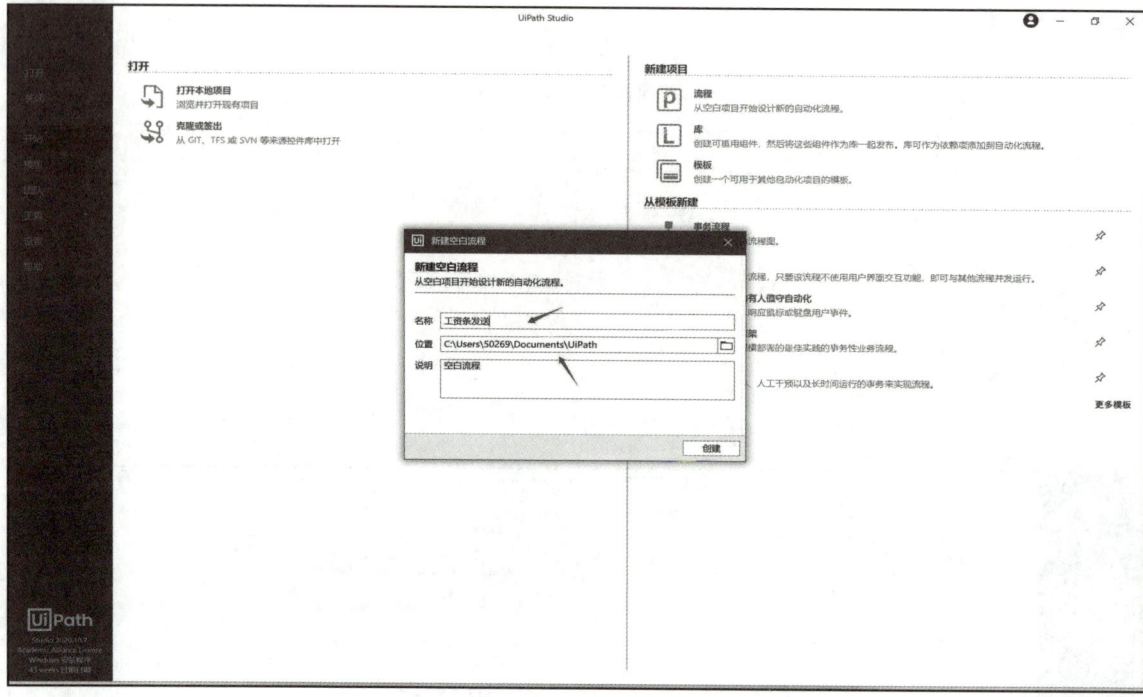

3. 等待加载完毕,进入编辑界面封面

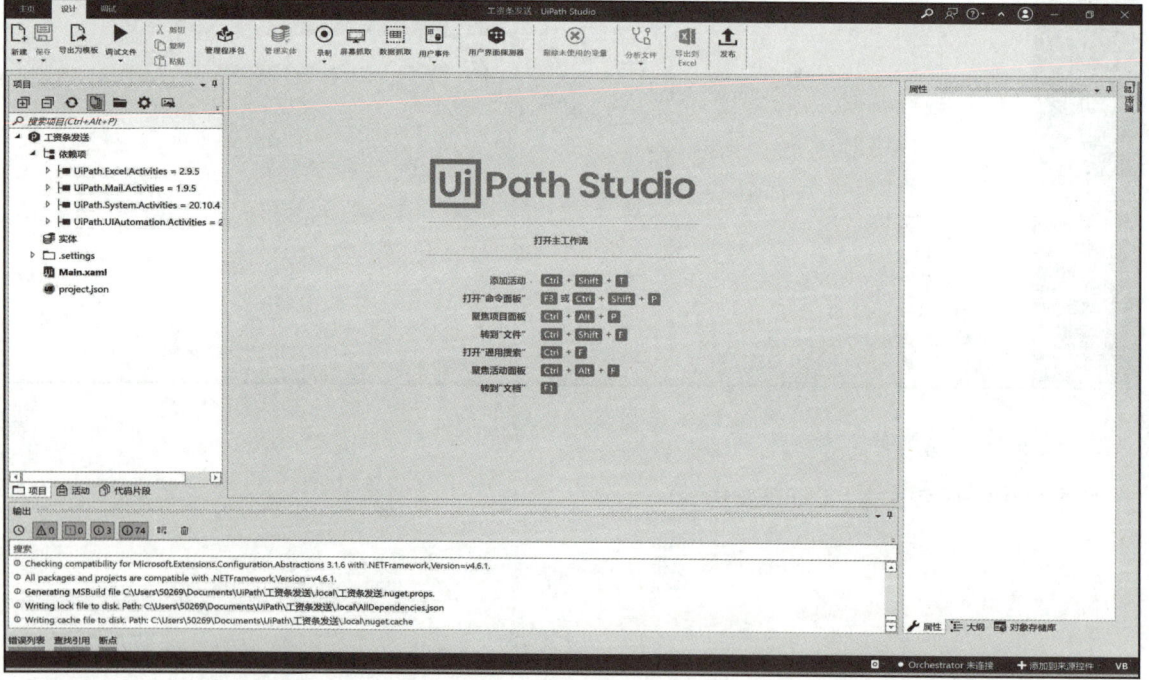

4. 添加新序列

因为整体流程不太复杂,直接双击 Main.xaml,在主流程中创建工作流程。

项目七 综合业务机器人开发 07

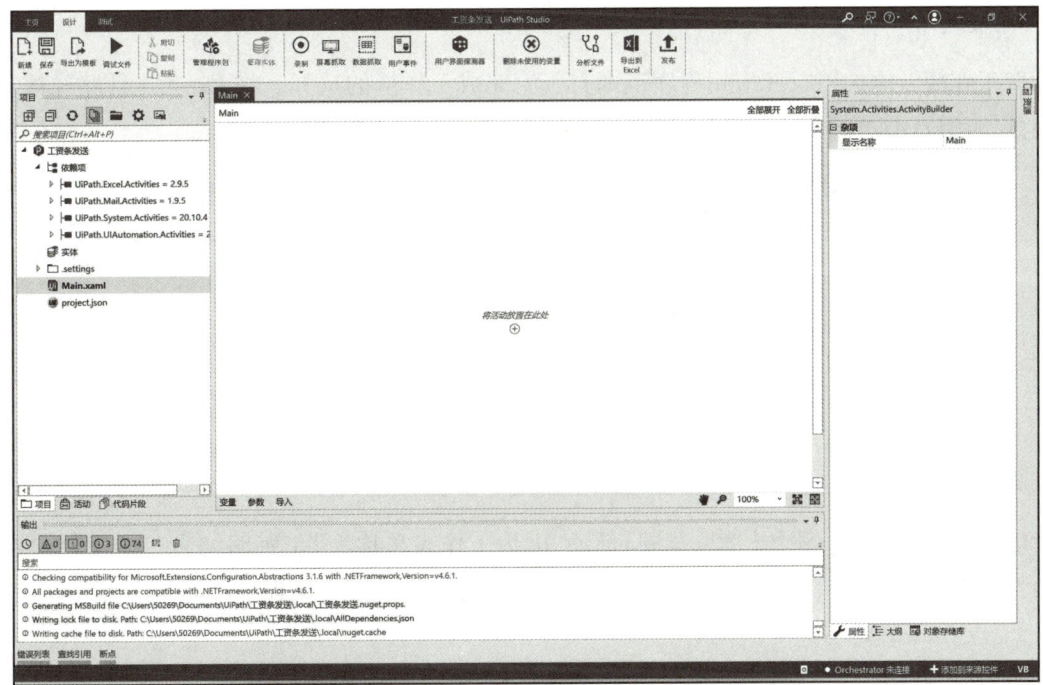

（二）流程制作

流程1：按模板生成工资条截图

使用 vlookup 函数建立工资条模板与工资明细表的联接。后续只要变化工号就可得到员工各自的工资条。工资条模板中姓名处 vlookup 函数写法为：=VLOOKUP（＄B4,工资明细表！＄A＄2:＄N＄8,3,0）。其他信息可以根据这个来改写。

流程2：通过 E-mail 发送工资条截图

流程图如下：

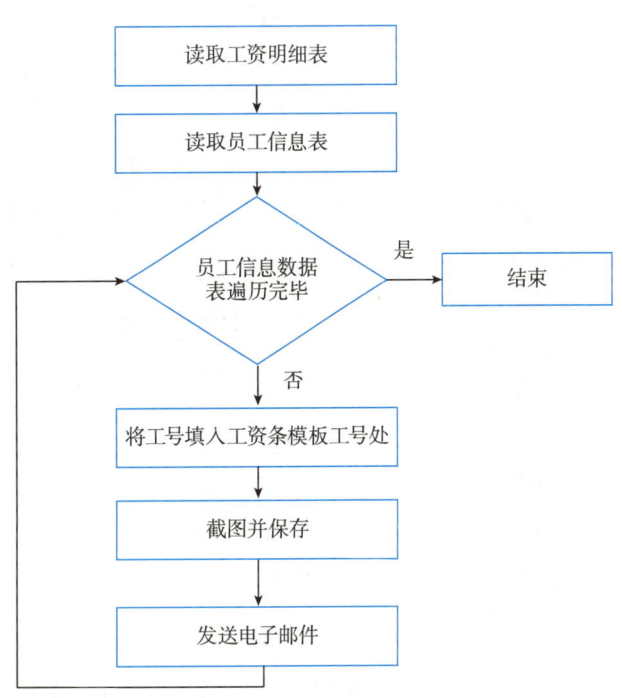

333

1. 读取工资明细表

读取工作簿。添加【Excel 应用程序范围】活动，完成工作簿的选择。将 Excel 文件路径填入工作簿路径处，可以点击右侧文件夹图标，将"工资条.xlsx"文件选入得到文件路径。

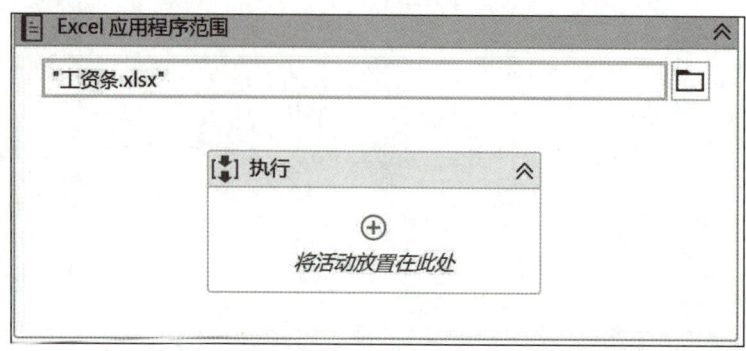

读取工作表及数据。添加【读取范围】活动，因为工作表名称为"工资明细表"，所以【读取范围】活动中左侧需要填入"工资明细表"，右侧可以选择范围，因为需要读入所有数据，所以此处使用默认值""。

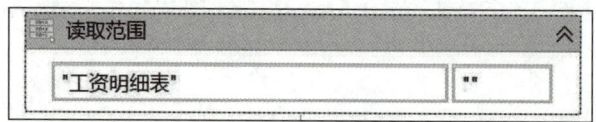

选中【读取范围】活动，在其属性面板中创建变量 dt1，将工资明细表中的所有数据存入 dt1 变量中。

2. 读取员工信息表

添加【读取范围】活动，因为工作表名称为"员工信息表"，所以【读取范围】活动中左侧需要填入

"员工信息表",右侧可以选择范围,因为需要读入所有数据,所以此处使用默认值""。

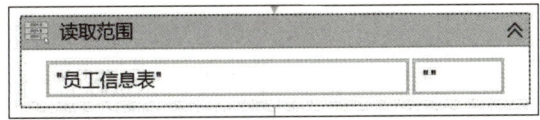

选中【读取范围】活动,在其属性面板中创建变量 dt2,将员工信息表中的所有数据存入 dt2 变量中。

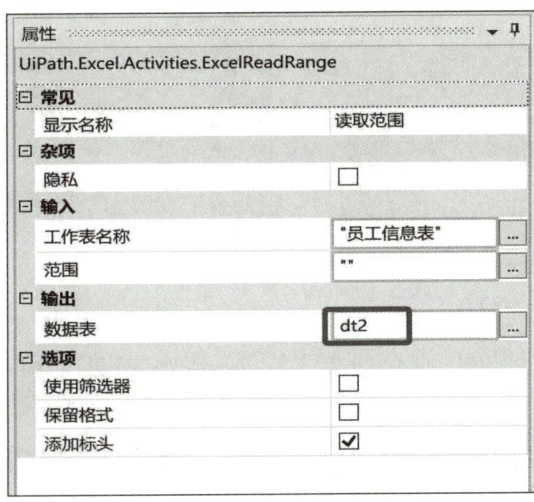

3. 构建循环体

添加【对于每一个行】活动,其中右侧"输入"处写入 dt2。

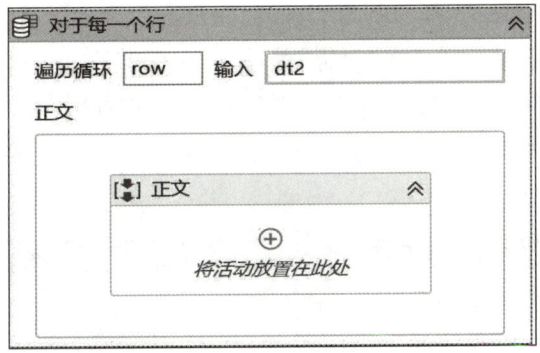

4. 将工号填入工资条模板工号处

添加【写入单元格】活动。在下图①处填入 row(0).ToString,row(0).ToString 的值为员工信息表中的员工号,②处填入"工资条模板",③处填入"b4"。将员工信息表中的员工号填入工资条模板中 b4 单元格处。

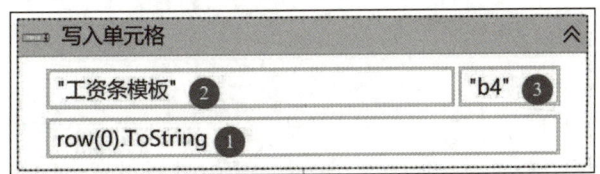

5. 截图并保存

添加【截取屏幕截图】活动。点击"指出浏览器中的元素",拾取工资条模板中完整的工资条。选中【截取屏幕截图】活动,在其属性面板中创建变量 pic,将截图存入 pic 变量中。

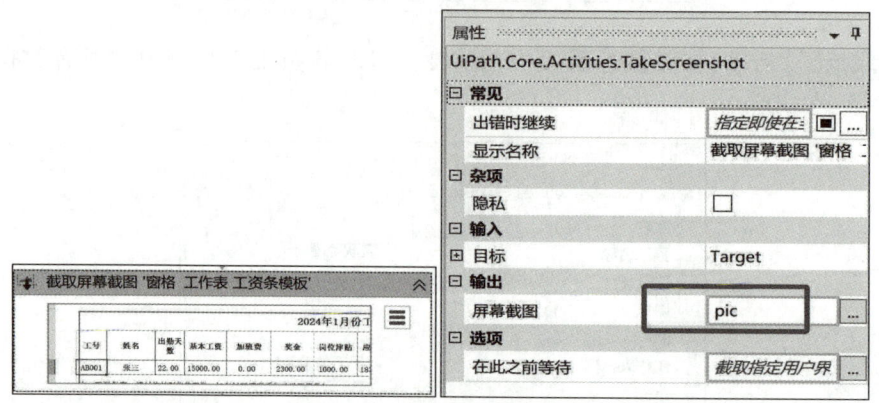

添加【保存图像】活动。在图像处输入 pic,在文件名处输入 row(0).ToString + ".png",表示将之前存入 pic 变量中的截图进行保存。保存的文件名命名规则为:员工编号.png。如第一个员工的工资条截图将保存为:AB001.png。

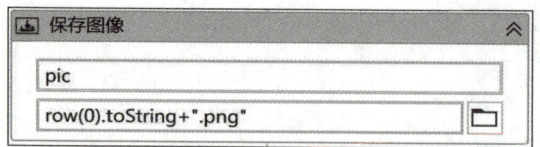

6. 发送电子邮件

添加【发送 SMTP 邮件消息】活动。在"目标"处写入 row(2).ToString,在"主题"处写入"工资",在"正文"处写入"工资条在附件中"。点击"附加文件","方向"选择输入,"类型"为 String,"值"为 row(0).ToString + ".png",表示对每个员工的邮箱发一份主题为"工资"的邮件,正文为"工资条在附件中",附件为工资条图片。

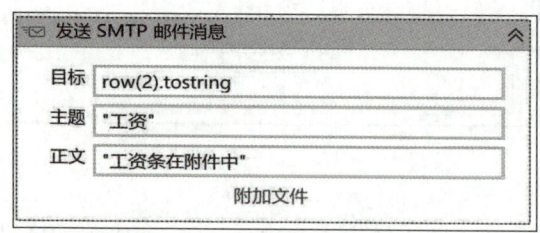

选中【发送 SMTP 邮件消息】活动,对右侧出现属性面板进行设置。因为使用的是 QQ 邮箱,所以①处"服务器"处填写"smtp.qq.com",②处密码为 QQ SMTP 授权码,③处电子邮箱为 QQ 邮箱。

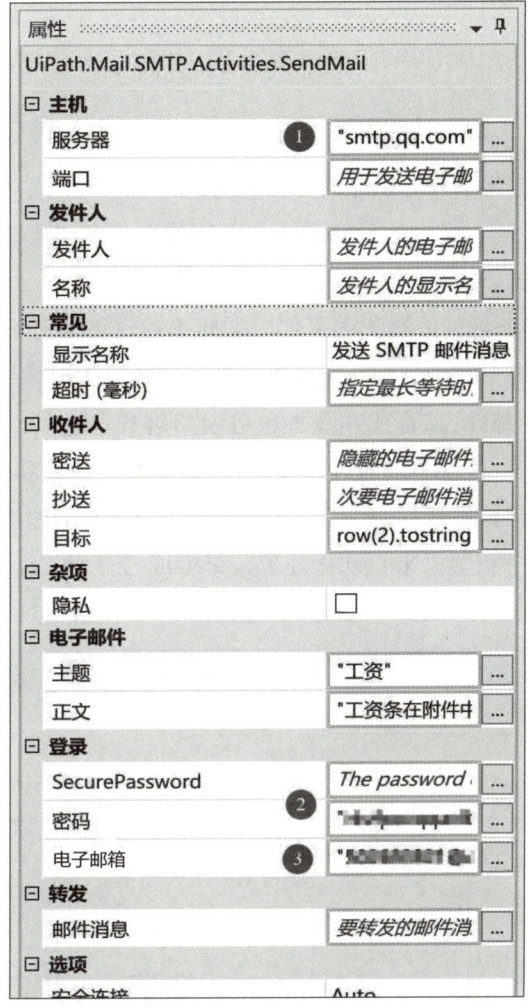

运行程序,可以得到如下效果:

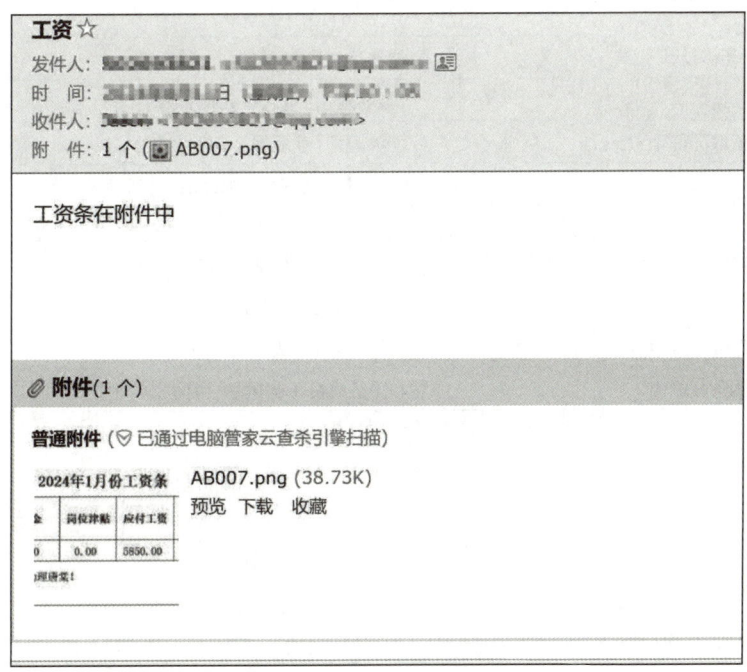

项目实训

任务导入

E 公司作为一家提供多样化服务的供应商,每月都需要为客户生成详细的账单,以记录服务使用情况、费用明细及支付信息。随着客户数量的激增和服务种类的多样化,账单的生成与分发工作变得烦琐和耗时。

传统方式下,E 公司的财务部门或客户服务部门需要手动收集来自不同系统的服务使用数据(如使用量、单价、优惠信息等),然后整合到 Excel 表格或专门的账单生成软件中,为每位客户逐一生成账单。之后,这些账单通过电子邮件、邮寄或在线平台分发给客户。这一流程不仅效率低下,还容易因人为错误导致账单数据不准确、分发不及时或漏发,进而影响客户体验和公司的财务结算效率。

为了优化客户账单生成与分发流程,提高效率和准确性,E 公司决定引入 RPA(机器人流程自动化)技术,开发专用的客户服务机器人来自动化处理账单生成与分发工作。

任务报告

序号	步骤	实训成果		疑难点
1	绘制流程图			
2	流程开发	实现步骤	结果	

任务评价

序号	技能评分	佐证	是否达标
1	打开 Excel 文件	能够运用【Excel 应用程序范围】活动打开 Excel 文件,运用【读取范围】活动读取指定 Excel 文件区域	
2	循环体设计	能够运用【对于每一个行】活动	
3	数据填写	能够运用【写入单元格】活动	
4	截取屏幕	能够运用【截取屏幕截图】活动	
5	发送邮件	能够运用【发送 SMTP 邮件消息】活动	

序号	素质评分	佐证	是否达标
1	流程思维能力	能够完成流程图的绘制	
2	程序开发能力	能够完成程序开发	
3	协同创新能力	能够和团队成员头脑风暴,协同完成任务	